DIREITO DIGITAL EM JUÍZO
MODERAÇÃO DE CONTEÚDO ONLINE

O GEN | Grupo Editorial Nacional – maior plataforma editorial brasileira no segmento científico, técnico e profissional – publica conteúdos nas áreas de concursos, ciências jurídicas, humanas, exatas, da saúde e sociais aplicadas, além de prover serviços direcionados à educação continuada.

As editoras que integram o GEN, das mais respeitadas no mercado editorial, construíram catálogos inigualáveis, com obras decisivas para a formação acadêmica e o aperfeiçoamento de várias gerações de profissionais e estudantes, tendo se tornado sinônimo de qualidade e seriedade.

A missão do GEN e dos núcleos de conteúdo que o compõem é prover a melhor informação científica e distribuí-la de maneira flexível e conveniente, a preços justos, gerando benefícios e servindo a autores, docentes, livreiros, funcionários, colaboradores e acionistas.

Nosso comportamento ético incondicional e nossa responsabilidade social e ambiental são reforçados pela natureza educacional de nossa atividade e dão sustentabilidade ao crescimento contínuo e à rentabilidade do grupo.

MARIA GABRIELA GRINGS
DIREITO DIGITAL EM JUÍZO

MODERAÇÃO DE CONTEÚDO ONLINE

- A autora deste livro e a editora empenharam seus melhores esforços para assegurar que as informações e os procedimentos apresentados no texto estejam em acordo com os padrões aceitos à época da publicação, e todos os dados foram atualizados pela autora até a data de fechamento do livro. Entretanto, tendo em conta a evolução das ciências, as atualizações legislativas, as mudanças regulamentares governamentais e o constante fluxo de novas informações sobre os temas que constam do livro, recomendamos enfaticamente que os leitores consultem sempre outras fontes fidedignas, de modo a se certificarem de que as informações contidas no texto estão corretas e de que não houve alterações nas recomendações ou na legislação regulamentadora.

- Fechamento desta edição: 01.03.2023

- A Autora e a editora se empenharam para citar adequadamente e dar o devido crédito a todos os detentores de direitos autorais de qualquer material utilizado neste livro, dispondo-se a possíveis acertos posteriores caso, inadvertida e involuntariamente, a identificação de algum deles tenha sido omitida.

- **Atendimento ao cliente: (11) 5080-0751 | faleconosco@grupogen.com.br**

- Direitos exclusivos para a língua portuguesa
  Copyright © 2023 by
  Editora Forense Ltda.
  Uma editora integrante do GEN | Grupo Editorial Nacional
  Travessa do Ouvidor, 11 – Térreo e 6º andar
  Rio de Janeiro – RJ – 20040-040
  www.grupogen.com.br

- Reservados todos os direitos. É proibida a duplicação ou reprodução deste volume, no todo ou em parte, em quaisquer formas ou por quaisquer meios (eletrônico, mecânico, gravação, fotocópia, distribuição pela Internet ou outros), sem permissão, por escrito, da Editora Forense Ltda.

- Capa: Daniel Kanai

- **CIP – BRASIL. CATALOGAÇÃO NA FONTE.
  SINDICATO NACIONAL DOS EDITORES DE LIVROS, RJ.**

  G88d
  Grings, Maria Gabriela
  Direito digital em juízo : moderação de conteúdo on-line / Maria Gabriela Grings. Rio de Janeiro : Forense, 2023.

  Inclui bibliografia
  ISBN 978-65-5964-820-7

  1. Internet – Legislação – Brasil. 2. Mídia digital – Legislação - Brasil. 3. Proteção de dados. 4. Responsabilidade (Direito). I. Título.

  23-83153   CDU: 34:004.738.5(81)

  Meri Gleice Rodrigues de Souza – Bibliotecária – CRB-7/6439

AGRADECIMENTOS

Este trabalho é resultado da tese apresentada para obtenção do título de doutora em Direito Processual pela Faculdade de Direito da Universidade de São Paulo. Como não poderia deixar de ser, os agradecimentos externados aqui muito se assemelham aos apresentados naquela oportunidade.

Agradeço ao Prof. Dr. Cândido Rangel Dinamarco por, mais uma vez, ter aceitado desbravar, ao meu lado, tema pouco estudado no País, desta vez conexo ao ambiente digital e a todas as suas peculiaridades, evidenciando a sua disposição em manter-se conectado com as transformações trazidas pela tecnologia ao campo do Direito. A abertura para o novo, aliada ao seu vasto conhecimento e à sua generosidade, não por outra razão, o torna um dos maiores nomes da Ciência Jurídica brasileira de todos os tempos. A honra não poderia ser maior. Aproveito para expressar minha gratidão à sua assistente Valquíria, sempre prestativa nas questões burocráticas que envolvem o processo de orientação e depósito da tese, além de amável no tratamento. Obrigada, Val!

Ao Prof. Dr. Newton De Lucca, um dos pioneiros no estudo do Direito Digital no País, por me acolher como sua coorientanda, com a gentileza que lhe é inerente em todos os espaços em que transita. Agradeço pelas reuniões de orientação, pelas indicações bibliográficas e pela disposição em debater o objeto proposto, sempre com cordialidade e afeto.

Aos Profs. Drs. Heitor V. M. Sica e Bruno Vasconcelos Carrilho Lopes, que, na Banca de Qualificação, me agraciaram com a sua inteligência e o seu interesse, expressados em orientações e indicações valiosas a respeito da direção a seguir na pesquisa desenvolvida.

Aos Profs. Drs. Carlos Affonso Pereira de Souza, Dierle Nunes, Ricardo Campos, Carlos Alberto de Salles e Flávio L. Yarshell, sou grata pela participação na Banca de Defesa, pela oportunidade de diálogo e pelas preciosas orientações, presentes na versão comercial do trabalho.

Ao Prof. Dr. Paulo Henrique dos Santos Lucon, agradeço pelas oportunidades de aprendizado e por ter sido monitora na disciplina Direito, Processo e Tecnologia no Programa de Pós-Graduação da Faculdade de Direito do Largo São Francisco. A experiência foi enriquecedora e contribuiu para o trabalho.

Aos familiares e aos amigos (da vida toda e os recém-chegados), pelo amor e pela amizade demonstrados ao longo desse processo. Sem o suporte de vocês, de forma presencial ou remota, a tarefa teria sido impossível. Obrigada por sempre me incentivarem a seguir em frente, mesmo quando o caminho parecia incerto, árduo e quase impossível de ser trilhado.

(...) o processualista não está dispensado de dedicar atenção a um problema pela simples circunstância de que a respectiva solução depende também – ou mesmo principalmente – de fatores estranhos ao universo da sua disciplina, ou quem sabe, em termos mais genéricos, ao mundo do direito. Por menor que se afigure o provável relevo de sua contribuição, corre ao processualista o dever de prestá-la.

(BARBOSA MOREIRA, José Carlos. Notas sobre a efetividade do processo. In: *Temas de direito processual*. São Paulo: Saraiva, 1984. 3ª Série, p. 30.)

If our option is widespread geo-location or an open Internet, I suspect most of us would prefer the open Internet. However, if our choice is between widespread geo-location or an Internet where only content that does not offend any law anywhere in the world is available, then I certainly favour widespread geo-location.

(SVANTESSON, Dan. *Solving the internet jurisdiction puzzle*. Oxford: Oxford University Press, 2017, p. 214.)

SUMÁRIO

INTRODUÇÃO.. 1

1. JURISDIÇÃO... 7

1.1. O Estado moderno: exercício do poder soberano sobre território e população determinados.. 7
1.2. O Estado contemporâneo.. 12
1.3. Conceito e características da jurisdição... 15
1.4. Os princípios regentes da jurisdição internacional e da cooperação jurídica internacional.. 22

2. NORMAS PROCESSUAIS PARA A TUTELA DE SITUAÇÕES COM ELEMENTO DE ESTRANEIDADE... 31

2.1. Normas delimitadoras da jurisdição internacional........................... 31
2.2. A abordagem do legislador nacional.. 35
    2.2.1. As previsões anteriores ao Código de Processo Civil de 1973...... 35
        2.2.1.1. Os Códigos de Processo Civil de 1973 e 2015.................. 37
            2.2.1.1.1. Jurisdição concorrente e suas implicações para o direito digital............................... 40
            2.2.1.1.2. Jurisdição exclusiva.. 44
        2.2.1.2. Regulação da cooperação jurídica internacional: arts. 26 a 41 do Código de Processo Civil.................................... 49
2.3. Tratados internacionais... 55

3. AMBIENTE DIGITAL... 61

3.1. Advento da internet como novo *locus* social global......................... 61
3.2. Espécies de provedores, comunicação em rede e seus elementos distintivos.. 70
3.3. Os mecanismos técnicos de controle de conteúdo digital: bloqueio e remoção conforme as camadas da internet (conteúdo, lógica e infraestrutural).. 73
    3.3.1. Atuação na camada do conteúdo.. 76
    3.3.2. Atuação na camada lógica... 79
    3.3.3. Atuação na camada infraestrutural... 80

4. REGULAÇÃO DA INTERNET 85

    4.1. Autorregulação.. 86

        4.1.1. Os Termos e Condições de Uso das plataformas e o alcance territorial da moderação de conteúdo privada 89

        4.1.2. O Comitê de Supervisão do *Facebook* 96

    4.2. Regulação estatal.. 101

        4.2.1. Analogia com a regulação de atos/fatos não digitais............... 102

        4.2.2. Elaboração normativa própria 104

    4.3. Autorregulação regulada e atuação no código 107

    4.4. Governança multissetorial.. 113

5. A EXTRATERRITORIALIDADE DA LEGISLAÇÃO MATERIAL NACIONAL E REGIONAL.. 119

    5.1. Conceito-quadro e elementos de conexão material 120

    5.2. Normas de extensão 122

    5.3. A experiência das iniciativas de combate ao crime plurilocalizado 124

    5.4. No âmbito da internet... 129

        5.4.1. Marco Civil da Internet.. 129

        5.4.2. Regulamento Geral sobre a Proteção de Dados (GDPR)............ 133

        5.4.3. Lei Geral de Proteção de Dados (LGPD).................................... 136

6. TEORIAS DE DEFINIÇÃO DA JURISDIÇÃO E DO DIREITO MATERIAL APLICÁVEIS EM SITUAÇÕES PLURILOCALIZADAS DIGITAIS.......................... 141

    6.1. Introdução 141

    6.2. Teoria do local dos efeitos 145

    6.3. Teoria do nível de interatividade... 150

    6.4. Teoria do centro de interesse 152

    6.5. Teoria do país de origem.. 156

    6.6. Teoria do direcionamento 157

7. POSSIBILIDADES PARA A JURISDIÇÃO DIGITAL BRASILEIRA 165

    7.1 Inexistência de solução única e abrangente...................................... 165

    7.2. Local dos efeitos como critério para escolha do direito aplicável e exercício de jurisdição prescritiva e adjudicatória 166

        7.2.1. Responsabilidade extracontratual e relações de consumo......... 166

        7.2.2. Jurisdição internacional brasileira concorrente para contratos digitais e foro de eleição 176

7.3. As dificuldades para o exercício da jurisdição estatal executiva digital (*enforcement jurisdiction*) 177
    7.3.1. Tutela específica e resultado prático equivalente: noções gerais 177
    7.3.2. Especificidades do ambiente digital: os dados e o conteúdo armazenados por provedores de aplicação e provedores de conexão 182
    7.3.3. Legitimidade passiva dos intermediários 186
        7.3.3.1. Medidas judiciais e terceiros 188
        7.3.3.2. Definição do polo passivo e possibilidades processuais 189
    7.3.4. Atuação voltada para provedores de aplicação 193
        7.3.4.1. Sistema de responsabilização 193
        7.3.4.2. Desindexação 197
        7.3.4.3. Possibilidade de atuação sobre subsidiárias locais de provedores globais? 202
            7.3.4.3.1. Os dados devem ser armazenados localmente? 207
            7.3.4.3.2. Dados armazenados em servidores estrangeiros ou em nuvem 209
            7.3.4.3.3. Impossibilidade de prolação de decisões judiciais com efeitos extraterritoriais diretos 216
7.4. O sistema de reconhecimento e homologação de sentenças estrangeiras e suas vicissitudes 219
    7.4.1. A jurisdição internacional indireta brasileira 222
    7.4.2. As dificuldades na cooperação jurídica internacional 227
    7.4.3. A ordem pública 231
    7.4.4. O sistema norte-americano de nacionalização de decisões estrangeiras 234
        7.4.4.1. Os casos *Yahoo* e *Equustek* 243
7.5. Atuação voltada para provedores de conexão 248
7.6. Contenção de efeitos globais das decisões judiciais: adoção de filtros de localização geográfica 250

CONCLUSÃO 267

REFERÊNCIAS 275

INTRODUÇÃO

Nesta obra, estudar-se-á tema pouco analisado pela doutrina nacional, mas de grande aplicabilidade prática, e impregnado de desafios teóricos: a tutela prestada aos direitos violados, ou sob ameaça de violação, no ambiente digital, com destaque para os direitos de personalidade, espécie continuamente afetada pelas condutas de terceiros realizadas na esfera digital, especialmente nas interações facilitadas pelas redes sociais.

A abordagem será de cunho processual e não recairá sobre direito material específico, mas sim sobre a categoria dos direitos de personalidade como um todo. Dessa forma, o embate há muito presente entre o direito à privacidade, à intimidade, ao nome e à imagem e a liberdade de expressão mediada pela internet somente será exposto quando da análise de julgados paradigmáticos sobre o exercício da jurisdição estatal para o ambiente digital, sem maiores aprofundamentos, ante as diversas nuances que permeiam a temática, dignas de estudo em apartado.

Igualmente, não obstante a relevância e a frequência das violações aos direitos autorais na internet, esse não será o foco da abordagem aqui desenvolvida, tendo em vista a existência de conjunto normativo próprio ao direito marcário com origem nacional e internacional, composto de previsões específicas que se aplicam apenas a essa seara e asseguram, aos seus detentores, prerrogativas e faculdades não experimentadas em outras vertentes do direito material.

A atenção voltar-se-á para os instrumentos processuais que possibilitam a *tutela específica* ou o *resultado prático equivalente* relativos à obtenção de dados pessoais de autores de ilícitos virtuais, quando esses se valem do anonimato mediante uso de perfis falsos, objetivando posterior responsabilização legal, e o bloqueio e/ou remoção do conteúdo *on-line* tido como contrário aos ditames incidentes, sejam eles o ordenamento[1] jurídico nacional ou os Termos de Uso estabelecidos pelas plataformas digitais. A ubiquidade e o dinamismo da internet de um lado, e a limitação territorial ao poder jurisdicional estatal de outro, considerado expres-

---

[1] Não obstante as ponderáveis razões apresentadas pelo Prof. Dr. Newton de Lucca, estimado coorientador do trabalho acadêmico que baseou este livro, no sentido de ser preferível a palavra *ordenação* à palavra *ordenamento*, opta-se por seguir a maioria da doutrina pátria que há muito utiliza a expressão *ordenamento*, de inspiração italiana.

são do poder central sobre território e população determinados, tornam a busca pela efetividade da tutela digital um desafio complexo e sem respostas únicas, estanques ou absolutas.

A íntima conexão secular entre o conceito de jurisdição (estatal) e a noção de soberania faz com que a atuação judicial somente possa ser exercida de forma direta dentro das fronteiras do Estado nacional. A eficácia extraterritorial do comando depende do uso de mecanismos de cooperação jurídica internacional, usualmente em descompasso com a velocidade de propagação de conteúdo *on-line*.

Ainda que, nas últimas décadas, o desenvolvimento do capitalismo de mercado e a inclusão de outros agentes tenham tirado o protagonismo absoluto do Estado no cenário internacional e na regulação das relações sociais, como as iniciativas de regulação privada, de autorregulação regulada e de governança multissetorial demonstrarão, o Estado continua relevante na esfera internacional, o que justifica ser ele o ponto de partida adotado para a análise da jurisdição digital aqui realizada.

Inicia-se pelas previsões legais a respeito da jurisdição internacional prescritiva, que, calcadas nas premissas da *efetividade, conveniência* e *viabilidade*[2], regem a divisão entre jurisdição internacional exclusiva e concorrente empregada pelo legislador, essencial para a verificação da possibilidade de atuação do magistrado nacional para as relações plurilocalizadas que possuem como pano de fundo a seara digital. Da mesma forma, os tratados internacionais dos quais o Brasil é signatário merecem atenção, ante as peculiaridades processuais ali presentes, como as que envolvem o tema da litispendência internacional.

A internet pode ser vista como uma das tecnologias mais marcantes da história da humanidade. Ela foi responsável por alterar profundamente diversos campos do conhecimento humano ao conectar pessoas ao redor do globo e propiciar a troca de informações, seja em textos, seja em imagens e vídeos, incrementando a interação e o comércio.

Não por outra razão, há indicação de que as mudanças foram tão impactantes nas formas de produção – propiciando a interconexão entre o físico e o digital e a criação de máquinas inteligentes – que se entende que, em decorrência desse avanço colossal experimentado em poucas décadas, vivemos a Quarta Revolução Industrial[3].

---

[2] DINAMARCO, Cândido Rangel. *Instituições de direito processual civil*, v. I. 7. ed. São Paulo: Malheiros: 2013, p. 216-217; CARNEIRO, Athos Gusmão. *Jurisdição e competência*. 15. ed. 2. tir. São Paulo: Saraiva: 2008, p. 75; ASSIS, Araken de. *Processo civil brasileiro*, v. 1. 2. ed. São Paulo: Revista dos Tribunais, 2016, p. 589-590.

[3] SCHWAB, Klaus. *A Quarta Revolução Industrial*. São Paulo: Edipro, 2019, p. 21-22.

O número cada vez maior de pessoas conectadas e a ação focada de empresas que viram, nesse segmento, um nicho de potencialidades inesgotáveis transformaram as relações humanas desenvolvidas na *sociedade da informação*, caracterizada essencialmente pela centralidade do conhecimento e da sua aplicação para geração de novos instrumentos de comunicação da informação[4].

Como será detalhado, a ampliação comercial da internet fez com que surgissem os intermediários, provedores de conexão e de aplicação responsáveis pela oferta de produtos e serviços que possibilitam a navegação na rede e a comunicação social através de suas plataformas, como as redes sociais.

Atualmente, existem variados sujeitos digitais sobre os quais podem atuar diferentes mecanismos capazes de bloquear e remover determinado conteúdo da rede. O conhecimento, ainda que rudimentar e instrumental, sobre o funcionamento da rede e suas camadas (conteúdo, lógica e infraestrutural), que será apresentado em variados momentos ao longo desta obra, é de extrema valia para a compreensão das prestações processuais que podem ser ofertadas ao ofendido pela disponibilização *on-line* de conteúdo ilícito.

Concomitante ao desenvolvimento da internet é o debate sobre a necessidade de regulação desse novo ambiente, se necessária ou não e, em caso positivo, as vias empregadas para tanto. Nesse sentido, variadas soluções vêm sendo pensadas, das que englobam a vertente autorregulatória de matiz libertária; a regulação privada calcada nos Termos de Uso estabelecidos pelas plataformas e sua atuação direta sobre a arquitetura da rede, sem limites territoriais, com questionamentos sobre garantias mínimas em prol do agente que teve seu conteúdo ou perfil bloqueado/removido; a heterorregulação estatal; perpassando pela autorregulação regulada e ainda pela governança realizada pelos *stakeholders* com atuação internacional.

No âmbito do direito material vive-se a profusão de iniciativas estatais unilaterais que buscam expandir o âmbito da legislação nacional além das fronteiras territoriais, tais como o Marco Civil da Internet, a General Data Protection Regulation (GDPR) europeia e a Lei Geral de Proteção de Dados (LGPD) brasileira, como será visto.

A ausência de equivalência entre as normas de extensão materiais e o alcance da jurisdição internacional brasileira fazem com que seja necessário rechaçar iniciativas que buscam atribuir eficácia extraterritorial direta aos comandos judiciais nacionais, com dispensa dos instrumentos de cooperação jurídica internacional.

---

[4] CASTELLS, Manuel. *A sociedade em rede*, vol. I. 6. ed. São Paulo: Paz e Terra, 2002, p. 69.

Importa destacar que antes mesmo do advento da internet já havia produção jurisprudencial para as situações com efeitos plurilocalizados, como matérias jornalísticas publicadas na mídia impressa. Com o desenvolvimento da internet e seu alcance global, houve o incremento de julgados sobre o tema, uma vez que diversos órgãos jurisdicionais se viram diante de variadas questões envolvendo relações plurilocalizadas digitais.

Como não poderia deixar de ser, variados caminhos foram adotados pelas jurisdições estrangeiras para o exercício de jurisdição pessoal sobre pessoas e bens localizados em outros Estados. Serão apresentados e esquematizados os pontos positivos e negativos das opções encontradas, com análise da sua aplicabilidade e efetividade diante do cenário brasileiro.

Em segundo momento, será visto que a teoria dos efeitos, adotada em variados julgados que versam sobre a violação *on-line* de direitos, parece a mais adequada para essa espécie de situação, e encontra fundamento nos dispositivos legais que regem a jurisdição concorrente do juiz nacional, presente também em julgados dos Tribunais Superiores a respeito do tema.

Os percalços para o exercício da jurisdição estatal executiva digital serão esmiuçados, iniciando-se pelas noções gerais a respeito da tutela específica e do resultado prático equivalente do ponto de vista do ambiente digital, perpassando pelas questões envolvendo a legitimidade passiva dos intermediários e as possibilidades de atuação sobre cada espécie de provedor, tendo em vista o funcionamento da rede.

Tema recorrente e polêmico na prática judiciária brasileira, a atuação sobre subsidiárias locais de provedores globais para obtenção de dados registrais e bloqueio/remoção de material disponível *on-line* não passará despercebida, assim como as discussões a respeito do armazenamento de dados, seja localmente, em servidores estrangeiros, seja em nuvem.

Oportunamente, será apresentado o conjunto normativo brasileiro que rege o sistema de reconhecimento e execução de sentenças estrangeiras. Muitos dos princípios e dos valores subjacentes ao sistema nacional são compartilhados por diversos outros países. Porém, tendo em vista que, majoritariamente, as empresas de tecnologia estão sediadas em outros países, com primazia nos Estados Unidos, e sendo de responsabilidade precípua da matriz cumprir com a determinação judicial estrangeira de fornecimento de dados e bloqueio/remoção de conteúdo, interessa a análise dos requisitos estabelecidos naquele Estado para o exercício da jurisdição indireta.

A proteção excessiva concedida pela legislação norte-americana à liberdade de expressão e à atividade desenvolvida pelos provedores de aplicação, presentes em variados instrumentos legislativos, será esmiuçada, bem como serão apresentados casos de insucesso no processo de reconhecimento de sentenças estrangeiras proferidas contra intermediários da internet sediados naquele Estado, mas com presença global.

Diante desse cenário, é formulada sugestão em prol da obtenção de resultado prático equivalente pelo emprego de filtros de localização geográfica sobre o material considerado ilícito, tanto por provedores de aplicação quanto de conexão. A medida faz com que o pronunciamento judicial esteja adstrito aos limites territoriais do Estado, bem como respeita a diversidade de ordenamentos jurídicos e as diversas compreensões do que é considerado lícito, de acordo com os valores locais, dispensando o uso da via cooperacional. O seu funcionamento e emprego será explicitado no decorrer desta obra.

1
JURISDIÇÃO

1.1. O ESTADO MODERNO: EXERCÍCIO DO PODER SOBERANO SOBRE TERRITÓRIO E POPULAÇÃO DETERMINADOS

Como destaca Schiera, o conceito de Estado não é universal, servindo somente para indicar uma forma de organização social surgida na Europa, a partir do século XIII[1], que se consolidou e espalhou nos séculos seguintes.

Na Idade Média, a gestão do poder era caracterizada pela descentralização política, calcada em pequenos territórios governados pelos senhores feudais. Apenas em um segundo momento passou-se a vislumbrar a necessidade de exercício de um poder unificado por uma figura.

À época, duas correntes divergiam sobre a forma de construção da unidade do sistema. De um lado estavam os que defendiam um Estado soberano e independente, governado pelo rei, e de outro os que sustentavam a supremacia de figuras como a do Papa, Sumo Pontífice, e do imperador, sucessor do Príncipe Romano[2], conquistador, senhor de terras a perder de vista.

Preponderou a percepção que defendia que o poder deveria ser exercido sobre território determinado por um soberano único, que se valia de uma estrutura burocrática incipiente que lhe dava suporte na defesa da paz com os demais Estados e na eliminação dos conflitos sociais internos.

O poder secular centralizador foi uma construção paulatina, que se consolidou ao longo dos séculos no continente europeu, muito devido à construção teórica que buscou justificar e edificar as bases da nova organização.

Afirma-se que Maquiavel foi o primeiro a utilizar a palavra *Estado* no sentido de espécie de organização política, ainda no ano de 1513[3]. Contudo, a expressão

---

[1] SCHIERA, Pierangelo. Estado moderno. *In*: BOBBIO, Norberto; MATTEUCCI, Nicola; PASQUINO, Gianfranco (org.). *Dicionário de política*. 11. ed. Brasília: UnB, 1998, p. 425.
[2] MADRUGA FILHO, Antenor Pereira. *Renúncia à imunidade de jurisdição pelo Estado brasileiro*. São Paulo: USP, 2001, p. 21.
[3] BERCOVICI, Gilberto. Estado. *In*: DIMOULIS, Dimitri. *Dicionário brasileiro de direito constitucional*. 2. ed. São Paulo: Saraiva, 2012, p. 162.

somente seria efetivamente empregada muito depois, ante a falta de estabilização política e de legitimação jurídica, que só viriam com a positivação de um sistema de organização permanente e duradouro[4].

De forma unânime, Bodin é apontado como o teórico que estruturou a noção de que o poder soberano era exercido pela figura central do rei. Foi com ele que o conceito de soberania surgiu, definido como o "poder absoluto e perpétuo de uma república"[5], absoluto por não estar sujeito a nenhum outro e perpétuo por ser exercido sem interrupção, por estar ligado ao cargo do regente e à pessoa em si. A soberania não encontraria limites "nem em poder, nem em responsabilidade, nem em tempo"[6].

De acordo com Carvalhal, Bodin, ao caracterizar o poder soberano como absoluto, perpétuo, indivisível, inalienável e imprescritível, buscava diferenciá-lo de institutos de direito privado, como a propriedade, agregando a noção de *imperium* em detrimento do *dominium*[7].

A única limitação ao poder soberano era encontrada nas leis divinas, pois "o príncipe soberano não tem poder para transpor os limites das leis naturais que Deus, das quais é imagem, instituiu"[8]. Em outra passagem, a relação entre o exercício do poder e a religião é explicitada:

> [...] depois de Deus, nada há de maior sobre a terra que os príncipes soberanos, instituídos por Ele como seus tenentes para mandar aos demais homens, é preciso prestar atenção à sua condição para, assim, respeitar e reverenciar sua majestade com a submissão devida e pensar e falar deles dignamente, já que quem menospreza o seu príncipe soberano, menospreza a Deus, de quem é sua imagem sobre a terra[9] (tradução nossa).

Para além de traçar os fundamentos teóricos do poder centralizador e unificador da estrutura organizativa da vida social, deve-se a Bodin a noção da existência de exercício de poder sobre um território. Dessa forma, o soberano é absoluto no seu espaço geograficamente delimitado. Fora dele, deve coordenar com outros igualmente soberanos[10].

---

[4] BONAVIDES, Paulo. *Teoria do Estado*. 6. ed. São Paulo: Malheiros, 2007, p. 34-35.
[5] BODIN, Jean. *Los seis libros de la República*. 4. ed. Madrid: Editorial Tecnos, 2006, p. 47.
[6] BODIN, Jean. *Los seis libros de la República*. 4. ed. Madrid: Editorial Tecnos, 2006, p. 49.
[7] CARVALHAL, Ana Paula Zavarize. *Constitucionalismo em tempos de globalização*: a soberania em crise? São Paulo: USP, 2014, p. 77.
[8] BODIN, Jean. *Los seis libros de la República*. 4. ed. Madrid: Editorial Tecnos, 2006, p. 64.
[9] BODIN, Jean. *Los seis libros de la República*. 4. ed. Madrid: Editorial Tecnos, 2006, p. 72.
[10] MADRUGA FILHO, Antenor Pereira. *Renúncia à imunidade de jurisdição pelo Estado brasileiro*. São Paulo: USP, 2001, p. 28.

O pensamento de Bodin é o representante maior da primeira fase da teorização do Estado moderno absolutista, atrelada à noção de monarquia absoluta de direito divino.

A segunda fase procura se afastar da vertente teológica, buscando a fundamentação do poder em outros fatores. O contexto histórico altera-se com o início do movimento iluminista e a busca pela justificação dos fenômenos sociais em processos regidos pela racionalidade.

Para Hobbes, a soberania seria decorrência do contrato social firmado entre os homens. Em prol da segurança, há escolha racional de sacrifício de parcela da liberdade. Nesses moldes, o poder exercido pelo soberano não encontraria limites nem mesmo na religião, que já não atua como fator justificador ou limitador, posto que a justificativa para o poder não está mais no elo divino entre governante e Deus, mas no pacto social estabelecido entre os homens[11].

Ainda sob bases contratualistas, Locke entendia que o estado de natureza seria regido pela ordem e pela razão. A troca da liberdade natural pelas limitações impostas pela sociedade civil seria um acordo dos homens entre si, em busca de uma vida mais confortável e segura[12].

De acordo com Rousseau, a soberania seria inalienável e indivisível por encontrar legitimação na vontade geral do povo, vislumbrada no exercício do poder legislativo e na produção das leis que, por serem fruto da vontade popular, de um povo inclinado naturalmente ao bem comum, jamais seriam injustas[13].

A partir da separação entre exercício do poder e a pessoa do soberano em si, paulatinamente, o conceito de Estado foi sendo construído. De acordo com Dinamarco, a soberania seria o elemento que fundamenta o exercício do poder

---

[11] Nas palavras do autor: "O poder soberano pode ser adquirido de duas formas. Uma pela força Natural, através da qual um homem obriga seus filhos a submeterem-se e a submetem seus próprios filhos à sua autoridade, sendo capaz de destruí-los em caso de recusa. Ou, ainda, da mesma forma que um homem poupa, durante a Guerra, a vida de seus inimigos, desde que se sujeitem à sua vontade. A outra é quando os homens concordam entre si submeterem-se voluntariamente a um Homem, ou a uma Assembleia de homens, esperando serem protegidos contra todos os outros. Este último é chamado de Estado Político, ou um Estado por *Instituição, enquanto primeiro é o Estado por Aquisição*". HOBBES, Thomas. *Leviatã ou matéria, forma e poder de um Estado eclesiástico e civil*. São Paulo: Ícone, 2008, p. 131.
[12] CARVALHAL, Ana Paula Zavarize. *Constitucionalismo em tempos de globalização*: a soberania em crise? São Paulo: USP, 2014, p. 80.
[13] CARVALHAL, Ana Paula Zavarize. *Constitucionalismo em tempos de globalização*: a soberania em crise? São Paulo: USP, 2014, p. 81.

nacional pelo Estado, que não seria detentor de todas as formas de poder, mas do comando global das suas manifestações, por ser considerado o "gerente nato do bem comum"[14].

Entendeu-se que o Estado, como unidade autônoma soberana, seria governado pelo poder centralizado sobre determinado território e população. Essa noção assentada nos elementos da soberania, do povo e do território foi o fundamento da origem do conceito-base de Estado[15].

A concepção foi consolidada no Tratado de Westfália, de 1648, que estabeleceu a soberania, em sistema de reconhecimento recíproco exclusivo e excludente, como o item central das relações entre os Estados, ao lado da igualdade dos entes políticos. Da mesma forma, o Estado foi definido como a unidade básica das relações internacionais[16].

Entendeu-se que integram o conceito de soberania, como duas faces da mesma moeda, a independência e a interdependência. Não por outra razão que se costuma dividir a soberania, para fins didáticos, em interna, absoluta, exercida pelo poder central e unitário, dentro dos limites geográficos do Estado, e externa, relativa, em igualdade formal com os outros Estados[17].

Desde então, variadas teorias buscaram explicar o poder exercido por esse novo instituto, o Estado moderno abstrato, separado do corpo de cidadãos, despersonalizado da figura do soberano como pessoa física individualizável.

O principal teórico do tema, Jellinek, defende que a soberania não seria um poder do Estado, mas um atributo, um dado histórico não absoluto para a definição

---

[14] DINAMARCO, Cândido Rangel. *A instrumentalidade do processo*. 15. ed. São Paulo: Malheiros, 2013, p. 103.

[15] Apesar das divergências conceituais sobre a sua caracterização, adota-se a definição básica de Bresser-Pereira para quem o Estado moderno: "é a autoridade suprema que deixa de se confundir com o monarca, e que rejeita o arbítrio real para assim se tornar a lei universal. É a instituição organizacional e normativa dotada de poder coercitivo. É, por um lado, a ordem jurídica à qual cabe o papel de coordenar e regular toda a atividade social, e, por outro, o aparelho formado por oficiais públicos (políticos e burocratas e militares) dotados do poder exclusivo e extroverso de legislar e tributar". BRESSER-PEIREIRA, Luiz Carlos. Estado, Estado-nação e formas de intermediação política. *Revista Lua Nova*, n. 100, p. 162-163, 2017.

[16] RAMOS, Mariana dos Anjos. O paradigma da soberania e a cooperação jurídica internacional. *In*: RAMOS, André de Carvalho; MENEZES, Wagner (org.). *Direito internacional privado e a nova cooperação jurídica internacional*. Belo Horizonte: Arraes Editores, 2015, p. 116.

[17] BERCOVICI, Gilberto. Estado. *In*: DIMOULIS, Dimitri. *Dicionário brasileiro de direito constitucional*. 2. ed. São Paulo: Saraiva, 2012, p. 385.

do conceito de Estado. Em sua opinião, o elemento essencial para o Estado seria a capacidade de auto-organização.

Sua maior contribuição para os estudos sobre a relação entre soberania e Estado é vislumbrada na compreensão de que o poder soberano estatal não é absoluto e encontra seus limites no direito. É um poder que pode autolimitar-se, já que é ele o criador da sua ordem jurídica[18].

Para Kelsen, outro grande estudioso da questão, *a contrario sensu*, a soberania não poderia ser separada em interna e externa, já que, no seu entender, quando um Estado submete-se externamente perante outro, perderia sua soberania interna.

Partindo dessa premissa, o direito internacional e o dever do Estado de observar a ordem jurídica internacional apenas se justificariam porque o direito internacional passaria a integrar o direito interno, sendo reconhecido pela ordem jurídica nacional.

Dessa forma, não haveria a subordinação de um Estado com relação a outro, ou do Estado a outro conjunto normativo nacional, mas a uma ordem jurídica internacional internalizada[19].

Em sentido oposto, Heller atrela soberania e poder ao entender como soberana a instituição que determina, por si mesma, o uso do próprio poder, impondo organização socioterritorial, figurando como "criador supremo das normas" e detentor da coação física legítima.

O Estado escolheria firmar tratados internacionais e, quando o faz, submete-se às regras ali estabelecidas. O direito internacional impõe deveres e obrigações ao Estado porque ele assim consentiu[20].

Não obstante as diferenças entre os pensadores citados, um traço claro que permeia as teorizações sobre Estado e poder soberano a partir do século XIX é a relação entre exercício do poder e regime jurídico.

De uma forma ou de outra, o ordenamento jurídico é tido como um limitador do poder soberano estatal. Há gradual modificação do *status* de legitimidade para o de legalidade e para a noção de Estado de Direito.

---

[18] BERCOVICI, Gilberto. Estado. *In*: DIMOULIS, Dimitri. *Dicionário brasileiro de direito constitucional*. 2. ed. São Paulo: Saraiva, 2012, p. 386.

[19] BERCOVICI, Gilberto. Estado. *In*: DIMOULIS, Dimitri. *Dicionário brasileiro de direito constitucional*. 2. ed. São Paulo: Saraiva, 2012, p. 387.

[20] HERMANN, Breno. *Soberania, não intervenção e não indiferença*: reflexões sobre o discurso diplomático brasileiro. Brasília: Fundação Alexandre de Gusmão, 2011, p. 82.

De acordo com Bonavides, na teoria geral do Estado teria havido a passagem do Estado absoluto para o Estado constitucional, do poder das pessoas para o poder das leis, ante a gradual compreensão de que "são as leis e não as personalidades, que governam o ordenamento social e político. A legalidade é a máxima de valor supremo e se traduz com toda energia no texto dos Códigos e das Constituições"[21].

Ainda segundo o autor, esse movimento teria tido três fases: a liberal, a dos direitos sociais e a democrática participativa. A primeira, calcada na separação dos poderes, teria surgido após a Independência Americana e a Revolução Francesa, e teria como parâmetros o positivismo, a autonomia da vontade e a imposição de limites ao poder de governar.

A segunda, ocorrida no século XIX, seria um movimento menos preocupado com a liberdade, teoricamente já conquistada, e mais com o senso de justiça, um anseio de cunho social ainda longe de ser alcançado. É nesse período, marcado pelo socialismo utópico de Owen e pelo socialismo social de Marx e Engels, que a preocupação com os direitos sociais se avulta e o Estado passa a ser demandado a garantir e realizar prestações positivas.

A terceira, fruto do movimento pós-guerra do século XX, estaria fundamentada no senso de democracia participativa, em que os direitos, independentemente de geração ou dimensão, são assegurados em normas de cunho principiológico que podem ser aplicadas de forma gradual ou ainda cederem diante de direitos de mesma envergadura, mediante a técnica da ponderação.

1.2. O ESTADO CONTEMPORÂNEO

Em meio a transformações de tamanha envergadura ocorridas nos últimos séculos, ainda que se considere a soberania, o povo e o território como os três pilares centrais do conceito de Estado, paulatinamente a concepção foi e vem sendo sutilmente ajustada e reconfigurada.

Exemplos podem ser encontrados na Convenção Pan-Americana sobre os Direitos e Deveres dos Estados de Montevidéu, de 1933, que elenca, dentre os elementos constitutivos do conceito de Estado, ao lado do governo soberano, da população permanente e do território determinado, a capacidade de entrar em relação com os demais.

Ainda no mesmo documento (art. 4º), assim como no preâmbulo da Carta das Nações Unidas, de 1945, é estabelecida a igualdade entre os Estados-membros.

---

[21] BONAVIDES, Paulo. *Teoria do Estado*. 6. ed. São Paulo: Malheiros, 2007, p. 41-51.

Decorrente dessa compreensão seria a impossibilidade de exercício de jurisdição de um Estado sobre o outro. No mesmo sentido, a Declaração de Direitos do Homem é importante instrumento que limita formalmente a soberania dos Estados em prol de valores como a paz e o respeito aos direitos humanos.

Para além das alterações na concepção do conceito em si, e nas relações entre os Estados no âmbito internacional, com a adoção de normativas transnacionais que regulam variados aspectos da atuação do poder estatal em um contexto de convivência global, outros fatores abalaram a noção de soberania estatal absoluta.

As últimas décadas foram marcadas pela pós-modernidade, expressão utilizada por filósofos e sociólogos como Bauman em referência ao período de passagem de um sistema de manufaturas para outro de serviços e informações, com profundas alterações no âmbito social e, em especial, nas relações interpessoais, cada vez mais superficiais e fugazes.

Apesar de não se tratar de expressão hegemônica, é a mais utilizada para tentar explicar a fase que se inicia após a Segunda Guerra Mundial, que vem sendo "entendida como período de revisão das heranças modernas e como momento histórico de transição no qual se ressente o conjunto dos descalabros da modernidade, produz rupturas e introduz novas definições axiológicas"[22].

Nesse contexto, as instituições sofreram grandes abalos, já que a ascensão e o triunfo do capitalismo em âmbito global fizeram surgir mercados integrados, que desconhecem fronteiras territoriais. É certo que o comércio internacional é fenômeno conhecido há séculos. Foi graças a ele que grandes acontecimentos históricos, como o ciclo de descobrimento das Américas, ocorreram.

A novidade residiu na alta conectividade e interligação das novas relações de mercado, iniciada com a expansão e internacionalização do sistema bancário norte-americano[23], que propiciou a troca instantânea de bens e serviços, independentemente da localização física dos agentes envolvidos.

A dinâmica do mercado e das empresas ocorre à margem da soberania estatal, gerando relações cada vez mais transacionais do que entre nações, entre Estados. A crescente e irrefreável integração dos mercados e da economia em nível global acabou por alterar a relação entre Estado e mercado, prejudicando a autonomia e a capacidade de ação política dos Estados[24]. Nas palavras de Faria:

---

[22] BITTAR, Eduardo Carlos Bianca. O direito na pós-modernidade. *Revista Sequência*, n. 57, p. 142, dez. 2008.
[23] ALVES, Ângela Limongi Alvarenga. *Limites e potencialidades da soberania estatal na pós--modernidade*. São Paulo: USP, 2017, p. 74.
[24] ALVES, Ângela Limongi Alvarenga. *Limites e potencialidades da soberania estatal na pós--modernidade*. São Paulo: USP, 2017, p. 72.

Em face do policentrismo decisório que caracteriza a economia globalizada, com suas hierarquias altamente flexíveis, entidades nacionais ou supranacionais híbridas e estruturas de comando cada vez mais diferenciadas e diversificadas, os Estados tendem a perder a posição de poder exclusivo na coordenação das ações coletivas[25].

A reconfiguração do mercado financeiro somente foi possível diante dos avanços tecnológicos experimentados nas últimas décadas. Na década de 1980, passou a ser utilizado termo que buscava traduzir as mudanças sociais e tecnológicas que estavam sendo experimentadas. Houve, paulatinamente, a substituição da expressão *sociedade pós-industrial* em prol de outra, *sociedade da informação*[26].

A nova nomenclatura busca descrever uma sociedade e sistema de trocas econômicas assentados mais na tecnologia e na circulação de informações e menos na produção industrializada de bens de consumo.

Segundo um dos maiores estudiosos do tema, Castells, a *sociedade da informação* apresentar-se-ia como um momento histórico único, tão marcante quanto a Revolução Industrial em momentos anteriores. A tecnologia da informação seria, para a sociedade de hoje, o que as novas fontes de energia foram para a transformação do trabalho braçal em fabril e para a reconfiguração social que a sucedeu[27].

As características dessa nova conformação social serão analisadas detidamente quando do estudo do ambiente digital. Por ora, basta a anotação de que a interligação dos mercados globais está intimamente ligada ao desenvolvimento tecnológico ocorrido no período, e que esse movimento impactou no aumento do grau de ingerência privada na regulação social.

No setor de tecnologia, empresas internacionais criam regulações próprias, como políticas e Termos de Uso, para normatizar as relações com usuários, com alcance global e independente da intervenção estatal direta.

---

[25] FARIA, José Eduardo. *Sociologia jurídica*: direito e conjuntura. 2. ed. São Paulo: Saraiva, 2010, p. 63.

[26] PEIXOTO, Erick Lucena Campos; EHRHARDT JR., Marcos. O direito à privacidade na sociedade da informação. *In*: LIMA, Alberto Jorge de Barros; PERREIRA NETTO, Antônio Alves; SOTTO-MAYOR, Lorena Carla Santos Vasconcelos; LIMA NETO, Manoel Cavalcante (org.). *I Encontro de pesquisas judiciárias da Escola Superior da Magistratura do Estado de Alagoas*. ENPEJUD: Poder Judiciário: estrutura, desafios e concretização dos direitos. Maceió: Fundesmal, 2016, p. 353.

[27] CASTELLS, Manuel. *A sociedade em rede*, vol. I. 6. ed. São Paulo: Paz e Terra, 2002, p. 68.

A desterritorialização surtiu efeitos também na deslocalização das relações sociais, que já não se assentam mais em um entorno físico estanque, sendo fluidas e variadas. O antagonismo entre as noções de global, nacional e local já não se faz mais presente como antes[28].

Nesse contexto, diversos mecanismos foram desenvolvidos para a interação entre os agentes que atuam no âmbito internacional. Alguns deles valem-se de instrumentos de cooperação jurídica internacional, com o intuito de que Estados prestem auxílio mútuo para o exercício da jurisdição, especialmente na vertente adjudicatória. Outros buscam a associação entre agentes governamentais, privados e do terceiro setor em arenas multissetoriais, como será oportunamente esmiuçado.

Contudo, antes de adentrar na seara das relações cooperativas entre Estados para o exercício do poder jurisdicional, de relevância ímpar para a tutela jurídica das relações plurilocalizadas que se desenvolvem *on-line*, há necessidade de se dar um passo atrás, com o estabelecimento de premissa essencial que justifica a necessidade da cooperação jurídica internacional em si: a jurisdição.

1.3. CONCEITO E CARACTERÍSTICAS DA JURISDIÇÃO

A ideia moderna de jurisdição em nada se assemelha com a *jurisdictio* clássica romana, que possuía caráter privado, não dotada de coercitividade, poder que estava alocado exclusivamente com o pretor. A jurisdição, nessa época, era meramente declaratória, como nos indica Silva.

Tanto que os interditos não eram considerados como exercício de poder jurisdicional, já que representavam um ato de vontade do pretor que não apenas declarava o direito, mas também proferia ordem de natureza pública que deveria ser cumprida[29].

---

[28] ALVES, Ângela Limongi Alvarenga. *Limites e potencialidades da soberania estatal na pós-modernidade*. São Paulo: USP, 2017, p. 77.

[29] SILVA, Ovídio A. Baptista da. *Jurisdição e execução na tradição romano-canônica*. 2. ed. São Paulo: Revista dos Tribunais, 1997, p. 26-27. Explica ainda que: "neste ponto torna-se indispensável um esclarecimento. O conceito de *jurisdição*, como de resto os demais conceitos, ou o modo como os romanos entendiam ou descreviam o que fosse *iurisdicitio*, sofreu, no curso do tempo, uma profunda transformação. Temos de ter presente que o direito moderno utilizou-se, em sua formação, das fontes romanas dos últimos períodos de sua história, especialmente do direito romano justinianeo, perante o qual tornara-se mais acentuada a equivalência entre *jurisdictio* e declaração oficial do direito, com função de 'composição da lide', em oposição a *imperium*, embora nos períodos mais remotos e

O vocábulo, que em sua origem latina adveio da junção das palavras *juris* e *dico* (dizer o direito), teve seu significado em muito ampliado, já que o juiz não mais apenas indica qual o direito aplicável, mas toma as medidas legais cabíveis para a sua concretização[30].

A aproximação com o conceito utilizado atualmente de exercício de uma das funções estatais começa a surgir na Idade Moderna, com a consolidação dos reinos e a paulatina transferência do poder das mãos dos senhores feudais para a figura do rei. A partir desse período, passou a ser uma das atribuições do soberano, ou de um seleto grupo de pessoas por ele selecionado, a resolução dos conflitos cotidianos.

Ao mesmo tempo, ao realizar o apaziguamento social, o soberano ou seus delegatários o faziam como expressão do seu poder, verificável também quando do exercício das funções legislativa e executiva.

Em um processo lento e gradual ocorrido ao longo dos séculos é que o Poder Judiciário passou a ser pensado e formulado conforme o conhecemos hoje: com hierarquia, autonomia e independência funcional.

Diversas são as teorias que buscam explicar a natureza da atividade jurisdicional do Estado[31]. Uma delas é a de Chiovenda, para quem os juízes atuam a vontade abstrata da lei.

---

mesmo no direito romano clássico, aquele conceito tivesse outro sentido. Com efeito, embora os poderes de *coerção* e todas as prerrogativas atribuídas ao *praetor* que pudessem significar a expressão de um ato de vontade, ou seja, de uma atividade imperativa, não se compreendessem na *iurisdictio*, mesmo no período das *legis actiones* (De Martino, p. 64), a nítida separação entre os conceitos de *ius dicere* e *judicare* certamente não fora feita pelos juristas deste período [...]". SILVA, Ovídio A. Baptista da. *Jurisdição e execução na tradição romano-canônica*. 2. ed. São Paulo: Revista dos Tribunais, 1997, p. 29-30.

[30] DINAMARCO, Cândido Rangel. *Instituições de direito processual civil*, v. I. 7. ed. São Paulo: Malheiros: 2013, p. 323. Como assertivamente pontua o mesmo autor: "se a formação etimológica de um vocábulo fosse suficiente para determinar sua extensão semântica, também o vocábulo *átomo* – que etimologicamente significa *sem partes* – estaria a definir uma unidade indivisível. Mas a física indica que, apesar do nome, átomo é um *núcleo que contém nêutrons e prótons* – ou seja, ele contém partes, embora o nome indique o contrário. Há também a *eletrosfera*, onde giram os átomos". DINAMARCO, Cândido Rangel. *Instituições de direito processual civil*, v. I. 7. ed. São Paulo: Malheiros: 2013, p. 324.

[31] Foge ao objetivo desta obra a apresentação de todas as teorias e vertentes a respeito de tema tão rico, influenciado por variadas correntes filosóficas e diferentes concepções sobre o Estado e o próprio direito. Para os fins que aqui interessam, serão apresentadas as principais concepções e as que tiveram maior impacto para o estudo e desenvolvimento do tema no Brasil. Para aprofundamento, consultar a excepcional obra: GONÇALVES, Marcelo Barbi. *Teoria geral da jurisdição*. Salvador: Juspodivm, 2020, p. 40-90.

De acordo com o seu pensamento, filiado à corrente dualista do ordenamento jurídico, com o direito pré-existindo à demanda, o Estado realizaria duas funções distintas: a de produção legislativa e a de aplicação do direito que torna a vontade abstrata da lei realidade no caso concreto sob análise.

Contudo, essa aplicação da lei abstrata dar-se-ia de duas formas distintas. O administrador observaria a lei como norma de conduta, como diretriz e parâmetro para sua atuação, não sendo ela um fim em si. Em sentido diverso, o juiz age para que a lei se realize. Esse é o seu objetivo, a sua finalidade[32].

As maiores críticas a essa compreensão no Brasil foram no sentido de que ela não explicaria as situações envolvendo bens indisponíveis, que necessariamente devem ser solucionadas mediante exercício do poder jurisdicional, e as decisões que versam sobre temas processuais.

Outra consideração é a de que a compreensão de Chiovenda não observaria a atividade criativa do magistrado quando da aplicação do direito, considerando-o mero aplicador da legislação abstrata que se vale da subsunção e abstém-se de qualquer interpretação, especialmente de cunho valorativo[33].

Essa última crítica parece desconsiderar o período histórico em que Chiovenda viveu e escreveu, a passagem do século XIX para o século XX, e a cientificidade que permeava todos os ramos do saber e a valorização da racionalidade objetiva. Também parece olvidar-se do contexto da sua produção, em que imperavam pressupostos filosóficos diversos e avultavam discussões quanto à autonomia científica do direito processual.

Para Allorio, a característica central da jurisdição não estaria na sua finalidade, atuação da lei, mas sim na sua forma, já que o ordenamento jurídico pode ser realizado de variadas maneiras, inclusive pelos particulares, quando observam voluntariamente a lei. A jurisdição apenas realizar-se-ia quando da produção de coisa julgada[34].

Calamandrei, partindo das premissas estabelecidas por Chiovenda, compreende que a jurisdição tem como objetivo a declaração da vontade concreta da lei, assentando o seu conceito nas figuras da *substitutividade* e da *declaratividade*[35].

---

[32] CHIOVENDA, Giuseppe. *Instituições de direito processual civil*, V. 2. 2. ed. São Paulo: Saraiva, 1965, p. 18-19.
[33] SILVA, Ovídio A. Baptista da. *Teoria geral do processo civil*. 3. ed. São Paulo: Revista dos Tribunais, 2002, p. 65.
[34] ALLORIO, Enrico. *Problemas de derecho procesal*, v. 2. Buenos Aires: Ediciones Juridicas Europa-América, 1963, p. 15.
[35] GONÇALVES, Marcelo Barbi. *Teoria geral da jurisdição*. Salvador: Juspodivm, 2020, p. 69.

Sua concepção considera que apenas os provimentos de natureza declaratória fariam coisa julgada, excluindo dessa compreensão as outras modalidades decisórias. As sentenças extintivas por ausência de pressupostos processuais não se caracterizariam como exercício de poder jurisdicional[36].

O conceito de jurisdição de Carnelutti perpassa necessariamente pela noção de justa composição da lide, solucionada mediante a prolação de sentença de natureza declaratória. Por essa razão, em sua formulação primeira, para a teoria carnelutiana, não haveria jurisdição no processo de execução forçada. A ausência de pretensão resistida afastaria a jurisdição voluntária da concepção de tutela jurisdicional do autor[37].

Inerente a todas essas concepções é a noção de que o Estado, ao mesmo tempo em que edita leis abstratas voltadas para a regulação da sociedade e para a paz social, as aplica de forma concreta quando do exercício da jurisdição.

Como observa Dinamarco: "diferentemente da administração e da legislação, a jurisdição se exerce somente *sobre casos concretos*, não dispondo para o futuro, mas para o presente e com relação a acontecimentos pretéritos"[38].

A essa colocação assertiva, quando se pensa nas tutelas prestadas nas ações declaratórias, constitutivas e condenatórias, deve ser adicionado o exercício da jurisdição para eventos futuros com potencialidade concreta de produzir efeitos, atos ilícitos, a fim de abarcar a tutela inibitória.

Na doutrina nacional, a mais notória definição de jurisdição é a de Cintra, Grinover e Dinamarco apresentada na obra *Teoria geral do processo,* que a define como *poder, função* e *atividade*: *poder* como possibilidade de decidir com imperatividade; *função* pelo encargo dos órgãos estatais de pacificar conflitos e *atividade* realizada pelo juiz ou pelo árbitro no processo[39].

Como será estudado, esse conceito é revisto por Grinover em sua obra de maturidade para abarcar outras formas de realização da atividade juris-

---

[36] SILVA, Ovídio A. Baptista da. *Teoria geral do processo civil*. 3. ed. São Paulo: Revista dos Tribunais, 2002, p. 66-67.
[37] SILVA, Ovídio A. Baptista da. *Teoria geral do processo civil*. 3. ed. São Paulo: Revista dos Tribunais, 2002, p. 68.
[38] DINAMARCO, Cândido Rangel. *Comentários ao Código de Processo Civil*, v. 1. In: GOUVÊA, Roberto Ferreira; BONDIOLI, Luis Guilherme Aidar; FONSECA, João Guilherme Naves da (org.). São Paulo: Saraiva Educação, 2018, p. 156.
[39] CINTRA, Antônio Carlos de Araújo; GRINOVER, Ada Pellegrini; DINAMARCO, Cândido Rangel. *Teoria Geral do Processo*. 30. ed. São Paulo: Malheiros, 2014, p. 149.

dicional desenvolvidas por entes não estatais, abrangendo também meios autocompositivos.

À atividade jurisdicional são atribuídos alguns traços distintivos básicos[40], em sua maioria assentados na premissa da presença da figura estatal. No decorrer do trabalho, será apresentada proposta que amplia o conceito de jurisdição para abarcar outros sujeitos e outras formas de solução de conflitos que não apenas a adjudicação estatal.

Contudo, para facilitar a compreensão, inicialmente serão indicadas as características tidas clássicas da jurisdição que, em segundo momento, serão repensadas diante da revisitação do conceito.

Por ora, importa destacar que se entende tratar-se de *atividade pública provocada*, já que os agentes aptos ao seu exercício, usualmente os juízes togados, observam o princípio da inércia e apenas agem quando instigados a tanto.

Da mesma forma, a jurisdição teria natureza *substitutiva*, pois com a proibição da autotutela, sua atuação está condicionada à resistência da parte que deveria ter cumprido voluntariamente com a obrigação que lhe cabia, mas não o fez. Diante desse cenário, a parte contrária viu-se obrigada a ajuizar demanda e buscar que um terceiro lhe conceda o bem da vida pretendido, alguém dotado de autoridade e a quem são asseguradas garantias de ordem pessoal.

A substitutividade apenas pode ser inserida entre as características da jurisdição quando se considera a situação em que o demandante possui o direito que alega. Caso a demanda seja julgada sem resolução do mérito ou improcedente, não há atividade que deveria ser realizada pelo demandado a ser substituída pelo juiz.

A *inevitabilidade* da jurisdição seria característica decorrente da relação de autoridade e sujeição existente entre o poder estatal e os particulares, posto que para ser parte passiva em um processo, o sujeito não precisa anuir ou concordar, basta que seja indicado como aquele que deve integrar o polo. Após a citação válida, terá oportunidade de alegar e comprovar eventual ilegitimidade. A impositividade lhe é decorrente.

O cenário descrito acima é típico do exercício da *jurisdição secundária*, a sua faceta mais conhecida. São possíveis as situações em que o demandado não poderia, ainda que assim o desejasse, satisfazer, no âmbito material, a pretensão

---

[40] CARNEIRO, Athos Gusmão. Jurisdição: noções fundamentais. *Revista de Processo*, vol. 19, p. 10-11, jul.-set. 1980; DINAMARCO, Cândido Rangel. *Instituições de direito processual civil*, v. I. 7. ed. São Paulo: Malheiros: 2013, p. 316-325.

do demandante sem a intervenção de um terceiro, tal como ocorre com a anulação do casamento, que exemplifica a *jurisdição primária*.

Pela autoridade da coisa julgada, a função jurisdicional alcança a *definitividade*, relativizada em hipóteses absolutamente excepcionais.

Ainda, por se tratar de um *múnus público*, a atividade jurisdicional seria *indeclinável*, assim como ao juiz, afora os casos de impedimento e suspeição, não é possível se eximir de julgar o feito. A vedação ao *non liquet* determina que a demanda seja analisada. Mesmo que não seja possível a resolução do mérito por não observância aos pressupostos processuais e condições da ação, haverá uma resposta estatal.

Ainda dentro das classificações tradicionais que permeiam o tema, mesmo que se entenda que a jurisdição é *una e indivisível*, no sentido de que é expressão de um poder estatal que não comporta fragmentações, didaticamente realiza-se a classificação das espécies de jurisdição de acordo com alguns critérios.

Dessa maneira, conforme sintetiza Dinamarco, de acordo com *o modo que o juiz se comporta diante do conflito*, a jurisdição pode ser contenciosa ou voluntária; caso o aspecto a ser analisado seja a *matéria*, ela é civil ou penal; segundo a *justiça competente*, pode ser comum ou especial (no caso brasileiro: federal, trabalhista, eleitoral ou militar); caso consideradas as *fontes do direito*, ela pode ser de direito ou de equidade e, por fim, conforme a *posição hierárquica*, ser inferior e superior[41].

Ainda de acordo com o mesmo autor, não obstante a existência de variadas classificações sobre a jurisdição, "a única distinção rigorosamente correta entre espécies de jurisdição é a que separa a jurisdição estatal e a arbitral"[42], pois outras divisões da jurisdição estatal (entre civil, penal e eleitoral, por exemplo) teriam apenas intuito didático, uma vez que todas são emanações especializadas do poder estatal.

A compreensão clássica de jurisdição aos poucos vai sendo adaptada à realidade social. Não é mais elemento estrutural do conceito que esse terceiro que exerce a jurisdição se encontre limitado à figura do juiz estatal, togado, aprovado em concurso público de provas e títulos que lhe conferiu investidura, podendo também ser o árbitro, escolhido livremente pelas partes em contrato privado.

---

[41] DINAMARCO, Cândido Rangel. *Instituições de direito processual civil*, v. I. 7. ed. São Paulo: Malheiros: 2013, p. 325.

[42] DINAMARCO, Cândido Rangel. *Instituições de direito processual civil*, v. I. 7. ed. São Paulo: Malheiros: 2013, p. 325; DINAMARCO, Cândido Rangel. *Comentários ao Código de Processo Civil*, v. 1. In: GOUVÊA, Roberto Ferreira; BONDIOLI, Luis Guilherme Aidar; FONSECA, João Guilherme Naves da (org.). São Paulo: Saraiva Educação, 2018, p. 156.

A conceituação de jurisdição moderna de Yarshell, assentada na heterocomposição, vislumbra: "(a) atividade pela qual (b) um terceiro se substitui aos sujeitos de uma dada controvérsia, (c) de forma imperativa, com o (d) escopo de eliminá-la [a controvérsia] mediante a atuação do direito objetivo"[43].

Da mesma forma, a desestatização da jurisdição passa a ser estudada para além dos métodos alternativos, mais adequadamente renomeados de adequados por parte da doutrina, para abarcar também outras figuras.

Entre elas, a jurisdição paraestatal realizada por "ente paraestatal não se integra na organicidade estatal, mas exerce uma atividade que conta com sua aquiescência ou, até mesmo, apoio"[44]. Como exemplos, cita-se a jurisdição eclesiástica e a indígena, reconhecida na Constituição Federal de 1988, no direito à autodeterminação, e de suma importância para diversos países da América Hispânica.

A jurisdição extraestatal, assim como a paraestatal, realiza-se fora do Estado, mas não é reconhecida por ele, embora possua participação popular e efetividade prática. Como destaca Gonçalves, essa modalidade não se confunde com os "tribunais do tráfico", que aplicam, de forma arbitrária, um direito imposto pelas organizações criminosas, em que sequer se cogita acerca da aplicação do devido processo, central para qualquer atividade jurisdicional.

Ainda de acordo com o autor, suas características básicas seriam: "(i) clientela formada por todos que violarem o direito instituído pela comunidade; (ii) relação conflitiva com as instituições estatais vinculadas à resolução de conflitos (Poder Judiciário; Ministério Público; polícia); (iii) julgamento de qualquer assunto, inclusive crimes de maior gravidade"[45].

Para Grinover, a figura da jurisdição é ainda mais ampla, passando a abarcar "acesso à justiça para a solução de conflitos, utilizando seus instrumentos – processo e procedimento – na busca da tutela jurisdicional justa e adequada e da pacificação social"[46].

A questão será retomada com mais detalhes, quando do estudo dos métodos *on-line* de resolução de conflitos e a sua adequação para as controvérsias originadas no ambiente digital.

---

[43] YARSHELL, Flávio Luiz. *Curso de direito processual civil*. São Paulo: Marcial Pons, 2014, p. 146.
[44] GONÇALVES, Marcelo Barbi. *Teoria geral da jurisdição*. Salvador: Juspodivm, 2020, p. 122-123.
[45] GONÇALVES, Marcelo Barbi. *Teoria geral da jurisdição*. Salvador: Juspodivm, 2020, p. 135.
[46] GRINOVER, Ada Pellegrini. *Ensaio sobre a processualidade*: fundamentos para uma nova teoria geral do processo. Brasília: Gazeta Jurídica, 2018, p. 7.

Superada, por ora, a questão conceitual do instituto da jurisdição, como bem assinalam Basso e Polido fazendo referência à jurisdição estatal, há necessidade de se verificar se o caso submetido ao juiz possui conexão internacional e, em caso positivo, se a jurisdição brasileira será a que, pelas normas nacionais, conhecerá do caso[47]. Depois, as regras de organização interna estabelecerão o juízo competente. Esse é o raciocínio lógico a ser aplicado.

Nas palavras de Liebman, a competência é "a quantidade de jurisdição cujo exercício é atribuído a cada órgão ou grupo de órgãos"[48]. Não é sem razão que se diz que a competência é a *medida da jurisdição*.

De acordo com Yarshell, as regras de competência funcionariam como fio condutor na passagem do abstrato para o concreto: entre o princípio da inafastabilidade do controle jurisdicional e a prestação em concreto da tutela jurisdicional[49].

Quando da verificação dos limites da jurisdição nacional no sistema brasileiro, duas possibilidades apresentam-se: a jurisdição concorrente, quando tanto o Estado brasileiro quanto o estrangeiro podem ser chamados para exercer jurisdição, ou a exclusiva, quando a atuação é apenas do Estado brasileiro e de nenhum mais.

Ambas serão detidamente analisadas no momento oportuno. Primeiro, há necessidade de estabelecimento das premissas que regulam o poder jurisdicional do Estado quando chamado a se pronunciar sobre relações jurídicas com elementos de estraneidade.

Esse entendimento será determinante para a melhor compreensão da legislação nacional e dos tratados internacionais em que o Brasil figura como signatário que versam sobre o tema da jurisdição internacional.

1.4. OS PRINCÍPIOS REGENTES DA JURISDIÇÃO INTERNACIONAL E DA COOPERAÇÃO JURÍDICA INTERNACIONAL

No contexto global vigente, os Estados são considerados como entes formalmente iguais, ainda que material e economicamente díspares, o que repercute

---

[47] BASSO, Maristela; POLIDO, Fabrício. Jurisdição e lei aplicável na internet: adjudicando litígios de violação de direitos da personalidade e as redes de relacionamento social. *In*: LUCCA, Newton de; SIMÃO FILHO, Adalberto (org.). *Direito e internet vol. II*: aspectos relevantes. São Paulo: Quartier Latin, 2008, p. 464.
[48] LIEBMAN, Enrico Tullio. *Manual de direito processual civil*. 3. ed. São Paulo: Malheiros, 2005, p. 198.
[49] YARSHELL, Flávio Luiz. *Curso de direito processual civil*. São Paulo: Marcial Pons, 2014, p. 178.

também nos princípios gerais norteadores das normas de delimitação do exercício da jurisdição internacional[50].

O primeiro deles é o princípio da *plenitudo jurisdicionis*, que orienta que o Estado tem o poder/dever de definir a sua própria jurisdição. Com relação ao seu território, ele seria pleno e ilimitado como regra geral. Eventuais restrições decorreriam de regras internas ou de compromissos internacionais assumidos em tratados assinados com outros Estados.

Por estar baseado no exercício da soberania dentro dos limites territoriais, Cintra, Grinover e Dinamarco denominam esse princípio como o da *aderência ao território*[51].

Decorreriam dele outros dois: o da *exclusividade* e o da *unilateralidade*. Pela exclusividade, os tribunais de cada Estado aplicariam as regras delimitadoras de jurisdição que integram a sua ordem jurídica. Já de acordo com a unilateralidade, o fato de um Estado entender que, conforme a normativa por ele observada não exerce jurisdição sobre um caso, não implica que o Estado indicado seja obrigado a conhecê-lo e julgá-lo. As normas delimitadoras de jurisdição são unilaterais.

O princípio da *commitas gentium* busca estabelecer e coordenar as regras de jurisdição internacional, reconhecendo as sentenças estrangeiras, respeitando as imunidades diplomáticas e a cooperação jurídica internacional.

O *princípio da não denegação de justiça* ou do *forum necessitatis* estabelece que, excepcionalmente, mesmo quando o tribunal acionado não se entenda como o jurisdicionalmente competente para análise de uma demanda com elementos de estraneidade, ele aprecie o feito.

Tal incidiria nos casos de conflito negativo de jurisdições e situações anômalas de guerra civil, calamidade pública e assemelhadas que impeçam a parte de levar a sua demanda ao juiz tido com jurisdição[52].

---

[50] JATAHY, Vera Maria Barrera. *Do conflito de jurisdições*: a competência internacional da justiça brasileira. Rio de Janeiro: Forense, 2003 p. 24-40; CAMARGO, Solano de. *Forum shopping*: modo lícito de escolha da jurisdição? São Paulo: USP, 2015, p. 41-58.

[51] CINTRA, Antônio Carlos de Araújo; GRINOVER, Ada Pellegrini; DINAMARCO, Cândido Rangel. *Teoria Geral do Processo*. 30. ed. São Paulo: Malheiros, 2014, p. 131.

[52] É o que ocorreu no estado de Roraima, ante a crise política, econômica e humanitária vivida pela Venezuela, em que milhares de venezuelanos se viram obrigados a sair de suas casas e cruzar a fronteira com o Brasil. Essas pessoas quando necessitam de prestação jurisdicional são obrigadas a procurar o Poder Judiciário brasileiro. Nessas hipóteses, mesmo que não haja elemento de conexão com o sistema jurídico brasileiro, essas demandas não estão sendo extintas, mas sim analisadas com base nessa principiologia. A agência para refugia-

No sistema europeu, o art. 6º da Convenção Europeia de Direitos Humanos, ao prever o direito a um julgamento justo a todos que se encontrem em solo europeu, seria o fundamento legal para essa compreensão.

Nas hipóteses em que as partes tenham firmado acordo prévio em que haja cláusula abrangendo a jurisdição aplicável, desde que observados os princípios gerais do direito internacional, especialmente o da ordem pública e o da vedação de fraude à lei, e que não se esteja diante de hipótese de jurisdição exclusiva, que será analisada adiante, tais pactuados devem ser observados, já que assentados na *autonomia da vontade*.

Com característica negativa, o princípio da *imunidade de jurisdição* informa que um Estado soberano não pode julgar outro detentor da mesma qualidade soberana sem o seu consentimento.

Como bem assinala Tiburcio, a soberania a ser respeitada é do Estado sobre o qual a jurisdição seria exercida. Quando o faz, o Estado do foro está observando um dos pilares do direito internacional, a reciprocidade. Ele próprio teria interesse em respeitar esse princípio visando situações futuras[53].

Em decorrência da sua aplicação, Estados estrangeiros e seus representantes, organizações internacionais, alguns navios, aeronaves e tropas internacionais não se submetem à jurisdição do foro.

Entende-se também que o Estado deveria deixar de realizar a prestação jurisdicional se vislumbrar, *a priori*, que a sentença a ser proferida não será reconhecida por outro Estado e não surtirá os efeitos pretendidos, tendo em vista a *efetividade* da decisão.

A ele se contrapõem outros dois: o *do maior interesse* e o da *jurisdição exorbitante*. Pelo primeiro, de origem histórica, haveria valoração consensual apriorística dos interesses subjacentes à demanda, com a preponderância de um deles. Exemplo seria o interesse do alimentando e a possibilidade de ajuizar demanda alimentícia no seu foro, e não no do demandado, conforme a regra geral.

Por fim, a jurisdição exorbitante permitiria que um Estado aprecie uma demanda desde que o caso apresente conexão suficiente com o foro. O princípio

---

dos da ONU firmou recentemente acordo nesse sentido com o Estado brasileiro. *ACNUR: acordos de cooperação vão acelerar integração de venezuelanos em Roraima*. Disponível em: https://nacoesunidas.org/acnur-acordos-de-cooperacao-acelerar-integracao-venezuelanos--roraima/. Acesso em: 3 dez. 2022.

53 TIBURCIO, Carmen. *Extensão e limites da jurisdição brasileira*: competência internacional e imunidade de jurisdição. Salvador: Juspodvim, 2016, p. 256-257.

seria controverso, pois a sua aplicação automática poderá fazer com que a jurisdição seja sempre atraída para o foro do nacional, que buscaria as mais variadas vantagens advindas dessa situação. Tal será retomado quando da análise do tema para os casos de violação de direitos ocorrida na seara da internet e as teorias aplicáveis para a definição do foro.

Ainda dentro do contexto da interação entre entes estatais e exercício do poder jurisdicional, há muito admite-se a cooperação jurídica internacional entre Estados para a persecução de objetivos comuns.

O desenvolvimento da concepção de Estado, de uma organização burocrática voltada para o exercício do poder soberano do rei, para uma construção com personalidade jurídica própria, desvinculada da pessoalidade do soberano, que garante e promove direitos de cunho constitucional, alterou também a forma com que ele se relaciona no plano internacional.

Desde o Tratado de Westfália, de 1648, os Estados passaram a adotar sistema de reconhecimento recíproco de soberania exclusiva e excludente, exercida apenas sobre determinado território e população. Essa concepção foi replicada na Carta das Nações Unidas, de 1945.

No entanto, como já demonstrado, desde a Paz de Westfália, e especialmente no curso do século XX, variados fatores repercutiram e alteraram o conceito de soberania estatal.

Atualmente, os Estados precisam adequar-se a um novo cenário em que, além da premissa de reconhecimento de igualdade formal entre Estados, outros entes não governamentais passaram a atuar de forma decisiva no cenário mundial. Nesse contexto, é através da cooperação que o Estado alcançará o que antes podia lograr sozinho dentro do seu território[54].

A cooperação jurídica internacional é definida por Ramos como o "conjunto de regras internacionais e nacionais que rege atos de colaboração entre Estados, ou mesmo entre Estados e organizações internacionais, com o objetivo de facilitar o acesso à justiça"[55].

---

[54] RAMOS, Mariana dos Anjos. O paradigma da soberania e a cooperação jurídica internacional. *In*: RAMOS, André de Carvalho; MENEZES, Wagner (org.). *Direito internacional privado e a nova cooperação jurídica internacional*. Belo Horizonte: Arraes Editores, 2015, p. 120.

[55] RAMOS, André de Carvalho. Direito internacional privado e seus aspectos processuais: a cooperação jurídica internacional. *In*: RAMOS, André de Carvalho; MENEZES, Wagner (org.). *Direito internacional privado e a nova cooperação jurídica internacional*. Belo Horizonte: Arraes Editores, 2015, p. 3.

Por excelência, a cooperação jurídica internacional estabeleceu-se, e ainda se estabelece entre Estados, o que justifica ser esse o foco momentâneo da análise.

Não por outro motivo, de forma mais direta, Araújo informa que a "cooperação jurídica internacional, que é a terminologia consagrada, significa, em sentido amplo, o intercâmbio internacional para o cumprimento extraterritorial de medidas processuais do Poder Judiciário de outro Estado"[56].

O pressuposto da atuação conjunta dos Estados para a persecução de objetivos compartilhados é a limitação territorial do poder jurisdicional, que determina que um Estado solicite o auxílio de outro quando suas necessidades, ligadas à prestação jurisdicional, transbordam limites geográficos.

A assistência jurídica entre Estados iniciou-se na esfera penal em uma tentativa de suplantar o uso exclusivo da via diplomática, morosa e burocrática, até então utilizada com esse intuito[57].

Apenas em um segundo momento houve expansão para outras vertentes, com elaboração de tratados temáticos que estabeleceram metodologias para o auxílio jurisdicional entre Estados.

Como destacam Oliveira e Aguiar, um dos primeiros diplomas internacionais firmados pelos países americanos para a proteção de direitos humanos, a Convenção de Havana de Direito Internacional Privado, conhecida como Código Bustamante, internalizada no Brasil em 1929, já previa que a cooperação internacional entre os signatários poderia se realizar por qualquer modo convencionado[58].

Diversos tratados subsequentes continuaram disciplinando a troca de informações entre Estados para além do uso da estrutura diplomática. Durante os anos 1970, 1980 e 1990, variados pactos foram assinados valendo-se de outros instrumentos, em especial a autoridade central.

Antes de introduzir, ainda que sucintamente, as principais modalidades de cooperação jurídica internacional, cabe apresentação sobre a estrutura básica em que esses instrumentos estão inseridos.

---

[56] ARAÚJO, Nádia. A importância da cooperação jurídica internacional para a atuação jurídica do Estado brasileiro no plano interno e internacional. In: RAMOS, André de Carvalho; CASELLA, Paulo Borba (org.). *Direito internacional*: homenagem a Adherbal Meira Mattos. São Paulo: Quartier Latin, 2009, p. 99.

[57] OLIVEIRA, Henrique Gentil; AGUIAR, Júlio Cesar de. Novos paradigmas da cooperação jurídica internacional e o conceito contemporâneo de soberania. *Revista do Direito Público*, v. 12, n. 2, p. 83, ago. 2017.

[58] OLIVEIRA, Henrique Gentil; AGUIAR, Júlio Cesar de. Novos paradigmas da cooperação jurídica internacional e o conceito contemporâneo de soberania. *Revista do Direito Público*, v. 12, n. 2, p. 86, ago. 2017.

De acordo com Ramos, a configuração padrão dos atos de cooperação jurídica internacional conta com: I) *sujeitos*; II) *vias de comunicação*; III) *pedido*; e IV) *veículo de transmissão do pedido*[59].

Os *sujeitos* se dividem em imediatos, aqueles que formalmente respondem o pleito cooperacional, e mediatos. Usualmente, na posição imediata, se encontram os Estados, mas as organizações internacionais também podem ocupar esse posto. Os sujeitos mediatos são aqueles que terão suas esferas de direitos afetadas pela cooperação.

A via de comunicação costuma ser o ponto mais destacado dentro da temática da cooperação jurídica internacional.

Ela pode ocorrer através de *meios diplomáticos e consulares*, um instrumento moroso, por não ser via exclusiva e especializada, e altamente burocrático[60] e *de autoridade central*, órgão de comunicação estabelecido em cada Estado e previsto em tratados internacionais para atuar como intermediador e facilitador dos atos de cooperação entre os Estados signatários.

Na contemporaneidade, é a forma de atuação cooperacional por excelência dos tratados internacionais, por ser órgão especializado, mais ágil que a via diplomática e habilitado para realização das funções, o que aumentaria a confiança entre os parceiros. A via diplomática teria atuação premente na ausência de tratados entre os Estados.

---

[59] RAMOS, André de Carvalho. Direito internacional privado e seus aspectos processuais: a cooperação jurídica internacional. *In*: RAMOS, André de Carvalho; MENEZES, Wagner (org.) *Direito internacional privado e a nova cooperação jurídica internacional*. Belo Horizonte: Arraes Editores, 2015, p. 6 e s.

[60] A explicitação de André de Carvalho Ramos sobre a tramitação dos pedidos de cooperação na via diplomática evidencia a problemática: "o fluxo tradicional dessa via é o seguinte: 1) o pleito emanado de autoridade judicial ou do Ministério Público é transmitido ao Ministério da Justiça (ou, a depender do país, diretamente ao Ministério das Relações Exteriores), 2) que o encaminha ao Ministério das Relações Exteriores. Após, 3) o pleito é enviado ao posto diplomático do Estado Requerido, que o 4) enviará ao Ministério das Relações Exteriores do Estado Requerido, que, por sua vez, 5) o encaminhará tradicionalmente ao Ministério da Justiça para que este 6) localize a autoridade competente para análise (há casos de necessidade de prévia aprovação) e cumprimento do pedido. O retorno do pleito realizado – ou indeferido – também se dará pelo cumprimento desse demorado fluxo (que é alvo de críticas sarcásticas da doutrina)". RAMOS, André de Carvalho. Direito internacional privado e seus aspectos processuais: a cooperação jurídica internacional. *In*: RAMOS, André de Carvalho; MENEZES, Wagner (org.) *Direito internacional privado e a nova cooperação jurídica internacional*. Belo Horizonte: Arraes Editores, 2015, p. 8.

O órgão que realizará tais funções é de livre escolha por qualquer Estado. No Brasil, inexiste uma autoridade central única que atue em todos os tratados firmados pelo país. Usualmente, a função é realizada por órgãos do Ministério da Justiça ou, ainda, pela Procuradoria-Geral da República.

Outras vias para a cooperação jurídica internacional são o *contato direto*, geralmente utilizado por Estados integrados, em aproximação do que ocorre entre estados federados, e o *uso de formas simplificadas de comunicação*, tais como a via postal ou assemelhadas.

Com base nos tratados internacionais, o *pedido*, na seara da cooperação internacional, pode consubstanciar-se em: pedido de envio de pessoa; pedido de assistência jurídica, pedido de homologação de sentença estrangeira, pedido de transferência de processos e pedido de transferência de sentenciado.

Os *veículos* que tradicionalmente transmitem esses pleitos são a carta rogatória, as ações de extradição, ações de homologação de sentença estrangeira, ações de auxílio direto, o procedimento de transferência de presos, o procedimento de transferência de sentenciados, e outros.

O rol não é taxativo. Como alerta o professor Ramos, "os pedidos podem ser veiculados por diferentes veículos, o que aumenta a complexidade do estudo da matéria"[61]. Alguns deles, pela sua pertinência com a temática desta obra, serão objeto de estudo detalhado quando da apresentação da regulação das relações plurilocalizadas, no capítulo subsequente.

Por ora, cabe a colocação de Polido, para quem a estrutura da cooperação jurídica internacional até então praticada entre Estados e organizações internacionais, com ênfase na proliferação de tratados e acordos internacionais entre as décadas de 1970 e 1990, não é capaz de absorver o caráter multijurisdicional e transnacional das interações e dos litígios plurilocalizados oriundos das relações em rede[62].

Como visto, a maioria dos mecanismos de cooperação jurídica internacional vale-se de meios analógicos, instrumentos cartoriais, autoridades centrais ou órgãos de enlace. As noções de reciprocidade, de busca de alternativas às vias

---

[61] RAMOS, André de Carvalho. Direito internacional privado e seus aspectos processuais: a cooperação jurídica internacional. *In*: RAMOS, André de Carvalho; MENEZES, Wagner (org.) *Direito internacional privado e a nova cooperação jurídica internacional*. Belo Horizonte: Arraes Editores, 2015, p. 14.

[62] POLIDO, Fabrício Bertini Pasquot. *Direito internacional privado nas fronteiras do trabalho e da tecnologia*: ensaios e narrativas na era digital. Rio de Janeiro: Lumen Juris, 2018, p. 76.

diplomáticas que lhe são inerentes, ainda se assentam nas premissas da soberania e da territorialidade[63].

Pelo momento, basta apresentação do quadro geral da principiologia e da estrutura inerentes ao exercício do poder jurisdicional para situações plurilocalizadas. Na sequência, será analisado o aparato normativo nacional e internacional construído com base nessas premissas.

---

[63] POLIDO, Fabrício Bertini Pasquot. *Direito internacional privado nas fronteiras do trabalho e da tecnologia*: ensaios e narrativas na era digital. Rio de Janeiro: Lumen Juris, 2018, p. 86.

2
NORMAS PROCESSUAIS PARA A TUTELA DE SITUAÇÕES COM ELEMENTO DE ESTRANEIDADE

2.1. NORMAS DELIMITADORAS DA JURISDIÇÃO INTERNACIONAL

Na seara do direito internacional, por muito tempo, as atenções voltaram-se para as questões relacionadas ao direito material aplicável em temas como nacionalidade, estatutos pessoais, obrigações e direitos reais quando da presença de situações plurilocalizadas.

Contudo, o conflito de leis no espaço aos poucos perde seu *status* de objeto central da disciplina, especialmente pela uniformização dos elementos de conexão e da normatização internacional, abrindo caminho para discussões relacionadas ao direito processual internacional, com destaque para as questões referentes à jurisdição e à cooperação internacional[1].

O direito processual internacional gravita em torno de dois eixos principais: formação de provimentos jurisdicionais, relacionados aos limites internacionais da jurisdição estatal, e circulação e execução desses provimentos[2].

Pelo momento, nos ocuparemos da primeira vertente para, na sequência, em tópico apartado, nos dedicarmos às previsões legislativas acerca dos mecanismos de cooperação jurídica internacional relativas à segunda vertente e, mais adiante, sobre o sistema de reconhecimento e homologação de sentenças estrangeiras.

Na inexistência de órgão supranacional munido de imperatividade, cabe ao Estado fixar diretrizes e limites para o exercício do seu poder jurisdicional. Usualmente, o faz calcado em três razões centrais: I) impossibilidade ou dificuldade em

---

[1] BABO, Caio Gonzales de. Fundamentos da cooperação jurídica internacional. *Revista de Direito Constitucional e Internacional*, v. 82, p. 335, jan.-mar. 2013.

[2] DINAMARCO, Cândido Rangel. *Comentários ao Código de Processo Civil*, v. 1. In: GOUVÊA, Roberto Ferreira; BONDIOLI, Luis Guilherme Aidar; FONSECA, João Guilherme Naves da (org.). São Paulo: Saraiva Educação, 2018, p. 215.

cumprir decisões de juízes nacionais em território estrangeiro; II) irrelevância de alguns conflitos, considerando os interesses que ao Estado compete preservar; e III) a conveniência política de manter padrões de reciprocidade com outros Estados[3].

Em estudo já clássico sobre a temática, Mesquita sistematiza as demandas cuja resolução interessariam à soberania nacional:

> a) causas cuja decisão demande aplicação do Direito nacional, independentemente da nacionalidade do território onde se devam produzir os efeitos da sentença; b) as causas cujas sentenças devam produzir efeitos dentro do território do Estado, independentemente da nacionalidade do Direito aplicável na sua decisão; e c) os processos de execução de sentença ou títulos executivos extrajudiciais, que demandem a prática de atos executórios sobre pessoas ou bens que, por estarem no território nacional, se acham submetidos ao ordenamento jurídico nacional[4].

Não por outra razão, Carnelutti entendia que nem sempre o exercício da jurisdição é realizado somente com estrita observância aos limites territoriais do Estado, sendo possível que, excepcionalmente, extrapole os contornos físicos, posto que "o poder jurisdicional é de tudo independente do espaço e do tempo"[5].

No entanto, o próprio mestre advertia que, apesar de inexistirem limites lógicos para a jurisdição, sendo possível a um juiz italiano decidir qualquer lide envolvendo italianos ou estrangeiros, estando os bens localizados na Itália ou em outro país, ou, ainda, versando o feito sobre fatos ocorridos ou não na Itália, a esse comando judicial faltaria a característica essencial da força executiva, do *imperium*, ante os limites jurisdicionais estabelecidos pelo poder legislativo do outro Estado[6].

A mesma noção permeia os estudiosos nacionais que defendem que o exercício da jurisdição pelo juiz nacional, quando diante de demanda com elementos

---

[3] DINAMARCO, Cândido Rangel. *Instituições de direito processual civil*, v. I. 7. ed. São Paulo: Malheiros: 2013, p. 342.

[4] MESQUITA, José Ignácio Botelho de. Da competência internacional e dos princípios que a informam. *Revista de Processo*, v. 50, p. 56, abr.-jun. 1988.

[5] CARNELUTTI, Francesco. Limiti della Giuridizione del Giudice italiano. *Revista de Diritto Processuale*, p. 219, 1931. Cabe destacar aqui que o mestre italiano se referia à possibilidade de o juiz italiano conhecer e julgar lide entre dois nacionais sobre bem imóvel situado na Argentina. O professor faz a distinção entre o direito material a ser aplicado, que observando o conceito-quadro e o elemento de conexão seria o do local do bem, no caso o argentino, e a diferença entre essa constatação e a definição sobre o juízo incidente.

[6] CARNELUTTI, Francesco. Limiti della Giuridizione del Giudice italiano. *Revista de Diritto Processuale*, p. 218-219, 1931.

de estraneidade, deve se assentar em *efetividade, conveniência e viabilidade* do provimento jurisdicional emanado[7].

A jurisdição seria estabelecida pelo direito interno para abarcar os litígios que possam interferir na ordem pública nacional. A necessidade de economia de recursos, em sentido amplo, estaria no fundamento da escolha dos conflitos abrangidos pela jurisdição nacional.

Outro fator que orientaria essa escolha seria a convivência harmônica entre Estados, o que vedaria o exercício da jurisdição sobre bens, interesses e agentes diplomáticos de outros Estados soberanos, hipótese conhecida como imunidade de jurisdição[8].

Assim, há que se observar se não se está diante de hipótese de jurisdição exclusiva de outro Estado, definida pela sua legislação interna. Caso a situação sob análise enquadre-se nessa espécie de exercício jurisdicional, qualquer provimento estrangeiro não terá chance de ser efetivado, especialmente se implicar a realização de atos com cunho executório.

Tratando-se de atos voltados para constrição de bens móveis, hipótese geralmente de jurisdição concorrente entre Estados, será admitido o uso da via cooperacional, seja por carta rogatória, seja pelo procedimento de reconhecimento de sentenças estrangeiras.

Mesmo na jurisdição concorrente, nem sempre o exercício do poder jurisdicional pelo Estado será efetivo, ante a morosidade inerente aos mecanismos de cooperação jurídica internacional, incompatíveis com as tutelas preventivas e com o princípio da celeridade da prestação jurisdicional para demandas de qualquer natureza.

Não por outra razão, muitos defendem a possibilidade de controle prévio do juízo que conhecerá e analisará o feito quando o foro se apresenta como inconveniente ou inadequado para demandas com elementos de estraneidade.

O juízo escolhido seria aquele que se apresenta como o mais neutro possível, que não prejudica ou beneficia em demasia qualquer das partes e aparenta possuir

---

[7] DINAMARCO, Cândido Rangel. *Comentários ao Código de Processo Civil*, v. 1. *In*: GOUVÊA, Roberto Ferreira; BONDIOLI, Luis Guilherme Aidar; FONSECA, João Guilherme Naves da (org.). São Paulo: Saraiva Educação, 2018, p. 216-217; CARNEIRO, Athos Gusmão. *Jurisdição e competência*. 15. ed. 2. tir. São Paulo: Saraiva: 2008, p. 75; ASSIS, Araken de. *Processo civil brasileiro*, v. 1. 2. ed. São Paulo: Revista dos Tribunais, 2016, p. 589-590.

[8] DINAMARCO, Cândido Rangel. *Instituições de direito processual civil*, v. I. 7. ed. São Paulo: Malheiros: 2013, p. 345-346.

mais condições de realizar, de forma adequada, a prestação jurisdicional, afastando o chamado *forum non conveniens*.

A figura teria surgido na Escócia, como um *remedy* da *equity*[9]. O marco mais seguro do seu nascimento seria o julgado no caso *Longworth v. Hope*, de 1865[10]. Paulatinamente, passou a ser utilizada em países de *common law*, com início na Inglaterra e posterior ampliação para outros Estados com a mesma matriz estrutural.

Os países de *civil law,* por terem delimitações mais rígidas para definição do exercício da jurisdição, não seriam muito simpáticos a essa figura, mais relacionada aos países do *common law* e suas ex-colônias, tais como Taiwan.

No Brasil, a tradição jurídica não admite, de maneira explícita, a exceção do *forum non conveniens* ante a existência de certa resistência em deixar de julgar casos de jurisdição concorrente.

Segundo analisa Tiburcio: "a lógica adotada tem sido exercer a jurisdição nas hipóteses descritas pelo legislador, independentemente de outros aspectos como a vontade das partes ou o interesse na boa administração da justiça, o que é criticável"[11].

O fundamento para afastar o exercício do poder jurisdicional, mesmo em casos em que o deslocamento ocorresse em razão do domicílio das partes, ou pudesse imprimir mais agilidade na localização e colheita de provas, hipóteses admitidas pela jurisprudência internacional[12], reside no princípio da inafastabilidade da jurisdição[13], previsto no art. 5º, XXXV, da Constituição Federal e reiterado no art. 3º do Código de Processo Civil.

---

[9] A *equity* pode ser entendida como um conjunto de princípios jurídicos, com origem remota no direito natural, destinados à atuação sobre pessoas, sobre o seu agir pessoal, e apenas indiretamente sobre bens. Esse ramo do *common law* se desenvolveu com base em máximas e precedentes próprios através dos quais foram estabelecidos e elaborados instrumentos jurídicos aptos a tutelar o direito material, os *remedies*. GRINGS, Maria Gabriela. *Publicidade processual, liberdade de expressão e super-injunction*. São Paulo: Revista dos Tribunais, 2019, p. 41 e s.

[10] CAMARGO, Solano de. *Forum shopping*: modo lícito de escolha da jurisdição? São Paulo: USP, 2015, p. 86.

[11] TIBURCIO, Carmen. *Extensão e limites da jurisdição brasileira*: competência internacional e imunidade de jurisdição. Salvador: Juspodvim, 2016, p. 209.

[12] YELLEN, James D. Forum non conveniens: standards for the dismissal of actions from United States Federal Courts to foreign tribunal. *Fordham International Law Journal*, vol. 5, issue 2, p. 540, 1981.

[13] ASSIS, Araken de. *Processo civil brasileiro*, v. 1. 2. ed. São Paulo: Revista dos Tribunais, 2016, p. 593; DINAMARCO, Cândido Rangel. *Comentários ao Código de Processo Civil,*

Em capítulo específico, será verificado que a lógica inerente ao instituto do *forum non conveniens* permeia várias das soluções adotadas em outros países para as situações plurilocalizadas de violação *on-line* de direitos.

2.2. A ABORDAGEM DO LEGISLADOR NACIONAL

2.2.1. As previsões anteriores ao Código de Processo Civil de 1973

O Código Civil de 1916 já demonstrava preocupação com as situações com elementos de estraneidade. Foram elaborados dispositivos determinando a legislação aplicável a vários conceitos-quadro, com escolha do elemento de conexão correspondente.

Interessa-nos a previsão contida no art. 15, de que a jurisdição, equivocadamente nomeada de competência, seria exercida pelos tribunais brasileiros sempre que o demandado residisse ou fosse domiciliado no país, e demandado por obrigações e responsabilidades, independentemente do local em que foram contraídas ou assumidas[14].

O Supremo Tribunal Federal interpretava o artigo de formal literal, posicionando-se em prol da jurisdição exclusiva nacional, em claro *lexforismo*, afastando, inclusive, a submissão voluntária à outra jurisdição.

Possível influência nesse sentido seria a experiência francesa que, de modo geral, fixa sua jurisdição para todos os casos em que autor ou réu sejam franceses[15].

---

v. 1. *In*: GOUVÊA, Roberto Ferreira; BONDIOLI, Luis Guilherme Aidar; FONSECA, João Guilherme Naves da (org.). São Paulo: Saraiva Educação, 2018, p. 221.

[14] Vera Maria Barrera Jatahy informa que Haroldo Valladão teria investigado as razões históricas inerentes à redação do artigo, e que elas estariam voltadas não à proteção do residente ou domiciliado no Brasil, mas da parte contrária que teria opção de ajuizamento da demanda no foro estrangeiro ou no brasileiro, por se tratar de competência concorrente e não exclusiva. Mesmo que haja possibilidade de ajuizamento da demanda no local de assunção da obrigação ou da ocorrência do dano, e também no local de residência ou domicílio do demandado, o que não parece ser a interpretação dominante à época, a impressão é a de que a posição mais vantajosa gerada por essa hipótese continua sendo a do demandado que poderá se valer da *lex fori* do local em que habita, com inúmeras vantagens para a realização dos atos processuais em geral. JATAHY, Vera Maria Barrera. *Do conflito de jurisdições*: a competência internacional da justiça brasileira. Rio de Janeiro: Forense, 2003 p. 24-40; CAMARGO, Solano de. *Forum shopping*: modo lícito de escolha da jurisdição? São Paulo: USP, 2015, p. 85-86.

[15] TIBURCIO, Carmen. *Extensão e limites da jurisdição brasileira*: competência internacional e imunidade de jurisdição. Salvador: Juspodvim, 2016, p. 38-39.

O Código de Processo Civil de 1939 não se ocupou da delimitação da jurisdição internacional, objeto da Lei de Introdução ao Código Civil de 1942.

De acordo com Liebman, o art. 134, § 1º, do diploma processual, que disciplinava o ajuizamento de demanda no domicílio do autor, quando o réu não tivesse domicílio ou residência no Brasil, ou quando não era possível determinar a jurisdição, deveria ser compreendido com certa parcimônia.

O artigo teria inspiração italiana, mas, ao contrário do sistema de origem, em que as hipóteses de exercício da jurisdição italiana eram previstas taxativamente, o Brasil adotaria sistema indireto de determinação da jurisdição nacional.

Com isso, o dispositivo deveria ser interpretado como norma de caráter supletivo, para os casos de definição de competência interna territorial. Diz Liebman:

> Não fornece título de submissão da controvérsia à jurisdição brasileira, mas, ao contrário, o pressupõe. Em outros termos: ele não é suficiente para tornar uma causa sujeita à jurisdição brasileira, se a ela já não estiver submetida por outros motivos. Serve, ao contrário, unicamente para determinar o juiz territorialmente competente, na hipótese em que uma causa deve ser decidida por um juiz brasileiro, e sejam inaplicáveis em concreto os critérios ordinários estabelecidos pela lei para distribuição da competência territorial[16].

Comparando a redação do Código Civil de 1916, as hipóteses de exercício da jurisdição brasileira foram mais bem explicitadas no diploma de 1942, ainda que de forma incipiente, já que a abordagem optou por abarcar apenas algumas situações.

O *caput* do art. 12 estabeleceu a jurisdição brasileira para os casos de réu domiciliado no Brasil, ou quando aqui a obrigação tiver que ser cumprida. No parágrafo único, foi prevista jurisdição exclusiva sobre bens imóveis situados no Brasil, com a possibilidade de concessão de *exequatur* para as cartas rogatórias estrangeiras, em clara admissão de jurisdição concorrente para as demais hipóteses, no § 2º.

Um dos projetos mais conhecidos de reforma da Lei de Introdução foi encabeçado por Haroldo Valladão na década de 1960. Intitulado *Lei Geral de Aplicação das Normas Jurídicas*, buscava ampliar a jurisdição concorrente nacional, abrangendo, por exemplo, a eleição de foro.

Da mesma forma, classificou como hipóteses de jurisdição exclusiva, além das demandas envolvendo imóveis situados no Brasil, também obrigações exequíveis

---

[16] LIEBMAN, Enrico Tulio. *Estudos sobre o processo civil brasileiro*. Araras: Bestbook, 2001, p. 20.

em território nacional, contratos de transporte com destino final no Brasil, entre outros[17]. O Projeto não chegou a ser votado e foi retirado[18].

Na década de 1990, Comissão de especialistas em direito internacional, incluindo Jacob Dolinger e Rubens Limongi França, apresentou anteprojeto de reforma da Lei de Introdução, posteriormente transformado no Projeto de Lei 4.905/1995. A ênfase recaiu nas normas de direito material e na cooperação jurídica internacional. No entanto, a iniciativa não avançou no trâmite legislativo[19].

2.2.1.1. Os Códigos de Processo Civil de 1973 e 2015[20]

O Código de Processo Civil de 1973 supriu a lacuna da legislação de 1939 na delimitação da jurisdição internacional, que, até a codificação, era regida exclusiva-

---

[17] Conforme Donaldo Armelin: "Anteprojeto do Código de Aplicação das Normas Jurídicas, de autoria do Prof. Haroldo Valladão, que pretende regrar a competência internacional no seu art. 66 e §§, merecendo, pois, apreciação, posto que sucinta. Assim, segundo o § 1º do mencionado artigo, os tribunais brasileiros serão competentes, além dos casos determinativos da competência constantes do Código de Processo Civil (LGL\1973\5) e de outros textos legais, nos seguintes; a) se tiverem sido eleitos especialmente; b) se se tratar de negócio jurídico regido pela lei brasileira; c) se o réu possuir bens no Brasil; d) se apenas no Brasil for possível tornar efetivo o direito em causa. Já o § 2º fixa a competência exclusiva dos tribunais brasileiros, exclusividade essa de ordem pública e, pois, inderrogável, para as causas referentes: a) a imóveis situados no Brasil; b) a obrigações exequíveis no Brasil; c) a contratos de transporte em que o lugar de destino seja o Brasil; d) a responsabilidade de fato ou ato verificado no Brasil; e) a falência ou concordata de comerciante domiciliado no Brasil ou que aqui tenha estabelecimento; f) a regulação de avarias se o porto de entrega for no Brasil; g) a juízos universais instaurados no Brasil. O elenco *supra* não é exaustivo pois o próprio dispositivo legal ressalva a existência de outros casos decorrentes de preceitos especiais, taxativos. O Anteprojeto, portanto, amplia consideravelmente os limites da jurisdição brasileira aumentando significativamente o rol de causas que se subsumem à sua atuação, mesmo considerando-se a fórmula casuística por ele adotada no supra-aludido art. 66. Principalmente a esfera de exclusividade dessa jurisdição sofreu um elastério relevante, deixando-se bastante clara a sua absoluta impermeabilidade às convenções e ajustes em contrário dos interessados". ARMELIN, Donaldo. Competência internacional. *Revista de Processo*, v. 2, p. 141-142, abr.-jun. 1976.

[18] JATAHY, Vera Maria Barrera. *Do conflito de jurisdições*: a competência internacional da justiça brasileira. Rio de Janeiro: Forense, 2003 p. 24-40; CAMARGO, Solano de. *Forum shopping*: modo lícito de escolha da jurisdição? São Paulo: USP, 2015, p. 91-92.

[19] JATAHY, Vera Maria Barrera. *Do conflito de jurisdições*: a competência internacional da justiça brasileira. Rio de Janeiro: Forense, 2003 p. 24-40; CAMARGO, Solano de. *Forum shopping*: modo lícito de escolha da jurisdição? São Paulo: USP, 2015, p. 93.

[20] Considerando que diversos dispositivos que versam sobre o tema do Código de Processo Civil de 1973 foram mantidos sem alteração no novo diploma, o estudo partirá das

mente pela Lei de Introdução ao Código Civil e por esparsos tratados internacionais ratificados pelo Brasil, objeto do tópico subsequente. Com a entrada em vigor do Código de 1973, o art. 12 da Lei de Introdução foi derrogado[21].

A legislação de 1973 para definição da jurisdição internacional, denominada de forma equívoca de *competência internacional* no Capítulo II, do Título IV – "Dos órgãos e auxiliares da justiça", teria se baseado em alguns pontos de ligação, a saber: *território, população e instituições*[22], elementos que se assemelham àqueles que assentam a noção clássica de soberania delineada no capítulo anterior.

De acordo com o professor Dinamarco, a intensidade dos pontos de ligação selecionados pelo legislador seria variável: maior nos casos com capacidade de afetar o território nacional, com redução gradual para as situações com demandado domiciliado no Brasil.

A definição dos casos de jurisdição exclusiva do Poder Judiciário brasileiro, ou concorrente com outros juízos de Estados diversos, estaria calcada nessa compreensão. Não por outra razão, o território seria objeto de atividade jurisdicional exclusiva, enquanto a população e as instituições, como a ordem econômica (obrigações), submeter-se-iam ao juízo brasileiro, sem prejuízo de também serem demandados pelo juízo do país de origem ou da constituição da obrigação[23].

Discute-se a taxatividade do rol dos arts. 88 e 89 do Código de 1973, se haveria possibilidade de exercício de jurisdição para situações plurilocalizadas para além das hipóteses previstas de forma expressa nesses dois dispositivos.

O ponto não é unânime. Há os que entendem que as normas sobre jurisdição são taxativas, posto que inexistiriam outros dispositivos determinando o âmbito de delimitação da jurisdição internacional dos juízes brasileiros que não os arts.

---

previsões da legislação anterior, incorporando as discussões surgidas desde então, sem distinção temporal. Em segundo momento, serão analisadas as inovações legislativas presentes no *Codex* em vigor.

[21] De acordo com Donaldo Armelin, quando da inserção da temática no Código de Processo Civil, o prof. Haroldo Valladão teria se manifestado em sentido contrário, já que na, sua compreensão, normas versando sobre o assunto deveriam estar contidas no Código de Aplicação das Normas Jurídicas. ARMELIN, Donaldo. Competência internacional. *Revista de Processo*, v. 2, p. 144, abr.-jun. 1976. Diante do insucesso do Código, que não logrou êxito no processo legislativo, foi providencial que as previsões sobre jurisdição internacional foram inseridas no Código Processual.

[22] DINAMARCO, Cândido Rangel. *Instituições de direito processual civil*, v. I. 7. ed. São Paulo: Malheiros: 2013, p. 347.

[23] DINAMARCO, Cândido Rangel. *Instituições de direito processual civil*, v. I. 7. ed. São Paulo: Malheiros: 2013, p. 347-348.

88 e 89 do *Codex* processual, que deveriam ser interpretados de forma restrita[24]. Para outra vertente, a enumeração não seria exaustiva, já que existem causas não previstas em nenhum dos dois artigos. No silêncio do legislador, e considerando o princípio da inafastabilidade da jurisdição, o juiz brasileiro poderia conhecer e analisar situação não expressamente prevista em lei[25].

Tendo em vista os valores que informam a prestação jurisdicional brasileira, nos parece que as hipóteses dos arts. 88 e 89 do Código de Processo de 1973, e aquelas dos arts. 21 a 23 do diploma de 2015, não são taxativas.

Contudo, não se pode olvidar dos pressupostos que norteiam o tema da jurisdição internacional, com destaque para os princípios da *efetividade* e da *viabilidade*. Inexiste sentido na avocação da prestação jurisdicional pelo juiz brasileiro que não possa surtir efeitos concretos em prol do jurisdicionado. O Superior Tribunal de Justiça parece coadunar-se com esse entendimento[26]. É o caso, por exemplo, de hipótese de jurisdição exclusiva do Estado estrangeiro, sem previsão análoga no direito interno brasileiro. Quando da execução do pronunciamento judicial nacional, com realização de medidas constritivas, haverá necessidade de utilização dos instrumentos de cooperação jurídica internacional perante o Estado estrangeiro, que denegará o auxílio solicitado, por se tratar de caso de jurisdição exclusiva prevista no seu ordenamento interno.

Por esse motivo é válida a lição de que a definição da jurisdição internacional do juiz brasileiro se reveste de *requisitos positivos e negativos*. Positivos são aqueles estabelecidos pela legislação interna, e negativos relacionam-se com a inexistência de previsão normativa no outro Estado que impeça a eficácia da decisão[27].

Assim, eventual atuação do juiz brasileiro para além das hipóteses estabelecidas explicitamente em lei demandará, quando do primeiro contato com o feito, estudo prévio das normas definidoras da jurisdição do Estado em que eventual

---

[24] DINAMARCO, Cândido Rangel. *Instituições de direito processual civil*, v. I. 7. ed. São Paulo: Malheiros: 2013, p. 348; MESQUITA, José Ignácio Botelho de. Da competência internacional e dos princípios que a informam. *Revista de Processo*, v. 50, p. 53, abr.-jun. 1988.

[25] BARBOSA MOREIRA, José Carlos. Problemas relativos a litígios internacionais. *Revista de Processo*, v. 17, n. 65, p. 140, 1992; TIBURCIO, Carmen. *Extensão e limites da jurisdição brasileira*: competência internacional e imunidade de jurisdição. Salvador: Juspodvim, 2016, p. 101-102.

[26] RO 64/SP, Rel. Min. Nancy Andrighi, 3ª T., j. 13.05.2008, DJe 23.06.2008.

[27] DINAMARCO, Cândido Rangel. *Instituições de direito processual civil*, v. I. 7. ed. São Paulo: Malheiros: 2013, p. 349.

juízo de procedência do pedido deverá surtir efeitos, a fim de verificar se não se está diante de cenário de jurisdição exclusiva.

2.2.1.1.1. Jurisdição concorrente e suas implicações para o direito digital

O art. 88 do Código de 1973 estabelecia as circunstâncias que se enquadrariam na jurisdição concorrente, situações entendidas pelo legislador com menor grau de relevância para os interesses do país, admitindo-se que outros Estados igualmente legislassem e decidissem sobre.

O inciso I previa que o exercício da jurisdição concomitante para os casos de demandado domiciliado no Brasil independia da nacionalidade, repetindo o que era previsto anteriormente no Código Civil de 1916 e na Lei de Introdução ao Código Civil de 1942.

O intuito é o da facilitação do exercício de defesa do demandado, assim como ocorre na fixação da competência interna, como regra geral. Informa Tiburcio que previsão análoga estaria presente no direito comunitário europeu desde a primeira versão da Convenção de Bruxelas, de 1968[28].

O conceito de domicílio utilizado era o previsto na legislação material. Nesse aspecto, os critérios não se alteraram com a entrada em vigor do Código Civil de 2002.

Desde a normativa anterior, o domicílio das pessoas físicas era aquele onde estabelecia residência com ânimo definitivo. Para as pessoas jurídicas de direito privado, o local onde funcionam as diretorias e administrações, ou onde elegem domicílio especial em seus estatutos.

Na eventualidade de as diretorias localizarem-se fora do território nacional, considerar-se-ia o local de estabelecimento da agência para as obrigações assumidas por cada uma delas.

O inciso II do art. 88 definia a jurisdição brasileira para os casos em que a obrigação tivesse que ser cumprida em território nacional, repetindo previsão semelhante contida no art. 12 da Lei de Introdução ao Código Civil de 1942.

Para que houvesse incidência desse inciso, bastava que o pedido mediato tivesse como objeto obrigação a ser realizada no Brasil, sem que fosse necessário que a relação obrigacional de base efetivamente existisse ou que tivesse se implementado eventual condição que a tornaria exigível. Essas questões recaíam sobre

---

[28] TIBURCIO, Carmen. *Extensão e limites da jurisdição brasileira*: competência internacional e imunidade de jurisdição. Salvador: Juspodvim, 2016, p. 44.

o juízo de mérito do feito, analisável se presentes os pressupostos processuais para tanto. O mesmo raciocínio aplicava-se para os fatos ocorridos ou atos praticados no Brasil, dispostos no inciso III do artigo em comento.

A interpretação predominante era a de que se compreende como fatos jurídicos *stricto sensu* os eventos com capacidade de gerar efeitos jurídicos não atrelados à declaração de vontade, enquanto os atos são os atos jurídicos, especialmente os negócios jurídicos em geral[29].

Esse dispositivo possuía destacada importância quando se cogitava acerca de fatos ocorridos ou atos praticados no ambiente digital. Geralmente, nesse tipo de situação de violação ou ameaça ao direito, o sujeito passivo responsável direto pelo ilícito é de difícil ou impossível identificação.

Nesses casos, como será visto, a vítima vale-se dos instrumentos legais disponíveis na tentativa de bloqueio ou remoção *on-line* do conteúdo ilícito e identificação do sujeito infrator para futuros atos de responsabilização civil e criminal.

Essas medidas eram voltadas aos provedores de aplicação e de conexão. Os primeiros armazenam o conteúdo em si e dados como IP, data e hora, essenciais para a identificação do terminal que disponibilizou o material *on-line*, que realizou o *upload*. Os provedores de aplicação atuam em nível global, com gestão administrativa realizada pela sede e instituição de subsidiárias em diversos países.

Há significativa concentração de mercado, com investigações ao redor do globo sobre a ocorrência de condutas antitruste e anticoncorrenciais envolvendo os maiores provedores de aplicação do mundo.

Apesar da tecnologia de armazenamento em nuvem, os provedores ainda necessitam de dispositivos físicos para a alocação massiva de dados. Usualmente, esses servidores, que armazenam quantidade descomunal de informações sobre tudo o que trafega na internet, estão instalados em alguns poucos países.

Dada a baixa probabilidade de vítima, sede administrativa do provedor e servidor estarem localizados no mesmo espaço geográfico, e a impossibilidade de se saber onde um fato ocorre na internet, variadas soluções estão sendo buscadas e aplicadas na tentativa de resolver situações dessa natureza.

Uma delas parte da compreensão de que, apesar de a internet ter como uma de suas características a ubiquidade, ou seja, a potencialidade de estar em todos os lugares e ao mesmo tempo em lugar nenhum, o fato ou ato lesivo ou potencial-

---

[29] DINAMARCO, Cândido Rangel. *Instituições de direito processual civil*, v. I. 7. ed. São Paulo: Malheiros: 2013, p. 352.

mente lesivo é tido como ocorrido no Estado da vítima, com o intuito de facilitar o seu exercício regular de direitos.

Considerando a importância da questão do local de ocorrência do fato/ato lesivo e da localização física dos sujeitos envolvidos na propagação de conteúdo *on-line* para esta obra, o tema será objeto de estudo próprio.

Basta, pelo momento, a indicação de que previsões como essa podem ser – e já foram – utilizadas como fundamento legal para o exercício da jurisdição concorrente brasileira em situações plurilocalizadas envolvendo conteúdo disponibilizado *on-line*.

A última hipótese de jurisdição concorrente é a mais polêmica. O parágrafo único do art. 88 do Código de Processo Civil informava que a pessoa jurídica estrangeira era tida como domiciliada no Brasil se aqui tivesse agência, filial ou sucursal[30].

As subsidiárias não estão abrangidas nessa previsão, já que o art. 1.126 do Código Civil vigente, sem equivalente na legislação anterior, define que a sociedade organizada conforme a legislação brasileira, com sede administrativa no país, será considerada nacional.

De acordo com art. 75, IV, do mesmo diploma legal, as pessoas jurídicas são consideradas domiciliadas no local de funcionamento de sua sede social ou estatutária. A combinação das duas previsões indica que a subsidiária de empresa estrangeira possui domicílio no Brasil, e a ela não se aplicava o contido no parágrafo único do art. 88 do Código processual.

No caso das filiais, agências e sucursais, o Código Civil, art. 75, § 2º, indica que serão consideradas domiciliadas no lugar do seu estabelecimento, incidindo a regra para definição da jurisdição que estava contida no parágrafo único do art. 88 da codificação processual.

A questão que remanesce diz respeito aos atos pelos quais essas empresas tidas como extensões da pessoa jurídica estrangeira podem ser demandadas no Brasil.

A doutrina majoritária compreenderia que a relação jurídica que embasa o pedido ventilado em juízo deve se relacionar com as atividades desenvolvidas pelo estabelecimento[31].

---

[30] Segundo Donaldo Armelin, a inspiração teria sido portuguesa. No entanto, não teriam sido incorporados os princípios da necessidade e da reciprocidade presentes na legislação lusitana. ARMELIN, Donaldo. Competência internacional. *Revista de Processo*, v. 2, p. 145, abr.-jun. 1976.

[31] JATAHY, Vera Maria Barrera. *Do conflito de jurisdições*: a competência internacional da justiça brasileira. Rio de Janeiro: Forense, 2003 p. 24-40; CAMARGO, Solano de. *Forum shopping*: modo lícito de escolha da jurisdição? São Paulo: USP, 2015, p. 101.

Dessa forma, não poderiam ser acionadas por atos ou fatos realizados exclusivamente pela controladora estrangeira situada fora do país quando inexiste obrigação a ser cumprida no Brasil. Decorrente dessa concepção, o não exercício de jurisdição concorrente brasileira abrangeria os processos de conhecimento e de execução[32].

A individualização entre as pessoas jurídicas e as relações comerciais entabuladas por cada uma delas aplicar-se-ia de forma mais incisiva para as subsidiárias, posto que possuem personalidade jurídica própria.

Contudo, há crescente tendência, observada na doutrina e na legislação nacional e estrangeira, de responsabilização de subsidiárias em nome da controladora estrangeira, especialmente quando não possuem autonomia gerencial, sendo, na prática, filiais[33].

Tiburcio recorda da experiência brasileira o conhecido *caso Panasonic*, de 2000. Turista brasileiro adquiriu filmadora em Miami que, posteriormente, apresentou defeito. Ajuizou demanda no Brasil contra a Panasonic do Brasil Ltda., subsidiária da fabricante estrangeira. Em primeira instância, a demanda foi julgada extinta sem resolução do mérito por ilegitimidade passiva, pronunciamento mantido pelo Tribunal local. Em Recurso Especial, por maioria de votos, entendeu-se pela responsabilização da subsidiária brasileira, pois não seria possível dissociar o estabelecimento nacional da matriz internacional, sendo que o ônus de suportar as deficiências do produto não poderia ser arcado pela parte mais frágil, o consumidor[34].

É certo que prevaleceu a tutela do hipossuficiente, no caso o consumidor, tido pela legislação como vulnerável e merecedor de proteção legal específica.

Em outra oportunidade, longe da seara consumerista, o Superior Tribunal de Justiça externou posição semelhante, responsabilizando instituição financeira brasileira por ato praticado por sua subsidiária domiciliada em Luxemburgo[35]. Aqui, transparece o conceito de grupo econômico.

Outro fator importante, nesse cenário, são as normativas nacionais que preveem a aplicação da legislação do país-sede da controladora também para filiais e

---

[32] DINAMARCO, Cândido Rangel. *Comentários ao Código de Processo Civil*, v. 1. In: GOUVÊA, Roberto Ferreira; BONDIOLI, Luis Guilherme Aidar; FONSECA, João Guilherme Naves da (org.). São Paulo: Saraiva Educação, 2018, p. 222.

[33] TIBURCIO, Carmen. *Extensão e limites da jurisdição brasileira*: competência internacional e imunidade de jurisdição. Salvador: Juspodvim, 2016, p. 69-70.

[34] REsp 63.981/SP, Rel. Min. Aldir Passarinho Jr., Rel. p/ acórdão Min. Sálvio de Figueiredo Teixeira, 4ª T., j. 11.04.2000, *DJ* 20.11.2000, p. 296.

[35] Ag 748.056/RJ, Rel. Min. Humberto Gomes de Barros, *DJ* 05.05.2006.

subsidiárias localizadas em outros países, desconsiderando as previsões de direito local que podem, por exemplo, indicar hipótese de jurisdição exclusiva.

A situação é especialmente delicada quando se cogita a respeito da execução de um provimento judicial emanado pelo Poder Judiciário em que se localiza a subsidiária, filial, agência ou sucursal, em hipótese de jurisdição concorrente, em que haja necessidade de atos de cooperação internacional em Estado que pretende somente aplicar a sua legislação ao caso.

A questão será retomada de forma detida quando da análise das situações envolvendo provedores de aplicação e subsidiárias locais e o tema da alocação de dados em nuvem ou em servidores estrangeiros.

2.2.1.1.2. Jurisdição exclusiva

Dando continuidade ao estudo das normas processuais, o art. 89 do Código de Processo Civil disciplinava jurisdição exclusiva brasileira para os litígios envolvendo imóveis situados no Brasil, repetindo a previsão do art. 12, § 1º, da Lei de Introdução ao Código Civil[36].

A escolha pela jurisdição exclusiva é plenamente justificável, considerando tanto o maior interesse do Estado em tutelar os casos que possam repercutir e afetar diretamente o seu território, quanto a facilitação na prestação jurisdicional advinda do fato de juízo e bem estarem no mesmo espaço físico, imprimindo agilidade e efetividade aos comandos judiciais.

Diverge a doutrina acerca da extensão da expressão legal *ações relativas a imóveis situados no Brasil*. Para a corrente restritiva, apenas demandas de direito reais estariam sob a jurisdição exclusiva do juiz brasileiro.

Predomina, contudo, o posicionamento contrário que abarca na hipótese das demandas de direito pessoal que se refiram a imóveis ou repercutem diretamente sobre tais como despejos, comodatos etc.[37]

---

[36] Segundo Araken de Assis, a inspiração na legislação brasileira encontraria origem mais remota, no Decreto 6.982/1878 e na previsão de que "as sentenças estrangeiras não poderiam ser executadas no Brasil quando contivessem decisão contrária às leis que regulavam a organização da propriedade territorial". ASSIS, Araken de. *Processo civil brasileiro*, v. 1. 2. ed. São Paulo: Revista dos Tribunais, 2016, p. 596.

[37] TIBURCIO, Carmen. *Extensão e limites da jurisdição brasileira*: competência internacional e imunidade de jurisdição. Salvador: Juspodvim, 2016, p. 79-80; DINAMARCO, Cândido Rangel. *Comentários ao Código de Processo Civil*, v. 1. In: GOUVÊA, Roberto Ferreira; BONDIOLI, Luis Guilherme Aidar; FONSECA, João Guilherme Naves da (org.). São

Justificativa interessante em prol da segunda vertente é a que se fia na lógica do sistema registral brasileiro. Há necessidade de que o adquirente de um imóvel saiba que foi ajuizada demanda em que o bem figura como objeto mediato, por exemplo, uma anulatória de doação imobiliária. Essa possibilidade é reduzida significativamente caso a demanda seja intentada em outro país.

É certo que esse raciocínio pressupõe a anotação da existência da demanda na matrícula do imóvel ou a busca ativa, por parte do futuro comprador, no ofício distribuidor, mas diante da necessária publicidade inerente ao sistema registral brasileiro, apresenta-se como válida[38].

O mesmo raciocínio aplicava-se para inventários e partilha de bens situados no Brasil, mesmo que o demandante fosse estrangeiro e aqui não residisse (art. 89, II, do *Codex* revogado), em sentido diverso ao do princípio da universalidade da herança. O dispositivo sofreu alteração legislativa em sua redação no Código de Processo Civil de 2015, como será abordado na sequência.

A inexistência de litispendência entre demandas ajuizadas em território nacional e aquelas que tramitam perante juízo estrangeiro, contida no art. 90 do Código anterior, era aplicável apenas aos casos de jurisdição concorrente. A eficácia do pronunciamento estrangeiro estava condicionada à prévia homologação pelo Poder Judiciário nacional, no caso o Superior Tribunal de Justiça, e desde que preenchidos os requisitos para tanto.

Em se tratando de jurisdição exclusiva do juízo brasileiro, a decisão estrangeira não será homologada e não surtirá efeitos no território nacional, mesmo que tenha transitado em julgado no outro Estado.

A existência de demanda versando sobre o mesmo objeto no Brasil, ainda não transitada em julgado, não impede a tramitação do processo de homologação da sentença estrangeira.

Posição divergente é expressa por Assis, para quem: "na pendência de processo idêntico perante o juiz brasileiro, não se tolera o pedido de homologação de sentença estrangeira, obviamente transitada em julgado, proferida entre as mesmas partes"[39].

Paulo: Saraiva Educação, 2018, p. 226, ASSIS, Araken de. *Processo civil brasileiro*, v. 1. 2. ed. São Paulo: Revista dos Tribunais, 2016, p. 596.

[38] TIBURCIO, Carmen. *Extensão e limites da jurisdição brasileira*: competência internacional e imunidade de jurisdição. Salvador: Juspodvim, 2016, p. 81-82.

[39] ASSIS, Araken de. *Processo civil brasileiro*, v. 1. 2. ed. São Paulo: Revista dos Tribunais, 2016, p. 605.

O autor indica que o Supremo Tribunal Federal teria se pronunciado em sentido diverso[40], mas que o Superior Tribunal de Justiça já teria exarado decisão que se coaduna com o seu entendimento pessoal[41].

No entanto, o pronunciamento apresenta-se isolado na jurisprudência da Corte, que majoritariamente entende que a existência de decisão brasileira sobre mesmo objeto, não transitada em julgado, não impede a homologação da sentença estrangeira[42].

O tratamento dado ao tema pelo Código Bustamante será analisado, em conjunto com os tratados internacionais sobre a temática, no item subsequente.

O Código de Processo Civil de 2015 adequou a nomenclatura empregada no diploma anterior, e acertadamente designou as situações em que o juízo atua em demandas plurilocalizadas como exercício da jurisdição nacional, com estabelecimento de limites para tanto, e não como competência, como a melhor doutrina propugnava há muito[43].

Mendes e Ávila trazem interessante observação quanto ao tema. Os autores indicam que até o texto aprovado pelo Senado Federal, a redação dos artigos do Capítulo I – "Dos limites da jurisdição nacional" substituía a palavra *competência*, e derivados, por *cabe à autoridade judiciária brasileira*.

Com a emenda proposta pelo Deputado Efraim Filho, a terminologia teria sido alterada sem justificativa. A modificação foi aprovada e o substitutivo na Câmara dos Deputados passou a empregar o verbo *competir*, o que explicaria a aparente incongruência entre o título e a redação do *caput* dos arts. 21, 22, 23 e 25[44].

---

[40] STF, SE 2.727 AgR, Rel. Min. Xavier de Albuquerque, Tribunal Pleno, j. 09.04.1981, *DJ* 08.05.1981.

[41] SEC 819/FR, Rel. Min. Humberto Gomes de Barros, Corte Especial, j. 30.06.2006, *DJ* 14.08.2006.

[42] STJ, SEC 6.069/EX, Rel. Min. Cesar Asfor Rocha, Corte Especial, j. 24.11.2011, *DJe* 16.12.2011; SEC 2.958/EX, Rel. Min. Maria Thereza de Assis Moura, Corte Especial, j. 21.09.2011, *DJe* 14.10.2011; e SEC 393/US, Rel. Min. Hamilton Carvalhido, Corte Especial, j. 03.12.2008, *DJe* 05.02.2009.

[43] ARMELIN, Donaldo. Competência internacional. *Revista de Processo*, v. 2, p. 133-134, abr.-jun. 1976; MESQUITA, José Ignácio Botelho de. Da competência internacional e dos princípios que a informam. *Revista de Processo*, v. 50, p. 51, abr.-jun. 1988; e DINAMARCO, Cândido Rangel. *Comentários ao Código de Processo Civil*, v. 1. In: GOUVÊA, Roberto Ferreira; BONDIOLI, Luis Guilherme Aidar; FONSECA, João Guilherme Naves da (org.). São Paulo: Saraiva Educação, 2018, p. 216.

[44] MENDES, Aluisio Gonçalves de Castro; ÁVILA, Henrique. Dos limites da jurisdição nacional. *In*: WAMBIER, Teresa Arruda Alvim; DIDIER JR., Fredie; TALAMINI, Eduardo;

O art. 21 do diploma vigente repete as hipóteses de jurisdição concorrente anteriormente disciplinadas no art. 88 do Código de 1973 (demandado domiciliado no Brasil, obrigação a ser cumprida no território nacional, e demanda com origem em ato/fato ocorrido ou praticado no país). Houve pequena alteração na redação do parágrafo único, que trata do domicílio da pessoa jurídica estrangeira, sem modificação de sentido.

A novidade no tema da jurisdição concorrente está localizada no art. 22 do Código, que apresenta situações antes não englobadas pela legislação processual civil.

O inciso I tutela as demandas alimentícias, fixando a jurisdição brasileira como um dos foros para ajuizamento do feito quando o credor residir no Brasil ou o devedor tiver vínculos no país, como posse ou propriedade de bens, ou auferir renda ou benefícios econômicos no Brasil.

O intuito do legislador em prol da tutela do alimentando é evidente e está focado na obtenção de provimentos judiciais que possam ter resultados efetivos, já que a jurisdição pode ser exercida no local da situação dos bens aptos à satisfação do credor.

Idêntica facilitação é verificada no âmbito interno, com a possibilidade de o alimentando ajuizar demanda no seu domicílio, art. 53, II, do Código de Processo Civil de 2015, exceção à regra geral de atração do foro do demandado.

O regulamento processual incorporou as previsões da Convenção Interamericana sobre Obrigação Alimentar e da Convenção de Nova York sobre Prestação de Alimentos no Estrangeiro, ambas ratificadas pelo Brasil há vários anos.

No inciso seguinte, foi abarcada a tutela do consumidor, com a possibilidade de ajuizamento de demanda com fundamento material no Código de Defesa do Consumidor na jurisdição do seu domicílio.

Da mesma forma que ocorria com a hipótese alimentícia, a jurisprudência e a doutrina já observavam as previsões legais mais benéficas a essas duas categorias, ainda quando da vigência do diploma anterior.

O inciso III incorporou, como hipótese de jurisdição concorrente, a submissão expressa, ou tácita, das partes à jurisdição nacional. O privilégio à autonomia da vontade não se aplica, por certo, para as hipóteses de jurisdição exclusiva, fora do âmbito de disposição das partes, e encontra limites na ordem pública e demais princípios que regem a delimitação da jurisdição nacional.

DANTAS, Bruno (org.). *Breves comentários ao Novo Código de Processo Civil*. 3. ed. São Paulo: Revista dos Tribunais, 2016, p. 120.

No art. 23 do Código de Processo Civil de 2015, são previstos os casos de jurisdição exclusiva do juízo brasileiro. O inciso I repete o disposto no diploma de 1973 sobre a jurisdição exclusiva sobre bens imóveis, e o inciso II especifica a questão da sucessão hereditária. Há manutenção da jurisdição exclusiva para inventário e partilha de bens situados no Brasil, independentemente da nacionalidade ou local de residência do autor da herança. A inovação está na menção à confirmação de testamento particular.

Antes da inserção da partilha de bens localizados no Brasil decorrente dos casos de divórcio, separação judicial ou dissolução de união estável, mesmo quando um dos titulares for de nacionalidade estrangeira ou não domiciliado no país, como de jurisdição exclusiva – art. 23, III –, o posicionamento jurisprudencial era diverso.

O Superior Tribunal de Justiça admitia homologação de sentença estrangeira versando, de forma exclusiva ou não, sobre partilha de bens localizados no Brasil, desde que a divisão dos bens fosse consensual.

O art. 961, § 5º, do diploma vigente, ao prever que a sentença estrangeira de divórcio estrangeiro consensual não precisa ser homologada para surtir efeitos no território nacional, evidencia que a preocupação do legislador nacional recai sobre os bens situados no Brasil.

Acerca da litispendência internacional, a legislação de 2015 manteve, no art. 24, a redação do art. 90 da previsão anterior, já comentada. Importante ressalva foi a inserção de menção às disposições constantes em tratados internacionais em sentido contrário e acordos bilaterais em vigor no Brasil. A questão será importante quando da análise do Código Bustamante.

Visando afastar qualquer dúvida sobre a relação entre demanda estrangeira e nacional com o mesmo objeto, o parágrafo único foi claro ao indicar que *a pendência de causa perante a jurisdição brasileira não impede a homologação de sentença judicial estrangeira quando exigida para produzir efeitos no Brasil*.

Por fim, no art. 25 do Código de Processo Civil de 2015, foi estabelecida a observância às cláusulas de eleição de foro que estabelecem a escolha do foro estrangeiro, com exclusão da atração da jurisdição brasileira. A possibilidade já era defendida por autores como Armelin[45] e Mesquita[46] desde a década de 1970.

---

[45] ARMELIN, Donaldo. Competência internacional. *Revista de Processo*, v. 2, p. 148, abr.-jun. 1976.

[46] MESQUITA, José Ignácio Botelho de. Da competência internacional e dos princípios que a informam. *Revista de Processo*, v. 50, p. 61, abr.-jun. 1988.

A previsão veio consagrar prática consolidada nas relações comerciais envolvendo contratos internacionais e empresas estrangeiras. Nunca é demais recordar que a escolha das partes não possui o condão de afastar a jurisdição exclusiva, fixada pelo legislador como inderrogável. A opção é feita entre jurisdições concorrentes.

O Código de Processo Civil de 2015 inaugurou capítulo inédito sobre a cooperação internacional. Esse tópico será objeto de estudo na sequência, bem como o conjunto normativo internacional em que o Brasil figura como signatário e que se apresente relevante para o tema ora debatido.

2.2.1.2. Regulação da cooperação jurídica internacional: arts. 26 a 41 do Código de Processo Civil

O diploma processual em vigor trouxe importantes novidades para a seara do direito processual internacional. No Código anterior, a normativa estava voltada para o exercício do poder jurisdicional brasileiro para casos plurilocalizados, com foco nas hipóteses delimitadoras da jurisdição exclusiva e concorrente, e afastamento expresso da litispendência internacional.

O Código de 2015, além de ampliar os casos de jurisdição concorrente e especificar a incidência da modalidade exclusiva, foi muito além. No art. 13, foi inserido dispositivo em que há expressa determinação de observância às disposições específicas previstas em tratados e convenções internacionais em que o Brasil figura como parte.

A previsão possui especial relevância ante a existência de normas de natureza processual inseridas em tratados e convenções internacionais ratificados pelo Brasil ao longo das últimas décadas.

Afora os tratados e convenções internacionais sobre direitos humanos aprovados por cada uma das casas do Congresso Nacional com quórum qualificado, que possuem *status* diferenciado de normas supralegais, os demais diplomas teriam hierarquia de legislação interna, de acordo com o Supremo Tribunal Federal[47].

No entendimento de Araújo, o Código processual teria optado explicitamente pelo método da especialidade para a resolução de conflito entre normas processuais

---

[47] LOPES, Inez. Supremo Tribunal Federal, o Superior Tribunal de Justiça e o direito internacional: uma análise crítica. *In*: BAPTISTA, Luiz Olavo; VISCONTE, Débora; ALVES, Mariana Cattel Gomes (org.). *Estudos em homenagem ao prof. Dr. José Carlos de Magalhães*. São Paulo: Atelier Jurídico, 2018, p. 418-419.

gerais e tratados internacionais[48], ao dispor, no art. 13, que: *a jurisdição civil será regida pelas normas processuais brasileiras, ressalvadas as disposições específicas previstas em tratados, convenções ou acordos internacionais de que o Brasil seja parte.*

Informa a autora que, até então, os Tribunais se utilizavam dos critérios cronológico e da especialidade, dando preferência ao primeiro, com exceção dos casos versando sobre matéria tributária.

A prevalência do método da especialidade iria ao encontro da Convenção de Viena sobre Direito dos Tratados, internalizada pelo Brasil em 2009, que, em seu art. 27, impede que o país signatário invoque disposições de direito interno para descumprir normas de um tratado[49].

Adentrando nas normas contidas no Capítulo II – "Da cooperação internacional", não obstante o termo *cooperação jurídica internacional* ser amplamente utilizado entre os estudiosos sobre o tema, outras terminologias foram sugeridas, tais como *cooperação interjurisdicional, cooperação jurisdicional internacional* e *cooperação internacional das jurisdições*[50].

A primeira foi empregada no Código Modelo de Cooperação Interjurisdicional para Iberoamérica. A iniciativa, encabeçada pela professora Ada P. Grinover, entre outros, teria sido a principal fonte para os dispositivos do capítulo sob exame, com destaque paras as disposições gerais do art. 26 do diploma processual nacional[51].

O Código Modelo é fruto do trabalho do Instituto Iberoamericano de Direito Processual, aprovado em assembleia geral em 2008, em Lima, Peru.

---

[48] ARAÚJO, Nádia de. As regras sobre tratados internacionais e a cooperação jurídica internacional no novo Código de Processo Civil de 2015. *In*: BAPTISTA, Luiz Olavo; VISCONTE, Débora; ALVES, Mariana Cattel Gomes (org.). *Estudos em homenagem ao prof. Dr. José Carlos de Magalhães.* São Paulo: Atelier Jurídico, 2018, p. 332.

[49] ARAÚJO, Nádia de. As regras sobre tratados internacionais e a cooperação jurídica internacional no novo Código de Processo Civil de 2015. *In*: BAPTISTA, Luiz Olavo; VISCONTE, Débora; ALVES, Mariana Cattel Gomes (org.). *Estudos em homenagem ao prof. Dr. José Carlos de Magalhães.* São Paulo: Atelier Jurídico, 2018, p. 336.

[50] MONTEIRO, André Luis; VERÇOSA, Fabiane. Da cooperação internacional. *In*: WAMBIER, Teresa Arruda Alvim; DIDIER JR., Fredie; TALAMINI, Eduardo; DANTAS, Bruno (org.). *Breves comentários ao Novo Código de Processo Civil.* 3. ed. São Paulo: Revista dos Tribunais, 2016, p. 128.

[51] MONTEIRO, André Luis; VERÇOSA, Fabiane. Da cooperação internacional. *In*: WAMBIER, Teresa Arruda Alvim; DIDIER JR., Fredie; TALAMINI, Eduardo; DANTAS, Bruno (org.). *Breves comentários ao Novo Código de Processo Civil.* 3. ed. São Paulo: Revista dos Tribunais, 2016, p. 129.

O intuito seria propor normas de direito interno a serem incorporadas pelos Estados-membros para facilitar a cooperação internacional entre Estados ibero-americanos ou não[52].

Ainda no mesmo sentido, a comissão de juristas elaborou anteprojeto de Lei de Cooperação Jurídica Internacional. Porém, o PLS 326/2007 foi arquivado em 2015, com o final da legislatura.

Os art. 26 e 27 do Código de Processo disciplinam a cooperação jurídica internacional passiva, caracterizada quando a autoridade brasileira é chamada a colaborar com a autoridade estrangeira.

No dispositivo, foram estabelecidos os princípios regentes da cooperação jurídica internacional brasileira, entre eles o respeito ao devido processo legal (inciso I), à igualdade de tratamento entre nacionais e estrangeiros, em relação ao acesso à justiça e à tramitação processual (inciso II) e à publicidade processual, com exceção das hipóteses de sigilo (inciso III).

Há previsão de atuação com fundamento em reciprocidade[53] manifestada na via diplomática, que servirá de base para os pedidos de cooperação sem prévio tratado entre as partes (§ 1º), dispensada para a homologação de sentença estrangeira (§ 2º).

No § 3º, restou estabelecido que *na cooperação jurídica internacional não será admitida a prática de atos que contrariem ou que produzam resultados incompatíveis com as normas fundamentais que regem o Estado brasileiro*.

Como observam Monteiro e Verçosa, essa previsão afasta-se dos conceitos de ordem pública, soberania e bons costumes amplamente utilizados nas normas internas de direito internacional desde o Código Civil de 1916, que, apesar de reconhecidamente indeterminados, vêm sendo lapidados há décadas pela doutrina e pela jurisprudência[54].

---

[52] MONTEIRO, André Luis; VERÇOSA, Fabiane. Da cooperação internacional. *In*: WAMBIER, Teresa Arruda Alvim; DIDIER JR., Fredie; TALAMINI, Eduardo; DANTAS, Bruno (org.). *Breves comentários ao Novo Código de Processo Civil*. 3. ed. São Paulo: Revista dos Tribunais, 2016, p. 129.

[53] A doutrina especializada indica que a exigência de reciprocidade vai em sentido contrário ao da corrente dominante sobre cooperação jurídica internacional fundamentada no *princípio da não dependência da reciprocidade de tratamento*. PEREIRA, Luciano Meneguetti. A cooperação jurídica internacional no novo Código de Processo Civil. *Revista CEJ*, ano XIX, n. 67, p. 25, set./dez. 2015.

[54] MONTEIRO, André Luis; VERÇOSA, Fabiane. Da cooperação internacional. *In*: WAMBIER, Teresa Arruda Alvim; DIDIER JR., Fredie; TALAMINI, Eduardo; DANTAS, Bruno (org.).

Interessante foi a inserção da figura da autoridade central no diploma processual, já prevista em tratados internacionais assinados e incorporados pelo Brasil, voltada à comunicação especializada e ágil entre Estados, já brevemente abordada no item 1.3.

Na ausência de designação específica no tratado ou convenção, o Ministério da Justiça é indicado, no § 4º, como órgão responsável pelo exercício das funções de autoridade central para as relações cooperacionais brasileiras.

A futura centralização em órgão único é importante para a criação de banco de dados sobre diversos aspectos que permeiam as relações de cooperação internacional, além de garantir a especialização do ente e aprimorar o trabalho desenvolvido.

Até então, para cada tratado firmado, o Estado brasileiro designava um ente para figurar como autoridade central. Por exemplo: a Procuradoria-Geral da República é a autoridade central na Convenção sobre Prestação de Alimentos no Estrangeiro, de 1956, e a Secretaria de Direitos Humanos da Presidência da República é a figura para a Convenção da Haia sobre Aspectos Civis do Sequestro Internacional de Crianças, de 1980.

O art. 27 do diploma em vigor prevê os objetos da cooperação jurídica internacional, entre eles: citação, intimação, notificação judicial e extrajudicial, colheita de provas e obtenção de informações, homologação e cumprimento de decisões.

A importância da previsão reveste-se na consolidação, em um dispositivo, de diversas práticas já incorporadas pela realidade dos agentes que atuam nessa seara, antes dispersas em variadas normativas.

A possibilidade de concessão de medida judicial de urgência já constava no art. 4º, § 3º, da Resolução 9, do Superior Tribunal de Justiça, de 2005, revogada pela Emenda Regimental 18/2014.

Antes da promulgação da Emenda Constitucional 45/2004, o procedimento de homologação de sentenças estrangeiras era realizado pelo Supremo Tribunal Federal. Na ausência de previsões específicas, muito se discutia sobre a aplicabilidade dos dispositivos do Código de Processo Civil sobre tutela de urgência aos procedimentos de homologação de sentença estrangeira e de carta rogatória.

Atualmente, o art. 216-G do Regimento Interno do Superior Tribunal de Justiça contém previsão nesse sentido, assim como o diploma processual (art. 962). Outro destaque é a redação do inciso VI do art. 27 do Código Processual,

---

Breves comentários ao Novo Código de Processo Civil. 3. ed. São Paulo: Revista dos Tribunais, 2016, p. 133.

que estabelece como um dos objetos da cooperação *qualquer outra medida judicial ou extrajudicial não proibida pela lei brasileira*.

Esse dispositivo parece reforçar a inexistência de vinculação direta entre o ato a ser realizado e a via escolhida, já que, com exceção do auxílio direto, que será realizado pela via administrativa da autoridade central, e do cumprimento de decisões judiciais, efetuado via carta rogatória, inexiste vinculação estrita entre objeto e instrumento de cooperação.

Nos arts. 28 a 34, o Código disciplina, pela primeira vez em um diploma processual, a figura do auxílio direto para atos que não necessitam de juízo de delibação. Usualmente, são atos administrativos que decorrem de pronunciamentos judiciais exarados pelo Estado de origem. A autoridade central, estabelecida no artigo anterior, é o ente responsável pela realização das atividades de auxílio direto.

A desvinculação entre auxílio direto e exercício da função jurisdicional é reforçada pelo *caput* do art. 28 do mesmo diploma, que explicita o seu cabimento para as medidas que não decorrem diretamente de decisão de autoridade jurisdicional estrangeira, submetida ao juízo de delibação, ou seja, o processo de homologação de sentença estrangeira.

Como esclarece o professor Dinamarco, o auxílio direto não substituiu outras formas de cooperação jurídica internacional, já que é realizado por agentes que não exercem jurisdição e prestam auxílio para atividades outras, tais como investigações de fatos, notificações extrajudiciais, busca de provas e afins[55].

O caráter não jurisdicional do auxílio direto é evidenciado pela redação do art. 30, que elenca como possibilidades de emprego da via a prestação de informações sobre ordenamento jurídico e processos administrativos e jurisdicionais (inciso I) e a colheita de provas para feitos que não adentrem na esfera de jurisdição exclusiva brasileira (inciso II).

A não taxatividade dos objetos de prestação de auxílio direto é reforçada pelo inciso III, que estabelece como limite para a realização de atos de cooperação a observância à legalidade estabelecida pelo sistema normativo brasileiro.

Para realização do objeto de auxílio direto, é prevista a comunicação direta entre a autoridade central brasileira e seu congênere estrangeiro (art. 31). Na hipótese de realização de atos que independam de prestação jurisdicional, segundo

---

[55] DINAMARCO, Cândido Rangel. *Comentários ao Código de Processo Civil*, v. 1. *In*: GOUVÊA, Roberto Ferreira; BONDIOLI, Luis Guilherme Aidar; FONSECA, João Guilherme Naves da (org.). São Paulo: Saraiva Educação, 2018, p. 239.

a lei brasileira, a autoridade central poderá adotar as providências necessárias para o seu cumprimento, de acordo com art. 32.

Caso haja necessidade de interferência do Poder Judiciário para a efetivação do ato cooperacional passivo, haverá encaminhamento à Advocacia-Geral da União, que requererá a medida em juízo (art. 33). Apenas quando atua como autoridade central, tal função caberá ao Ministério Público, conforme art. 33, parágrafo único, do Código Processual. Em ambas as hipóteses, a competência para conhecer e analisar o pleito é da justiça federal do local de execução da medida (art. 34).

Em razão de todo o exposto acima sobre o auxílio direto, apresenta-se plenamente justificável o veto presidencial ao art. 35 do diploma em comento, que inaugurava a Seção III – "Da carta rogatória", estabelecendo a carta rogatória como a via cooperacional entre órgãos jurisdicionais para os atos de citação, intimação, notificação extrajudicial, colheita de provas, obtenção de informações e cumprimento de decisão interlocutória.

O dispositivo isolado esvaziava toda a seção anterior, engessando a realização de atos que poderiam ser cumpridos de forma mais célere e efetiva por auxílio direto, à via exclusiva da carta rogatória.

As cartas rogatórias seriam a via escolhida quando da inexistência de tratado internacional específico entre os Estados prevendo auxílio direto. Quando existente, a escolha do instrumento caberia à parte interessada[56]. O estudo do sistema de reconhecimento e homologação de sentenças estrangeiras brasileiro será realizado oportunamente.

Dando prosseguimento à análise dos dispositivos que encerram o capítulo dedicado à cooperação jurídica internacional, o art. 37 do *Codex* indica que o pedido de cooperação judicial ativo, oriundo da autoridade brasileira, será encaminhado para autoridade central, que enviará a solicitação ao Estado requerido.

A redação não especifica qual instrumento cooperacional valer-se-á desse procedimento. No entanto, diante da regra geral de que as cartas rogatórias tramitam unicamente pela via diplomática, o dispositivo aplica-se apenas para o auxílio direto. Porém, é importante salientar que o Brasil é signatário da Convenção sobre Obtenção de Provas no Estrangeiro em Matéria Civil ou Comercial, incorporada

---

[56] DINAMARCO, Cândido Rangel. *Comentários ao Código de Processo Civil*, v. 1. *In*: GOUVÊA, Roberto Ferreira; BONDIOLI, Luis Guilherme Aidar; FONSECA, João Guilherme Naves da (org.). São Paulo: Saraiva Educação, 2018, p. 249.

ao ordenamento interno em 2017. A Convenção permite que, entre os países signatários, as cartas rogatórias tramitem pela via da autoridade central.

Como último destaque dessa seção, o art. 40 do Código de 2015 indica que a execução de decisão estrangeira dar-se-á por meio de carta rogatória ou ação de homologação de sentença estrangeira prevista nos arts. 960 e seguintes do mesmo diploma legal.

2.3. TRATADOS INTERNACIONAIS

Ao lado das disposições de direito interno sobre o tema, a cooperação jurídica internacional pode ser regida por tratados sobre a matéria em que o Estado seja signatário. Em verdade, os tratados internacionais são o instrumento por excelência para essa finalidade.

A Convenção de Viena sobre o Direito dos Tratados, ratificada pelo Estado brasileiro, dispõe, no art. 2º, § 1º, *a*, que tratado *significa um acordo internacional concluído por escrito entre Estados e regido pelo Direito Internacional, quer conste de um instrumento único, quer de dois ou mais instrumentos conexos, qualquer que seja sua denominação específica.*

Variados instrumentos jurídicos que se enquadram na definição acima estabelecem mecanismos de cooperação jurídica internacional. A análise recairá sobre aqueles em que o Brasil é signatário.

De acordo com o exposto quando do estudo dos arts. 90 e 24 dos Códigos de Processo Civil de 1973 e 2015, respectivamente, a existência de sentença estrangeira não induz litispendência no Brasil. O pronunciamento estrangeiro apenas surte efeitos após a homologação pelo Superior Tribunal de Justiça, que possui eficácia *ex nunc*. Contudo, o Brasil é signatário da Convenção de Havana, mais conhecida como Código Bustamante, internalizada pelo Decreto 18.871/1928, que prevê, no art. 394, a alegabilidade de litispendência em matéria civil quando a sentença proferida em um Estado tiver que produzir, em outro, os efeitos da coisa julgada.

A regra geral estabelecida é de exercício da jurisdição pelo juízo ao qual as partes submeteram-se, de forma expressa ou tácita, desde que uma delas seja nacional ou tenha domicílio no juízo, conforme art. 318. Estando plenamente vigente e tratando-se de norma especial, para as demandas originadas no Peru, Panamá, Equador, El Salvador, Guatemala, Nicarágua, Bolívia, Venezuela, Honduras, Costa Rica, Chile, Haiti, República Dominicana, Cuba e Bahamas, cabe alegação de litispendência internacional.

No ano de 1996, o regime jurídico brasileiro incorporou o Protocolo do Mercosul sobre Cooperação e Assistência Jurisdicional em Matéria Civil, Comercial,

Trabalhista e Administrativa, mais conhecido como Protocolo de Las Leñas. O documento centra-se em quatro eixos temáticos: cartas rogatórias, reconhecimento e execução de sentenças e laudos arbitrais estrangeiros, eficácia extraterritorial de sentenças e fornecimento de informações sobre direito estrangeiro.

O Protocolo detalha os requisitos essenciais para as cartas rogatórias que tramitam entre os Estados signatários (art. 5º a 17º). Para o ponto que aqui nos interessa, basta a informação de que tramitam entre autoridades centrais e que restou consignado expressamente que o cumprimento da rogatória não implica reconhecimento do exercício de poder jurisdicional do juízo rogante (art. 8º).

Assim como ocorre com a sistemática prevista no Código de Processo Civil brasileiro de 2015, o juiz rogado pode abrir contraditório. Nesse caso, quando presentes indícios de ofensa à ordem pública[57].

A eficácia extraterritorial das sentenças e laudos arbitrais é tratada em dois artigos, à primeira vista contraditórios entre si. O art. 19 informa que o pedido de reconhecimento e execução de sentenças e laudos arbitrais tramitará por cartas rogatórias por intermédio das autoridades centrais. No dispositivo seguinte, é indicado que as sentenças e laudos referenciados no artigo anterior terão eficácia extraterritorial, desde que preenchidos os requisitos elencados no art. 20, a saber: I) estarem revestidos de formalidades externas para que sejam considerados autênticos no Estado de origem; II) terem sido traduzidos para a língua do país em que se pretende o reconhecimento e a execução; III) terem sido proferidos por órgão competente, de acordo com as normas do Estado requerido, IV) tenha havido a citação válida da parte contrária, com oportunização de exercício de defesa; V) que a decisão tenha força de coisa julgada ou executória no Estado de origem; e VI) que não haja contrariedade à ordem pública do Estado em que se requer o reconhecimento ou execução do pronunciamento.

Aparentemente, a redação do art. 19 esvazia a do art. 20 ao estabelecer que os pronunciamentos estrangeiros surtirão efeitos apenas após homologação da autoridade local, devendo tramitar por carta rogatória, via autoridade central.

A necessidade de reconhecimento torna ineficaz a previsão de extraterritorialidade e a atribuição de jurisdição internacional direta aos juízos togados e arbitrais dos Estados-membros do Mercosul.

---

[57] LOULA, Maria Rosa Guimarães. A extraterritorialidade das sentenças no Protocolo de Las Leñas sobre cooperação e assistência jurisdicional em matéria civil, comercial, trabalhista e administrativa. *In*: TIBURCIO, Carmen; BARROSO, Luís Roberto (org.). *O direito internacional contemporâneo*: estudos em homenagem ao Professor Jacob Dolinger. Rio de Janeiro: Renovar, 2006, p. 658.

Para Magalhães, apenas as sentenças judiciais e os laudos arbitrais que preenchem os requisitos do art. 20 terão eficácia extraterritorial. Os pronunciamentos que não observarem os pressupostos ali previstos deverão ser submetidos ao procedimento de homologação previsto no art. 19[58].

O Supremo Tribunal Federal interpretou o Protocolo de forma diversa, indicando que todos os pronunciamentos judiciais devem ser homologados pela autoridade judicial para serem exequíveis, tendo havido mera simplificação procedimental: emprego de carta rogatória que dispensa a citação do requerido[59].

Igualmente polêmico é o art. 22 do Protocolo[60]. Ao que parece, a primeira parte do artigo, ao indicar que a sentença ou laudo arbitral, entre as mesmas partes, fundamentado nos mesmos fatos, tenha o mesmo objeto de processo judicial ou

---

[58] Em suas palavras: "Deve-se, pois, distinguir as sentenças dotadas de eficácia extraterritorial, que são as que preenchem as condições do art. 20, das que não as atendem. Para estas é que se recorrerá à carta rogatória expedida pelo juiz do processo, para requerer o reconhecimento no Brasil de sua decisão. Já as sentenças que possuem eficácia extraterritorial, por preencherem os requisitos do art. 20, independem dessa providência. Cabe ao vencedor, nesse caso – e não ao juiz do processo –, iniciar o processo de execução no Brasil, instruindo o pedido com os documentos relacionados no mencionado artigo 20 do Protocolo. Pois, se tais sentenças possuem eficácia extraterritorial, é evidente que não dependem de reconhecimento, como ocorre com qualquer sentença provinda de país fora da área e não vinculado ao Brasil por meio de tratado". MAGALHÃES, José Carlos de. O Protocolo de Las Leñas e a eficácia extraterritorial das sentenças e laudos arbitrais proferidos nos países do Mercosul. *Revista de Informação Legislativa*, n. 144, p. 289, out./dez. 1999.

[59] Ementa: Sentença estrangeira: Protocolo de Las Leñas: homologação mediante carta rogatória. O Protocolo de Las Lenas ("Protocolo de Cooperação e Assistência Jurisdicional em Matéria Civil, Comercial, Trabalhista, Administrativa" entre os países do Mercosul) não afetou a exigência de que qualquer sentença estrangeira – à qual é de equiparar-se a decisão interlocutória concessiva de medida cautelar – para tornar-se exequível no Brasil, há de ser previamente submetida à homologação do Supremo Tribunal Federal, o que obsta à admissão de seu reconhecimento incidente, no foro brasileiro, pelo juízo a que se requeira a execução; inovou, entretanto, a convenção internacional referida, ao prescrever, no art. 19, que a homologação (dito reconhecimento) de sentença provinda dos Estados partes se faça mediante rogatória, o que importa admitir a iniciativa da autoridade judiciária competente do foro de origem e que o *exequatur* se defira independentemente da citação do requerido, sem prejuízo da posterior manifestação do requerido, por meio de agravo à decisão concessiva ou de embargos ao seu cumprimento (CR 7.613 AgR, Rel. Min. Sepúlveda Pertence, Tribunal Pleno, j. 03.04.1997, *DJ* 09.05.1997).

[60] Art. 22. Quando se tratar de uma sentença ou de um laudo arbitral entre as mesmas partes, fundamentado nos mesmos fatos, e que tenha o mesmo objeto de outro processo judicial ou arbitral no Estado requerido, seu reconhecimento e sua executoriedade dependerão de

arbitral no Estado requerido, terão reconhecimento ou execução condicionados à inexistência de incompatibilidade com o pronunciamento anterior ou simultâneo no Estado requerido, reconhece a coisa julgada anterior, mas não a litispendência internacional.

A redação da segunda parte é ainda mais nebulosa. A disciplina é de que não se reconhecerá nem se executará decisão quando já houver sido iniciado, em país integrante do bloco, procedimento entre as mesmas partes com o mesmo objeto. O questionamento é se isso seria reconhecimento de litispendência internacional.

Para Loula, o excerto estabeleceu como marco a data da propositura da demanda. Caso exista procedimento entre as mesmas partes, fundamentado nos mesmos fatos e com mesmo objeto, ajuizado em momento anterior, no juízo em que se busca o reconhecimento ou execução, ele obsta o reconhecimento/execução do pronunciamento estrangeiro transitado em julgado.

Porém, caso a demanda no exterior tenha sido proposta antes, inexistiria litispendência. Na hipótese de esse feito tramitar com maior brevidade e transitar em julgado antes, a existência de demanda no juízo do reconhecimento ou execução não impediria que o pronunciamento estrangeiro surtisse efeitos, desde que presentes todos os requisitos legais para tanto[61].

De acordo com Camargo, a melhor interpretação para uma normativa elaborada dentro de um contexto de cooperação regional entre Estados vizinhos seria a de reconhecimento da litispendência, já que não faria sentido que haja menção a uma situação de conflito de jurisdições sem que se avente a sua consequência quando da sua ocorrência[62].

---

    que a decisão não seja incompatível com outro pronunciamento anterior ou simultâneo proferido no Estado requerido.
    Do mesmo modo não se reconhecerá nem se procederá à execução, quando se houver iniciado um procedimento entre as mesmas partes, fundamentado nos mesmos fatos e sobre o mesmo objeto, perante qualquer autoridade jurisdicional da Parte requerida, anteriormente à apresentação da demanda perante a autoridade jurisdicional que teria pronunciado a decisão da qual haja solicitação de reconhecimento.

[61]   LOULA, Maria Rosa Guimarães. A extraterritorialidade das sentenças no Protocolo de Las Leñas sobre cooperação e assistência jurisdicional em matéria civil, comercial, trabalhista e administrativa. *In*: TIBURCIO, Carmen; BARROSO, Luís Roberto (org.). *O direito internacional contemporâneo*: estudos em homenagem ao Professor Jacob Dolinger. Rio de Janeiro: Renovar, 2006, p. 675.

[62]   CAMARGO, Solano de. *Forum shopping*: modo lícito de escolha da jurisdição? São Paulo: USP, 2015, p. 134.

No entanto, nos parece que a interpretação analítica da professora Loula, focada no momento da propositura da demanda, não obstante ser mais desafiadora, parece mais alinhada com o próprio texto normativo em questão e as diferenciações ali realizadas.

O Protocolo de Buenos Aires, firmado entre os países do Cone Sul (Argentina, Brasil, Uruguai e Paraguai), prevê a possibilidade de eleição contratual do foro em contratos internacionais celebrados por pessoas físicas e jurídicas com domicílio ou sede nos Estados integrantes do Mercosul, desde que haja conexão razoável, de acordo com o art. 1º, *b*.

Não há, na normativa, a definição do que venha a ser essa conexão razoável, calcando-se em conceito jurídico indeterminado, a ser verificado diante do caso concreto.

Há exclusão expressa de incidência do Protocolo para relações de direito material especiais, como as que envolvem hipossuficiência presumida (contratos de venda ao consumidor e contratos de trabalho), direito falimentar, contratos administrativos, de transportes e de seguro. Da mesma forma, o rol do art. 2º excetua os direitos reais, hipótese clássica de exercício exclusivo da jurisdição pelo Estado da situação do bem.

Ainda segundo o art. 7º do Protocolo, o demandante, quando da inexistência de acordo prévio, pode escolher a jurisdição observando os critérios do local de cumprimento da avença, o domicílio ou sede do demandado, ou ainda o seu, desde que demonstre cumprimento da prestação que lhe cabia.

O Protocolo de Medidas Cautelares de Ouro Preto, incorporado pelo direito interno em 1998, contém previsão importante no art. 19, possibilitando que as medidas de urgência proferidas por juízes de Estados-membros tenham tramitação diferenciada, sem a necessidade de uso da via diplomática ou processo de homologação.

Observação importante sobre esse artigo é realizada por Camargo: considerando o que já foi exposto sobre o Protocolo de Las Leñas e a questão do momento de ajuizamento da demanda, as previsões do Protocolo de Ouro Preto poderiam funcionar como uma forma de escolha da jurisdição por uma das partes, gerando litispendência para eventual demanda que venha a ser proposta no foro correto, ante a prevenção estabelecida[63].

Ainda no âmbito do Mercosul, em 1996, foi aprovado o Protocolo de Santa Maria sobre Jurisdição Internacional em Matéria de Relações de Consumo, apli-

---

[63] CAMARGO, Solano de. *Forum shopping*: modo lícito de escolha da jurisdição? São Paulo: USP, 2015, p. 139-140.

cável para as situações em que fornecedor e consumidor estão domiciliados em Estados diferentes ou, ainda, quando no mesmo Estado, mas com a prestação de consumo a ser realizada em Estado diverso.

A regra geral foi pensada para ser protetiva ao consumidor, ao fixar a jurisdição do Estado em que ele esteja domiciliado, sendo possível que esse possa eleger, livremente e por iniciativa própria, a jurisdição do Estado em que o contrato foi celebrado, o do cumprimento da prestação e ainda o do domicílio do fornecedor. No entanto, o art. 18 do Protocolo condicionou sua vigência à entrada em vigor do Regulamento Comum de Defesa do Consumidor. A legislação material em discussão apresentava-se como um retrocesso para a proteção dos consumidores brasileiros, diminuindo o âmbito das garantias estabelecidas há anos no Código de Defesa do Consumidor.

Não por outra razão, diversos estudiosos do tema[64] e entidades de defesa do consumidor posicionaram-se contra o texto do Regulamento, o que fez com que o Brasil recusasse a sua ratificação, com consequências para o Protocolo de Santa Maria, que continua não vigente.

No ano 2000, os Estados-membros assinaram a Declaração Presidencial dos Direitos Fundamentais dos Consumidores do Mercosul, uma carta de intenções, sem aplicabilidade direta[65], não solucionando o problema regional de definição da jurisdição e do direito aplicável para as relações de consumo.

Traçado o quadro legislativo de base para as relações jurídicas plurilocalizadas envolvendo cidadãos brasileiros e atos/fatos conectados com o território nacional, no momento subsequente serão apresentados os elementos característicos do ambiente digital, a problemática inerente à sua regulação, e os caminhos possíveis para o exercício da jurisdição nessa seara tão peculiar e específica.

---

[64] MARQUES, Claudia Lima. Direitos do consumidor no Mercosul: algumas sugestões frente ao impasse. *Revista de Direito do Consumidor*, vol. 32, p. 16-44, out.-dez. 1999.

[65] SALES, Eduardo Prigenzi Moura. *A aplicabilidade do direito estrangeiro nas relações internacionais de consumo por diálogo das fontes*. Disponível em: http://www.mpsp.mp.br/portal/page/portal/documentacao_e_divulgacao/doc_biblioteca/bibli_servicos_produtos/bibli_boletim/bibli_bol_2006/RTrib_n.964.09.PDF. Acesso em: 3 dez. 2022.

3
AMBIENTE DIGITAL

3.1. ADVENTO DA INTERNET COMO NOVO *LOCUS* SOCIAL GLOBAL

Os computadores e a internet foram descobertas tecnológicas que marcaram o século XX e o início do século XXI, e marcarão como esse período ficará conhecido na história. Certamente, não se está diante da primeira tecnologia tida como revolucionária. Outras já ocuparam o posto, em um movimento que se iniciou com a Primeira Revolução Industrial, perdura e multiplica-se até os dias de hoje.

No século XVIII, houve o início da substituição das ferramentas manuais pelas máquinas. O grande símbolo da época foi a criação da máquina a vapor, que possibilitou o início da produção em grande escala.

O século seguinte veria o surgimento da eletricidade, do motor de combustão interna, de produtos químicos com base científica e do início das tecnologias de comunicação, com a difusão do telégrafo e a invenção do telefone[1].

Passados cem anos no transcurso histórico, o salto tecnológico foi vislumbrado com a introdução, após a Segunda Guerra Mundial, dos controladores lógico-programáveis, da automação e da tecnologia da informação nas indústrias.

Menos de cinquenta anos depois, os sistemas autônomos expandem seu grau de penetração social e passam a operar como máquinas inteligentes, que possuem capacidade de aprendizagem (*machine learning*) e de comunicação autônoma, sem intervenção humana (internet das coisas)[2].

Esse novo movimento, no qual estamos inseridos, é conhecido como Quarta Revolução Industrial, conceito desenvolvido por Schwab, diretor e fundador do Fórum Econômico Mundial, com base em termo cunhado em 2011 na Feira de Hannover para as mudanças nas formas de produção, com mescla entre os sistemas físicos e virtuais.

---

[1] CASTELLS, Manuel. *A sociedade em rede*, vol. I. 6. ed. São Paulo: Paz e Terra, 2002, p. 71.
[2] RODRIGUES, Letícia Francischini; JESUS, Rodrigo Aguiar de; SCHÜTZER, Klaus. Industrie 4.0: uma revisão de literatura. *Revista de Ciência e Tecnologia*, v. 19, n. 38, p. 35-36.

De acordo com Schwab, as tecnologias digitais, baseadas no computador, no *software* e na rede, estão tão sofisticadas e integradas a ponto de transformar a sociedade e romper com o ciclo anterior. Elas não se limitam aos modos de produção: permeiam todos os campos sociais, permitindo a fusão entre físico, digital e biológico, com tecnologias emergentes de rápida difusão.

A realidade, em algumas sociedades ou segmentos do conhecimento, estabelece como o futuro geral é vislumbrado: bilhões de pessoas conectadas em rede por dispositivos móveis, com a tecnologia permeando diversas áreas, seja através do emprego de inteligência artificial, da robótica, da internet das coisas, seja com veículos autônomos, nanotecnologia ou biotecnologia[3].

Os períodos delimitados acima evidenciam que cada época é determinada pelo modo de produção predominante. Na sociedade industrial, a produtividade estava centralizada na introdução de novas fontes de energia, enquanto na sociedade da informação, o elemento central está no processamento da informação e na comunicação[4].

A transformação no paradigma de produção, e consequentemente nas relações sociais como um todo, somente foi possível com o vertiginoso desenvolvimento das tecnologias de comunicação e da informação. Outro elemento essencial foram as descobertas tecnológicas no ramo da eletrônica.

Em 1947, foi inventado o pioneiro do *chip*, o transistor, que possibilitou o processamento de impulsos elétricos em velocidade, com codificação da lógica da comunicação com e entre máquinas. Nas décadas de 1950 e 1960, esses semicondutores foram aprimorados e vendidos em escala industrial. Apesar de o público-alvo ainda ser militar, a queda vertiginosa nos preços ampliou o mercado consumidor. Em 1971, foi criado o primeiro microprocessador[5].

Em paralelo, o pioneiro do computador, tal como o conhecemos hoje, estava sendo desenvolvido desde a Segunda Guerra Mundial. Pesando 30 toneladas, com mais de 18 mil tubos, ao custo de milhões de dólares, o Eniac realizava operações matemáticas de baixa complexidade[6].

A primeira versão comercial do computador, modelo Univac 1, foi lançada em 1951 e teve grande utilidade para o processamento de dados do censo norte-

---

[3] SCHWAB, Klaus. *A Quarta Revolução Industrial*. São Paulo: Edipro, 2019, p. 21-22.
[4] CASTELLS, Manuel. *A sociedade em rede*, vol. I. 6. ed. São Paulo: Paz e Terra, 2002, p. 53.
[5] CASTELLS, Manuel. *A sociedade em rede*, vol. I. 6. ed. São Paulo: Paz e Terra, 2002, p. 76-77.
[6] WOLKART, Erik Navarro. *Análise econômica do processo civil*: como a economia, o direito e a psicologia podem vencer a tragédia da justiça. São Paulo: Thomson Reuters, 2019, p. 705.

-americano no período[7]. Ainda assim, a máquina pesava toneladas e tinha alto consumo energético.

Nas décadas seguintes, várias companhias empenharam-se para modernizar e popularizar o computador e seus insumos. Os esforços e os resultados obtidos eram perceptíveis. Não por outra razão, em 1965, o então presidente da Intel escreveu artigo constatando que, à época, a capacidade de processamento dos circuitos integrados dobrava a cada ano. Com base nesse dado, previu que esse crescimento seria constante por pelo menos mais dez anos. Na década seguinte, reviu sua projeção para indicar que a capacidade dobraria a cada dois anos dali em diante.

Esse estudo gerou a chamada *Lei de Moore,* utilizada como referencial para medir o avanço do *hardware*. Atualmente, a capacidade de processamento dos computadores dobra, em média, a cada 18 meses[8].

Na década de 1970, foram desenvolvidos os primeiros computadores de uso pessoal. Segundo Tim Wu, o destaque seria o Apple II, que teria transformado a computação pessoal de um passatempo obscuro de apaixonados por tecnologia em um aparelho com alcance nacional e maior penetração social, trazendo fama e notoriedade à empresa[9].

Paralelamente, a IBM empenhava-se em lançar um produto competitivo. Em 1981, apresentou a sua versão, batizada de computador pessoal (PC), que acabou tornando-se a forma através da qual os computadores de mesa, estilo *desktop*, ficaram conhecidos.

O fato de ter sido criado mediante combinação de tecnologia desenvolvida por terceiros para a IBM, e não por criação exclusiva da empresa, teria deixado o empreendimento suscetível a clonagens, praticada massivamente na Ásia.

O que poderia ser um revés acabou apresentando-se como uma vantagem competitiva para a empresa, que disseminou e sedimentou o seu padrão ao redor do globo, ao contrário do que ocorreu com a Apple[10].

Em 1984, o Macintosh, da Apple, facilitou a utilização dos computadores, com a introdução da tecnologia baseada em ícones e interfaces com o usuário, lançando as bases do modelo adotado por todos até hoje.

---

[7] CASTELLS, Manuel. *A sociedade em rede*, vol. I. 6. ed. São Paulo: Paz e Terra, 2002, p. 79.
[8] WOLKART, Erik Navarro. *Análise econômica do processo civil*: como a economia, o direito e a psicologia podem vencer a tragédia da justiça. São Paulo: Thomson Reuters, 2019, p. 704.
[9] WU, Tim. *Impérios da comunicação*: do telefone à internet, da AT&T ao Google. Rio de Janeiro: Zahar, 2012, p. 330.
[10] CASTELLS, Manuel. *A sociedade em rede*, vol. I. 6. ed. São Paulo: Paz e Terra, 2002, p. 80.

O aprimoramento e a difusão dos computadores foram possibilitados pelo incremento dos seus componentes físicos, como a *Lei de Moore* explicitou. No entanto, o impacto social seria em tudo diminuto sem o desenvolvimento dos *softwares* e suas funcionalidades.

Nesse sentido, merece destaque a iniciativa de Bill Gates e Paul Allen, que, na década de 1970, valeram-se do sistema do Altair, criado alguns anos antes por um engenheiro do Novo México, e que serviu de inspiração para as criações da Apple, para construir um sistema próprio em sua recém-lançada empresa, a Microsoft[11]. Essas criações foram acompanhadas por desenvolvimentos paralelos ocorridos em outra seara, a de telecomunicações, que propiciaram o surgimento da internet e da sociedade da informação.

Para Castells, a inovação tecnológica não é um evento isolado, mas refletiria um certo estágio de conhecimento, um ambiente institucional e industrial específico, uma disponibilidade de talentos, uma mentalidade econômica para balancear a relação custo-benefício e tornar o produto comercialmente viável, além de uma rede de fabricantes e usuários[12]. Parece-nos que foi exatamente o alinhamento desses fatores que fez surgir a internet.

Na década de 1960, no auge da Guerra Fria, havia preocupação com o sistema de informação dos Estados Unidos, que não suportaria eventual ataque nuclear. Em resposta, foi idealizado sistema de comunicação ponto a ponto redundante, com vários caminhos possíveis para que uma informação circulasse de um lugar a outro[13]. De acordo com Wu, a inspiração seria o cérebro humano, que muitas vezes se recupera de danos redistribuindo funções para caminhos neurais intactos[14].

Essa concepção dependia de que a informação fosse fragmentada em pequenos pedaços que seriam encaminhados pela rede, pelo caminho que estivesse disponível. Nos dias de hoje, essa noção é conhecida como *packet networking*, fundamento para todas as redes de informação do mundo[15].

---

[11] CASTELLS, Manuel. *A sociedade em rede*, vol. I. 6. ed. São Paulo: Paz e Terra, 2002, p. 80.
[12] CASTELLS, Manuel. *A sociedade em rede*, vol. I. 6. ed. São Paulo: Paz e Terra, 2002, p. 73.
[13] CASTELLS, Manuel. *A sociedade em rede*, vol. I. 6. ed. São Paulo: Paz e Terra, 2002, p. 82.
[14] WU, Tim. *Impérios da comunicação*: do telefone à internet, da AT&T ao Google. Rio de Janeiro: Zahar, 2012, p. 211.
[15] A demora na aceitação teórica do modelo seria fruto de resistências de empresas como a AT&T, líder no setor de telecomunicações nos Estados Unidos, que quando apresentada à ideia teria sentido sua posição dominante ameaçada, uma vez que o conceito de pacote admitia uma rede aberta, contrária aos interesses da empresa. WU, Tim. *Impérios da*

A corrida espacial disputada por russos e americanos teria levado ao surgimento da Agência de Pesquisa de Projetos Avançados (Arpa, no original em inglês), dentro do Departamento de Defesa[16], que rivalizaria com o poderio tecnológico adversário.

Após a criação da Arpanet, uma rede incipiente voltada para a facilitação do comando militar, o projeto expandiu-se para quatro universidades, com o intuito de testar e aprimorar a comunicação em rede, estabelecendo as universidades como nós comunicacionais.

Paulatinamente, foram financiados estudos nas principais universidades do país para que a área da computação se desenvolvesse, deixando para cada instituição a escolha da linha de pesquisa a ser seguida.

Ao longo dos anos, esses centros de pesquisa universitários passaram a colaborar entre si para que fosse criada uma rede que permitisse a comunicação e a troca de dados[17].

Em 1969, a primeira mensagem foi enviada de um computador instalado na Universidade da Califórnia (UCLA) para o Instituto de Pesquisa de Stanford, inaugurando a rede[18]. Três anos depois, a rede foi expandida e foi inventado o *network mail*, o primeiro *e-mail*. Em 1983, houve a divisão entre a Arpanet e a Milnet, para fins exclusivamente militares[19].

A ampliação da rede ocorreu por iniciativa de centros de pesquisa e de empresas como a IBM, que criaram redes secundárias, tendo como base a Arpanet, chamada de Arpa-Internet, posteriormente conhecida apenas como internet[20].

Em 1990, a Arpanet entregou a frente da internet pública para a *National Science Foundation*. A internacionalização ocorreu graças aos trabalhos desenvolvidos pela Organização Europeia para a Pesquisa Nuclear (Cern), tais como

---

comunicação: do telefone à internet, da AT&T ao Google. Rio de Janeiro: Zahar, 2012, p. 211-213.

[16] GROMOV, Gregory. *History of internet and world wide web: roads and crossroads of the internet history*, p. 3. Disponível em: http://history-of-internet.com/. Acesso em: 3 dez. 2022.

[17] CROCKER, Steve. A verdadeira origem da internet. *Revista.Br. Comitê Gestor da Internet no Brasil*, ed. 5, ano 4, p. 59-60, 2013.

[18] GROMOV, Gregory. *History of internet and world wide web: roads and crossroads of the internet history*, p. 4. Disponível em: http://history-of-internet.com/. Acesso em: 3 dez. 2022.

[19] CASTELLS, Manuel. *A sociedade em rede*, vol. I. 6. ed. São Paulo: Paz e Terra, 2002, p. 83.

[20] CASTELLS, Manuel. *A sociedade em rede*, vol. I. 6. ed. São Paulo: Paz e Terra, 2002, p. 83.

a adoção de endereços de IP (*internet protocol*), que padronizaram a identificação e a comunicação entre computadores, e a criação do padrão *World Wide Web* (www)[21].

Durante anos, a internet foi uma ferramenta rudimentar utilizada apenas por alguns centros de pesquisa e estudiosos. Somente em um segundo momento, irradiou-se para um número pequeno de usuários[22]. O ambiente digital era um local para iniciados que tinham condições financeiras de possuir equipamentos caros como computadores. A rede de comunicação possuía capacidade de transmissão limitada, em que era difícil receber e transmitir informações[23].

No ano de 1995, a rede foi privatizada, dando início à sua ampliação vertiginosa na sociedade. Contudo, entre os pesquisadores da área, havia aqueles de vertente libertária, que vislumbravam a tecnologia que surgia como um espaço livre, diversificado e colaborativo, que não se coadunava com o crescente monopólio e sistemas protetivos de direitos autorais que buscavam impedir a pirataria e as construções colaborativas.

Grandes símbolos desse momento foram movimentos como o *Free Software Foundation* e o *open source*, que criaram o sistema Linux, o navegador Mozilla Firefox e, mais tarde, a Wikipedia[24].

Como hoje é sabido, a vertente capitalista e monopolista da rede prevaleceu. Será visto que a corrente da contracultura, para além das contribuições no desenvolvimento de produtos e serviços em rede, foi fundamental para as concepções iniciais sobre a regulação do novo ambiente digital.

O desenvolvimento ocorrido no setor de telecomunicações fez com que a internet discada, método que se valia da rede telefônica e do sistema de pulsos para transmissão de informações, alcançasse número maior de pessoas. Foi criada rede de servidores. Nos Estados Unidos e em outros lugares, como o Brasil, empresas como a AOL distribuíram gratuitamente CDs para instalação de seus navegadores[25].

---

[21] BRITO, Adriane Sanctis de. *O regime internacional da internet*: construções argumentativas sobre sua especialidade. São Paulo: USP, 2014, p. 56.

[22] CASIMIRO, Sofia de Vasconcelos. *A responsabilidade civil pelo conteúdo da informação transmitida pela internet*. Coimbra: Almedina, 2000, p. 37-38.

[23] CASTELLS, Manuel. *A sociedade em rede*, vol. I. 6. ed. São Paulo: Paz e Terra, 2002, p. 88.

[24] BRITO, Adriane Sanctis de. *O regime internacional da internet*: construções argumentativas sobre sua especialidade. São Paulo: USP, 2014, p. 57-58.

[25] WU, Tim. *Impérios da comunicação*: do telefone à internet, da AT&T ao Google. Rio de Janeiro: Zahar, 2012, p. 315.

Em paralelo, foram criados roteadores e comutadores eletrônicos e novas tecnologias de transmissão que eclodiram na fibra ótica e no *laser*, com possibilidade de tráfego de dados por pacotes digitais que incrementaram a capacidade das linhas de transmissão, além dos novos usos do espectro de radiodifusão[26].

O modelo da AOL foi rapidamente superado com a banda larga oferecida pelas empresas telefônicas, que dispensava o intermediário, para oferecer conexão direta entre o usuário e a internet, através do novo *Digital Service Lines* (DSL)[27].

Outro salto foi dado com a possibilidade de acesso à internet via aparelhos celulares, a partir dos anos 2000. O grande símbolo, que inaugura a popularização dos *smartphones*, foi o lançamento do iPhone 1, pela Apple, em 2007[28].

Essa passagem do acesso realizado por computadores físicos para aparelhos móveis revelaria um dos maiores valores da internet: a universalidade operacional, que permite que qualquer tipo de dispositivo possa ser utilizado para acessá-la, sem que haja necessidade de reconfiguração do código de programação, mas mera adequação estética, para qualquer conteúdo[29].

Todas essas transformações, como não poderia deixar de ser, alteraram profundamente a estrutura das relações sociais. No entanto, acertada é a colocação de Wu de que as novidades tecnológicas passam por fase de novidade revolucionária e utopismo juvenil, permeadas pela ideia de uso livre para manifestação da expressão individual, para depois tornarem-se monopólios industriais[30].

Ainda que essa constatação seja verdadeira, posto que, atualmente, a internet e o mercado digital são dominados pelas grandes empresas de tecnologia conhecidas pelo anagrama Gafam (Google, Amazon, Facebook, Apple e Microsoft), ela não retira a centralidade do ambiente digital para o tecido social como um todo, já que o modelo de desenvolvimento econômico condiciona o comportamento social.

Vive-se o paradigma da sociedade da informação, caracterizada, de acordo com Castells, não pela centralidade do conhecimento e da informação, mas pela

---

[26] CASTELLS, Manuel. *A sociedade em rede*, vol. I. 6. ed. São Paulo: Paz e Terra, 2002, p. 81.
[27] WU, Tim. *Impérios da comunicação*: do telefone à internet, da AT&T ao Google. Rio de Janeiro: Zahar, 2012, p. 315.
[28] WU, Tim. *Impérios da comunicação*: do telefone à internet, da AT&T ao Google. Rio de Janeiro: Zahar, 2012, p. 323.
[29] WU, Tim. *Impérios da comunicação*: do telefone à internet, da AT&T ao Google. Rio de Janeiro: Zahar, 2012, p. 329.
[30] WU, Tim. *Impérios da comunicação*: do telefone à internet, da AT&T ao Google. Rio de Janeiro: Zahar, 2012, p. 12.

aplicação desse conhecimento para criação de dispositivos de processamento e comunicação da informação, em sistema de retroalimentação[31].

É certo que os impactos da tecnologia são experimentados por cada sociedade à sua maneira, ante as especificidades históricas, geográficas, econômicas e culturais de cada grupo social. Contudo, é inegável que, ao contrário das outras revoluções descritas, que surgiram e concentraram-se em alguns países para apenas paulatinamente expandirem-se para outras localidades, tal como ocorreu com a tecnologia a vapor e sua íntima relação com a Inglaterra, a revolução em questão propagou-se em curto espaço de tempo ao redor do globo[32].

A previsão é de que cada sociedade, cada Estado, são, e serão, sociedades da informação, "pois os principais processos de geração de conhecimentos, produtividade econômica, poder político/militar e a comunicação via mídia já estão profundamente transformados pelo paradigma informacional"[33].

Mesmo que estejamos todos, de uma forma ou de outra, imersos nesse movimento, sem que seja possível valer-se do distanciamento histórico necessário para a acuracidade do processo analítico, ainda é possível identificar algumas características[34] que distinguem a sociedade da informação dos períodos anteriores. A primeira delas é o fato de a informação ocupar o lugar antes ocupado pelo carvão e pela eletricidade como matéria-prima central, com tecnologias agindo sobre a informação, e não somente informações agindo sobre a tecnologia. A atual era do processamento e gerenciamento de dados pessoais exemplifica a afirmação.

A penetrabilidade dos efeitos das novas tecnologias sobre as experiências pessoais e coletivas não pode ser negada. Atualmente, nos relacionamos e mantemos contato com as pessoas através de computadores e celulares que permitem o acesso a redes sociais e provedores de *e-mails*. As trocas comerciais, o acesso ao sistema bancário e até o ensino são intermediados e facilitados pela tecnologia. Governos e instituições não passam incólumes a essas transformações, como indica Schwab[35].

O destaque é a relação de condicionamento entre tecnologia e sociedade, em especial no campo da filosofia do trabalho, nos instrumentos de produção e na

---

[31] CASTELLS, Manuel. *A sociedade em rede*, vol. I. 6. ed. São Paulo: Paz e Terra, 2002, p. 69.
[32] WU, Tim. *Impérios da comunicação*: do telefone à internet, da AT&T ao Google. Rio de Janeiro: Zahar, 2012, p. 329.
[33] CASTELLS, Manuel. *A sociedade em rede*, vol. I. 6. ed. São Paulo: Paz e Terra, 2002, p. 57.
[34] CASTELLS, Manuel. *A sociedade em rede*, vol. I. 6. ed. São Paulo: Paz e Terra, 2002, p. 108-110.
[35] SCHWAB, Klaus. *A Quarta Revolução Industrial*. São Paulo: Edipro, 2019, p. 25.

distribuição do tempo e de espaço social[36]. A internet, hoje, passa a ser extensão do espaço público de interação social, sendo cada vez menos tangível, ou possível, a separação entre real e virtual[37].

A lógica de redes é utilizada para qualquer sistema ou conjunto de relações sociais, pressupondo interligação e conexão de fatores e pessoas. A mudança como elemento constante da nova conformação social traz fluidez e flexibilidade para organizações e instituições que se reorganizam com maior rapidez, sem alterações drásticas nos seus fundamentos institucionais.

Por fim, a convergência tecnológica faz com que seja difícil distinguir e apartar o desenvolvimento de cada tecnologia como algo autônomo e descolado de outros processos tecnológicos concomitantes e interligados. Foi visto, quando da breve descrição do surgimento do computador e da internet, que tais movimentos foram acompanhados, necessariamente, por outras descobertas tecnológicas em setores paralelos, como nas telecomunicações e nas redes de transmissão.

Nem todos os estudiosos concordam com a percepção de que a tecnologia impactaria o tecido social. Para Lévy, apenas meteoros ou projéteis causariam impactos, sendo inadequada a comparação, posto que a tecnologia não seria autônoma, mas um ângulo do sistema social e técnico global e dos fenômenos humanos, e não um ente em separado, independente da experiência humana[38].

A tecnologia, nessa percepção, chamada de técnica, não seria "nem boa, nem má (isto depende dos contextos, dos usos e dos pontos de vista), tampouco neutra (já que é condicionante ou restritiva, já que de um lado abre e de outro fecha o espectro de possibilidades)"[39].

O ponto de convergência das duas percepções, que não necessariamente neutralizam-se, mas apenas analisam o mesmo fenômeno sob perspectivas diversas, está na constatação de que a tecnologia é algo em constante mutação, e um fenômeno irreversível na história da humanidade, o que dificulta a análise das suas implicações sociais e culturais.

Para a seara jurídica, fica o constante desafio da regulação de um fenômeno complexo e amplo, que origina novas relações e transforma, nos mais variados

---

[36] DONEDA, Danilo. *Da privacidade à proteção de dados pessoais*. São Paulo: Renovar, 2006, p. 21.
[37] BRITO, Adriane Sanctis de. *O regime internacional da internet*: construções argumentativas sobre sua especialidade. São Paulo: USP, 2014, p. 60-61.
[38] LÉVY, Pierre. *Cibercultura*. São Paulo: Editora 34, 1999, p. 16.
[39] LÉVY, Pierre. *Cibercultura*. São Paulo: Editora 34, 1999, p. 26.

níveis, as existentes. Ao jurista, cabe a difícil tarefa de adquirir senso de responsabilidade tecnológica, já que "um direito incapaz de compreender esta dinâmica perde contato com a realidade social e se torna rapidamente obsoleto"[40]. As possibilidades regulatórias para o ambiente digital serão objeto de capítulo em apartado.

3.2. ESPÉCIES DE PROVEDORES, COMUNICAÇÃO EM REDE E SEUS ELEMENTOS DISTINTIVOS

A internet realizou transformações profundas no tecido social. Novos atores passaram a atuar no processo comunicativo realizado pelos mais variados interlocutores nesse ambiente. Não por outra razão, viu-se o surgimento de novos intermediários.

De acordo com estudo elaborado pela Organização para Cooperação e Desenvolvimento Econômico (OCDE), os intermediários da internet: "aproximam ou facilitam transações entre terceiros na internet. Eles proveem acesso, hospedam, transmitem e indexam conteúdos, produtos e serviços de terceiros na internet ou proveem serviços baseados na internet para terceiros"[41] (tradução nossa).

Existem variadas classificações dos intermediários da internet. De modo geral, é corrente a constatação de que eles agem em diversos estágios desse novo cenário, seja na disponibilização da infraestrutura física que permite o acesso à internet, seja no armazenamento e propagação do conteúdo produzido em rede.

A compreensão a respeito dos intermediários da internet, em certa medida, confunde-se e mescla-se com o conceito de provedores de internet, categoria mais abrangente que abarca também os criadores de conteúdo[42].

No Brasil, antes da edição do Marco Civil da Internet, a classificação mais usual e didática dos provedores de internet foi a empregada pela Ministra Nancy Andrighi, em 2011, quando do julgamento de recurso especial versando sobre a responsabilização civil de provedor de hospedagem, no caso, a rede social *Orkut*[43]. A categorização foi replicada em variados julgados e por parte da doutrina.

---

[40] DONEDA, Danilo. *Da privacidade à proteção de dados pessoais*. São Paulo: Renovar, 2006, p. 24.
[41] PERSET, Karine. *The economic and social role of internet intermediaries*. Organização para Cooperação e Desenvolvimento Econômico, 2010, p. 9.
[42] LEONARDI, Marcel. Internet: elementos fundamentais. *In*: SILVA, Regina Beatriz Tavares da (org.). *Responsabilidade civil na internet e nos demais meios de comunicação*. São Paulo: Saraiva, 2007, p. 82.
[43] REsp 1.193.764/SP, Rel. Min. Nancy Andrighi, 3ª T., j. 14.12.2010, *DJe* 08.08.2011.

Na oportunidade, foi declinado que existiriam cinco principais categorias de provedores: os de *infraestrutura* ou *backbone*, responsáveis pela infraestrutura física da internet; os de *acesso*, que se valem dos provedores de *backbone* para vender ao consumidor conexão com a internet; os de *hospedagem*, que armazenam dados de terceiros; os de *informação*, que produzem informações divulgadas *on-line*; e os de *conteúdo*, que disponibilizam na rede as informações criadas ou desenvolvidas por provedores de informação[44].

Com o advento da Lei 12.965/2014, a nomenclatura adotada foi simplificada e passou a distinguir somente provedores de conexão e provedores de aplicação, conceito que passou a englobar todos os provedores que não proporcionam o acesso à internet, tais como as empresas de telefonia fixa e móvel. Não obstante a terminologia empregada no texto de lei, nos parece que a criação jurisprudencial e doutrinária, mais detalhada e precisa, era mais didática e de melhor compreensão geral.

Cada espécie de provedor fornece serviços diferentes e encaixa-se em modelos de negócios específicos. Os provedores de conexão operam equipamentos e serviços na jurisdição física do destinatário final do serviço, o que faz com que, necessariamente, tenham que observar a legislação local[45]. Caso contrário, não poderão obter as licenças e as autorizações para instalar cabos de fibra ótica ou utilizar os espectros de radiotransmissão. Outros provedores não precisam dispor de recursos físicos na área geográfica em que o serviço é oferecido. Isso decorre da arquitetura interoperável da internet, estruturada de acordo com o princípio *end-to-end*, ou seja, para funcionar em equipamentos simples pensados para serem conectados com outros mais complexos que funcionam em rede, sendo que a complexidade e a inteligência ficariam no seu fim[46].

Não por outra razão, a comunicação em rede tem como uma de suas características principais a descentralização e a fragmentação dos dados transmitidos. O intuito é otimizar a transmissão da informação, visando ao menor uso possível da rede para cada operação, com ganhos financeiros e de tempo. A criação do conceito de pacote de dados, na década de 1960, é a base dessa concepção.

---

[44] Outra classificação, muito próxima da utilizada pelo Poder Judiciário é a apresentada pelo professor Marcel Leonardi, que estabelece cinco categorias de provedores de internet: os de *infraestrutura ou backbone*, os de *acesso*, os de *correio eletrônico*, os de *hospedagem* e os de *conteúdo*. LEONARDI, Marcel. *Tutela e privacidade na internet*. São Paulo: Saraiva, 2012, p. 83 e s.

[45] PERSET, Karine. *The economic and social role of internet intermediaries*. Organização para Cooperação e Desenvolvimento Econômico, 2010, p. 22.

[46] LEONARDI, Marcel. *Tutela e privacidade na internet*. São Paulo: Saraiva, 2012, p. 152.

Como bem explica Daskal, na movimentação e no transporte de objetos e pessoas no meio físico, usualmente se busca o caminho mais curto que liga um ponto ao outro. O mesmo não ocorreria com a transmissão de dados. Mesmo que o emissor e o receptor de uma mensagem eletrônica estejam no mesmo território físico, não há garantia de que os dados não irão trafegar pela rede de outros países[47].

Até alguns anos, no início da internacionalização da internet e no começo incipiente na capacidade de transmissão de dados, os dados circulavam internacionalmente de forma excepcional, já que os sistemas de tratamento eram localizados territorialmente. Nesse período, a transferência de dados era um fim em si mesma, com servidores centralizados. Atualmente, é um fenômeno que parte de um processo voltado para resultados comerciais[48]. O desenvolvimento exponencial da ciência de dados e da predição evidencia essa tendência.

No novo cenário, a circulação transfronteiriça dos dados ocorre por razões técnicas ou para manutenção dos servidores utilizados pelos provedores de aplicação para armazenagem de grande quantidade de dados. Mesmo os serviços em nuvem utilizam-se de servidores físicos alocados ao redor do globo.

Geralmente, os dados são fragmentados, copiados e armazenados em mais de uma localização. A redundância técnica busca evitar problemas de funcionamento no servidor, com a criação de *backups*. Nesse sentido, muito se fala em localização independente, no sentido de que o dado, a informação, não precisa estar armazenado no mesmo local do usuário que o produziu ou que detém direitos sobre o material.

A vantagem para o provedor é a liberdade de movimentar os dados com o intuito de minimizar e otimizar a capacidade de uso de servidores, evitando sobrecargas de energia e interrupções de uso, sem consequências para o acesso do usuário[49].

Estando o servidor em território diverso ao do usuário, surgem problemas de legislação aplicável e jurisdição incidente sobre os dados armazenados. O caso mais famoso a esse respeito, *United States v. Microsoft Corp.*, será esmiuçado no momento oportuno.

Essa característica da rede, de estar em todos os lugares ao mesmo tempo, e a sua alta penetrabilidade social, teria ensejado movimentos estatais conhecidos como balcanização da internet. A alusão é feita ao momento histórico pós-queda

---

[47] DASKAL, Jennifer. The Un-territoriality of data. *The Yale Law Journal*, n. 125, p. 366, 2015.
[48] SCHWARTZ, Paul M. *Managing global data privacy: cross-border information flows in a networked environment*. The Privacy Projects. UC Berkeley School of Law, 2009, p. 12-18.
[49] DASKAL, Jennifer. The Un-territoriality of data. *The Yale Law Journal*, n. 373, p. 366, 2015.

do Império Otomano, na virada do século XIX e início do século XX, gerando fragmentação do território em pequenos Estados.

No âmbito da internet, o termo é pejorativamente utilizado em referência à tentativa de alguns Estados de regular a internet, geralmente através de normatizações de cunho nacionalista que simbolizariam retrocesso e retorno a um modelo tribal e bárbaro[50].

Para além de determinações estatais de origem administrativa sobre a própria organização do serviço prestado em rede, que podem até mesmo impedir ou obstar a intenção de oferta do serviço, a discussão sobre a alocação dos dados permeia os temas da remoção e/ou bloqueio de conteúdo *on-line* e disponibilização de dados aptos à identificação do agente causador do ilícito, objeto a ser esmiuçado oportunamente.

3.3. OS MECANISMOS TÉCNICOS DE CONTROLE DE CONTEÚDO DIGITAL: BLOQUEIO E REMOÇÃO CONFORME AS CAMADAS DA INTERNET (CONTEÚDO, LÓGICA E INFRAESTRUTURAL)

Para que seja possível compreender como a arquitetura da internet, ou seja, como a forma em que são elaborados e estruturados os códigos binários e os elementos infraestruturais pode influir na regulação do ambiente digital, faz-se necessária apresentação dos aspectos essenciais que integram a comunicação em rede propiciada pela internet.

A expansão da internet para um número maior de pessoas teve o impacto positivo de ampliar a quantidade de pessoas conectadas que realizam as mais variadas atividades *on-line*. Todavia, como ocorre com qualquer meio que atua na aproximação de pessoas, facilita o cumprimento dos afazeres do dia a dia e amplia as possibilidades de criação e inovação, o seu uso pode lesionar direitos de terceiros.

A definição do que é ofensivo ou lesivo para a coletividade em geral ou para a esfera de direitos de um sujeito determinado varia de acordo com os valores subjacentes a cada ordenamento jurídico e as suas previsões legais. Nesse sentido, sob a perspectiva da ordem pública, são poucos os consensos internacionais acerca do que é conteúdo inapropriado que deveria ser banido ou ter acesso negado na rede. A temática da pornografia infantil seria uma exceção nesse contexto[51].

---

[50] ALVES JR., Sérgio. *The internet balkanization discourse backfires*, p. 1-2. Disponível em: https://papers.ssrn.com/sol3/papers.cfm?abstract_id=2498753.

[51] INTERNET SOCIETY. *Internet Society – perspectivas sobre o bloqueio de conteúdo na internet: visão geral*, mar. 2017, p. 4. Disponível em: https://www.internetsociety.org/wpcontent/uploads/2017/03/ContentBlockingOverview_PT_.pdf. Acesso em: 3 dez. 2022.

Como será visto, esse é um problema presente, por exemplo, na homologação de sentenças estrangeiras condenatórias por atos difamatórios nos Estados Unidos, país em que a liberdade de expressão possui alcance não encontrado nos demais.

Existem diversas formas de remover ou bloquear conteúdo *on-line*, cada uma delas atuando em uma das camadas da comunicação em rede, e a maioria dependendo de determinação judicial, embora não todas. No contexto brasileiro, por exemplo, pedidos de remoção de imagens e vídeos de nudez ou atos sexuais privados podem ser realizados diretamente ao provedor de aplicação que disponibiliza o conteúdo de terceiros, mediante simples notificação, nos termos do art. 21 do Marco Civil da Internet. Para outros conteúdos, há sempre a possibilidade de que o provedor de aplicação remova o conteúdo ou bloqueie a página mediante denúncia direta da vítima, sempre que houver ofensa aos Termos de Uso da plataforma, como será visto em capítulo próprio. No entanto, eventual tutela reparatória deverá ser buscada em face do produtor do conteúdo, já que vige o entendimento legal e jurisprudencial de que a responsabilização do provedor de aplicação é subsidiária e ocorre somente se deixar de observar ordem judicial de indisponibilização, nos termos do art. 19 do Marco Civil da Internet.

Existem variadas classificações para as camadas de funcionamento da internet. A mais aceita é a empregada pela Corporação da Internet para Atribuição de Nomes e Números (Icann, em inglês), entidade responsável por designar nomes de domínio, por exemplo, ".com". ".br", e os números de protocolo (endereço IP).

De acordo com essa concepção, para fins didáticos, a internet poderia ser dividida em três camadas sobrepostas: econômico-social (conteúdo), lógica e infraestrutural. Em cada uma delas atuam agentes diferentes, com instrumentos e resultados próprios para a regulação do que trafega e é disponibilizado *on-line*. A imagem a seguir é ilustrativa[52]:

---

[52] Disponível em: https://community.icann.org/download/attachments/54692373/Three%20Layers%20Digital%20Governance.pdf?version=1&modificationDate=1444114894000&api=v2. Acesso em: 3 dez. 2022.

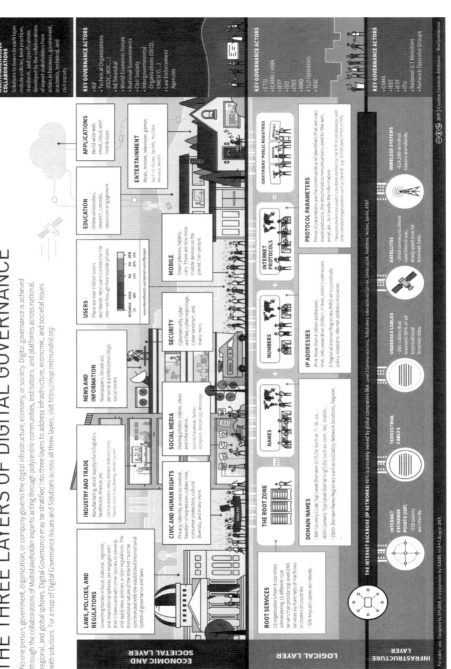

Fonte: Icann.

3.3.1. Atuação na camada do conteúdo

Na camada do conteúdo, em que atuam agentes públicos dos três poderes, entidades do terceiro setor, provedores de aplicação, usuários, entidades financeiras e outros, algumas situações diferenciadas e estratégias importantes merecem destaque.

Diante do aumento na capacidade da rede e dos computadores, na década de 1990, surgiram os primeiros *sites* que permitiam o *download* de músicas e vídeos. Ainda que a transferência completa de um álbum ou de um filme pudesse demorar horas, às vezes até dias, muitas pessoas valiam-se desse expediente, já que CDs e DVDs não eram produtos baratos, nem sempre era possível ter acesso a materiais importados, que não chegavam até países periféricos como o Brasil. Tendo em vista essa realidade crescente, que infringia os direitos autorais de artistas, gravadoras e estúdios, foram realizadas diversas tentativas para obstar o crescente mercado da pirataria digital.

Dessa época, são notórias as demandas ajuizadas pela banda Metallica, pelo rapper Dr. Dre, e pelo conjunto das maiores gravadoras contra o *site* Napster, grande plataforma de compartilhamento ilegal de material fonográfico em formato .mp3 da época. A plataforma foi tirada do ar em 2001, mas o movimento de compartilhamento de arquivos não foi estancado, pelo contrário: expandiu-se e ganhou penetração social com a disseminação da internet entre as camadas sociais e o aumento da velocidade de tráfego de dados[53].

A situação apenas sofria alterações com o lançamento o iTunes, pela Apple, que se valia de codificação diferenciada para os arquivos em formato .mp3, que somente podiam ser reproduzidos em *softwares* e equipamentos da marca. O usuário comprava as músicas que lhe interessavam e tinha possibilidades restritas de gravá-las em CDs. A proposta teve adesão por facilitar o consumo de música em cenário de dificuldades técnicas para o *download* ilegal, tais como a lentidão e os vírus[54]. Em paralelo, no campo legal, o *Digital Millennium Copyright Act*, aprovado pelo Congresso Americano em 1998, tutela os direitos autorais de produtores de conteúdo de forma incisiva, incluindo a criminalização de condutas que disseminem tecnologias, instrumentos ou serviços que buscam

---

[53] LAW, Sam. *Metallica vs. Napster: the lawsuit that redefined how we listen to music*. Disponível em: https://www.kerrang.com/features/metallica-vs-napster-the-lawsuit-that-redefined-how-we-listen-to-music/. Acesso em: 3 dez. 2022.

[54] BULGUERONI, Marcelo André. *Regulamentação internacional do ciberespaço*: unilateralismo, multilateralismo e efetividade. São Paulo: USP, 2013, p. 91-92.

burlar tecnologias que protegem direitos autorais, conhecidas como *Digital Rights Management* (DRM).

As tecnologias de DRM foram inventadas para controlar o uso de mídias digitais e limitar a habilidade do usuário de copiar conteúdo ou alterar o seu formato. Além de ser uma tecnologia cara, que necessitava de constante manutenção, ela coibia usos legítimos por parte dos consumidores, além de muitas vezes limitar o tempo de uso do produto ou a quantidade de vezes em que poderia ser reproduzido[55].

O caso mais notório desse período envolve a Sony BMG Music Entertainment. No ano de 2005, a empresa inseriu em seus CDs tecnologia que fazia com que, quando o CD fosse introduzido em um computador, um *software* fosse instalado na máquina, impedindo a cópia do conteúdo do CD, permitindo também a vigilância dos hábitos de consumo de música dos usuários da máquina. Além de não haver qualquer aviso ao usuário sobre a existência do *software*, ele ainda foi programado para diminuir a velocidade do computador e fragilizar o sistema de segurança da máquina, dando vazão para ataques de *hackers*.

Estima-se que o esquema, descoberto no ano de 2005, teria sido implementado em mais de 20 milhões de CDs e infectado uma quantidade inestimável de computadores. A empresa foi acionada judicialmente em demandas coletivas e individuais, e realizou a troca de vários dos CDs infectados por outros sem o *software* malicioso[56].

Em outra vertente de controle social da internet, a atuação voltou-se aos agentes que intermedeiam o fluxo financeiro que dá suporte para a existência e a manutenção de certos provedores de conteúdo. No ano de 2002, a Procuradoria de Nova York focou seus esforços de combate às apostas *on-line*, consideradas ilegais em quase todos os estados norte-americanos, não nas páginas que geravam o conteúdo, a maioria delas hospedadas em países que permitiam a prática, mas nos agentes financeiros, as empresas de cartão de crédito sediadas ou com filiais em solo americano.

---

[55] YOUNGSEEK, Kim; HOWARD, Jessica; RAVINDRANATH, Sharad; PARK, Joon S. Problem analyses and recommendations in DRM security policies. *In*: ORTIZ-ARROYO, Daniel; LARSEN, Henrik Legind; ZENG, Daniel; HICKS, David L.; WAGNER, Gerhard (org.). *Inteligence and security informatics*: European Conference EuroISIS 2008. Berlim: Springer, 2008, p. 166.

[56] HALDERMAN, J. Alex; FELDEN, Edward W. *Lessons from the Sony CD DRM Episode*. Disponível em: https://static.usenix.org/events/sec06/tech/full_papers/halderman/halderman.pdf. Acesso em: 3 dez. 2022.

A ação, focada em algumas empresas de intermediação financeira, como Citibank e o PayPal, resultou em acordo com outros dez bancos que concordaram com a proibição de que os seus cartões de crédito, em nome de residentes do estado de Nova York, fossem utilizados em apostas *on-line*[57]. O mesmo *modus operandi* foi utilizado em 2010, quando do surgimento da página *WikiLeaks*, que disponibilizou milhares de documentos confidenciais da alta administração de vários Estados, em especial dos Estados Unidos.

Na tentativa de estancar o movimento, o governo americano teria se valido de duas estratégias. A primeira, de bloqueio de acesso ao *site* por computadores utilizados por agentes federais em locais de trabalho e pelos computadores da biblioteca do Congresso[58]. A medida teve baixa efetividade, já que os usuários podiam utilizar outras máquinas, inclusive seus celulares, para ter acesso aos documentos. A segunda focou nos intermediários financeiros que transmitem o pagamento de doadores para a sede do grupo, principal fonte de renda para a manutenção da página[59]. Ao contrário do que ocorreu com as apostas ilegais *on-line*, a medida não obteve o grau de efetividade pretendido, uma vez que vários financiadores buscaram bancos menores para realizar as remessas de dinheiro e o *site* continua disponível *on-line*. Nesse caso específico, passados tantos anos, a diminuição da relevância da página no cenário político internacional deve-se mais aos diversos escândalos envolvendo o seu fundador, Julian Assange, do que à operação do governo norte-americano.

A ampliação da atuação estatal sobre intermediários, em geral, justifica-se ante o aumento no número de agentes que cometem ilícitos *on-line* e o dispêndio de recursos necessários para a identificação e persecução individualizada, já que a quantidade de intermediários é muito menor[60].

---

[57] SCHWABACH, Aaron. *Internet and the law*: technology, society and compromises. 2. ed. Santa Barbara: ABC-CLIO, 2014, p. 136. A questão foi submetida à Organização Mundial do Comércio pelo governo da Antígua e Bermuda, sede de vários dos *sites* de apostas ditas como ilegais pelo governo americano. O argumento foi o de que a conduta norte-americana estaria impondo barreiras ilegais ao comércio de serviços que gerava renda e tributos no país caribenho. Após algumas reviravoltas, a decisão da organização foi em prol do governo norte-americano, ante a necessidade de proteção da ordem pública e dos valores morais. GOLDSMITH, Jack; WU, Tim. *Who controls the internet? Illusions of borderless world*. Oxford: Oxford University Press, 2006, p. 172.

[58] MACASKILL, Ewen. *US blocks access to WikiLeaks for federal workers*. Disponível em: https://www.theguardian.com/world/2010/dec/03/wikileaks-cables-blocks-access-federal. Acesso em: 3 dez. 2022.

[59] BULGUERONI, Marcelo André. *Regulamentação internacional do ciberespaço*: unilateralismo, multilateralismo e efetividade. São Paulo: USP, 2013, p. 85.

[60] REIDENBERG, Joel R. *States and internet enforcement*. Fordham Law School, 2003, p. 13.

Os casos apresentados acima foram destacados, pois diferenciam-se do que usualmente ocorre quando se cogita acerca de combate a conteúdo ilícito *on-line*, em que as medidas são focadas em provedores de aplicação ou de conexão e demonstram a diversidade metodológica que a atuação na camada social da rede comporta.

3.3.2. Atuação na camada lógica

A remoção costuma ocorrer na camada intermediária do esquema gráfico apresentado anteriormente, a lógica, com determinações estatais destinadas aos provedores de aplicação para que empreguem mecanismos que tornem o conteúdo indisponível, ou quando o próprio provedor decide pelo bloqueio ou remoção, quando o material está em desconformidade com os seus Termos de Uso.

Alguns dos instrumentos mais conhecidos e utilizados serão brevemente apresentados, o que facilitará a compreensão de decisões judiciais de grande impacto que determinaram a sua utilização e algumas das sugestões para a jurisdição digital brasileira, que serão abordadas no último capítulo.

Um exemplo de emprego popular de medida de restrição é o que determina a filtragem em plataformas de busca, que podem ser instruídas pelas autoridades locais a impedirem de apresentarem certos termos nos seus resultados. A nomenclatura mais moderna para a figura é *desindexação*. O mecanismo é fácil de ser contornado, posto que um mesmo provedor possui diversos motores de busca que podem ser acessados globalmente. Inexistem impedimentos para que um usuário brasileiro, em território nacional, passe a utilizar *o google.com.ar*, nome de domínio da empresa na Argentina, em vez do *google.com.br*. Além disso, para ser eficaz, todos os provedores de busca de conteúdo que atuam na mesma região devem estar na posse da mesma lista de páginas bloqueadas. Qualquer diferença entre elas compromete o resultado visado[61].

Os *filtros de localização geográfica* são empregados pelos provedores de conteúdo para restringir o acesso a uma página por uma determinada região, sendo comum que a filtragem ocorra por país e também pelos provedores de conexão, para impedir o acesso local a conteúdos tidos como ilícitos, na modalidade de bloqueio.

Os fundamentos para a utilização dessa técnica são os mais variados e vão de conformidade com a legislação sobre direitos autorais, questões consumeristas e até mesmo interesse estatal sobre os dados e informações consumidos localmente.

---

[61] INTERNET SOCIETY. *Internet Society – perspectivas sobre o bloqueio de conteúdo na internet: visão geral*, mar. 2017, p. 17. Disponível em: https://www.internetsociety.org/wpcontent/uploads/2017/03/ContentBlockingOverview_PT_.pdf. Acesso em: 3 dez. 2022.

3.3.3. Atuação na camada infraestrutural

A maioria dos métodos de bloqueio destina-se aos provedores que atuam na última camada do esquema apresentado acima, a camada infraestrutural, esfera de atuação dos provedores de conexão. O intuito é fazer com que conteúdos hospedados em provedores estrangeiros não possam ser acessados no território da autoridade que determinou o bloqueio.

Ações de bloqueio voltadas aos intermediários, sempre certos e identificados, seriam mais eficazes, especialmente quando o conteúdo ilícito possui origem estrangeira, o autor é desconhecido e inexistem acordos de cooperação jurídica internacional, ou quando o provedor de hospedagem não acata a solicitação de remoção[62].

O bloqueio é medida extremada, pois impede que todo o conteúdo disponibilizado em uma página seja acessível em um determinado país. A hipótese é potencialmente problemática quando considerados os provedores de hospedagem que armazenam e disponibilizam conteúdos produzidos por vários indivíduos, com mescla de material lícito e ilícito. Não por outra razão, o bloqueio é considerado medida de *ultima ratio*: "só pode ser determinado caso a remoção seja impossível em termos práticos ou técnicos, ou caso os esforços para remoção não alcancem o resultado desejado"[63] (tradução nossa).

Essas medidas, sob o aspecto jurídico, buscam o resultado prático equivalente, já não excluem o material ofensivo em si, apenas obstam o acesso dos usuários da internet a ele[64]. Hipótese diversa ocorre quando há remoção de conteúdo, realizada pelos provedores de aplicação.

Existem diversos exemplos de bloqueios, como o do provedor *Vimeo* na Indonésia, em 2014, e do *Twitter* em países como o Irã e o Egito[65]. A China é o exemplo mais notório de práticas de bloqueio, já que diversos provedores ocidentais de alcance global são impedidos de atuar no mercado chinês.

---

[62] AKDENIZ, Yaman. *Freedom of expression on the internet: a study of legal provisions and practices related to freedom of expression, the free flow of information and media pluralism on the internet in OSCE participating States*. Viena: Organization for Security and Co-operation in Europe, Viena, 2012, p. 13.

[63] COUNCIL OF EUROPE. *Comparative study on blocking, filtering and take-down of illegal internet content*. Lausanne: Council of Europe, 2015, p. 28.

[64] LEONARDI, Marcel. *Tutela e privacidade na internet*. São Paulo: Saraiva, 2012, p. 262-263.

[65] ANTONIALLI, Dennys Marcelo. *A arquitetura da Internet e o desafio da tutela do direito à privacidade pelos Estados nacionais*. São Paulo: USP, 2017, p. 108.

Uma das espécies de bloqueio é a *filtragem por cabeçalho TCP/IP*. Toda a comunicação na internet, como já visto, é realizada através de pacotes de dados, que contêm o registro dos computadores do remetente e do destinatário, o endereço IP. Os roteadores, tipo específico de computadores da infraestrutura da rede que funcionam como "nós", pontos de encontro de diversas conexões, podem ser programados para descartar pacotes oriundos de determinado endereço IP[66]. Essa espécie de bloqueio não filtra o conteúdo em si, que não é analisado nessa metodologia, apenas o endereço IP. Não seria considerada plenamente eficaz, pois tanto conteúdos lícitos quanto ilícitos armazenados no mesmo IP podem ser objeto de bloqueio, situação potencialmente perigosa para os provedores de hospedagem de conteúdo de terceiros, e pela facilidade de alteração do endereço de IP com manutenção do nome de domínio[67].

A análise do conteúdo transmitido é realizada pela técnica do *deep pack inspection*, também conhecida como *filtragem por conteúdo de pacotes*. Mais sofisticada que o método anterior, analisa os conteúdos, padrões ou tipos específicos de aplicativos. Caso a palavra-chave preestabelecida como vetada esteja no pacote do conteúdo, o usuário não terá acesso a ela. Essa espécie de bloqueio costuma ser efetuada pelo provedor de conexão no nível infraestrutural[68]. Foi empregada, por exemplo, pelo governo norte-americano ao vigiar todos os pacotes de conteúdo que trafegavam pelos provedores no país, valendo-se de diversas palavras-chave. A situação foi denunciada pelo ex-funcionário de empresa terceirizada que prestava esse serviço para a Agência Nacional de Segurança, Edward Snowden. A China vale-se igualmente dessa técnica, geralmente empregada por Estados, ante o alto custo de implementação e manutenção de um sistema de vigilância constante do fluxo da rede[69].

---

[66] BIAZATTI, Bruno; MACHADO, Diego Carvalho; VILELA, Pedro; ANTUNES, Laila Damascena; ANJOS, Lucas Costa dos; BRANDÃO, Luíza Couto Chaves; ROSA, Matheus; PORTO, Odélio; RESENDE, Tatiana Carneiro. *Governança global da internet, conflitos de lei e jurisdição*. In: POLIDO, Fabrício Bertini Pasquot; ANJOS, Lucas Costa dos; BRANDÃO, Luíza Couto Chaves (org.). Belo Horizonte: Instituto de Referência em Internet e Sociedade, 2018, p. 85-86.

[67] INTERNET SOCIETY. *Internet Society – perspectivas sobre o bloqueio de conteúdo na internet: visão geral*, mar. 2017, p. 13. Disponível em: https://www.internetsociety.org/wpcontent/uploads/2017/03/ContentBlockingOverview_PT_.pdf. Acesso em: 3 dez. 2022.

[68] INTERNET SOCIETY. *Internet Society – perspectivas sobre o bloqueio de conteúdo na internet: visão geral*, mar. 2017, p. 14. Disponível em: https://www.internetsociety.org/wpcontent/uploads/2017/03/ContentBlockingOverview_PT_.pdf. Acesso em: 3 dez. 2022.

[69] BIAZATTI, Bruno; MACHADO, Diego Carvalho; VILELA, Pedro; ANTUNES, Laila Damascena; ANJOS, Lucas Costa dos; BRANDÃO, Luíza Couto Chaves; ROSA, Matheus; PORTO, Odélio; RESENDE, Tatiana Carneiro. *Governança global da internet, conflitos de*

Uma das modalidades mais usuais é o *bloqueio de URL*, do endereço de uma página na rede, por exemplo, https://www5.usp.br/. Essa espécie de filtragem pode ser executada pelo provedor de conexão ou pelo próprio usuário final, prática comum em empresas e órgãos públicos que estabelecem listagem de páginas vetadas.

O mecanismo pode ser burlado com alterações no nome do arquivo ou do servidor, mas ainda é considerado como eficaz, já que a URL não muda, mesmo que o servidor altere os endereços IP[70]. Para evitar defasagens, a lista de URLs banidas necessita de constante atualização.

Ainda na camada de infraestrutura, há possibilidade de *bloqueio baseado em DNS*, sigla em inglês para *domain name system*. Conforme já explicado em outra oportunidade, no mundo existem alguns servidores-raiz que localizam um *site* quando ele é buscado pelo usuário. Com o intuito de aperfeiçoar a busca, esses servidores retêm os dados, para que não haja necessidade de nova pesquisa quando um usuário buscar pela página[71]. Assim como ocorre com o bloqueio baseado em endereço IP, o método não é infalível ante a possibilidade de alteração do nome de domínio. Da mesma forma, há risco de bloqueio de conteúdo lícito[72].

Por fim, o exemplo mais paradigmático de atuação na camada infraestrutural da internet no Brasil é o caso envolvendo a modelo Daniella Cicarelli no ano de 2007. O vídeo de cenas íntimas da modelo em uma praia espanhola com o então namorado havia sido disponibilizado na plataforma de compartilhamento de vídeos *YouTube* e estava sendo massivamente consumido. Os protagonistas da cena ajuizaram medida judicial visando à retirada do vídeo e indenização por danos morais. A tutela de urgência foi indeferida em primeiro grau de jurisdição. A medida liminar foi deferida pelo Tribunal de Justiça do Estado de São Paulo.

Diante da ausência de cumprimento da decisão judicial, em época em que não se exigia a indicação da URL da página que hospedava o conteúdo a ser filtrado,

---

lei e jurisdição. In: POLIDO, Fabrício Bertini Pasquot; ANJOS, Lucas Costa dos; BRANDÃO, Luíza Couto Chaves (org.). Belo Horizonte: Instituto de Referência em Internet e Sociedade, 2018, p. 90.

[70] INTERNET SOCIETY. *Internet Society – perspectivas sobre o bloqueio de conteúdo na internet: visão geral*, mar. 2017, p. 16. Disponível em: https://www.internetsociety.org/wpcontent/uploads/2017/03/ContentBlockingOverview_PT_.pdf. Acesso em: 3 dez. 2022.

[71] GRINGS, Maria Gabriela. *Publicidade processual, liberdade de expressão e super-injunction*. São Paulo: Revista dos Tribunais, 2019, p. 211-212.

[72] INTERNET SOCIETY. *Internet Society – perspectivas sobre o bloqueio de conteúdo na internet: visão geral*, mar. 2017, p. 19. Disponível em: https://www.internetsociety.org/wpcontent/uploads/2017/03/ContentBlockingOverview_PT_.pdf. Acesso em: 3 dez. 2022.

houve determinação de bloqueio do *YouTube* em todo o território nacional. A medida foi direcionada aos provedores de *backbone*, que operam a rede de cabos que possibilita o tráfego de dados na internet.

Conforme indicam Souza, Moniz e Vieira, a determinação teria sido cumprida por duas das cinco empresas que operam os *backbones* nacionais, causando a impossibilidade de acesso à página para milhares de pessoas. Ante a repercussão negativa, o Desembargador relator proferiu novo despacho, esclarecendo que não havia determinado o bloqueio integral do *YouTube,* com determinação de restabelecimento do acesso[73].

Como visto, inexiste solução única, ideal ou estanque quando se trata de remoção ou bloqueio de conteúdo *on-line*, mas a combinação de mais de um método, especialmente de bloqueio, pode levar ao resultado prático equivalente desejado, sem que a esfera de direitos de terceiros seja afetada.

---

[73] SOUZA, Carlos Affonso Pereira de; MONIZ, Pedro de Paranaguá; VIEIRA JR., Sérgio Branco. Neutralidade da rede, filtragem de conteúdo e interesse público: reflexões sobre o bloqueio do site YouTube no Brasil. *Revista de Direito Administrativo*, v. 246, p. 52-54, 2007.

4
REGULAÇÃO DA INTERNET

O tema da regulação do ambiente digital desperta debates entusiasmados há décadas. A expressão *regulação* engloba diversos sentidos que vão muito além da atividade estatal prescritiva, de definição de normas, em sentido amplo, que regem a sociedade e a administração pública.

Existem variadas fontes regulatórias voltadas para uma gama de atividades, tais como a regulação do mercado econômico e a regulação social, destinada a regrar os comportamentos dos sujeitos em determinados ambientes. Importa recordar que o Estado não detém exclusividade na regulação da vida em sociedade, mas apenas de uma fatia dela.

A noção de regulação surge para os casos em que, além da legislação estatal, os sujeitos públicos e privados aprovam normas e/ou praticam atos jurídicos que desenvolvem o quadro legal de referência[1].

Nesse sentido, Farinho indica que "consideraremos regulação a produção e utilização de normas, bem como de atos jurídicos, para ordenar atividades num determinado domínio definido, com vista a determinados fins, de interesse público ou privado"[2].

A divisão mais empregada no tema da regulação é a que se assenta na sua origem: I) privada (autorregulação); II) pública (heterorregulação); e III) público-privada (corregulação ou autorregulação regulada)[3]. Ela guiará a apresentação

---

[1] FARINHO, Domingos Soares. Delimitação do espectro regulatório das redes sociais. *In*: ABBOUD, Georges; NERY JR., Nelson; CAMPOS, Ricardo (org.). *Fake news e regulação*. 2. ed. São Paulo: Thomson Reuters, 2020, p. 33.

[2] FARINHO, Domingos Soares. Delimitação do espectro regulatório das redes sociais. *In*: ABBOUD, Georges; NERY JR., Nelson; CAMPOS, Ricardo (org.). *Fake news e regulação*. 2. ed. São Paulo: Thomson Reuters, 2020, p. 32.

[3] Ainda de acordo com Farinho as três hipóteses podem ser conceitualmente definidas: "autorregulação (ou regulação privada) quando a ordenação de uma atividade (econômica) é deixada ao conjunto de pessoas singulares ou pessoas coletivas, no quadro da sua autonomia privada, através de associações representativas que assumem uma regulação externa da própria atividade dos seus associados, distinguindo-se assim de fenômenos de auto-ordenação realizados por cada um dos prestadores da atividade em causa. [...] Por

das opções para a regulação da internet. Sempre que possível, as alternativas serão apresentadas em ordem cronológica de surgimento, sem que sejam olvidados os desenvolvimentos mais recentes dos espectros regulatórios, por exemplo, o Comitê de Regulação do Facebook, que se enquadra no modelo da autorregulação e deriva, ainda que de forma longínqua, dos debates iniciais sobre a regulação digital paraestatal.

4.1. AUTORREGULAÇÃO

Nos seus primórdios, a internet surgiu como um instrumento de uso militar, que posteriormente se expandiu para o ambiente acadêmico dos centros de pesquisa de algumas universidades norte-americanas. Aos poucos, à margem da rede militar, que funcionava como espinha dorsal do sistema, os institutos universitários e algumas empresas desenvolveram redes paralelas que, posteriormente, seriam a base da internet comercial.

Nessa época, a internet era um ambiente muito incipiente, em nada parecido com a rede avançada, interligada e de alta penetração social de hoje. Dada a baixa capacidade dos equipamentos e de transmissão da rede, alinhada aos altos custos operacionais de navegar na internet, eram poucos aqueles que podiam usufruir dessa nova tecnologia.

Não por outro motivo, a rede era espaço dominado por pesquisadores e desbravadores curiosos que montavam e desmontavam máquinas rudimentares e transformavam itens comerciais em equipamentos personalizados com capacidades específicas[4].

Um dos frutos da contracultura da época, que bem representa o período, é a criação do *modem*, inventado em 1978 por dois estudantes que tentavam descobrir

---

seu turno, falamos de regulação pública (ou heterorregulação) quando estiver em causa uma intervenção que prossiga determinados interesses públicos, para lá dos interesses que decorrem da autonomia privada dos sujeitos em relação. Esta regulação pública pode adotar diversas intensidades, podendo ser apenas legislativa, com a suplementar e eventual intervenção judicial, ou implicar a intervenção de uma entidade administrativa com competência para aplicar normas previstas pelo legislador. [...] Finalmente também utilizaremos a classificação autorregulação regulada ou corregulação para designarmos um tipo de regulação que procura combinar de forma equilibrada os dois tipos regulatórios previamente apresentados". FARINHO, Domingos Soares. Delimitação do espectro regulatório das redes sociais. *In*: ABBOUD, Georges; NERY JR., Nelson; CAMPOS, Ricardo (org.). *Fake news e regulação*. 2. ed. São Paulo: Thomson Reuters, 2020, p. 34-36.

[4] WU, Tim. *Impérios da comunicação*: do telefone à internet, da AT&T ao Google. Rio de Janeiro: Zahar, 2012, p. 329/331.

uma forma de transmitir programas de computador via telefone sem a necessidade de deslocamento físico no inverno de Chicago[5]. Um exemplo desses grupos de inventores é o *Computer Club* da *Bay Area*, local de apresentação do Apple I, em 1976, por Steve Wozniak, para quem "todos no Homebrew Computer Club viam os computadores como um benefício para a humanidade – uma ferramenta que levaria à justiça social"[6].

Muitos deles passaram a integrar movimentos de viés libertário, que compreendiam o ambiente digital como um espaço próprio, conhecido como ciberespaço. Esse novo *locus* digital, desvinculado do mundo "real" ou do "espaço da carne", foi comparado por Leonardi ao velho oeste norte-americano: um lugar intacto, ainda não desbravado e cheio de oportunidades[7].

Goldsmith e Wu são primorosos ao indicarem que essa concepção fazia todo sentido quando se tem em consideração que, nesse período, as pessoas não usavam a internet para aquisição de bens tangíveis ou serviços, mas "para participar de comunidades de pessoas que raramente se conheciam face a face, mas que se conheciam intimamente"[8].

A partir desse cenário é que se instalou o que Brito caracterizou como a primeira onda de regulação da internet[9]. Surgida na década de 1990, ela pugnava pela antiestatização, com alocação do poder nas mãos dos usuários e dos *experts*. O ciberespaço seria desvinculado da autoridade estatal, regido unicamente pelos usuários, que ajustariam entre si quais condutas seriam permitidas ou proibidas naquele ambiente. A rede seria autônoma e baseada no autogerenciamento e em um código de conduta próprio, a *netiquete*[10]. É desse período a famosa *Declaração de Independência do Ciberespaço* de Barlow, conforme excerto:

> Não temos governos eleitos, nem mesmo é provável que tenhamos um, então eu me dirijo a vocês sem nenhuma autoridade maior do que aquela com a qual a liberdade por si só sempre se manifesta. Eu declaro o espaço social global

---

[5] CASTELLS, Manuel. *A sociedade em rede*, vol. I. 6. ed. São Paulo: Paz e Terra, 2002, p. 86.
[6] WU, Tim. *Impérios da comunicação*: do telefone à internet, da AT&T ao Google. Rio de Janeiro: Zahar, 2012, p. 332.
[7] LEONARDI, Marcel. *Tutela e privacidade na internet*. São Paulo: Saraiva, 2012, p. 126.
[8] GOLDSMITH, Jack; WU, Tim. *Who controls the internet? Illusions of borderless world*. Oxford: Oxford University Press, 2006, p. 16.
[9] BRITO, Adriane Sanctis de. *O regime internacional da internet*: construções argumentativas sobre sua especialidade. São Paulo: USP, 2014, p. 60.
[10] MACHADO, Jónatas E. M. *Liberdade de expressão*: dimensões constitucionais da esfera pública no sistema social. Coimbra: Coimbra Editora, 2002, p. 1126.

que estamos construindo como naturalmente independente das tiranias que vocês tentam impor sobre nós. Vocês não têm direito moral de nos governar e nem de possuir métodos coercitivos aos quais tenhamos real razão para temer.

Governos derivam seus poderes legítimos do consenso dos governados. Vocês nem solicitaram, nem receberam o nosso. Nós não convidamos vocês. Vocês não nos conhecem, muito menos conhecem nosso mundo. O Ciberespaço não se limita às suas fronteiras. Não pensem que vocês podem construí-lo, como se fosse um projeto de construção pública. Vocês não podem. Ele é um ato da natureza e cresce por meio de nossas ações coletivas. [...]

Vocês afirmam que existem problemas entre nós que vocês precisam solucionar. Vocês usam essa alegação como desculpa para invadir nossos recintos. Muitos desses problemas não existem. Onde existirem conflitos reais, onde existirem erros, iremos identificá-los e resolvê-los por nossos próprios meios. Estamos formando nosso próprio Contrato Social. Essa maneira de governar surgirá de acordo com as condições do nosso mundo, não do seu. Nosso mundo é diferente[11].

No campo acadêmico, as ideias que representam esse período da regulação do ambiente digital encontraram seu maior exponente no já clássico texto "Law and borders – the rise of law in cyberspace", de Johnson e Post (1996). No artigo, os autores rejeitam qualquer iniciativa estatal de regulação do ciberespaço. A nova configuração não teria fronteiras territoriais e não poderia ser objeto de controle pelos Estados nacionais.

Nessa hipótese, são rechaçadas tanto a regulação de atos/fatos com repercussão local, através da implementação de fronteiras eletrônicas, como o uso de mecanismos de filtros de localização geográfica que definiriam o âmbito de aplicação das leis locais, quanto a regulação, por um Estado, das atividades em rede como um todo, com alcance global[12].

As questões envolvendo direito aplicável e jurisdição para o ciberespaço poderiam ser resolvidas mediante a adoção de um princípio simples, o de que o ciberespaço é um local distinto para os propósitos de análise legal, considerando a existência de uma "barreira" legal entre ele o mundo real[13].

---

[11] BARLOW, John Perry. *Uma Declaração de Independência do Ciberespaço*. Tradução: Camila Venturini e Juliano Cappi. Disponível em: https://www.nic.br/publicacao/uma-declaracao-de-independencia-do-ciberespaco/. Acesso em: 3 dez. 2022.

[12] JOHNSON, David R.; POST, David. Law and borders: the rise of law in cyberspace. *Stanford Law Review*, v. 48, n. 5, p. 1373-1374, 1996.

[13] JOHNSON, David R.; POST, David. Law and borders: the rise of law in cyberspace. *Stanford Law Review*, v. 48, n. 5, p. 1378, 1996.

Os entes legitimados para a regulação desse novo espaço seriam os integrantes dos grupos que compõem o ciberespaço. A coercitividade das decisões tomadas pelas comunidades digitais seria factível e verificável no sucesso alcançado com medidas que forçam e afastam comportamentos indesejados, até mediante banimento. Essas normas de conduta se assentariam nos princípios gerais de *netiquete* existentes em grupos de *e-mail* e de discussão[14].

Possíveis embates entre a legislação estatal de base territorial, aplicável às pessoas e entidades em razão da sua localização física, e a lei do ciberespaço poderiam ser resolvidos por *comity*, prática de reconhecimento mútuo de atos legislativos, executivos e judiciais entre entidades, Estados e poderes[15]. De acordo com os autores, *comity* também "reflete a visão de que aqueles que se importam mais profundamente e entendem melhor a atividade em disputa deveriam determinar o seu resultado"[16]. No caso do ciberespaço, os próprios usuários. A ampliação do alcance da rede, que passou a agregar cada vez mais indivíduos e a realizar operações mais complexas, e o consequente aumento de situações delituosas nesse ambiente, demonstraram a inviabilidade da abordagem.

4.1.1. Os Termos e Condições de Uso das plataformas e o alcance territorial da moderação de conteúdo privada

Como consequência do desenvolvimento e da ampliação social da internet, foram criadas plataformas que permitem a troca e venda de produtos e serviços entre membros, e redes sociais que visam à integração e ao engajamento de seus usuários em assuntos de interesse comum.

A criação de perfis que propiciam o ingresso e uso dessas plataformas vem acompanhada do aceite dos Termos de Uso estabelecidos pelos provedores, que indicam quais são os serviços prestados, os direitos e deveres das plataformas e dos usuários, e as medidas que podem ser adotadas em caso de descumprimento. Esses Termos, usualmente extensos e redigidos em letras pequenas e apresentados em formato *pop-up*, em que o pretenso usuário apenas tem duas opções: clicar "Li e concordo com os termos de regulamento" ou não se registrar na plataforma, caracterizam-se como contratos de adesão, em que é empregada a lógica do "tudo ou nada".

---

[14] JOHNSON, David R.; POST, David. Law and borders: the rise of law in cyberspace. *Stanford Law Review*, v. 48, n. 5, p. 1388-1389, 1996.

[15] GARNER, Bryan A. (org.). *Black's Law Dictionary*. 18. ed. St. Paul: Thomson West, 2004, p. 284.

[16] JOHNSON, David R.; POST, David. Law and borders: the rise of law in cyberspace. *Stanford Law Review*, v. 48, n. 5, p. 1392, 1996.

Pesquisas apontam que essa espécie de contrato, com emprego de linguagem técnica e densa, inacessível para a maioria da população, é efetivamente lida por um número ínfimo de pessoas[17]. Em verdade, já foi atestado que, caso alguém se dispusesse a ler, na íntegra, os Termos de Uso das maiores plataformas globais, o tempo necessário seria de aproximadamente 250 horas[18], nada factível.

Inegável que as plataformas, com o seu alcance global e grande poder de penetração social, estão criando ordenamentos próprios, estabelecidos de forma unilateral para milhões de pessoas regidas, ordinariamente, por diversas leis locais colocadas em segundo plano pelos Termos de Uso das plataformas.

Em várias delas, são inseridas previsões que estabelecem a legislação material e a jurisdição que analisará eventuais conflitos oriundos dessa relação. Plataformas como *Facebook* e *Instagram* estabelecem a legislação do Estado da Califórnia e o tribunal do Distrito Norte da Califórnia, ou o tribunal estadual do condado de San Mateo, para esses fins. Exceção é prevista para as relações de consumo, em que a legislação e o tribunal do local de residência do hipossuficiente prevalecerão por motivos óbvios[19]: eventual judicialização de demanda baseada em relação consumerista afastará por completo arranjos privados que afetem, de forma desarrazoada, os direitos da parte hipossuficiente, garantidos por diversas legislações.

Indubitável que as plataformas, com destaque para as redes sociais, estão criando ordenamentos jurídicos próprios. A peculiaridade é que esses regramentos privados atuam de forma concreta sobre a arquitetura da rede, pois, com base neles, são estabelecidos comandos no código que estrutura a plataforma e define as suas mais variadas funcionalidades, garantindo, inclusive, o cumprimento de decisões internas ou judiciais de remoção e bloqueio de conteúdos e perfis de usuários.

Nos Termos de Uso são incluídas previsões sobre as condutas permitidas, proibidas e toleradas aos usuários e dispositivos que permitem a remoção de conteúdo, desativação e encerramento de contas em caso de inobservância das normas de regência do meio. Ao exercerem tantas funções de forma simultânea,

---

[17] VENTURINI, Jamila; LOUZADA, Luiza; MACIEL, Marilia; ZINGALES, Nicolo; STYLIANOU, Konstantinos; BELLI, Luca. *Terms of service and human rights*: an analysis of online platform contracts. Rio de Janeiro: Revan, 2016, p. 25.

[18] LEPAN, Nicholas. *Visualizing the length of the fine print, for 14 popular apps*. Disponível em: https://www.visualcapitalist.com/terms-of-service-visualizing-the-length-of-internet-agreements/. Acesso em: 3 dez. 2022.

[19] Disponível em: https://pt-br.facebook.com/terms e em: https://pt-br.facebook.com/help/instagram/581066165581870. Acesso em: 3 dez. 2022.

e em paralelo ao Estado, as redes sociais acabam reunindo competências quase legislativas, quase executivas e quase judiciais.

Como já delimitado ao longo desta obra, quando da disponibilização de conteúdo ilícito no ambiente digital, seja pelo próprio provedor de aplicação, hipótese menos usual, mas possível, seja por terceiros, uma das opções disponíveis ao ofendido é acionar diretamente o provedor, indicando a potencial lesividade do material, requerendo a sua remoção ou bloqueio imediatos. Nunca é demais salientar que esse agir não obsta o ajuizamento de qualquer medida judicial, em que o pedido deverá observar as determinações do Marco Civil da Internet, na hipótese brasileira, e da legislação material e processual aplicável.

A opção pelo acionamento direto das plataformas, com destaque para as redes sociais, pode se apresentar como via rápida e eficaz caso o conteúdo objeto da reclamação viole de forma frontal e direta os Termos e as Condições de Uso. Outro cenário em que tal atuação pode ter relevância destacada encontra-se na disseminação massiva, em que um material ilícito é inserido por um ou poucos usuários e, em instantes, está sendo republicado e reproduzido por outros, perpassando, muitas das vezes, a natural separação entre as plataformas, migrando do *Twitter* para o *Instagram* e para o *Facebook*, por exemplo, em espiral crescente e sem controle.

Até alguns anos, a viralização ocorria de forma orgânica, conforme descrito acima: um sujeito ou grupo pequeno de sujeitos realizava a disponibilização do material, que era compartilhado tendo como base a sua rede de contatos. Fenômenos mais recentes indicam o emprego de *bots* e outros mecanismos, como perfis falsos, para disseminar de forma automática conteúdo para centenas e até milhares de usuários em questão de horas, e até de minutos.

Essa mesma estratégia propicia que determinado material seja entendido pela rede social como relevante, o que faz com que ganhe destaque como *trending topics* ou apareça em posição preferencial na linha de publicações (*feed*) visualizada pelos usuários.

As experiências no campo do direito eleitoral no Brasil e em outros países denotam claramente o impacto que tal forma de atuação sincronizada pode causar até mesmo para o processo decisório de representação política.

Não se vislumbra que o sistema assentado unicamente na vertente estatal poderá dar conta desse fenômeno. O tempo necessário para que haja a preservação do conteúdo ilícito por cadeia de custódia confiável e elaboração e peticionamento, ainda que de urgência, perante a autoridade judicial, em conformidade com os requisitos legais, como o art. 19 do Marco Civil da Internet, que aponta a necessidade de indicação precisa da URL, é incompatível com a nova realidade.

Nos últimos anos, as redes desenvolveram diversas ferramentas na tentativa de inibir, na origem, que as Condições de Uso sejam desrespeitadas. Alguns desses instrumentos atuam nos brevíssimos instantes em que um vídeo ou fotografia está em processo de disponibilização. Eles realizam pré-análise do material, verificando se está de acordo com as diretrizes da plataforma, bem como utilizam técnicas de *geoblocking* para saber se aquele conteúdo é permitido naquela localidade[20].

Igualmente, *bots*, robôs programados para determinadas tarefas, realizam varreduras constantes na busca de material em desconformidade com os parâmetros estabelecidos. No entanto, a maioria das remoções ou bloqueios sem origem judicial ainda decorre de denúncias de usuários, já que cabe lembrar que as plataformas não possuem dever legal de monitoramento prévio da rede.

Algumas plataformas disponibilizam ainda instrumentos próprios de resolução para conflitos que não se originam da compra e venda de produtos, como o *eBay* e o *Mercado Livre*, mas das interações nas redes sociais, o que reforça a noção de assenhoramento de funções tipicamente estatais, não obstante as vantagens que a atuação direta da plataforma sobre o conteúdo pode representar.

Nesse cenário, não são poucas as críticas realizadas às plataformas. A falta de transparência na redação das Condições de Uso é a primeira delas. Em estudo do Centro de Tecnologia e Sociedade da Fundação Getulio Vargas do Rio de Janeiro, com apoio do Conselho da Europa, divulgado em 2016, foram analisados os Termos de Uso de 50 plataformas, abrangendo as mais populares e com atuação em diversos segmentos. Importa destacar que o levantamento apontou que praticamente 50% das plataformas não indicam claramente que realizam alguma espécie de monitoramento de conteúdo, o que vai em sentido contrário às recomendações internacionais de direitos humanos de clareza nas limitações à liberdade de expressão.

À época, apenas 4% das plataformas continham dispositivos sobre resolução *on-line* de disputas (ODR), enquanto 18% ainda indicavam métodos alternativos (ADR), com prevalência pela arbitragem. Mais de um quarto das plataformas, incluindo o conhecido *Dropbox*, chegava a contar com cláusula específica que proibia o ajuizamento de *class actions* por seus usuários.

---

[20] KLONICK, Kate. The Facebook Oversight Board: creating an independent institution to adjudicate online free expression. *The Yale Law Journal*, v. 129, n. 2418, p. 2429-2430, 2020.

Outro dado indica que 70% das plataformas informavam aos usuários como podem denunciar conteúdos impróprios, mas a maioria não possibilitava o exercício do contraditório pelo usuário que teve o seu conteúdo denunciado[21], o que é extremamente alarmante, considerando as diversas funções exercidas pelas redes sociais no cenário atual, incluindo a de figurar como ponto de encontro entre amigos e conhecidos, até como interposto comercial, meio de agregação política e identitária, entre tantos outros.

Uma das versões dos Termos de Serviço do *Facebook*, por exemplo, noticia que eventual remoção de conteúdo será comunicada ao usuário, com oportunização de apresentação de pedido de reanálise, ponto que será explorado com mais detalhes no próximo item.

Sempre presentes nessa dinâmica estão as questões envolvendo denúncias falsas ou de cunho político-partidário, e a insuficiência de transparência nas regras e procedimentos adotados quando da análise da conformidade, ou não, de determinado conteúdo com os parâmetros da plataforma. Retoma-se, mais uma vez, o exemplo do *Facebook*, pelo elevado número de usuários da plataforma, seu alcance global, que não se restringe ao seu produto principal, mas também a outras redes sociais, com a aquisição, por exemplo, do *Instagram*, e pelas iniciativas adotadas, que refletem certo pioneirismo na seara da regulação privada realizada por plataformas digitais.

Até 2010, as diretrizes existentes para a atividade de moderação da plataforma eram vagas. Tanto as remoções e os bloqueios automáticos, quanto os realizados após a análise do material por moderadores humanos, foram regidos, por muito tempo, por padrões pouco delimitados. A moderação era manual e realizada, inicialmente, por um grupo pequeno de pessoas localizadas na sede da empresa, que "eram guiadas por um documento de uma página de conteúdo a ser deletado – como 'Hitler e pessoas nuas' – e um *ethos* geral da plataforma de 'se isso faz você se sentir mal, então vá em frente e remova'"[22] (tradução nossa).

Apenas com a redação dos Padrões da Comunidade e dos Padrões de Abuso em 2010, o cenário "legal" de regência da plataforma passou a ter documentos minimamente estruturados. Todavia, o crescimento estrondoso de popularidade da plataforma, que passou a contar com usuários de variadas faixas etárias e sociais,

---

[21] VENTURINI, Jamila; LOUZADA, Luiza; MACIEL, Marilia; ZINGALES, Nicolo; STYLIANOU, Konstantinos; BELLI, Luca. *Terms of service and human rights*: an analysis of online platform contracts. Rio de Janeiro: Revan, 2016, p. 53-87.

[22] KLONICK, Kate. The Facebook Oversight Board: creating an independent institution to adjudicate online free expression. *The Yale Law Journal*, v. 129, n. 2418, p. 2345, 2020.

em muitos Estados, superando a casa dos bilhões de pessoas inscritas, fez com que os Padrões da Comunidade tivessem que ser revistos.

Quando da sua elaboração, como não poderia deixar de ser, eles refletiam os valores e a cultura dos seus criadores: americanos, embebidos na cultura norte-americana, com a Primeira Emenda atuando como parâmetro legal para o tema da liberdade de expressão. No entanto, aos poucos, a opinião pública de outros países fez com que os Padrões da Comunidade, na prática, acabassem sendo mais restritivos que a legislação americana para a liberdade de expressão, tornando-os mais parecidos com as diretrizes europeias[23].

Em paralelo, em 2017, houve o lançamento dos Princípios de Santa Clara de Transparência e Responsabilização na Moderação de Conteúdos. Redigido por acadêmicos e entidades da sociedade civil, e voltado para provedores de aplicação em geral, o documento foca no respeito ao devido processo legal.

São apresentados três princípios tidos como elementares para que o devido processo legal seja adotado pelos provedores. Os dois primeiros relacionados à transparência na remoção de conteúdo, pugnando pela divulgação de estatísticas a respeito e notificação dos usuários que terão materiais removidos e perfis suspensos temporariamente ou em definitivo, com a motivação do ato. O terceiro urge para que seja propiciada a oportunidade de apresentação de recurso, em prazo razoável, pelo usuário afetado, a ser analisado por moderador humano ou um painel composto por indivíduos que não tenham participado da tomada de decisão recorrida[24].

No ano seguinte, o *Facebook* anunciou que implementaria um sistema para que os usuários pudessem recorrer das decisões de remoção de conteúdo e/ou suspensão de perfis, havendo nexo de causalidade evidente entre a iniciativa e a divulgação dos Princípios de Santa Clara. Importa rememorar que, assim como ocorria com a disseminação de conteúdo viral, que era orgânica, no início, o *Facebook* dependia das denúncias de usuários para realizar moderação do material disponibilizado pelos usuários na rede. Havia possibilidade de recorrer de atos de remoção de páginas inteiras e de suspensão de contas, mas não de remoção/bloqueio de conteúdo pontual.

A partir de 2018, as hipóteses de interposição de recursos dentro da plataforma foram ampliadas, bem como houve aumento de transparência, com a divulgação

---

[23] KLONICK, Kate. The Facebook Oversight Board: creating an independent institution to adjudicate online free expression. *The Yale Law Journal*, v. 129, n. 2436-2437, 2020.

[24] Disponível em: https://santaclaraprinciples.org/. Acesso em: 3 dez. 2022.

de dados gerais sobre como o conteúdo estava sendo removido, os recursos interpostos e o percentual de restauração decorrente[25].

Vários dos atos recorridos têm como origem a atuação sobre conteúdo sem participação humana direta, o que reacende, também nessa vertente, a questão da necessidade de inserção de parâmetros éticos no processo decisório realizado por máquinas, conhecido por *ethically aligned design*[26].

A inteligência artificial tem sido responsável por analisar a adequação do material com os parâmetros estabelecidos pelas plataformas e, ao mesmo tempo, remover e/ou bloquear conteúdo e suspender perfis, o chamado *algorithmic enforcement*[27], que se coloca completamente à margem do sistema judicial.

Esse procedimento em que o provedor de aplicação define o que pode ser compartilhado em sua plataforma, decide o que está ou não de acordo com os parâmetros estabelecidos, valendo-se cada vez mais de algoritmos e decisões automatizadas para esse intuito, não enfrenta as mesmas barreiras que a jurisdição estatal.

O "tribunal da plataforma" não restringe suas decisões aos limites geográficos da pretensa vítima, como advoga a teoria dos efeitos adotada em diversos países para situações plurilocalizadas, ou até mesmo de acordo com a teoria da sede ampliada (para determinar que o material também não esteja disponível no local da residência/sede do dito ofensor) quando as partes envolvidas se encontram em Estados distintos. Sua atuação é consideravelmente mais ampla em termos territoriais, além de ser mais eficaz, uma vez que detém todos os meios para autoexecutar seus comandos, o que o Poder Judiciário jamais terá capacidade, já que a autoridade estatal depende da colaboração dos provedores, detentores da rede, e observa os limites geográficos que separam os Estados e as suas jurisdições.

No caso da atuação direta dos provedores, não há soberania a ser respeitada, reciprocidade a ser considerada ou os problemas inerentes ao reconhecimento e execução de sentenças estrangeiras que, na seara do direito digital, podem esvaziar

---

[25] KLONICK, Kate. The Facebook Oversight Board: creating an independent institution to adjudicate online free expression. *The Yale Law Journal*, v. 129, n. 2434, 2020.

[26] INSTITUTE OF ELECTRICAL AND ELETRONICS ENGINEERS (IEEE). *Ethically aligned design: a vision for prioritizing human well-being with autonomous and intelligent systems*, p. 13. Disponível em: https://standards.ieee.org/content/dam/ieee-standards/standards/web/documents/other/ead1e.pdf. Acesso em: 3 dez. 2022.

[27] YEUNG, Karen. Algorithmic regulation: a critical interrogation. Regulation and Governance, forthcoming. *King's College London Law School Research Paper*, n. 27, p. 6, 2017.

os comandos judiciais proferidos por juízes não norte-americanos contra empresas sediadas naquele país. Não há *exequatur* a ser concedido, não há ordem pública a ser respeitada, não há nada. A mesma mão que sentencia cumpre o comando instantaneamente, sem hesitar.

O "Facebookquistão"[28] e o seu poder de gerenciamento sobre mais de 2,5 bilhões de pessoas parece pairar acima do Estado e das suas amarras. Ao mesmo tempo em que essa liberdade de agir pode parecer salutar, garantindo que a comunidade, como um todo, seja saudável, e que comportamentos contrários às diretrizes da empresa não serão tolerados de nenhuma forma, tamanho poder concedido a um ente privado possui chances concretas de arbítrio e desrespeito às garantias fundamentais dos usuários, ante a obscuridade do procedimento.

Vislumbrando esse cenário, certas medidas foram adotadas pela própria empresa.

4.1.2. O Comitê de Supervisão do *Facebook*

A iniciativa do *Facebook* merece destaque. No ano de 2020, a plataforma lançou um de seus projetos mais ousados: o Comitê de Supervisão, com o intuito de servir como órgão independente de revisão, que terá como objeto o conteúdo postado pelos usuários nas redes sociais *Facebook* e *Instagram*, com exclusão expressa de verificação de mensagens diretas entre usuários através de *WhatsApp*, *Messenger*, *Instagram Direct* e afins, e de decisões envolvendo propriedade intelectual. O Comitê também realizará recomendações sobre moderação de conteúdo para o *Facebook*, que pode submeter questões ao Comitê, solicitando orientações adicionais sobre o tratamento do material postado na rede[29].

Antes de adentrar na análise minuciosa do Comitê e dos antecedentes históricos que culminaram na sua instituição, interessa indicar que a solução não pode ser considerada absolutamente original.

Em 2017, em livro dedicado exclusivamente ao tema da jurisdição digital, Dan Svantesson, da Universidade de Bond, já havia indicado, como uma das alternativas para a seara, a formação de painéis de especialistas compostos por

---

[28] A expressão foi empregada em artigo de Anupam Chander de 2012, em que questiona como os Estados podem regular esse novo ente social, presente em quase todos os países do mundo, com bilhões de usuários, e que exerce pressão na elaboração das legislações nacionais. CHANDER, Anupam. Facebookistan. *North Carolina Law Review*, v. 90, 2012.

[29] Para maiores informações: https://www.oversightboard.com/. Acesso em: 3 dez. 2022.

ex-juízes e especialistas no tema, que orientariam os intermediários na elaboração de *guidelines* e no bloqueio e remoção de conteúdo[30].

O retrospecto de instituição do Comitê e as diversas motivações que fizeram com que Mark Zuckerberg vislumbrasse a necessidade de criar o que ele já chegou a nomear como "a Suprema Corte do *Facebook*"[31] merecem breves considerações.

Segundo o estudo analítico de Klonick[32], nos últimos anos, o *Facebook* vinha sendo muito pressionado para se tornar uma empresa com maior nível de *accountability*. A expressão não encontra tradução exata em português, mas pode ser traduzida como responsabilização.

Essa pressão vinha tanto de autoridades europeias, que pressionavam pela aplicação da GDPR, quanto pelas autoridades norte-americanas, que iniciaram diversos procedimentos investigativos antitruste. Episódios como os escândalos envolvendo a empresa Cambridge Analytica e o Brexit, além do massacre da minoria mulçumana rohingya, impulsionado por discursos de ódio ventilados na plataforma, mobilizaram a opinião pública.

A criação de um órgão apregoado como independente encontraria justificativa econômica: a empresa vem sofrendo com multas milionárias impostas por autoridades regulatórias, e o Comitê poderia servir como demonstração de boa-fé de que a companhia não acumula poder, envolvendo a comunidade nos seus processos decisórios. Igualmente, pode privilegiar a manutenção do número de usuários, contribuindo para a estabilidade dos níveis de engajamento e utilização da plataforma, o que permite a conservação do modelo de negócio e a venda de anúncios, cada vez mais personalizados aos gostos e ao perfil do usuário.

Alguns pesquisadores, como Douek, são ainda mais radicais em sua análise sobre a motivação para a criação do Comitê, comparando-a com as razões utilizadas por regimes autoritários para manutenção de sistema judiciário relativamente independente, tais como: I) impressão de aura de legitimidade para as decisões de moderação de conteúdo de usuários; II) tentativa de afastar-se da regulação

---

[30] SVANTESSON, Dan. *Solving the internet jurisdiction puzzle*. Oxford: Oxford University Press, 2017, p. 221.
[31] DOUEK, Evelyn. Facebook's "Oversight Board": move fast with stable infrastructure and humility. *Norte Carolina Journal of Law & Technology*, v. 21, issue 1, p. 3, October 2019.
[32] KLONICK, Kate. The Facebook Oversight Board: creating an independent institution to adjudicate online free expression. *The Yale Law Journal*, v. 129, n. 2418, p. 2425-2426 e 2439-2443, 2020.

estatal; III) terceirização de decisões controversas; e IV) facilitação na execução dos padrões já existentes[33].

Seja como for, em 2019, foram realizados eventos em diversas cidades ao redor do mundo para discussões com especialistas, organizações sociais e usuários sobre os parâmetros de atuação do Comitê. Ainda no mesmo ano, o *Facebook* lançou a *Carta*, documento com nove páginas e sete artigos que regem o funcionamento do Comitê, estabelecendo suas premissas básicas sobre os membros que o integrariam, atividade de revisão e o seu procedimento, implementação, governança e adequação à lei[34]. A *Carta* funciona como diretriz geral do Comitê, uma espécie de Constituição para o seu funcionamento básico. Na sequência, mais detalhes foram apresentados no documento intitulado *Bylaws*.

O Comitê foi previsto para ser dividido em painéis com subdivisões entre os membros, com participação de pelo menos um integrante da região do caso a ser analisado, já que receberá recursos de todos os países em que o *Facebook* atua. Inicialmente, o Comitê foi instituído com 20 integrantes, escolhidos pelo *Facebook* entre acadêmicos e profissionais com destaque social, incluindo uma ganhadora do Prêmio Nobel da Paz. A ideia é que a composição do Comitê refletisse a variedade existente entre os próprios usuários da plataforma, com diversas origens geográficas e culturais. Por isso, entre os membros figuram pessoas de todos os continentes, incluindo o professor Ronaldo Lemos, da Faculdade de Direito da Universidade do Estado do Rio de Janeiro, único brasileiro. Há indicação de que o Comitê terá 40 membros, com os lugares vagos a serem escolhidos pelos atuais componentes. Os mandatos são de três anos, com possibilidade de duas reconduções.

Os usuários interessados em submeter casos ao Comitê poderão fazê-lo no prazo de 15 dias contados da decisão final exarada pelo *Facebook*. O caso será analisado por um painel de membros. Apesar de o nome dos membros ser de conhecimento público, a formação dos painéis será anônima.

O fundamento das decisões do Comitê será o conjunto normativo estabelecido pela própria companhia, já apresentado, e as previsões que asseguram direitos humanos, com ênfase para a proteção da liberdade de expressão. A decisão terá que ser proferida por escrito, admitindo-se dissidências e posições contrárias. O posicionamento do painel será remetido aos outros membros da Comissão para

---

[33] DOUEK, Evelyn. Facebook's "Oversight Board": move fast with stable infrastructure and humility. *Norte Carolina Journal of Law & Technology*, v. 21, issue 1, p. 17, October 2019.

[34] KLONICK, Kate. The Facebook Oversight Board: creating an independent institution to adjudicate online free expression. *The Yale Law Journal*, v. 129, n. 2418, p. 2451-2458, 2020.

revisão e aprovação, que ocorrerá apenas com votação majoritária. Caso não ocorra, novo painel será formado para analisar o caso, tudo no prazo de 90 dias.

A comparação com a Suprema Corte Norte-Americana indicada no começo justifica-se pelo fato de que o Comitê escolherá quais dos casos submetidos serão apreciados, excepcionado aqueles em que a remoção ocorreu em conformidade com a legislação local. Haverá prevalência pela escolha de casos com maior potencialidade de orientação de futuras decisões.

A hipótese remete às funções realizadas pelas Cortes de vértice da jurisdição estatal: julgamento de casos com impacto social, com maior descolamento possível de situações peculiares e estabelecimento de *standards* que possam ser generalizados para casos análogos. A analogia é reforçada quando há indicação de que as decisões anteriores do Comitê são precedentes altamente persuasivos.

A analogia com a Suprema Corte e a nomenclatura empregada no documento base do Comitê, a *Carta*, seriam evidências da tentativa de diferenciar o Comitê de iniciativas privadas de ODR, indicando que o órgão não irá resolver disputas entre partes, mas terá atuação aproximada a instituto de direito público, que terá que considerar fatores com mais relevância social em suas decisões, como o interesse público, em vez de solucionar disputas diretas entre usuários[35].

As decisões do Comitê serão de observância obrigatória para o *Facebook*, que terá até sete dias para implementá-las, desde que não impliquem violação legal. O mesmo, certamente, não ocorre com relação à jurisdição estatal, que poderá, caso acionada, adotar entendimento diametralmente oposto ao do Comitê, ignorando a existência da decisão anterior.

Espera-se que, caso bem fundamentada e articulada, a decisão possa exercer certo grau de eficácia persuasiva perante a autoridade judiciária, especialmente caso o devido processual tenha sido garantido e observado em todas as etapas do procedimento decisório privado.

A academia divide-se quanto ao grau de expectativa sobre o Comitê[36]. Para a vertente pessimista, a instituição de corpo independente poderá aumentar a quantidade de remoções, pois poderá remeter os usuários descontentes ao Comitê. Da mesma forma, a criação do Comitê sinalizaria preferência pela autorregulação, em vez de submissão à regulação governamental.

---

[35] DOUEK, Evelyn. Facebook's "Oversight Board": move fast with stable infrastructure and humility. *Norte Carolina Journal of Law & Technology*, v. 21, issue 1, p. 16-17, October 2019.

[36] KLONICK, Kate. The Facebook Oversight Board: creating an independent institution to adjudicate online free expression. *The Yale Law Journal*, v. 129, n. 2418, p. 2488-2492, 2020.

O Comitê também pode ser visto como uma cortina de fumaça para que assuntos mais prementes, como gerenciamento de conteúdo por algoritmos, fiquem à margem da agenda pública. Questões são levantadas também a respeito da independência, com foco não no aspecto econômico, já que o *Facebook* instituiu um truste capaz de sustentar o Comitê por vários anos, mas nas matérias que podem ser submetidas, consideradas como em número limitado.

Para os realistas, o Comitê não conseguirá atuar na prática, considerando o elevado número de materiais que permaneceram removidos, mesmo após interposição de recurso perante o *Facebook*. Caso apenas 1% deles forem submetidos ao Comitê, a média seria de 1.700 casos por dia para análise de admissibilidade, desconsiderando a ação coordenada de *trolls*, que poderiam derrubar o sistema com demandas idênticas ou similares.

Os otimistas enxergam no Comitê um canal para os usuários. Grupos e organizações que discordarem dos Parâmetros da Comunidade poderão submeter, de forma organizada, grande número de casos envolvendo a mesma questão, aumentando as chances de revisão pelo Comitê.

Os primeiros casos passaram a ser recebidos no final de outubro de 2020. Em janeiro do ano seguinte foram proferidos os primeiros julgamentos, incluindo um caso oriundo do Brasil envolvendo a divulgação, por usuário do *Instagram*, de imagem de nudez, o que violaria os Termos de Uso da plataforma. A imagem disponibilizada buscava aumentar a conscientização sobre o câncer de mama, no contexto da campanha Outubro Rosa. O Comitê entendeu que a publicação poderia ser mantida[37].

É certo que apenas o tempo indicará como o Comitê efetivamente funcionará e quais os ajustes serão necessários para melhorar a tutela processual prestada. Resta indubitável que o Comitê servirá de modelo para construções análogas que poderão ser desenvolvidas por outras plataformas, bem como que a criação do Comitê apenas evidencia a necessidade de que iniciativas privadas desse jaez assegurem não somente direitos fundamentais de natureza material, mas também os de cunho processual, o que, segundo Wielsch, no direito alemão, é nomeado como "proteção dos direitos fundamentais mediante processo"[38].

---

[37] A decisão do *caso 2020-004-IG-UA* pode ser acessada em: https://www.oversightboard.com/sr/decision/004/Portuguese.

[38] WIELSCH, Dan. Os ordenamentos das redes: termos e condições de uso – código – padrões da comunidade. *In*: ABBOUD, Georges; NERY JR., Nelson; CAMPOS, Ricardo (org.). *Fake news e regulação*. 2. ed. São Paulo: Thomson Reuters, 2020, p. 116.

4.2. REGULAÇÃO ESTATAL

Passado o frenesi inicial da autorregulação absoluta experimentado quando do surgimento da internet, o pêndulo voltou-se para a direção oposta: os Estados passaram a entender pela necessidade de regular o fluxo de informações na internet.

O aumento da velocidade da banda e a expansão, ainda que tímida, do número de provedores de conexão propiciaram que volume maior de dados trafegasse pela rede, ainda que, na maioria dos países, a internet ainda fosse fornecida na modalidade discada (consumindo pulsos telefônicos).

Apesar de, para arquivos maiores, especialmente de vídeo, serem necessárias horas, às vezes dias, para realização de *download* completo, número cada vez maior de pessoas passou a consumir filmes e músicas baixados e copiados ilegalmente. Esse movimento gerou também o aumento do uso da rede para disseminação de material pornográfico, com conteúdo pedófilo[39].

O atentado terrorista ocorrido em solo americano em 11 de setembro de 2001 foi um evento importante nas mais variadas searas, incluindo a regulação da internet, já que os Estados voltaram suas atenções para as atividades realizadas e organizadas *on-line* com potencial de grande impacto social no mundo *off-line*.

De acordo com Svantesson, no início dos anos 2000, os Poderes Legislativo e Judiciário de diversos países teriam se atentado para as potencialidades do ambiente digital e a necessidade de regulação estatal sobre esse novo território. O entendimento seria o de que fatos e condutas que, de alguma forma, impactavam ou tinham o potencial de impactar o seu território ou os seus cidadãos poderiam ser regulados pelo Estado, sem que fossem considerados fronteiras territoriais ou questões relacionadas ao cumprimento da decisão em outros países[40].

Quando forem apresentados os critérios desenvolvidos pela doutrina e pela jurisprudência para o estabelecimento do elemento de conexão para os fatos ocorridos na esfera digital, o ponto do alcance territorial da regulação será mais bem compreendido com o estudo de alguns casos paradigmáticos.

Ainda que entre aqueles que defendem a regulação estatal em detrimento da autorregulação comunitária não haja consenso em como fazê-lo, resta subjacente

---

[39] BULGUERONI, Marcelo André. *Regulamentação internacional do ciberespaço*: unilateralismo, multilateralismo e efetividade. São Paulo: USP, 2013, p. 54-55.
[40] SVANTESSON, Dan. *Solving the internet jurisdiction puzzle*. Oxford: Oxford University Press, 2017, p. 97.

a compreensão, para essa vertente, de que sistemas morais e códigos de conduta não podem renunciar ao sistema governamental e o seu poder coercitivo[41].

4.2.1. Analogia com a regulação de atos/fatos não digitais

Um dos embates mais célebres dos primórdios da abordagem jurídica do novo e incipiente ambiente digital foi capitaneado pelos professores Goldsmith e Post.

Em 1998, Goldsmith escreveu vigoroso artigo[42], que rapidamente se tornou um clássico, contra o posicionamento dos chamados céticos regulatórios (excepcionalistas), que entendem que ambiente digital, chamado na época de ciberespaço, não poderia ser regulado pelo Estado, mas sim pelos próprios usuários. Segundo o entendimento de Goldsmith (1998), caberia ao poder estatal regular o ciberespaço, assim como fez com todas as novas tecnologias que surgiram nos últimos séculos e tiveram grande impacto sobre a sociedade.

Os defensores do posicionamento contrário centrariam sua compreensão em duas espécies de objeções, as de cunho descritivo e as de cunho normativo, rebatidas pelo autor. De acordo com a primeira categoria, a regulação legal baseada em conceitos geográficos, para algo não geograficamente localizado como a internet, não faria sentido, gerando confusão, com sobreposição legislativa e inconsistente sobre a mesma atividade. As objeções normativas indicam que a internet é um fenômeno que ocorre ao mesmo tempo em vários lugares, de forma que a regulação por um Estado determinado seria ilegítima, por gerar efeitos negativos em outros.

O posicionamento dos céticos é combatido sob o argumento de que o desenvolvimento dos setores das comunicações e dos transportes teria levado ao aumento de atividades envolvendo jurisdições múltiplas, gerando a revisitação do conceito rígido de territorialidade e a sua vinculação a um único poder regulatório legítimo.

O realismo legal teria levado à constatação de que os problemas envolvendo a legislação aplicável para situações plurilocalizadas, fora do contexto virtual, são solucionados pela legislação local, com forte predominância da *lex fori*. Por outro lado, a relativização do positivismo legal para casos transnacionais teria ensejado a aplicação de regras costumeiras, como a *lex mercatoria*, que não possuem co-

---

[41] GOLDSMITH, Jack; WU, Tim. *Who controls the internet? Illusions of borderless world.* Oxford: Oxford University Press, 2006. p. 180.
[42] GOLDSMITH, Jack. Against cyberanarchy. *University of Chicago Law Review 68*, n. 4, republicado na coletânea THIERER, Adam; CREWS, Clyde Wayne Jr. (org.). *Who rules the net? Internet governance and jurisdiction.* Washington DC: Cato Institute, 2003.

nexão com um Estado soberano em particular. Esses fenômenos propiciariam a aplicação da legislação local para comportamentos extraterritoriais com efeitos substanciais locais.

O autor indica que a uniformidade de uma legislação única teria sido substituída pela realidade de sobreposição da autoridade jurisdicional. A preocupação com a extraterritorialidade do poder local seria solucionada pela existência de limites à jurisdição executiva (*enforcement jurisdiction*), que apenas pode recair sobre pessoas ou bens localizados no território nacional, sobre quem o Estado tem jurisdição pessoal, poder executório em outros países e possibilidade de extradição exitosa.

A hiper-regulação estatal poderia, de acordo com o seu entendimento, ser resolvida com o emprego de filtros de localização geográfica, tecnologia que começava a ser desenvolvida naquele período.

O entendimento de Goldsmith foi rechaçado por Post (2003), que, em seu "artigo-resposta"[43], procura contrapor-se às duas premissas básicas de Goldsmith: a de que atividades no ciberespaço são funcionalmente idênticas às atividades transnacionais, mediadas por outros meios, e que os instrumentos legais do direito internacional seriam capazes de lidar com os problemas de jurisdição e direito aplicável sem que haja necessidade de desenvolvimento de novas ferramentas.

Segundo Post (2003), ainda que as transações analógicas e digitais possam ser as mesmas, a compra e venda de um livro, por exemplo, o sistema em que cada uma opera não seria necessariamente o mesmo, nem as consequências. O ambiente da internet desconheceria, por completo, o conceito de fronteiras estatais, e não poderia ser considerado "funcionalmente idêntico" ao espaço analógico, em que apenas um número limitado de transações seriam transnacionais.

Essa constatação impediria a aplicação do princípio dos efeitos defendida por Goldsmith, a noção de que um Estado teria o dever de proteger seus cidadãos e controlar eventos no seu território, o que lhe permitiria regular os efeitos locais de eventos extraterritoriais.

As transações realizadas na internet repercutiriam efeitos em outros países de forma incontrolável. Sujeitar todos os agentes que atuam nesse ambiente e todos os *sites* aos deveres de observação e adequação a todas as legislações do mundo, já que a página está disponível para qualquer um, em qualquer lugar do globo, não faria sentido para o autor.

---

[43] POST, David. Against "against cyberanarchy". *Berkeley Technology Law Journal*, v. 17, n. 4, 2002, republicado na coletânea THIERER, Adam; CREWS, Clyde Wayne Jr. (org.). *Who rules the net? Internet governance and jurisdiction*. Washington DC: Cato Institute, 2003.

Outro ponto trazido por Post reside na ausência de legitimidade do poder exercido de forma extraterritorial, ante a falta de consenso dos governados, que estariam submetidos à legislação de Estado diverso do seu, sem que tivessem participado do processo democrático inerente à produção legislativa. Não por outro motivo, Post conclui reafirmando sua posição de excepcionalista, indicando que as questões surgidas com o advento do ciberespaço são diferentes, mais difíceis e mais complexas do que as análogas que se desenvolvem no ambiente não digital.

Os pontos e contrapontos da discussão acadêmica travada por Goldsmith e Post nesses dois artigos tornaram-se a base para diversos estudos e concepções sobre a regulação da esfera digital. Tais percepções extrapolaram o ambiente acadêmico e permearam decisões judiciais e textos legais, ainda que o desenrolar histórico tenha se filiado à necessidade de regulação estatal do ambiente virtual, em detrimento do entendimento de Post, e que a regulação da internet não tenha ocorrido exatamente como defendia Goldsmith, como será visto.

4.2.2. Elaboração normativa própria

Assentada a premissa de que a regulação comunitária paraestatal da internet não era um projeto viável, mas um ideal utópico sem capacidade de implementação prática, de acordo com Kulesza, a doutrina teria se dividido em dois novos grupos. De um lado, os unilateralistas, que entendiam que a internet não era algo tão novo que necessitasse de regulação específica, mas apenas um meio diferente para as operações que já ocorriam no mundo material. Os institutos e figuras existentes poderiam ser aplicados para o ambiente digital mediante o emprego da analogia.

De outro, os multilateralistas, que compreendiam que a internet era um fenômeno novo, que trazia novos desafios que a legislação até então em vigor não seria capaz de regular e tutelar. Essa situação era mais visível em áreas como propriedade intelectual, direitos autorais e proteção da privacidade[44].

O cenário atual, em que variados textos legais nacionais e regionais buscam regular as condutas realizadas na internet, evidencia a prevalência do último entendimento[45].

---

[44] KULESZA, Joanna. *Internet governance and the jurisdiction of states: justification of the need for an international regulation of cyberspace*. GigaNet: Global Internet Governance Academic Network, Annual Symposium 2008, p. 15. Disponível em: https://papers.ssrn.com/sol3/papers.cfm?abstract_id=1445452. Acesso em: 3 dez. 2022.

[45] Interessante notar que essa discussão, que parece já ter sido superada, reapareceu nos últimos anos na regulação de dados, com pesquisadores defendendo que os dados digitais

No Brasil, antes do advento do Marco Civil da Internet, que será analisado no capítulo subsequente, havia grande dificuldade em lidar com os problemas práticos que surgiam com o aumento do número de usuários brasileiros e de interações, de todas as espécies, que passaram a ocorrer nesse novo ambiente. Na ausência de previsão legal específica, aqueles que tinham seus direitos ameaçados ou lesionados por fatos ocorridos ou atos cometidos no ambiente digital buscavam valer-se dos instrumentos legais até então disponíveis para a tutela dos seus direitos.

A incompatibilidade das figuras legais existentes com a natureza do ilícito, em sentido estrito, supostamente sofrido pelo indivíduo, fica em tudo evidente nas duas situações narradas a seguir.

Em 2003, houve impetração de *habeas corpus* em face de provedor de conexão, sob a alegação de cerceamento da liberdade de locomoção virtual. A impetrante informou que o provedor havia disponibilizado serviço que continha barreiras que impediam o livre acesso a algumas páginas da internet. Em primeira instância, a ordem foi denegada por ausência de deslocamento físico do usuário da internet durante a navegação na rede, o que afastaria a concessão de remédio constitucional destinado a assegurar a liberdade de locomoção dos indivíduos.

Perante o Tribunal de Justiça do Estado de Minas Gerais, o recurso em sentido estrito interposto foi desprovido. O relator, Des. William Silvestrini, indicou a inexistência

> [...] de lesão ao direito de ir e vir de pessoa física, que é o fundamento do *habeas corpus*, estou para manter o posicionamento adotado pelo Julgador monocrático, por entender que não tem conotação penal a medida adotada pela empresa provedora de serviços de internet, havendo de ser manejada ação própria perante a esfera cível para a tutela de eventuais direitos, não relacionados com a liberdade corpórea, o direito de locomoção[46].

Destaque para o voto do Des. Eli Lucas de Mendonça que, acompanhando o relator, procurou explicar como funcionava a transmissão de informações na rede, com o intuito de demonstrar a diferença entre o deslocamento de dados e a locomoção física de indivíduos:

---

armazenados em nuvem merecem tratamento diferenciado dentro da seara do direito digital e outros que defendem o uso dos critérios e ferramentas existentes. WOODS, Andrew Keane. Against data excepcionalism. *Stanford Law Review*, v. 68, p. 734, April 2016.

[46] TJMG, Recurso em Sentido Estrito 472.032-9, 4ª Câmara Criminal, j. 30.03.2005, *DJE* 19.04.2005.

7 – Após conectado, como o computador efetivamente "navega" na Internet, acessando *sites*, enviando e recebendo mensagens, realizando *downloads* (busca de informações remotas) e *uploads* (envio de mensagens)? Ele o faz através de um processo físico-eletrônico, de telemática. E o que é telemática? Telemática é a transmissão, codificada, de sinais elétricos, através dos elementos físicos das redes computacionais interconectadas (cabos, ligações sem fio, por satélites, etc.).

8 – Isto significa que o que trafega pela Internet não é mais do que um imenso volume de sinais puramente elétricos. Nada mais. São sinais elétricos que significarão, nos destinos, códigos que, decifrados, se transformarão em mensagens, que serão "lidas", ou interpretadas, pelos programas de computação instalados em cada computador, e, assim, reveladas aos nossos olhos e à nossa leitura visual (nas telas dos monitores agregados aos microcomputadores).

9 – Por isso, a comunicação via Internet é uma comunicação exclusiva entre máquinas, e é exclusivamente eletrônica-codificada-lógica, nunca entre pessoas, ou, no máximo, uma comunicação entre pessoas, mas intermediada por máquinas processadoras e armazenadoras de códigos, programas e informações lógicas (chamadas computadores).

11 – Isto leva à convicção de que o que "passa" fisicamente pelas redes que integram o conceito Internet são apenas os sinais elétricos. Nem mais nem menos.

12 – Estes sinais transportam, pela codificação, conteúdos intelectuais (comandados por pessoas, mas que não são mais do que expressões do pensamento e da vontade humanas – escritos, músicas, fotos, etc.).

13 – Logo, a Internet é um meio de acesso exclusivo para emissão de expressão, ou para livre expressão intelectual, jamais um meio de acesso físico-pessoal. Por isso, não é possível, senão por erro de análise do fenômeno telemático, intuir que o deslocamento (de sinais elétricos, emitidos e recebidos por máquinas processadoras conectadas à Internet) equivalha a deslocamento físico-pessoal, equiparável à mobilidade física de pessoas, como expressão da liberdade física--pessoal, de deambulação, de deslocamento livre.

14 – O que se desloca são sinais elétricos emitidos por computadores acionados por pessoas, e não as próprias pessoas (quando mando um *e-mail*, usando a Internet, e seus protocolos, eu continuo livre para deslocamentos físicos, independentemente do êxito do envio da mensagem eletrônica).

15 – Assim, os direitos que "trafegam" pela Internet identificam-se apenas com manifestações da livre expressão (do pensamento), em formulações patrimoniais ou não patrimoniais. Jamais poderão ser tutelados, mesmo que em tentativas de proteção interdital-mandamental, por *habeas corpus*, já que se referem a outra esfera da personalidade (propriedade intelectual – livre expressão – ou patrimonial).

No âmbito do caso envolvendo o bloqueio da plataforma *YouTube*, em 2007, em todo o Brasil, houve impetração de *habeas corpus* coletivo, com pedido de liminar, em prol dos "cidadãos brasileiros que acessam a internet". O *writ* foi denegado pelo Superior Tribunal de Justiça, sob o argumento de ausência de restrição à liberdade de locomoção dos pacientes, apta a justificar a impetração[47]. A necessidade de um diploma normativo próprio para o ambiente digital era evidente. O Brasil, assim como outros países, passou a buscar formas de regular as atividades desenvolvidas na internet.

A proliferação legislativa e o seu alcance sobre pessoas ou bens situados fora dos limites territoriais do Estado serão estudadas no próximo capítulo, que abordará as normas de extensão com eficácia extraterritorial. Por ora, basta destacar a superação do movimento que defendia a ausência estatal no ambiente virtual, com a adoção do entendimento de que as relações desenvolvidas na seara digital necessitavam da atuação prescritiva estatal.

4.3. AUTORREGULAÇÃO REGULADA E ATUAÇÃO NO CÓDIGO

Com o passar dos anos e com o progresso tecnológico, passou-se a compreender que o enfoque unicamente calcado no aspecto jurídico não seria suficiente para a obtenção de resultados satisfatórios efetivamente aptos à tutela dos direitos, uma vez que a internet e o seu funcionamento possuem elementos distintivos únicos. Havia necessidade de abordagem híbrida, conjugando tanto o viés jurídico quanto a arquitetura da internet[48]. Nesse sentido, Lessig defende que a linguagem de programação poderia criar normas.

Não obstante o autor propugnar que essas normas poderiam ser mais importantes do que a regulação tradicional, a contribuição central do seu pensamento para o direito digital reside no fato de ter introduzido na seara jurídica a noção de existência das camadas física e lógica na rede, em que podem ser introduzidos comandos e mecanismos que restringem e regulam o comportamento dos usuários, condicionando e moldando condutas e atitudes[49].

A discussão, agora, estaria centrada no "código" de regulação da internet: se ele seria entendido como uma forma de regulação jurídica ou atuaria nas camadas estruturais da internet, mediante instalação de limitações técnicas nos códigos binários[50], sem maiores considerações ético-jurídicas do quê e do porquê dos comandos escritos no código de programação.

---

[47] STJ, HC 074.225, Rel. Min. Barros Monteiro, *DJe* 06.02.2007.
[48] LEONARDI, Marcel. *Tutela e privacidade na internet*. São Paulo: Saraiva, 2012, p. 147.
[49] LESSIG, Lawrence. *Code version 2.0*. New York: Basic Books, 2006, p. 282.
[50] BRITO, Adriane Sanctis de. *O regime internacional da internet*: construções argumentativas sobre sua especialidade. São Paulo: USP, 2014, p. 62.

Considerando o que foi apresentado em momento anterior sobre o histórico do desenvolvimento tecnológico dos computadores e da internet, resta claro que a participação estatal deixou sua posição de centralidade há décadas. Se o Estado foi primordial para o surgimento dos computadores e da internet, a Arpanet é o maior exemplo nesse sentido, o protagonismo na construção da rede, da estrutura física e dos *softwares* e programas que tornaram o ambiente digital o que ele é hoje em dia é, indubitavelmente, da iniciativa privada.

A participação estatal é de mero incentivador da atividade econômica privada, buscando criar polos tecnológicos, isenção ou redução de impostos e, quando muito, fornecendo a educação técnica de base para a formação da mão de obra especializada que esse segmento necessita. Nesse cenário, indaga-se como o Estado poderá pretender regular e intervir no ambiente digital que pouco conhece e que é regido por sujeitos privados, em que dominam o código e a rede.

Uma solução aventada para ambientes complexos como o digital é a via da autorregulação regulada, centrada na cooperação entre Estado e os sujeitos a serem regulados. De acordo com Abboud e Campos, essa via se embasaria no modelo da proceduralização, que possui várias vertentes, mas parte de um pressuposto comum: a crise do direito regulatório tradicional ante o aumento da complexidade social, em que o "conhecimento necessário para a tomada de decisão não se encontra no Estado"[51].

Posicionamento no mesmo sentido já era defendido por Machado (2002) para a regulação da esfera digital "para evitar a anarquia total e a intervenção estadual"[52],

---

[51] ABBOUD, Georges; CAMPOS, Ricardo. A autorregulação regulada como modelo do direito proceduralizado: regulação de redes sociais e proceduralização. In: ABBOUD, Georges; NERY JR., Nelson; CAMPOS, Ricardo (org.). *Fake news e regulação*. 2. ed. São Paulo: Thomson Reuters, 2020, p. 128.

[52] O pensamento do autor é mais bem apresentado no seguinte excerto: "a doutrina tem chamado a atenção para as falhas da autorregulação no *cyberespaço*, algumas delas do maior relevo constitucional, na medida em que se prendem com a proteção dos direitos das minorias e dos indivíduos e das precondições da democracia e da cidadania. Além disso, apontam-se como obstáculos a uma autorregulação bem-sucedida a heterogeneidade dos utilizadores da Internet, do ponto de vista dos seus interesses, da sua localização, das normas que os regem, bem como a facilidade técnica com que se contornam as regulamentações existentes. Igualmente digno de nota são os perigos, opostos, de a autocensura acabar por ser, ou tão limitativa quanto a heterocensura, ou se transformar num inócuo programa de relações públicas. Do mesmo modo, considera-se indesejável a ameaça de heterorregulação governamental que paira sobre o sector. Assim, Karl-Heinz Ladeur chama a atenção para encruzilhada regulatória existente, situada entre o perigo de uma intervenção excessiva por parte das autoridades administrativas e um inócuo sistema de autocontrolo, em que

conjugando todas as entidades envolvidas, servidores, empresas de *software* e *hardware*, autoridades públicas, em nível nacional, regional e internacional.

Um dos aspectos de maior destaque da nova configuração trazida pelo ambiente digital são as redes sociais, que combinam características de várias atividades humanas que antes eram realizadas em outros locais[53], como as praças, as feiras, os *shoppings* etc. Nelas, são travadas relações de diversas naturezas, entre usuários e provedores, entre provedores e entre usuários e não usuários. Mesmo nas interações entre usuários, a plataforma se faz presente, já que realiza a mediação que possibilita a conexão entre as partes e estabelece o código, a linguagem e o plano de negócio a ser seguido[54].

Nessa miríade de relações, para além das normas estabelecidas pelas redes sociais em seus Termos de Uso e similares, há evidente necessidade de garantir a aplicação de direitos e garantias definidos nos diplomas legais, com ênfase naqueles estabelecidos no texto constitucional de cada Estado.

Como bem destaca Farinho, a regulação estatal atual é composta por elementos do Estado liberal, como a defesa das liberdades individuais, e do Estado social, como a defesa de determinados objetivos, que vão muito além de assegurar regras mínimas de funcionamento, focando em objetivos de interesse público[55].

No capitalismo das plataformas, o foco não está mais na limitação do poder governamental, mas na garantia de padrões de direitos fundamentais na esfera privada, em que, no primeiro plano, não está mais a relação sujeito/Estado, mas privado/privado[56].

---

as correspondentes organizações acabam por ser juízes em causa própria, num quadro sancionatório que não vai além da referência, da desaprovação ou da reprimenda, esta última, quando muito, publicada pelos servidores envolvidos". MACHADO, Jónatas E. M. *Liberdade de expressão*: dimensões constitucionais da esfera pública no sistema social. Coimbra: Coimbra Editora, 2002, p. 1126-1127.

[53] FARINHO, Domingos Soares. Delimitação do espectro regulatório das redes sociais. *In*: ABBOUD, Georges; NERY JR., Nelson; CAMPOS, Ricardo (org.). *Fake news e regulação*. 2. ed. São Paulo: Thomson Reuters, 2020, p. 29.

[54] FARINHO, Domingos Soares. Delimitação do espectro regulatório das redes sociais. *In*: ABBOUD, Georges; NERY JR., Nelson; CAMPOS, Ricardo (org.). *Fake news e regulação*. 2. ed. São Paulo: Thomson Reuters, 2020, p. 34-38.

[55] FARINHO, Domingos Soares. Delimitação do espectro regulatório das redes sociais. *In*: ABBOUD, Georges; NERY JR., Nelson; CAMPOS, Ricardo (org.). *Fake news e regulação*. 2. ed. São Paulo: Thomson Reuters, 2020, p. 42-43.

[56] ABBOUD, Georges; CAMPOS, Ricardo. A autorregulação regulada como modelo do direito proceduralizado: regulação de redes sociais e proceduralização. *In*: ABBOUD,

A iniciativa alemã é tida como maior exemplo nesse sentido. Em 2017, foi editada a lei *Netzwerkdurchsetzungsgesetz* (NetzDG)[57], que disciplina o processo de comunicação e remoção/bloqueio de conteúdo diretamente pelos provedores de aplicação.

A legislação deve ser observada pelas plataformas sociais com mais de 2 milhões de usuários no país, como as gigantes *Facebook* e *Twitter*, que, quando notificadas de que estão sendo utilizadas para propagar discursos de ódio, incitação à violência, terrorismo, difamação e pornografia infantil, entre outros, devem agir rapidamente para remover ou bloquear o material.

A previsão sobre sua aplicabilidade está em conformidade com os critérios territoriais usualmente empregados para situações plurilocalizadas: a residência do reclamante ou a presença de representação do provedor no país, ou seja, ambos devem estar situados na Alemanha.

As maiores polêmicas estão centradas em dois pontos. O primeiro diz respeito ao lapso temporal dado aos provedores para análise da publicação tida como ofensiva e as penalidades incidentes quando os intermediários deixarem de observar os ditames legais estabelecidos. O prazo pode ser de 24 horas quando o conteúdo é considerado manifestamente ilegal (art. (2), 2), ou de até sete dias quando for apenas ilegal (§ 3º, (2), 3). Há possibilidade de extensão do lapso temporal quando a análise recair sobre a falsidade de alegação de fato ou depender de outras circunstâncias (§ 3º, (2), 3, *a*). O provedor poderá ser multado em até 5 milhões de euros caso não oferte ou não realize o procedimento de apuração da reclamação de forma adequada, e em até 500 mil euros caso não indique às autoridades a pessoa nomeada pela empresa como a responsável pela apuração (§ 4º, (8), 3).

A nova legislação foi considerada por alguns como inconstitucional, ou em sentido contrário ao ordenamento jurídico alemão em sua totalidade, além de trazer sérias implicações para a livre comunicação na internet[58].

Georges; NERY JR., Nelson; CAMPOS, Ricardo (org.). *Fake news e regulação*. 2. ed. São Paulo: Thomson Reuters, 2020, p. 125.

[57] Disponível na versão em inglês em: https://www.bmjv.de/SharedDocs/Gesetzgebungsverfahren/Dokumente/NetzDG_engl.pdf;jsessionid=517210DE8D4CB63AA50DC732B01AA12A.1_cid324?__blob=publicationFile&v=2. Acesso em: 3 dez. 2022. E também na versão em português, traduzida na íntegra no capítulo 16 da obra coletiva: ABBOUD, Georges; NERY JR., Nelson; CAMPOS, Ricardo (org.). *Fake news e regulação*. 2. ed. São Paulo: Thomson Reuters, 2020, p. 336-344.

[58] CUEVA, Ricardo Villas Bôas. Alternativas para a remoção de fake news das redes sociais. *In*: ABBOUD, Georges; NERY JR., Nelson; CAMPOS, Ricardo (org.). *Fake news e regulação*. 2. ed. São Paulo: Thomson Reuters, 2020, p. 276-278.

Uma das críticas caminha no sentido de que, na NetzDG, inexiste previsão específica de interposição de recurso judicial para a revisão da decisão tomada pelas redes sociais. Para Campos, apenas teria sido retirada a reserva de jurisdição na análise apriorística do tema, em reconhecimento à velocidade e à eficácia da resposta a ser dada pela plataforma[59].

Nem todos os estudiosos são contrários à legislação. Para Efeirt, o diploma legal "pavimenta de forma fundamental o caminho correto e deverá ser paradigmática para a regulação futura das redes sociais"[60].

O ponto de maior interesse reside no fato de que a NetzDG previu que as redes sociais poderão submeter o processo decisório para instituição de autorregulação regulada (§ 3º, (2), 3, *b*). O ente privado terá que ser composto por analistas técnicos, com independência garantida, e estrutura e equipamentos apropriados para garantir que a análise seja realizada pela instituição no prazo de sete dias, com previsão de regramento procedimental que garanta, entre outros, a possibilidade de revisão de suas decisões (§ 3º, (6), 1, 2 e 3).

O órgão é previsto para ser composto por variados provedores de redes sociais, e assegurar que outras poderão integrá-lo no futuro, caso atinjam a marca de 2 milhões de usuários domésticos, tendo em vista o crescimento desse tipo de provedor de aplicação.

Importa destacar que a participação da iniciativa pública ocorre em diversos momentos nesse modelo, seja reconhecendo uma instituição de regulação regulada (§ 3º, (7) e (8)), seja na aplicação das multas por cometimento de infrações administrativas às redes sociais que não observem os procedimentos estabelecidos na NetzDG, e não para a ausência de remoção de uma postagem em específico (§ 4º, (1)).

Interessante é a observação de que a legislação alemã está em consonância com o ordenamento jurídico nacional e com a Diretiva 2000/31/EC, conhecida como a Diretiva do Comércio Eletrônico, e o disposto no art. 14 e a isenção de responsabilização dos provedores de responsabilização pelo material disponibilizado, pois o diploma comunitário "circunscreve o privilégio de responsabilidade do direito federal"[61].

---

[59] CAMPOS, Ricardo. *Com emenda que permite censura, Brasil tropeça na própria desinformação*. Disponível em: https://www.conjur.com.br/2017-out-06/ricardo-campos-permitir--censura-brasil-tropeca-desinformacao. Acesso em: 3 dez. 2022.

[60] EFEIRT, Martin. A lei alemã para a melhoria da aplicação da lei nas redes sociais (NetzDG) e a regulação da plataforma. *In*: ABBOUD, Georges; NERY JR., Nelson; CAMPOS, Ricardo (org.). *Fake news e regulação*. 2. ed. São Paulo: Thomson Reuters, 2020, p. 162.

[61] EFEIRT, Martin. A lei alemã para a melhoria da aplicação da lei nas redes sociais (NetzDG) e a regulação da plataforma. *In*: ABBOUD, Georges; NERY JR., Nelson; CAMPOS, Ricardo (org.). *Fake news e regulação*. 2. ed. São Paulo: Thomson Reuters, 2020, p. 174.

O novo *Digital Services Act* (DSA) europeu, que entrará em vigor em janeiro de 2024, busca criar ambiente digital seguro, em que os direitos individuais fundamentais dos usuários sejam respeitados, com previsão de obrigações de remoção de conteúdo ilícito pelas plataformas. Os provedores serão supervisionados por órgãos estatais externos e deverão criar mecanismos de facilitação de recebimento de notificações, sistemas internos "recursais", além de disponibilizarem opções "extrajudiciais" de solução de litígios para algumas situações, sem prejuízo da sempre presente via estatal. As dúvidas e controvérsias que rondam o texto e os preparativos para sua implementação estão sendo acompanhados por todos os interessados no assunto, ante a potencialidade de alterar o funcionamento da moderação de conteúdo *on-line* como a conhecemos e o potencial de geração de novo Efeito Bruxelas.

No âmbito nacional, a autorregulação regulada é pensada para *fake news* – "conteúdo falsificado como jornalístico, produzido e divulgado no formato típico das empresas de jornalismo, nas diferentes mídias, com potencial lesivo"[62].

Na tramitação do PL 2.630/2020 no Senado Federal, que institui a Lei Brasileira de Liberdade, Responsabilidade e Transparência na Internet, mais conhecida como Lei das *Fake News*, o relator, senador Ângelo Coronel, inseriu previsão de criação de Conselho de Transparência e Responsabilidade na Internet, órgão multissetorial que *terá como atribuição a realização de estudos, pareceres e recomendações sobre liberdade, responsabilidade e transparência na internet* (art. 24, *caput*).

O Governo Federal, por meio do Decreto 11.328/2023, criou a Procuradoria Nacional de Defesa da Democracia, órgão da Advocacia-Geral da União, voltado para a preservação da legitimação dos Poderes e membros no exercício de funções constitucionais e o combate à desinformação sobre políticas públicas, entre outros. Outras iniciativas com o mesmo intuito foram iniciadas no mesmo ano, por exemplo, o Grupo de Trabalho multidisciplinar criado pelo Ministério dos Direitos Humanos e Cidadania, para discussão de estratégias de combate ao discurso de ódio e ao extremismo.

Ainda sobre o PL 2.630/2020, de forma mais clara, foi previsto capítulo intitulado *Autorregulação regulada*, voltado para o estabelecimento de instituição focada na transparência e responsabilização dos provedores de redes sociais e

---

[62] MARANHÃO, Juliano; CAMPOS, Ricardo. *Fake news* e autorregulação regulada das redes sociais no Brasil: fundamentos constitucionais. *In*: ABBOUD, Georges; NERY JR., Nelson; CAMPOS, Ricardo (org.). *Fake news e regulação*. 2. ed. São Paulo: Thomson Reuters, 2020, p. 322.

serviços de trocas de mensagens, a ser certificada pelo Conselho de Transparência e Responsabilidade na Internet[63].

O dispositivo possui redação mais simplificada do que a sugestão apresentada pelos professores Maranhão e Campos em artigo doutrinário anterior, em que há defesa do combate às *fake news* não com exclusão do material, mas com informação que indique a falsidade do conteúdo na notícia ou no perfil na rede social[64], mas já indica um possível caminho a ser adotado pelo legislador nacional para a regulação de um dos aspectos que permeiam as redes sociais, com potencial de ser empregado para a regulação desses provedores em outros assuntos.

4.4. GOVERNANÇA MULTISSETORIAL

Para além das teorias libertárias autorregulatórias, das tentativas de heterorregulação, empregadas por Estados de diversas matizes filosóficas, e da autorregulação regulada, outras opções vêm sendo construídas, uma vez que o ambiente digital não é um modismo, mas uma tecnologia revolucionária

---

[63] Art. 29. Os provedores de redes sociais e de serviços de mensageria privada poderão criar instituição de autorregulação, voltada à transparência e à responsabilidade no uso da internet, com as seguintes atribuições:

I – criar e administrar procedimento em plataforma digital voltada à transparência e à responsabilidade no uso da internet, que contenha regras e procedimentos para decidir sobre a adoção de medida informativa, atendendo ao disposto nesta Lei;

II – assegurar a independência e a especialidade de seus analistas;

III – disponibilizar serviço eficiente de atendimento e encaminhamento de reclamações, nos prazos definidos nesta Lei;

IV – estabelecer requisitos claros, objetivos e acessíveis para a participação dos provedores de redes sociais e serviços de mensageria privada;

V – incluir em seu quadro uma ouvidoria independente com a finalidade de receber críticas e avaliar as atividades da instituição.

§ 1º A instituição de autorregulação deverá ser certificada pelo Conselho de Transparência e Responsabilidade na Internet.

§ 2º A instituição de autorregulação poderá elaborar e encaminhar ao Conselho de Transparência e Responsabilidade na Internet os relatórios trimestrais em atendimento ao disposto nesta Lei, bem como informações acerca das políticas de uso e de monitoramento de volume de conteúdo compartilhado pelos usuários dos serviços de mensageria privada.

§ 3º A instituição de autorregulação aprovará resoluções e súmulas de modo a regular seus procedimentos de análise.

[64] MARANHÃO, Juliano; CAMPOS, Ricardo. *Fake news* e autorregulação regulada das redes sociais no Brasil: fundamentos constitucionais. *In*: ABBOUD, Georges; NERY JR., Nelson; CAMPOS, Ricardo (org.). *Fake news e regulação*. 2. ed. São Paulo: Thomson Reuters, 2020, p. 330-335.

estabilizada no tecido social, e que ampliará ainda mais a sua participação em todas as esferas.

Nesse sentido, interessa a análise de Faria sobre a produção teórica decorrente da crise econômica global de 2008, que tenta explicar o novo papel do Direito e do Estado. Como será visto, muito do que foi dito naquele momento a respeito da regulação do mercado financeiro encontra paralelos quando se cogita acerca da regulação da internet, motivo pelo qual a sua análise e sintetização serão apresentadas nesse momento. De acordo com o autor, cinco grandes correntes teriam sido verificadas no pós-crise[65].

A primeira baseia-se na noção de que a globalização seria um exemplo da emergência de um direito supranacional sobre o direito dos Estados nacionais, em uma visão cosmopolita liberal que compreende a alteração do direito internacional em um direito coercitivo de alcance mundial que se imporia sobre o direito nacional, ao mesmo tempo em que haveria convergência e harmonização dessas legislações nacionais em campos específicos. Ainda dentro dessa corrente, existiriam os chamados *hiperglobalistas*, que propugnariam a substituição dos Estados por uma República Federativa Mundial legitimada por parlamentos regionais, por referendos transnacionais e por Tribunais Internacionais vinculantes.

A segunda encaminha-se para uma solução diametralmente oposta, centrada no potencial intervencionista do Estado nacional, tendo como base teórica a obra de Keynes. Nessa visão, apenas a atuação incisiva do Estado seria capaz de incrementar a defesa dos interesses nacionais e, ao mesmo tempo, atender às demandas de emprego e bem-estar social a curto e longo prazo, aliado a um controle público do sistema de crédito, possibilitando uma nova forma de sistema financeiro não subordinado aos capitais. Conforme o mesmo autor, esse modelo pode ser visualizado de diferentes maneiras, uma sendo a experiência do leste asiático, e a outra o enaltecimento do nacionalismo e a crítica ao capitalismo globalizante. Em ambas as hipóteses, o novo Estado emergente se centraria em formas diversificadas e flexíveis de intervenção governamental através de novas estratégias financeiras, da rearticulação entre investimentos públicos e privados, e até mesmo na atuação direta na produção de semimanufaturados.

A terceira vertente se centraria em um direito produzido por entidades, organizações, grupos empresariais, associações profissionais, organismos, todos de âmbito internacional, que elaborariam um direito à margem do Estado, com

---

[65] FARIA, José Eduardo. *O Estado e o direito depois da crise*. 2. ed. São Paulo: Saraiva, 2012, p. 66-135.

estruturas flexíveis e validade extraterritorial. Teria como pressupostos a inexistência de um espaço apto a centralizar as discussões de políticas globais, o alcance da justiça social através do livre mercado, com a diferenciação territorial substituída por diferenciação funcional. Assim, formulações normativas setoriais voláteis substituiriam as legislações nacionais. Os objetivos comuns apenas seriam alcançados mediante negociações que procurariam concretizar as escolhas coletivas[66].

A quarta se basearia em uma divisão horizontal e vertical de competências entre Estados que renunciariam a fatia de sua soberania em prol de uma organização maior. Este seria o caso da União Europeia. Trata-se de uma construção administrativa, política e jurídica complexa, que procura equilibrar singularidade e inclusão. Nesse modelo, os países-membros delegam competências a órgãos supranacionais ao mesmo tempo em que a consecução dos objetivos por eles traçados seria buscada por órgãos tidos como inferiores dentro da própria organização estatal.

Dentro dessa corrente, cabe destacar o estudo de Jessop sobre esse tema, em que, além de identificar duas correntes, a que vê no arranjo europeu um exemplo do redimensionamento do conceito de soberania e a que visualiza o surgimento de uma nova arena supranacional, aponta, na verdade, a presença de uma governança assentada em múltiplos níveis, coordenada verticalmente e horizontalmente organizada em redes[67].

A quinta, e última, é o entrelaçamento de entes paraestatais em uma maneira de elaboração do direito que não exclui o Estado, mas tende a contagiá-lo com a lógica dos mercados globais, gerando um modelo negociado, flexível e híbrido. Nessa perspectiva, conceitos como o de soberania territorial são relativizados através de uma produção legislativa não centrada territorialmente, mas interconectada globalmente.

Esta última perspectiva é compartilhada por movimento de internacionalistas que, ao se deparar com a internet e sua ubiquidade, teria indicado que o poder teria se deslocado do Estado-nação para indivíduos e grupos, com a superação de legislações territorialmente delimitadas em prol da governança global.

Nesse viés, o unilateralismo estatal deveria ser deixado de lado em prol de um compromisso global, assumido por todos os Estados. A existência de consensos

---

[66] Esse é também o cenário vislumbrado por TEUBNER, Gunther. *Direito, sistema e policontextualidade*. Piracicaba: Unimep, 2005, p. 110.
[67] JESSOP, Bob. The European Union and recent transformations in statehood. *In*: LATZER, Michael; MOKRE, Monica; RIEKMANN, Sonja Puntscher (org.). *Transformation of statehood from a European perspective*. Frankfurt: Campus Verlag, 2004, p. 79.

globais em temas delicados como pornografia infantil e proteção ao consumidor indicaria a viabilidade desse caminho[68].

O otimismo do final dos anos 1990 e início dos anos 2000 sobre a potencialidade aglutinadora e transformadora da internet pôde ser sentido nas primeiras iniciativas multissetoriais sobre o tema, que começaram a ser traçadas em 2001, quando a Assembleia-Geral da ONU aprovou a realização da Cúpula Mundial sobre Sociedade da Informação (CMSI, em inglês), realizada em duas etapas. A primeira ocorreu em Genebra, em 2003, e a segunda em Túnis, em 2005. No primeiro encontro foi apresentada a seguinte definição de governança da internet:

> Governança da Internet é o desenvolvimento e a aplicação pelos Governos, pelo setor privado e pela sociedade civil, em seus respectivos papéis, de princípios, normas, regras, procedimentos de tomadas de decisão e programas em comum que definem a evolução e o uso da internet[69].

Como um dos resultados do segundo encontro, em 2006, foi realizada a primeira reunião do Fórum de Governança da Internet (IGF, em inglês), também coordenado pelas Nações Unidas. Desde então, anualmente, representantes do setor privado, terceiro setor, academia e dos Estados se reúnem para discutir como buscar meios de desenvolvimento social, econômico e cultural através e na rede.

O Fórum de Governança, por ser capitaneado pela ONU, existe há mais de uma década e envolve agentes de vários nichos, é o principal evento multissetorial sobre internet, mas não o único. Em 2015, sociedade civil, organizações e pessoas físicas assinaram um documento com o intuito de guiar governo, indústria e sociedade em geral sobre a responsabilidade dos provedores de conteúdo, conhecido como Princípios de Manila. Centrado em seis princípios centrais, o documento estabelece que:

> i) os intermediários devem ser protegidos por lei da responsabilização por conteúdos produzidos por terceiros; ii) não se deve solicitar a remoção de conteúdo sem a ordem de uma autoridade judicial; iii) requisições de restrição de conteúdos devem ser claras, não ambíguas e seguir o devido processo; iv) leis, ordens e práticas de restrição de conteúdos devem seguir os testes de necessidade e proporcionalidade; v) leis, políticas e práticas de restrição de conteúdo devem

---

[68] GOLDSMITH, Jack; WU, Tim. *Who controls the internet? Illusions of borderless world.* Oxford: Oxford University Press, 2006, p. 25-26.

[69] KURBALIJA, Jovan. *Uma introdução à Governança da Internet.* Tradução: Carolina Carvalho. São Paulo: Comitê Gestor da Internet no Brasil, 2016, p. 20.

respeitar o devido processo; e vi) transparência e prestação de contas devem ser integradas em leis e em políticas e práticas de restrição de conteúdo[70].

A iniciativa mais relevante para a temática específica da jurisdição é a do grupo multissetorial *Internet & Jurisdiction Policy Network*. Fundado em 2012, ele se dedica exclusivamente a estudar e compreender o fenômeno da internet e o seu impacto para o conceito de jurisdição. Focado em três vertentes, dados, conteúdo e domínio, o grupo, composto por acadêmicos, representantes de grandes corporações e de Estados e órgãos de segurança pública, se reúne periodicamente com o intuito de discutir e consolidar entendimentos na área.

Todo esse movimento, em diversas frentes, voltado para a regulação da internet, decorre da constatação de Rodotà: "a realidade de que a dimensão planetária da rede não permite a individualização de uma única autoridade reguladora possível"[71].

O contínuo desenvolvimento de espaços e eventos voltados para a temática da governança da internet abarcando representantes estatais, empresas e sociedade civil mostra a guinada na compreensão do tema. Isso porque, em momento anterior, não havia interconexão entre a esfera técnica e a regulatória governamental. A principal entidade a normatizar a respeito da internet era, e ainda é, se for considerado apenas o aspecto estrutural, a Icann.

Fundada em 1998, a Corporação da Internet para Atribuição de Nomes e Números (Icann, em inglês) é a entidade responsável por designar nomes de domínio, por exemplo, ".com". ".br", e os números de protocolo (endereço IP). A organização exerce função essencial para o funcionamento da rede ao gerenciar o sistema de nomes de domínio (*domain name system* – DNS) e os endereços IPs, facilitando que uma página seja encontrada pelos usuários na rede não pelo seu extenso número de protocolo técnico, mas sim pelo nome do *site*, da página.

Inicialmente, a Icann era uma entidade sem fins lucrativos, fortemente conectada ao governo norte-americano, e os outros Estados tinham função consultiva. Paulatinamente, a participação estadunidense deixou de ser central, ainda que predominante[72]. Diferentes Estados, assim como organizações e especialistas no

---

[70] Disponível em: https://www.manilaprinciples.org/pt-br/principles. Acesso em: 3 dez. 2022.
[71] RODOTÀ, Stefano. *A vida na sociedade da vigilância*: a privacidade hoje. Rio de Janeiro: Renovar, 2008, p. 188.
[72] FELD, Harold. Structured to fail: Icann and the "privatization" experiment. *In*: THIERER, Adam; CREWS, Clyde Wayne Jr. (coord.). *Who rules the net? Internet governance and jurisdiction*. Washington, DC: Cato Institute, 2003, p. 333-334.

assunto, hoje compõem os quadros da entidade, seja na direção central, seja nos conselhos de apoio. A abertura ocorrida na Icann, que atualmente realiza reuniões públicas periódicas acessíveis a todos os interessados, é considerada um marco na governança técnica da internet[73].

Como visto, a Icann é órgão altamente especializado, que se ocupa da camada estrutural da internet. O debate mais amplo, abarcando também entidades e atores não apenas técnicos, mas que atuam no nível político e social, é verificado em outras frentes.

O desenvolvimento de projetos transnacionais, envolvendo diversos atores, para situações plurilocalizadas e complexas como a regulação da internet, apresenta-se como uma das abordagens mais acertadas. Contudo, as experiências prévias, nas mais variadas searas (de direitos humanos até o controle de poluentes ambientais), demonstram a dificuldade de obtenção de consensos mínimos entre agentes com *backgrounds* culturais e sociais diversificados, sem contar os diversos interesses que movem as condutas de Estados, grandes empresas e organizações da sociedade civil, muitas vezes com agendas próprias e incompatíveis entre si[74].

Os acontecimentos recentes parecem indicar o predomínio da atuação de agentes privados, ora em cooperação (aparente) com organizações da sociedade civil e com a academia para a construção de iniciativas como o Comitê de Supervisão do *Facebook*, ora com o Estado local, na vertente da autorregulação regulada, restando a atuação dos *multiple stakeholders*, em nível internacional, em segundo plano, infelizmente.

---

[73] No Brasil, a gestão local dos nomes de domínio é realizada pelo RegistroBR, braço técnico do Núcleo de Informação e Coordenação do Ponto BR (NIC), o qual é vinculado, por sua vez, ao Comitê Gestor da Internet no Brasil (CGI).

[74] BENKLER, Yochai. Internet regulation: a case study in the problem of unilateralism. *European Journal of International Law*, v. 11, n. 1, p. 179.

5
A EXTRATERRITORIALIDADE DA LEGISLAÇÃO MATERIAL NACIONAL E REGIONAL

No capítulo anterior, foram apresentadas e analisadas as principais propostas regulatórias para o ambiente digital. Em paralelo ao debate acadêmico sobre o tema, nas últimas décadas, houve preponderância da iniciativa estatal, que, em legislações nacionais e tratados internacionais, elaborou normas específicas para a seara digital.

Nos últimos anos, novas iniciativas para a temática foram elaboradas, seja no plano da autorregulação privada, seja na intersecção entre o setor público e privado com a autorregulação regulada, ou ainda com as iniciativas de governança multissetorial de âmbito internacional. Essas abordagens trazem perspectivas novas para a intricada seara da regulação digital, indicando um cenário permeado por soluções híbridas de confluência e sobreposição de diversos sistemas regulatórios.

Ainda que, por ora, não haja definição absoluta sobre qual sistema regulará o ambiente digital, se é que haverá a escolha por uma única via, o que não se vislumbra no presente e para o futuro próximo, é certo que a produção normativa estatal possui relevância ímpar e ainda prevalecente na esfera digital.

Não por outro motivo, no presente capítulo serão analisadas as normas de direito material que tutelam o ambiente digital e a intricada extraterritorialidade conferida por diversos legisladores a essas regulações, que não encontra paralelo nas normas processuais e no poder de atuação direta do Poder Judiciário, limitado territorialmente e dependente de instrumentos de cooperação jurídica internacional.

O direito internacional privado utiliza-se de diversos mecanismos na busca pela definição do direito aplicável para os casos com elemento de estraneidade. De acordo com a lição de Caravaca e Gonzalez, haveria centralidade em três técnicas, que teriam dado origem a três espécies normativas. Através da técnica de regulação indireta, surgiram as *normas de conflitos*, da técnica de regulação direta, as *normas materiais especiais*[1] e, por fim, da técnica de regulação intermediária, as *normas de extensão*[2].

---

[1] As *normas materiais especiais* proporcionam uma resposta jurídica direta e imediata para as situações internacionais, sem remeter à lei de nenhum país. Conforme ensinam Calvo Caravaca e Gonzalez, é espécie normativa mais comum em tratados e convenções internacionais, hipóteses em que haveria a criação de corpos normativos uniformes, válidos em

Para os fins aqui pretendidos, a atenção recairá sobre as *normas de conflito* e sobre as *normas de extensão* utilizadas pela legislação material elaborada para diversas situações plurilocalizadas, incluindo as que têm como objeto as relações ocorridas no ambiente digital.

5.1. CONCEITO-QUADRO E ELEMENTOS DE CONEXÃO MATERIAL

Previstas nas normas de direito internacional privado da lei do foro, as normas ou regras de conflito não proporcionam a solução direta do litígio, apenas localizam a situação privada internacional em um país.

Desenvolvida por Savigny no século XIX, a construção das regras de conflito possui o mérito de, ao dividir o direito em instituições jurídicas (estatuto pessoal, direito das coisas, obrigações, sucessões, família, casamento, pátrio poder e tutela)[3], possibilitar a definição do *conceito-quadro*. Com base nele, será averiguado o *elemento de conexão*, com consequente estabelecimento, *a priori*, da lei material aplicável para cada relação jurídica[4].

O *conceito-quadro*, ou objeto de conexão, utiliza-se de três fundamentos: *o sujeito, o objeto* ou *o ato jurídico*. Cada um deles servirá de base para os conceitos

---

[2] diversos Estados. Citam como exemplo o art. 17 da Convenção das Nações Unidas para Compra e Venda Internacional (CVIM). Aplicável para o comércio internacional, dispõe que a oferta quando irrevogável extingue-se quando a recusa é recebida pelo ofertante. A normativa em questão regula o tema da oferta no comércio internacional, sem indicar que a solução deveria ser buscada na legislação de determinado país, como ocorre com a regra de conflito clássica assentada na verificação do conceito-quadro e do elemento de conexão. Por serem escassas na normativa internacional e fugirem do objeto desta obra, não serão estudadas detalhadamente nesta oportunidade.

[2] CALVO CARAVACA, Alfonso-Luis; CARRASCOSA GONZÁLEZ, Javier. *Derecho internacional privado*. v. I. 15. ed. Granada: Comares, 2014, p. 350 e s.

[3] Como explica o professor Tercio Sampaio Ferraz Jr., Savigny: "enfatiza o relacionamento primário da intuição do jurídico não à regra genérica e abstrata, mas aos institutos de direito, que expressam relações vitais, típicas e concretas (como, por exemplo, a família). Os institutos são visualizados como totalidades de natureza orgânica, um conjunto vivo de elementos em constante desenvolvimento". FERRAZ JR., Tercio Sampaio. *Introdução ao estudo do direito*: técnica, decisão e dominação. 8. ed. São Paulo: Atlas, 2015, p. 51.

[4] Em suas palavras: "temos de determinar para cada classe de relações jurídicas o domínio ao qual pertence, ou seja, a sede da relação jurídica. [...] Toda relação jurídica tem por centro a pessoa que é titular dela e assim se trata de determinar, em primeiro lugar, o estado da pessoa em si. [...] Em torno desse ponto central (a pessoa em si) se agrupam direitos adquiridos sob suas diversas manifestações. Pode-se agrupá-los em duas classes principais determinadas por seu objeto: o Direito da família e o Direito dos bens". SAVIGNY, Friedrich Carl von. *Sistema do direito romano atual*, vol. VIII, Ijuí: Ed. Unijuí, 2004, p. 117-118.

jurídicos que formam os objetos de conexão[5]. Assim, por exemplo, uma residência será o pressuposto para o conceito jurídico de bem imóvel.

A classificação dos fundamentos é conhecida como *qualificação*. Discute-se qual o sistema jurídico adotado na elaboração desse raciocínio. A prevalência é pela utilização da *lex fori*. O ordenamento jurídico brasileiro teria estabelecido duas exceções, privilegiando a *lex cause* nos arts. 8º e 9º da Lei de Introdução às Normas do Direito Brasileiro[6].

Com a definição do *conceito-quadro*, é possível estabelecer o *elemento de conexão* que torna possível a determinação do direito aplicável ao caso concreto. No exemplo acima, buscar-se-ia, na legislação de direito material internacional brasileira, qual o conjunto normativo incidente para os imóveis objeto de relações plurilocalizadas, o elemento de conexão empregado pelo legislador nacional.

Alguns elementos de conexão são comuns a vários países, já que são fruto da construção histórica secular da disciplina. Para bens móveis e imóveis, é a *lex rei sitae*, a lei de localização do bem. Para estatuto pessoal e capacidade da pessoa física, usualmente incide a *lex domicilii* e, para atos ilícitos, a lei do lugar do cometimento, *lex loci delicti*. Para cada *conceito-quadro*, há *elemento de conexão* correspondente[7].

A regra de conflito savigniana clássica, delimitada acima em seus pontos essenciais, ao centrar-se no automatismo, na abstração, na neutralidade e na multilateralidade, representou uma revolução na busca por soluções para as situações plurilocalizadas.

Ao estabelecer um sistema que se afastava do casuísmo e da atecnia para focar em um método preestabelecido, além de trazer previsibilidade e segurança jurídica para as partes, o método de Savigny pretendia a harmonia internacional de soluções[8], ao prestigiar a igualdade entre os direitos estatais.

---

[5] DOLINGER, Jacob. *Direito internacional privado*: parte geral. 10. ed. Rio de Janeiro: Forense, 2011, p. 295.
[6] RECHSTEINER, Beat Walter. *Direito internacional privado*: teoria e prática. 18. ed. São Paulo: Saraiva, 2016, p. 159 e 165.
[7] DOLINGER, Jacob. *Direito internacional privado*: parte geral. 10. ed. Rio de Janeiro: Forense, 2011, p. 297.
[8] Tal intento pode ser percebido na seguinte passagem: "Em virtude do direito rigoroso da soberania, poder-se-ia, sem dúvida, impor aos juízes de país que se apliquem exclusivamente o direito pátrio, sem levar em consideração as disposições contrárias de um direito estrangeiro com o domínio do qual a relação de direito litigioso poderia encontrar-se em contato. Semelhante prescrição, contudo, não se encontra em nenhuma legislação conhecida e deveria

Por certo que sua obra foi objeto de diversas e contundentes críticas ao longo dos séculos. As principais delas, centradas na suposta falta de originalidade, de imprecisão conceitual (alguns conceitos não estariam claros, como o de comunidade de direito das gentes) e, a mais severa delas, de que seria um método formalista, com nenhum grau de preocupação com o resultado material advindo da aplicação das regras de conflito[9].

As objeções feitas por diversos estudiosos, ainda que relevantes e academicamente estruturadas, não foram capazes de retirar a centralidade da regra de conflito como o método por excelência do direito internacional privado, o que evidencia a relevância da construção de Savigny. Atualmente, a regra de conflito faz-se presente tanto nas normas de direito internacional privado internas da maioria dos Estados, quanto nos tratados e convenções internacionais.

5.2. NORMAS DE EXTENSÃO

As *normas de extensão* alargam o âmbito de aplicação no espaço de certas normas substantivas de direito interno, para fazê-las incidentes também para situações internacionais, gerando redução excepcional da aplicação das regras de conflito.

---

ser rejeitada pelas considerações que se seguem. Quanto mais as relações entre os diferentes povos forem numerosas e ativas, tanto mais se deve estar convencido de que é necessário renunciar a esse princípio de exclusão para adotar o princípio contrário. Isso é requerido pela almejada reciprocidade no tratamento das relações jurídicas para estabelecer, diante da Justiça, entre os estrangeiros e autóctones, uma igualdade vantajosa no interesse dos povos e indivíduos. Se essa igualdade estivesse completamente realizada não somente em cada Estado os tribunais seriam acessíveis aos estrangeiros como aos autóctones (o que constitui a igualdade de tratamento para as pessoas), mas, no caso de colisão de leis, a decisão tomada sobre a relação jurídica seria sempre a mesma, qualquer que fosse o país em que a sentença tivesse sido pronunciada. O princípio a que nos conduzem essas considerações é aquele de uma comunidade de direito entre os diferentes povos que têm relações entre si". SAVIGNY, Friedrich Carl von. *Sistema do direito romano atual*, vol. VIII, Ijuí: Ed. Unijuí, 2004, p. 49-50.

[9] Um exemplo das variadas posições críticas ao método savigniano pode ser encontrado na *conflit of laws revolution* americana. Desenvolvido nas décadas de 1920 e 1930, o movimento ganhou força na década de 1960 ao defender que a abstração e a neutralidade, bases da noção de regra de conflito, impediam a defesa de valores materiais. Nesse caso, dever-se-ia construir um direito internacional privado sem regras de conflitos, voltado para o resultado material advindo da sua aplicação. O movimento foi bastante discutido academicamente nos Estados Unidos, mas encontrou baixa ressonância nos Tribunais, tendo-se notícia de apenas um julgado, de 1963, da Corte de Nova York, que teria se utilizado desse método. Ao longo do anos, a ideia foi paulatinamente perdendo força. CALVO CARAVACA, Alfonso-Luis; CARRASCOSA GONZÁLEZ, Javier. *Derecho internacional privado*. v. I. 15. ed. Granada: Comares, 2014, p. 397.

Atribui-se a Francescakis o estudo e desenvolvimento dessa tipologia normativa, denominada por ele de *leis de aplicação imediata*. O professor, grego e radicado em Paris, analisou julgados de variados Tribunais, com ênfase na produção jurisprudencial francesa, e percebeu que, não raras vezes, os julgadores aplicam a *lex fori* para casos com elemento de estraneidade, sem valerem-se do método conflitual típico dessa seara[10].

A justificativa para tanto poderia ser encontrada na importância que certas leis assumem para a sociedade local. Ramos indica que, em comparação com as normas materiais especiais, "no entanto não é agora a *natureza das relações* que implica esta fuga ao método conflitual, mas antes a *natureza das normas internas, o seu teor ou função,* que a impõe"[11] (destaques no original).

Usualmente, indica-se que são normas que resguardariam a ordem pública e a segurança social, estejam elas asseguradas em normas de direito público ou de direito privado. O importante, na verdade, seria o elevado grau de interesse da sociedade local quanto ao tema, o que afastaria a possibilidade de concorrência com as leis estrangeiras, surgida quando da aplicação da regra de conflitos[12].

Com o passar das décadas, a figura objeto da atenção de Francescakis passou a ser entendida como via de aplicação e promoção de variados valores da sociedade, esculpidos nas normas de direito material. A importância dos valores abarcados por essa espécie normativa para o desenvolvimento social de determinada comunidade justificaria a ampliação do seu âmbito de aplicação no espaço.

Nesse sentido, de acordo com Marques e Jacques[13], as normas de extensão "ignorariam" os elementos de estraneidade da situação jurídica *sub judice*, com aplicação das normas incidentes para as relações jurídicas internas, transportando para a seara internacional a imperatividade de algumas regras internas, tudo para a proteção de valores e situações de vulnerabilidade.

A incidência das normas de aplicação imediata seria subsidiária na metodologia do direito internacional, ante o *lexforismo* que lhe é inerente, com prevalência

---

[10] MIAJA DE LA MUELA, Adolfo. *De la territorialidade de las leyes e la nueva técnica del derecho internacional privado*. Valladolid: Universidad, 1977, p. 25.

[11] RAMOS, Rui Manuel Gens de. *Direito internacional privado e Constituição*: introdução a uma análise das suas relações. 3. reimp. Coimbra: Coimbra Editora, 1994, p. 114.

[12] MACHADO, João Baptista. *Âmbito de eficácia e âmbito de competência das leis*. Coimbra: Almedina, 1998, p. 278.

[13] MARQUES, Claudia Lima; JACQUES, Daniela Corrêa. Normas de aplicação imediata como um método para o direito internacional privado de proteção ao consumidor no Brasil. *Revista Cadernos do Programa de Pós-Graduação em Direito*, n. 1, p. 82, mar. 2004.

do método conflitual. As normas de extensão são utilizadas em diversos ramos do direito, com destaque para as relações de trabalho e familiares, entre outros. Uma das searas em que essa espécie normativa teve seu primeiro uso no Brasil foi na proteção ao consumidor.

O Código de Defesa do Consumidor estabelece que as normas de proteção e defesa do consumidor são de ordem pública e interesse social, o que lhes traria imperatividade e aplicabilidade para todas as relações de consumo envolvendo brasileiros e estrangeiros residentes no Brasil[14].

No Brasil, vislumbra-se o incremento do seu uso na persecução de crimes *on-line*, na salvaguarda ao usuário da internet e na proteção de dados pessoais, possibilitando a aplicação do direito material nacional, como será visto na sequência.

5.3. A EXPERIÊNCIA DAS INICIATIVAS DE COMBATE AO CRIME PLURILOCALIZADO

Vertente para a qual se tem defendido a aplicabilidade direta e imediata das normas nacionais para situações internacionais é no combate à criminalidade realizada ou facilitada por instrumentos tecnológicos.

O mais emblemático e notório caso nessa seara é o *United States v. Microsoft Corp., n. 17-2 (cert granted Oct. 16, 2017)*. O FBI havia obtido ordem judicial determinando que a Microsoft quebrasse o sigilo de *e-mails* em uma investigação sobre tráfico de drogas, com fundamento legal no *Stored Communications Act* (SCA). A empresa negou-se a fornecer os dados telemáticos, pois eles estariam armazenados em um servidor na Irlanda, fora da jurisdição americana. O caso foi judicializado.

Uma das linhas argumentativas utilizadas pelo governo norte-americano para defender a extraterritorialidade da sua legislação é a de que a intimação para entrega de dados seria uma medida direcionada a uma pessoa, sem levar em con-

---

[14] MARQUES, Claudia Lima; JACQUES, Daniela Corrêa. Normas de aplicação imediata como um método para o direito internacional privado de proteção ao consumidor no Brasil. *Revista Cadernos do Programa de Pós-Graduação em Direito*, n. 1, p. 87-88, mar. 2004. O entendimento não é unânime, ante a redação do art. 1º, § 1º, da Lei de Introdução às Normas do Direito Brasileiro, que teria condicionado a obrigatoriedade da legislação brasileira à admissão por Estado estrangeiro. "Portanto, não se pode afirmar categoricamente que o Código Brasileiro de Defesa do Consumidor será sempre aplicado, principalmente porque algumas ofertas de contratação serão expressamente regidas pela lei estrangeira". LUCON, Paulo Henrique dos Santos. Competência no comércio e no ato ilícito eletrônico. *In*: LUCCA, Newton de; SIMÃO FILHO, Adalberto (org.). *Direito e internet*: aspectos jurídicos relevantes. Bauru: Edipro, 2001, p. 354.

sideração o local no qual ela os armazena, pois o que importaria seria a localização geográfica do sujeito que deve cumprir a obrigação. Estando ele fisicamente nos Estados Unidos, deveria ser observada a jurisdição americana e as ordens por ela emanadas.

Da mesma forma, foi exposto que a decisão da empresa, com sede em território americano, de armazenar os dados em provedores estrangeiros, seria uma mera estratégia de negócio. A Microsoft teria acesso imediato aos dados, independentemente do local em que os armazena, e poderia fornecê-los às autoridades mediante requisição judicial.

A demanda foi julgada em prol do Estado, uma vez que se entendeu que o âmbito de aplicabilidade do *Stored Communications Act* não possuiria limitações territoriais. Em apelação para o Segundo *Circuit*, a decisão foi favorável à empresa, que defendeu que o acesso aos dados deveria ser obtido através de instrumento de cooperação jurídica internacional específico, o *Mutual Legal Assistance Treaty* (MLAT), firmado com a Irlanda. O Estado interpôs recurso perante a Suprema Corte, que admitiu o caso.

Enquanto se aguardava o julgamento, tido como paradigmático, já que não era a primeira vez que o Judiciário se deparava com questões envolvendo provedores que armazenam dados em outro país, havendo variado entendimento jurisprudencial sobre o tema, mas seria o primeiro pronunciamento da Suprema Corte a respeito, entrou em vigor o *Cloud Act*.

O Congresso Americano aprovou, em março de 2018, o *Clarifying Lawful Overseas Use of Data Act (Cloud Act)*, que prevê que a justiça americana pode expedir mandatos para ter acesso a dados, independentemente do local em que estão armazenados, além de dispor que os Estados Unidos podem fazer acordos com outros países para a troca de informações coletadas no ambiente virtual.

Em termos gerais, o *Cloud Act* foi idealizado para reforçar o combate aos crimes eletrônicos (considerando 1), ao emendar o art. 121 do *Stored Communications Act,* acrescentando o § 2.713, que determina que todo provedor deve observar as obrigações de preservar, divulgar ou salvar as informações pertinentes a um consumidor ou assinante em sua posse, custódia ou controle, independentemente se essa informação está armazenada fisicamente no território americano.

A nova legislação também permite que o governo americano compartilhe com governos estrangeiros "qualificados" as informações obtidas com os provedores de aplicação. Os requisitos para tanto são a existência de acordo executivo específico certificado pelo *Attorney General*, e o fato de a lei doméstica do governo estrangeiro possuir robusta proteção material e procedimental para a privacidade e as liberdades civis, o que inclui legislação adequada, material e processualmente, para crimes eletrônicos.

O governo estrangeiro deve dar reciprocidade para os Estados Unidos, incluindo provedores sob a jurisdição americana, e permitir que os provedores respondam ao devido processo promovido por uma entidade governamental caso a lei estrangeira proíba a divulgação dos dados (§ 2.523, I).

Com a entrada em vigor do *Cloud Act*, a Microsoft foi obrigada a fornecer os dados telemáticos solicitados, e a demanda em trâmite na Suprema Corte perdeu seu objeto.

Os efeitos da nova legislação americana foram sentidos também no Brasil, que teria iniciado negociação com os Estados Unidos para um novo acordo bilateral para transferências de dados para investigações criminais, em substituição ao MLAT existente[15], objeto da ADC 51 no Supremo Tribunal Federal.

No final do ano de 2017, a Federação das Associações das Empresas de Tecnologia da Informação (Assespro Nacional) propôs a ADC 51 perante o Supremo Tribunal Federal. O pedido principal cinge-se à declaração de constitucionalidade de normas de cooperação jurídica internacional entre autoridades brasileiras e estrangeiras, mais especificamente, o Decreto Executivo Federal 3.810/2001 e os arts. 237, II, do Código de Processo Civil, e 780 e 783 do Código de Processo Penal.

O Decreto 3.810/2001 internalizou, no ordenamento jurídico brasileiro, o Acordo de Assistência Judiciária em Matéria Penal, o MLAT, firmado entre o Brasil e os Estados Unidos da América, enquanto os artigos do Código de Processo Penal e do Código de Processo Civil citados regulam o procedimento da carta rogatória.

De acordo com a petição inicial, tanto o Decreto quanto os dispositivos sobre carta rogatória teriam a sua constitucionalidade questionada por decisões judiciais, que estariam afastando a sua aplicabilidade nos casos concretos em que há pedido de acesso ao conteúdo das comunicações dos usuários, tais como *e-mails*, mensagens, arquivos de mídia etc.

Defende-se que apenas a autoridade com jurisdição territorial no local onde o provedor de aplicação está situado poderia determinar a entrega de dados referentes à comunicação dos usuários. A legislação americana aplicável, o *Stored Communications Act*, usualmente veda a disponibilização de tal conteúdo. Somente

---

[15] GROSSMANN, Luís Osvaldo. *MPF discute com EUA novo acordo bilateral para acesso a dados no exterior*. Disponível em: http://convergenciadigital.uol.com.br/cgi/cgilua.exe/sys/start.htm?UserActiveTemplate=site&cmpid=tw-uolnot&infoid=48024&sid=4. Acesso em: 3 dez. 2022.

em situações excepcionais autoridades americanas poderiam exigir dos provedores a divulgação de comunicações privadas.

Ainda conforme a minuta inicial, afora a temática penal regulada no Decreto Executivo, o acesso por parte de autoridades estrangeiras à comunicação dos usuários armazenada no exterior apenas poderia ocorrer por cooperação jurídica internacional, através de carta rogatória, não sendo possível a prolação de uma decisão, por juiz brasileiro, que contenha uma determinação que incida diretamente sobre o provedor estrangeiro.

Em seu primeiro pronunciamento, o Relator Min. Gilmar Mendes não considerou como objeto da ação os arts. 780 e 783 do Código de Processo Penal, uma vez que anteriores à Constituição Federal de 1988. A Procuradoria-Geral da República exarou parecer manifestando-se pelo não conhecimento da ação e, caso superada a preliminar, pela constitucionalidade das normas indicadas na petição inicial. Houve deferimento parcial da medida liminar requerida, apenas para impedir a movimentação dos valores depositados judicialmente a título de *astreintes* nos processos judiciais em que se discute o Decreto Executivo 3.810/2001.

Diversas entidades da sociedade civil, além de provedores de aplicação, pleitearam participação no feito na condição de *amici curie*. A audiência pública para oitiva de todos foi designada e realizada no dia 10 de fevereiro de 2020. O feito foi julgado e, por maioria de votos, a ação foi conhecida e no mérito julgada parcialmente procedente, com declaração de constitucionalidade dos dispositivos indicados e da possibilidade de solicitação direta de dados e comunicações eletrônicas das autoridades nacionais para empresas de tecnologia, nas específicas hipóteses do art. 11 do Marco Civil da Internet e do art. 18 da Convenção de Budapeste, ou seja, no âmbito de investigações por crimes cometidos por pessoas localizadas em território nacional, desde que presente o pressuposto da realização de atividades de coleta e tratamento de dados no país, por parte do provedor.

No âmbito da cooperação jurídica internacional para persecução criminal, a principal referência é a Convenção sobre o Cibercrime, conhecida como Convenção de Budapeste, de 2001. Firmada pelos Estados-membros do Conselho da Europa e Estados de fora do bloco, o tratado prevê a extensão das normas locais que disciplinam o acesso intencional e ilegítimo de sistema informático.

As normas de aplicação imediata incidirão sempre que a infração foi cometida no território nacional ou por um dos seus cidadãos, hipótese em que a infração deve ser punível criminalmente onde foi cometida, ou não estar sob a jurisdição de nenhum Estado (art. 22, *a* e *d*). O critério predominante continua sendo o do local da infração, mesmo em texto voltado para a tutela do ambiente digital, o que evidencia a grande dificuldade existente na definição de parâmetros para os atos e fatos realizados nos meios virtuais. A punibilidade dos cidadãos foi ressalvada ante a possibilidade de os Estados reservarem-se o direito de não aplicar a previsão, ou apenas aplicá-la em casos específicos.

Ainda foi previsto o auxílio mútuo para medidas de urgência de conservação de dados (art. 29) e o acesso transfronteiriço, sem autorização da outra parte, a dados de fonte aberta ou diante do consentimento legal e voluntário da pessoa legalmente autorizada a divulgar os dados (art. 32)[16]. Em 2019, o Brasil foi convidado, pelo Comitê de Ministros do Conselho da Europa, para aderir à Convenção, consolidada em 2021.

Ainda no âmbito europeu, em 2018, a proposta 0107 insere no sistema jurídico comunitário a figura do representante, designado pelos provedores que oferecem serviços para os integrantes do bloco europeu. O representante estaria fisicamente estabelecido no território da União Europeia e adotaria as providências necessárias para observância das ordens judiciais voltadas à obtenção de provas em procedimentos criminais. Na ausência física da empresa na zona europeia, poderia haver indicação de um terceiro, pessoa física ou jurídica, que poderia representar simultaneamente diversas empresas de pequeno e médio porte. A proposta encontra-se sob análise.

O Brasil é signatário de múltiplos acordos e tratados multi e bilaterais de cooperação jurídica internacional na seara criminal, entre eles a *Convenção sobre o Combate da Corrupção de Funcionários Públicos Estrangeiros em Transações Comerciais Internacionais*, de 1997, e a *Convenção das Nações Unidas contra a Corrupção*, de 2005.

Nos últimos anos, houve destaque para os procedimentos de compartilhamento de evidências e provas com o Estado suíço, que culminaram na repatriação de milhares de reais no contexto da Operação Lava-Jato.

A análise da legislação incidente para figuras criminais não é o foco desta obra, bastando destacar que o uso de normas de extensão faz-se presente em diversas searas, inclusive no âmbito penal, e que tal espécie normativa tem sido aplicada

---

[16] Apesar da redação desses dois artigos, Jack Goldsmith critica a necessidade de auxílio mútuo entre a autoridade estrangeira solicitante do dado e a autoridade local para a maioria das operações de coleta de dados, pois mesmo com a atuação célere de todos ainda daria tempo para que criminosos escondessem os seus rastros. O seu posicionamento é claramente favorável à extraterritorialidade imediata das decisões judiciais. GOLDSMITH, Jack. The internet and the legitimacy of remote cross-border searches. *University of Chicago Public Law & Legal Theory Working Paper*, n. 16, p. 5, 2001.

para os ilícitos penais cometidos no ambiente *on-line*, não obstante a existência de diversos instrumentos de cooperação[17] voltados para essa temática.

5.4. NO ÂMBITO DA INTERNET

A regulação do ambiente digital é uma seara que, atualmente, encontra-se repleta de normas de extensão. É perceptível o incremento, ao longo dos últimos anos, do uso dessa modalidade normativa para as questões relacionadas à internet e à proteção de dados pessoais.

Para o especialista no assunto, Svantesson, isso ocorreria pela crescente compreensão de que "em um mundo globalizado, a responsabilidade dos Estados não termina nas fronteiras territoriais dos Estados. Isso é particularmente claro em áreas como direitos humanos, antitruste, direito ambiental e espacial"[18] (tradução nossa).

5.4.1. Marco Civil da Internet

O primeiro exemplo conectado com a realidade brasileira pode ser extraído do *Marco Civil da Internet*. A Lei 12.965/2014 foi a primeira iniciativa multissetorial de regulação que se valeu da internet e da integração entre pessoas e entidades por ela proporcionada para facilitar a participação de diversos atores na elaboração de um projeto de lei dividido em duas fases: uma de apresentação de princípios gerais e a outra voltada à discussão de uma primeira minuta.

Em 2009, o Ministério da Justiça disponibilizou plataforma *on-line* para consultas públicas sobre um anteprojeto de regulação da internet. O uso de consultas populares via internet não era, em si, inovador[19]. Vários projetos de lei já haviam se utilizado da ferramenta, com envio da contribuição mediante mensagem eletrônica para endereço de *e-mail* criado para essa finalidade, sem qualquer *feedback* governamental. O Código de Processo Civil de 2015 valeu-se desse modelo, que, aliado às audiências públicas itinerantes, buscava maior participação da comunidade jurídica na construção do novo texto legislativo.

---

[17] Os acordos bilaterais firmados pelo Brasil, nessa seara, estão disponíveis para consulta na página do Ministério da Justiça e Segurança Pública: https://www.justica.gov.br/sua-protecao/cooperacao-internacional/cooperacao-juridica-internacional-em-materia-penal/acordos-internacionais/acordos-bilaterais-1. Acesso em: 3 dez. 2022.

[18] SVANTESSON, Dan. *Solving the internet jurisdiction puzzle*. Oxford: Oxford University Press, 2017, p. 55.

[19] SOUZA, Carlos Affonso; LEMOS, Ronaldo. *Marco Civil da Internet*: construção e aplicação. Juiz de Fora: Editora Associada Ltda., 2016, p. 19-23.

A diferença no caso do Marco Civil teria sido a responsividade, já que o destinatário da comunicação deixava de ser o Estado para ser a comunidade de participantes da consulta, que podia ter acesso a todo o fluxo de sugestões enviadas, contribuindo entre si[20].

O texto final foi encaminhado ao Congresso Nacional, onde tramitou por três anos e foi fruto de intensos debates nas duas casas, com forte atuação da sociedade civil nas sessões de votação e na mobilização das redes sociais acerca do tema. Múltiplos atores envolveram-se diretamente nas discussões legislativas em torno do texto legal que regularia a internet. O alto grau de interesse social encontra plena justificação ante o bem jurídico tutelado: pela primeira vez, o Estado buscava traçar parâmetros e diretrizes amplas para a internet brasileira.

Não se pode deixar de mencionar que fatores extralegais atuaram sobre a conformação do texto tal como promulgado. Durante o processo legislativo eclodiu o escândalo das revelações de Edward Snowden sobre o monitoramento ilegal de *e-mails* de pessoas físicas, jurídicas e chefes de Estado, incluindo a presidente Dilma Roussef, realizado pela Agência de Segurança Nacional (NSA) americana. Como consequência, houve incremento de dispositivos que asseguram a privacidade e a proteção de dados pessoais, além da aceleração da tramitação legislativa, com o lançamento de luzes para o público em geral para a importância de elaboração de um diploma legal para a internet[21].

Antes da entrada em vigor do Marco Civil da Internet, em 2014, a maioria dos casos envolvendo o ambiente digital analisados pelos Tribunais envolviam a primeira rede social a instalar-se no Brasil, o *Orkut*. Os operadores do direito, como um todo, incluindo os integrantes do Poder Judiciário, buscavam, a duras penas, compreender as novas dinâmicas advindas das redes de relacionamento *on-line* e os mecanismos técnicos inerentes, tais como acesso a dados de usuários, dados de registro das comunicações, perfis falsos e conteúdos ofensivos[22].

Equívocos fenomenais foram cometidos nesse período. O mais notório foi o *caso Cicarelli*, em que, para preservar a imagem da famosa modelo, filmada em momentos íntimos em uma praia na Espanha com o então namorado, foi deter-

---

[20] ABRAMOVAY, Pedro Vieira. *Sistemas deliberativos e processo decisório congressual*: um estudo sobre a aprovação do Marco Civil da Internet. Rio de Janeiro: Uerj, 2017, p. 68-69.
[21] SOUZA, Carlos Affonso; LEMOS, Ronaldo. *Marco Civil da Internet*: construção e aplicação. Juiz de Fora: Editora Associada Ltda., 2016, p. 27.
[22] POLIDO, Fabrício Bertini Pasquot. *Direito internacional privado nas fronteiras do trabalho e da tecnologia*: ensaios e narrativas na era digital. Rio de Janeiro: Lumen Juris, 2018, p. 104.

minada atuação na camada infraestrutural da internet no Brasil, com restrição total de acesso ao *YouTube Brasil*.

Ainda assim, já se entendia que a proteção aos direitos de personalidade, garantida pela Constituição Federal e pelo Código Civil, além de legislação esparsa, assegurava o acesso aos dados registrais de usuários e a remoção de perfis. O exercício do poder jurisdicional brasileiro sobre os provedores estava latente com essa tomada de posição[23].

A Lei 12.965/2014 trouxe dispositivos que explicitaram que o uso da internet no Brasil pauta-se pelo respeito aos direitos humanos (art. 2º, II), em especial à liberdade de expressão, à privacidade e aos dados pessoais (art. 3º, I a III).

Para assegurar a proteção a esses direitos, o Marco Civil foi cristalino em expandir a sua aplicabilidade para além das fronteiras territoriais nacionais ao garantir, no art. 11:

> Art. 11. Em qualquer operação de coleta, armazenamento, guarda e tratamento de registros, de dados pessoais ou de comunicações por provedores de conexão e de aplicações de internet em que pelo menos um desses atos ocorra em território nacional, deverão ser obrigatoriamente respeitados a legislação brasileira e os direitos à privacidade, à proteção dos dados pessoais e ao sigilo das comunicações privadas e dos registros.
>
> § 1º O disposto no *caput* aplica-se aos dados coletados em território nacional e ao conteúdo das comunicações, desde que pelo menos um dos terminais esteja localizado no Brasil.
>
> § 2º O disposto no *caput* aplica-se mesmo que as atividades sejam realizadas por pessoa jurídica sediada no exterior, desde que oferte serviço ao público brasileiro ou pelo menos uma integrante do mesmo grupo econômico possua estabelecimento no Brasil.
>
> § 3º Os provedores de conexão e de aplicações de internet deverão prestar, na forma da regulamentação, informações que permitam a verificação quanto ao cumprimento da legislação brasileira referente à coleta, à guarda, ao armazenamento ou ao tratamento de dados, bem como quanto ao respeito à privacidade e ao sigilo de comunicações.

A legislação foi assertiva ao expor o seu intuito protetivo e ao especificar que o contido no *caput* aplicar-se-ia aos dados coletados e ao conteúdo das comunicações quando um dos terminais se encontra em território nacional (art. 11, § 1º),

---

[23] POLIDO, Fabrício Bertini Pasquot. *Direito internacional privado nas fronteiras do trabalho e da tecnologia*: ensaios e narrativas na era digital. Rio de Janeiro: Lumen Juris, 2018, p. 105.

mesmo que as atividades sejam realizadas por pessoa jurídica sediada no exterior, desde que haja prestação de serviços para o público brasileiro ou um integrante do grupo econômico esteja no Brasil.

O Decreto 8.771/2016 regulou a Lei 12.965/2014 e especificou que os dados mencionados no art. 11 do Marco Civil da Internet devem ser armazenados observando a interoperabilidade técnica, a fim de facilitar o acesso decorrente de decisão judicial ou determinação legal (art. 15).

A aplicação imediata da legislação nacional para as hipóteses previstas no art. 11 do Marco Civil da Internet não teria o condão de estender também a jurisdição do juízo brasileiro, que continuaria dependendo dos instrumentos de reconhecimento e execução de decisões judiciais estrangeiras[24] descritos no capítulo anterior.

Parece-nos que a afirmação se encontra escorreita. Como já delineado, não se pode confundir legislação material aplicável para a solução do caso concreto e exercício de poder jurisdicional. O juízo com jurisdição para conhecer e analisar uma demanda, de acordo com o sistema processual do seu Estado, pode ou não aplicar a legislação material do foro para a solução da controvérsia.

A estrutura das normas de direito internacional privado estabelecerá o conceito-quadro e o elemento de conexão incidentes e, consequentemente, o ordenamento jurídico no qual serão buscadas as respostas para o caso em concreto. Da mesma forma, exercer jurisdição e aplicar a sua lei material, mesmo para agentes que não se situam fisicamente no território do juízo, não implica, de forma geral, extraterritorialidade do pronunciamento judicial.

Como detalhado no primeiro capítulo, os princípios que regem a relação entre Estados e a jurisdição impedem a executoriedade direta do comando contido na decisão judicial, dependente dos mecanismos de cooperação jurídica internacional para se tornar eficaz.

O ponto não é unânime, considerando-se, por exemplo, o posicionamento do Superior Tribunal de Justiça, que afastou a necessidade de uso de instrumentos de cooperação jurídica internacional para os casos em que o destinatário do comando judicial é pessoa jurídica multinacional com representação no Brasil[25]. A questão será detalhada no capítulo oportuno.

---

[24] ANTONIALLI, Dennys Marcelo. *A arquitetura da Internet e o desafio da tutela do direito à privacidade pelos Estados nacionais*. São Paulo: USP, 2017, p. 105.
[25] RMS 55.019/DF, Rel. Min. Joel Ilan Paciornik, 5ª T., j. 12.12.2017, DJe 01.02.2018. No mesmo sentido: MALDONADO, Viviane Nóbrega. O juiz universal: *law enforcement* em um mundo sem fronteiras. *Revista de Direito e as Novas Tecnologias*, vol. 1, out.-dez. 2018.

5.4.2. Regulamento Geral sobre a Proteção de Dados (GDPR)

Há décadas, a produção legislativa voltada para a proteção de dados, por exemplo, a lei do estado federativo alemão de Hesse, de 1970, e a lei nacional de proteção de dados da Suécia, de 1973, é tema de destaque no continente europeu. Com o avanço da tecnologia de armazenamento e processamento de dados, houve incremento da preocupação com a tutela dos interesses do cidadão. Segundo Bioni, a regulação teria sido pensada como tentativa de controlar a criação de bancos de dados, condicionada à concessão de autorizações para funcionamento.

Havia o temor do surgimento de grandes bancos de dados com características similares às do Grande Irmão de George Orwell, que tudo vê e tudo sabe. O foco estaria na esfera governamental[26] e nas possibilidades de "classificação" e enquadramento de cidadãos em virtude de posicionamentos políticos e ideológicos, no contexto da Guerra Fria.

Em segundo momento, com a proliferação de bancos de dados privados, houve alteração na estratégia adotada. Entendeu-se não ser mais possível a manutenção do sistema de licenciamento prévio. Coube ao cidadão consentir a respeito da coleta, uso e compartilhamento dos seus dados pessoais. A lei francesa de proteção de dados, de 1978, seria exemplo desse período.

Na sequência, diante do inconteste incremento no fornecimento de dados pessoais, que virou a regra e não a exceção, a regulação buscou assegurar a participação do indivíduo sobre todas as etapas envolvendo os seus dados pessoais, da coleta ao compartilhamento. Surge a expressão *autodeterminação informacional*.

Por fim, foram erigidas novas figuras independentes, como as autoridades de proteção de dados, que atuariam para a melhor aplicação da legislação protetiva. Em paralelo, sob alguns aspectos, o consentimento perde protagonismo ante legislações que estabelecem que alguns dados, por serem considerados especiais, deveriam ter processamento diferenciado, independentemente do consentimento do indivíduo[27].

A primeira regulação transnacional para proteção de dados no continente europeu foi a Convenção do Conselho da Europa para Proteção dos Indivíduos Face ao Tratamento Automático de Dados, a Convenção 108, de 1981. No entanto, o marco legislativo sobre o tema é a Diretiva Europeia de Proteção de Dados

---

[26] BIONI, Bruno. *Proteção de dados pessoais*: a função e os limites do consentimento. 2. ed. Rio de Janeiro: Forense, 2020, p. 110.
[27] BIONI, Bruno. *Proteção de dados pessoais*: a função e os limites do consentimento. 2. ed. Rio de Janeiro: Forense, 2020, p. 110-112.

Pessoais (95/46/EC). Assentada na premissa do consentimento, buscava alinhar a tutela prestada ao indivíduo com a circulação e o tratamento inerentes ao incipiente mercado de dados que, paulatinamente, expandia-se e consolidava-se.

O fluxo transfronteiriço de dados entre Estados-membros e para países terceiros foi objeto de atenção da Diretiva. Para que países de fora do bloco pudessem receber dados já tratados ou que seriam objeto de tratamento, deveriam assegurar nível de proteção adequado (art. 25, (1)).

No art. 25, (2), foram estabelecidos alguns parâmetros através dos quais o nível de proteção oferecido pelo país terceiro seria avaliado, tais como a natureza dos dados, a sua legislação e as medidas de segurança locais.

Constatada pela Comissão Europeia a ausência de proteção adequada pelo país terceiro, os Estados-membros deveriam tomar as medidas adequadas para impedir a transferência de dados (art. 25, (4)).

Apenas em hipóteses excepcionais autorizava-se a transferência de dados para países que não asseguravam níveis adequados de proteção, tais como diante do consentimento expresso do titular dos dados, para celebração ou execução de contratos em seu benefício, ou por determinação legal para proteção de interesse público, entre outros (art. 26, (1)).

De acordo com Kuner, com a edição da Diretiva 95/46, a aplicação direta da legislação europeia de proteção de dados pessoais em países terceiros pode ser verificada em termos práticos. Foram realizadas variadas iniciativas investigativas das autoridades de proteção de dados europeias voltadas ao exame da adequação das práticas realizadas em outros países quanto aos dados recebidos de Estados--membros[28].

Como indica Antonialli, inovações tecnológicas, que permitiam uso de técnicas mais intrusivas de coleta e tratamento de dados, aliadas à baixa uniformidade das legislações nacionais sobre o tema, teriam motivado alterações na Diretiva 95/46[29].

O instrumento normativo empregado em substituição, um regulamento autoaplicável, ao contrário das diretivas que dependem de incorporação pelo direito interno de cada Estado-membro, buscou amoldar-se ao novo cenário tecnológico existente.

---

[28] KUNER, Christopher. The internet and the global reach of EU Law. *LSE Law, Society and Economy Working Papers*, London School of Economics and Political Science Law Departament, paper 24, p. 17, April 2017.

[29] ANTONIALLI, Dennys Marcelo. *A arquitetura da Internet e o desafio da tutela do direito à privacidade pelos Estados nacionais*. São Paulo: USP, 2017, p. 58.

O Regulamento (UE) 2016/679, mais conhecido como *General Data Protection Regulation* (GDPR), entrou em vigor em maio de 2018, e substituiu a Diretiva ao disciplinar a proteção de dados pessoais, seja no ambiente analógico, seja no digital. A nova legislação não se afastou do caminho até então trilhado, com ampliação dos mecanismos de transferência de dados.

Ao estabelecer que os dispositivos legais ali contidos se aplicam quando o tratamento das informações pessoais ocorrer no "contexto das atividades de um estabelecimento" situado no território da União "independentemente de o tratamento ocorrer dentro ou fora da União" (art. 3, (1)), a opção feita pelo legislador europeu foi clara.

O local do tratamento dos dados apresenta-se como irrelevante, pois o que importa é se o estabelecimento responsável pela coleta, ou seu subcontratado, está localizado em um Estado-membro, devendo o subcontratado observar, quando do exercício da sua atividade relacionada aos dados, a legislação europeia (art. 3, (1)).

A legislação deu um passo além ao determinar a sua aplicabilidade, mesmo quando o responsável pelo tratamento ou subcontratado não estejam estabelecidos na União Europeia, desde que os dados tratados pertençam a titulares residentes no território da União, e sejam tratados no contexto de oferta de bens e serviços, mesmo que gratuitos, ou no controle de comportamento ocorrido na União (art. 3, (2))[30]. Não foi sem razão que muito se falou da ampliação do âmbito de aplicação dessa normativa europeia no mundo, já que, de uma forma ou de outra, quase todas as empresas que prestam serviços em rede possuem atuação que abrange o grande e importante mercado europeu, seja de forma direta ou indireta[31].

O desrespeito ao Regulamento, auferível de forma objetiva, pode ter diferentes consequências: a empresa principal pelo tratamento dos dados, quanto à

---

[30] A análise comportamental é largamente utilizada por aplicativos de redes sociais e motores de busca que monitoram a atividade *on-line* dos usuários com o intuito de produzir publicidade direcionada voltada ao perfil do usuário. Essa é a atividade regulada pelo art. 3, (2), do Regulamento Europeu. MACHADO, Diego Carvalho *et al*. *GDPR e suas repercussões no direito brasileiro*: primeiras impressões de análise comparativa. Belo Horizonte: Instituto de Referência em Internet e Sociedade, 2018, p. 19-20.

[31] Nas palavras da professora Jennifer Daskal, ao comentar o alcance extraterritorial da lei de proteção de dados europeia: "No que diz respeito à regulação da privacidade, a EU está usando o seu poder como mercado estratégico para impor de forma similar a sua visão de regulação apropriada da privacidade globalmente – não apenas a respeito do direito ao esquecimento, mas a respeito de uma variedade de outras regulações da privacidade" (tradução nossa). DASKAL, Jennifer. Borders and Bits. *Vanderbilt Law Review*, v. 71, n. 179, p. 219, 2018.

subcontratada, pode ser penalizada, por infrações consideradas menos graves, ao pagamento de multas de até 10 milhões de euros, ou em 2% do volume de negócios global, o que for maior. Nas mais sérias, ambos os percentuais dobram (art. 83, (4), (5) e (6)).

Em setembro de 2018, a Autoridade de Proteção de Dados do Reino Unido expediu sua primeira ordem extraterritorial, contra empresa de tratamento de dados sediada no Canadá, determinando a cessação da análise de dados de ingleses e europeus obtidos de organizações políticas[32].

Em janeiro de 2019, houve a aplicação da primeira multa por descumprimento do Regulamento. A um hospital português foram aplicadas três multas por violações à normativa[33]. A British Airways foi alvo de elevada multa com fundamento no Regulamento europeu: 204 milhões de euros por vazamento de dados de mais de 500 mil consumidores, incluindo dados cadastrais, endereços e informações bancárias[34].

Como não poderia deixar de ser, a influência da legislação europeia de proteção de dados foi sentida em diversos países, incluindo o Brasil.

5.4.3. Lei Geral de Proteção de Dados (LGPD)

Assim como ocorreu com o Marco Civil da Internet, o processo legislativo da Lei Geral de Proteção de Dados teve início com consulta pública sobre o tema, no ano de 2010, no *site* do Ministério da Justiça. Com base no material, foi elaborado o PL 5.276/2016.

No Congresso Nacional, foram realizadas duas consultas públicas com intensa contribuição dos mais variados setores da sociedade, para que, em 2018, o texto fosse aprovado no Senado Federal. A aprovação da nova legislação, nos moldes vivenciados com o Marco Civil, foi influenciada por fatores internacionais. Além da óbvia inspiração advinda da regulação europeia, o escândalo relacionado com a empresa Cambridge Analytica e o uso indevido de dados pessoais para propaganda direcionada, que teve efeitos diretos na última eleição

---

[32] Disponível em: https://www.huntonprivacyblog.com/2018/09/25/ico-issues-first-enforcement-action-gdpr/. Acesso em: 3 dez. 2022.
[33] MONTEIRO, Ana Menezes. *First GDPR fine in Portugal issued against hospital for three violations*. Disponível em: https://iapp.org/news/a/first-gdpr-fine-in-portugal-issued-against-hospital-for-three-violations/. Acesso em: 3 dez. 2022.
[34] *GDPR: The 6 biggest fines enforced by regularors so far*. Disponível em: https://secureprivacy.ai/gdpr-the-6-biggest-fines-enforced-by-regulators-so-far/. Acesso em: 3 dez. 2022.

presidencial norte-americana e no plebiscito de saída do Reino Unido da União Europeia, não pode ser ignorado.

Outro elemento é o pleito do Brasil de ingresso na Organização para a Cooperação e Desenvolvimento Econômico (OCDE). A entidade, há décadas, possui delimitações claras sobre proteção de dados pessoais, os chamados *guidelines*, que o país estava longe de adequar-se sem que fosse editada uma lei nacional acerca do tema.

Ainda, a Lei do Cadastro Positivo e a discussão acalorada sobre a criação de banco de dados de adimplentes foi mais um dos fatores que fez da proteção de dados pessoais um tema de interesse dos operadores legislativos e jurídicos[35].

Originalmente, a Lei 13.709/2018 foi aprovada em agosto de 2018, com *vacatio legis* de 18 meses. A Medida Provisória 869/2018, convertida na Lei 13.853/2019, alterou a previsão anterior, estabelecendo novos prazos para grande parte da legislação, com eficácia imediata apenas dos artigos que disciplinam a criação da Autoridade Nacional de Proteção de Dados e do Conselho Nacional de Proteção de Dados Pessoais e da Privacidade.

A extensão da *vacatio legis* de 24 meses para as demais previsões da Lei, operada pela Lei 13.853/2019, foi prolongada pela Medida Provisória 959/2020, que, atendendo apelos de diversos setores de dificuldades de adequação das operações ao novo modelo protetivo, estabeleceu a entrada em vigor da legislação para o dia 3 de maio de 2021.

Em nova reviravolta, foi sancionada a Medida Provisória 959/2020, que foi convertida na Lei 14.058/2020 com a retirada do texto do art. 4º, que previa a prorrogação de vigência da Lei Geral de Proteção de Dados, que entrou em vigor em 27 de agosto de 2020, com adiamento, para 1º de agosto de 2021, da incidência de sanções administrativas.

A legislação nacional trilha o mesmo caminho da europeia ao explicitar que se aplica *a qualquer operação de tratamento realizada por pessoa natural ou por pessoa jurídica de direito público ou privado, independentemente do meio, do país de sua sede ou do país onde estejam localizados os dados* (art. 3º).

A sua incidência está condicionada à presença de conexões simples com o Brasil: operação de tratamento realizada no Brasil; atividade de tratamento voltada

---

[35] MONTEIRO, Renato Leite. *Lei Geral de Proteção de Dados do Brasil: análise contextual detalhada*. Disponível em: https://www.jota.info/opiniao-e-analise/colunas/agenda-da--privacidade-e-da-protecao-de-dados/lgpd-analise-detalhada-14072018. Acesso em: 3 dez. 2022.

para a oferta de bens ou serviços, ou o tratamento de dados de indivíduos que se localizam no Brasil ou quando os dados pessoais foram coletados aqui (art. 3º, I a III), afastando qualquer consideração a respeito da nacionalidade do sujeito detentor dos dados, bastando que esteja fisicamente no Brasil, ou que a oferta de produtos ou serviços tenha como alvo o mercado brasileiro.

Como bem salientado por Tiburcio e Pires, nunca é demais enfatizar que:

> [...] o art. 3º não é uma norma sobre a *jurisdição* (ou competência jurisdicional) brasileira. Ele não determina, portanto, se ou quando o Judiciário do Brasil poderá ou deverá apreciar um processo, mas apenas a que casos o regime previsto na LGPD se aplica no *mérito*[36].

Situação em tudo conectada com a temática é a transferência internacional de dados que ocorre, de acordo com a legislação brasileira, quando os dados pessoais são repassados para país estrangeiro ou organismo internacional do qual o país seja membro (art. 5º, XV). A sua realização poderá ocorrer em hipóteses legais específicas. Para o ponto que nos interessa, cabe destacar a prévia e necessária demonstração de existência de grau de tratamento adequado por parte do agente internacional receptor dos dados (art. 33, I).

A avaliação é efetuada pela Autoridade Nacional de Proteção de Dados, que analisará o nível de proteção legal em vigor no país de destino ou no organismo internacional, a natureza dos dados, entre outros, conforme rol do art. 34 da legislação em comento.

A oferta de nível de proteção adequado como condição para transferência de dados pessoais para países terceiros ou organizações sociais possui clara e indisfarçável inspiração europeia, uma vez que estava prevista na Diretiva 95/46, e foi mantida na novel legislação, sem maiores alterações. Por lá, permaneceu a necessidade de verificação e chancela pela Comissão Europeia da adequação ofertada pelo destinatário, aferível pela sua legislação, mediante análise do seu nível de comprometimento com o Estado de Direito, o respeito aos direitos humanos e a sua legislação de proteção de dados pessoais (art. 44, (2), (a)).

Outro fator determinante por lá é a "existência e o efetivo funcionamento de uma ou mais autoridades de controle independentes no país [...] responsáveis

---

[36] TIBURCIO, Carmen; PIRES, Thiago Magalhães. A aplicação da LGPD no espaço: a interpretação do art. 3º da Lei n. 13.709/2018. *In*: MONACO, Gustavo Ferraz de Campos; MARTINS, Amanda Cunha e Mello Smith; CAMARGO, Solano de (org.). *Lei Geral de Proteção de Dados*: ensaios e controvérsias da Lei 13.709/18. São Paulo: Quartier Latin, 2020, p. 174.

por assegurar e impor o cumprimento das regras de proteção de dados" (art. 44, (2), (b)).

De forma similar ao modelo europeu, há possibilidade de a transferência de dados pessoais ocorrer não apenas quando da constatação de nível de proteção adequado, mas também quando o controlador dos dados[37] fornecer e comprovar garantias de cumprimento e salvaguarda dos direitos dos titulares dos dados, seja mediante cláusulas contratuais, normas corporativas globais, seja mediante selos, certificados e códigos de conduta (art. 33, II). O consentimento específico e destacado do titular também atua como base legal para a transferência internacional de dados (art. 33, VIII).

A Lei Geral de Proteção de Dados Pessoais nacional buscou, em dois dispositivos distintos, explicitar que a transferência de dados poderá realizar-se para a cooperação jurídica internacional. No art. 33, III, a possibilidade foi prevista para compartilhamento de dados entre órgãos públicos de inteligência, investigação e persecução, enquanto o inciso VI possibilitou a operação *quando a transferência resultar em compromisso assumido em acordo de cooperação internacional*.

Em contrapartida, a regulação europeia foi explícita na preferência pelo uso exclusivo das vias tradicionais de cooperação jurídica internacional para a transferência de dados, afastando qualquer atuação com fundamento nos costumes internacionais ou reciprocidade, ainda que para atividades investigativas.

Foi expressamente previsto que decisões judiciais e administrativas de país terceiro voltadas ao responsável pelo tratamento, ou subcontratado, determinando a transferência ou divulgação de dados pessoais, apenas serão cumpridas caso exista acordo internacional ou de assistência judiciária mútua entre o país de origem da autoridade solicitante e a União Europeia ou Estados-membros (Regulamento (UE) 2016/679, art. 48).

O novo instrumento legislativo é um marco na proteção de dados pessoais no Brasil, e a normativa, ao contrário do que possa parecer, possui alcance e abrangência que vão muito além do já vasto ambiente digital. Ela se aplica a todas as operações envolvendo dados e informações pessoais, independentemente de tratar de atividade desenvolvida a título gratuito ou oneroso, por particulares ou entidades e organismos públicos, em meio analógico ou digital. Só por isso, já se apresenta revolucionária.

---

[37] Art. 5º Para os fins desta Lei, considera-se: [...] VI – controlador: pessoa natural ou jurídica, de direito público ou privado, a quem competem as decisões referentes ao tratamento de dados pessoais; [...].

Do breve recorte acima, verifica-se a clara possibilidade de sobreposição legislativa, por exemplo, entre a regulação europeia e a brasileira, visível quando se cogita a respeito do tratamento de dados de viajantes que receberam propaganda direcionada de passagens áreas e hotéis e depois deslocaram-se para o local de destino, seja do Brasil para a Europa ou vice-versa.

Nesse caso, considerando-se que, em termos gerais, as normativas, como visto, são assemelhadas e possuem intuitos convergentes: a máxima proteção de dados pessoais nas operações de tratamento, em sentido amplo, as hipóteses de conflito de normas devem tender para a regulação mais abrangente e protetiva.

Em sentido diverso, para Machado, as normas de extensão deveriam ser respeitadas quando pertencentes ao ordenamento jurídico da *lex fori*. A aplicação expansiva não deveria ser observada quando estabelecida por norma de ordenamento estrangeiro, embora a restrição sim, pois normalmente aparece em normas impositivas de natureza econômica e social (leis sobre concorrência, sistema financeiro e monetário e afins)[38].

Somente com o transcurso do tempo é que será possível verificar, de forma casuística, qual será o posicionamento adotado pelos juízes brasileiros, sendo em tudo pertinente a observação do professor português, que atesta a natural preferência do juízo pela lei do foro.

---

[38] MACHADO, João Baptista. *Âmbito de eficácia e âmbito de competência das leis*. Coimbra: Almedina, 1998, p. 293-294.

6

TEORIAS DE DEFINIÇÃO DA JURISDIÇÃO E DO DIREITO MATERIAL APLICÁVEIS EM SITUAÇÕES PLURILOCALIZADAS DIGITAIS

6.1. INTRODUÇÃO

Considerando que, nos litígios envolvendo a temática digital, são usuais as situações plurilocalizadas em diversos Estados, com difícil precisão do local de ocorrência do ilícito ou do dano, é salutar o estudo, ainda que breve, das soluções adotadas pela legislação material e processual europeia comunitária incidente para relações com elementos de estraneidade. Esse conjunto normativo será a base legal para diversas teorias e julgados relevantes que têm como objeto o ambiente digital, que serão apresentadas na sequência.

A União Europeia, desde a década de 1980, busca harmonizar internamente as normas que definem a legislação aplicável. Nesse sentido, foi negociada e aprovada a Convenção de Roma, que entrou em vigor 11 anos depois. Por ter sido aprovada com reservas por diversos dos signatários, foi posteriormente substituída pelo Regulamento Roma I, que entrou em vigor em 2009. O Regulamento aplica-se para as obrigações contratuais em matéria comercial e civil em geral, com exceção das questões relativas ao direito de família e sucessões, estatuto pessoal, arbitragem e matéria societária.

Não havendo opção explícita a respeito da lei aplicável, a regra geral é a de que o pactuado se rege pela lei do país com a qual apresenta conexão mais próxima. Para os casos de venda de produtos ou serviços, seria a legislação da sede do fornecedor, e para os casos envolvendo bens imóveis, a legislação do local em que esse se encontra.

As obrigações cíveis e comerciais extracontratuais são regidas pelo Regulamento Roma II, em vigor também desde 2009. Excluindo novamente a seara familiar, tutelada em legislação própria, o art. 2º, (1), define a responsabilidade extracontratual como aquela decorrente de um dano atual ou possível, que "abrange todas as consequências decorrentes da responsabilidade fundada em ato lícito, ilícito ou no risco ou enriquecimento sem causa, da *negotiorum gestio* ou da *culpa in contrahendo*".

Ao contrário das hipóteses disciplinadas pelo Regulamento Roma I, em geral, para as situações decorrentes de responsabilidade extracontratual, não há acordo prévio entre as partes estabelecendo a legislação aplicável ou o tribunal com jurisdição para dirimir eventuais questões dele decorrentes. Isso porque, usualmente, o fato que enseja a responsabilização não foi previsto pelas partes, que, algumas das vezes, sequer se conheciam anteriormente.

O art. 4º do Regulamento fixa como lei aplicável a do país em que o dano ocorreu ou tem probabilidade de ocorrer, independentemente do país em que ocorreu o fato gerador da responsabilidade civil, em observância ao brocardo *lex loci delicti commissi*. Essa previsão pode ser flexibilizada pelo órgão julgador (art. 4º, (3)) nos casos em que haja conexão manifestamente mais estreita com outro país, para que seja aplicável a lei desse local, por exemplo, em hipótese de atropelamento de uma francesa, também por um francês, na Alemanha, situação em que se aplicaria a lei da nacionalidade de ambos.

Esse entendimento em prol da conexão mais próxima pode ser vislumbrado como a tendência jurisprudencial dominante nos julgados da Corte Europeia de Justiça e no posicionamento dos Tribunais europeus locais para os casos envolvendo o ambiente digital. Tal compreensão precisa ser harmonizada com o disposto na Diretiva 2000/31/EC, que excepciona os provedores que prestam serviços *on-line* em outros Estados-membros de observarem legislações mais restritivas do que as do seu país de origem (art. 3, (1)).

Nessa hipótese, o órgão julgador deveria realizar análise comparativa entre a regra de conexão definida pela legislação material do país de origem do demandado e, consequentemente, a legislação que ela remete, e a legislação material aplicável de acordo com a regra de conexão material do foro.

No âmbito processual, a União Europeia há muito buscou estabelecer, mediante a Convenção de Bruxelas, de 1968, uma normativa para definição da jurisdição aplicável para demandas judiciais que têm como origem relações cíveis e comerciais firmadas por pessoas físicas ou jurídicas sediadas nos Estados-membros.

Posteriormente, a normativa foi substituída pelo Regulamento CE 44/2001, conhecido como Regulamento Bruxelas I, revisto e reformulado pelo Regulamento 1.215/2012. Ele estabelece o órgão jurisdicional competente dos Estados quando há elemento internacional, e define que as decisões proferidas em um Estado-membro são reconhecidas nos outros sem necessidade de formalidades especiais, trazendo agilidade e eficiência para o cumprimento das decisões judiciais. Há aproximação da União Europeia ao sistema do *full faith and credit* do federalismo norte-americano. O Regulamento procura tutelar as situações plurilocalizadas dentro dos limites territoriais do bloco europeu de forma pormenorizada, estabelecendo critério geral e hipóteses que excluem a sua aplicação.

O elemento de conexão utilizado é o do local do domicilio da pessoa, independentemente da sua nacionalidade (art. 4º), com exceções: I) matéria contratual – local de cumprimento da obrigação –, critério fixado ainda na materialidade do bem e dos serviços, sem menção a bens/serviços intangíveis, como os prestados *on-line*; II) matéria extracontratual, em que prevalece o local onde ocorreu o dano; III) direitos reais; IV) ação ou indenização com origem penal, que deverá ser proposta perante o tribunal em que havia sido proposta a ação pública; V) litígio contra fundador, truste etc., onde o *trust* tem domicílio; e VI) relativos à exploração de sucursal de agência com jurisdição definida pela localização do estabelecimento (art. 7º).

No art. 8º, a regra geral do domicílio é especificada, com a jurisdição sendo fixada em favor do tribunal de domicílio de qualquer um dos litisconsortes, desde que haja interesse e conexão "profunda" entre os pedidos, critério esse que será repetido na jurisprudência sobre o tema, como será visto no momento oportuno.

As relações de consumo receberam atenção especial ante a vulnerabilidade presumida de um dos seus integrantes. Por isso, é facultado ao consumidor ajuizar ação no seu Estado-membro ou no da outra parte (art. 18), conforme lhe convir. Qualquer derrogação que afete direitos consumeristas somente pode ser feita por acordos posteriores ao surgimento do litígio, ou que permitam ao consumidor recorrer a tribunais anteriormente não previstos.

Disposição interessante de aplicação geral é a que permite que as medidas cautelares ou de urgência possam ser solicitadas para a autoridade de um Estado-membro, mesmo que os tribunais de outros Estados devam julgar a causa (art. 35), o que é especialmente relevante para os casos de violação *on-line* de direitos da personalidade ou propriedade intelectual.

A ela se alinha a flexibilização burocrática prevista nos arts. 36 a 39, que preveem que as decisões proferidas em um Estado são reconhecidas nos outros sem as formalidades de cooperação jurídica internacional, bastando a apresentação de cópia da decisão e uma certidão-formulário preenchida pelo Tribunal. A parte deverá, se necessário, produzir a tradução da decisão, que possui força executória, com dispensa de qualquer declaração de executoriedade.

Ainda no direito comunitário europeu, a Convenção de Lugano busca unificar as normas sobre jurisdição cível e comercial, expandindo a aplicabilidade da Convenção de Bruxelas para as relações entre Estados-membros e a Noruega, Islândia e Suíça. A regra geral é a que prevê a propositura da demanda no local de domicílio do demandado, art. 2º, com possibilidade de ajuizamento da demanda perante o foro do local em que o dano ocorreu ou poderia ter ocorrido, conforme art. 5º, (3).

Apresentado, em linhas gerais, o panorama legislativo europeu, que fundamenta variadas teorias que serão apresentadas a seguir, cabe a ressalva de que, há muito, diversas situações envolvendo fatos plurilocalizados foram submetidas ao escrutínio judicial. Inicialmente, elas diziam respeito a casos relacionados com o comércio internacional tradicional ou violação de direitos da personalidade ocorridos em meios analógicos, o que não quer dizer que os entendimentos expressados em tais julgados não se consolidaram com os passar dos anos e os transformaram em verdadeiros precedentes. A extração da sua *ratio decidendi* fez com que fossem aplicados não somente para casos envolvendo jurisdição e lei aplicável para as relações que se desenvolvem exclusivamente no ambiente físico, mas como fonte normativa para os primeiros casos envolvendo a disponibilização de material em páginas na internet e o potencial lesivo do seu conteúdo.

Nos sistemas de *common law* e no direito comunitário europeu, em que predomina o intercâmbio jurisprudencial, esse fenômeno foi sentido com maior intensidade. Julgamentos proferidos por tribunais locais repercutiram efeitos extraterritoriais, seja mediante indicação nominativa expressa, seja pelo emprego das suas razões de decidir.

Para Ramires, o uso de julgados reforçaria o diálogo judicial internacional, já que:

> A demonstração de que outro juízo, de outra nação ou de um tribunal internacional, julgou de determinada maneira uma questão semelhante pode conferir legitimidade concreta para que a mesma solução, ainda que contramajoritária, seja adotada também em âmbito local. Os julgados estrangeiros servem, pois, como indícios de que uma determinada interpretação encontra esteio na tradição que conformou o pré-compromisso, deslocando assim o foco da discussão, da vontade individual para a construção supraindividual[1].

Não sendo possível nem producente a análise exaustiva de toda produção jurisprudencial, haverá o destaque dos julgados de maior impacto para a compreensão da matéria, os que fundamentam a recente discussão do tema e aqueles

---

[1] RAMIRES, Maurício. *A jurisdição constitucional em meio à crise da democracia: o diálogo judicial internacional*, p. 6. Disponível em: http://emporiododireito.com.br/leitura/abd-pro-54-a-jurisdicao-constitucional-em-meio-a-crise-da-democracia-o-dialogo-judicial-internacional. Acesso em: 3 dez. 2022.

que indicam possíveis soluções a serem adotadas pelo sistema jurídico brasileiro, com especial atenção para o tema da jurisdição.

6.2. TEORIA DO LOCAL DOS EFEITOS

Há muito, no direito internacional, entende-se, com base no princípio da personalidade passiva, que um Estado poderá exercer sua jurisdição sobre fatos ocorridos no exterior que afetaram ou afetarão seus nacionais.

No âmbito jurisdicional, essa compreensão justificaria o exercício da jurisdição exorbitante. O adjetivo da exorbitância adviria da perspectiva do demandado, que entende pela inexistência de conexão significativa entre o foro e as partes ou entre aquele e os fatos sob análise judicial[2].

Essa compreensão é objeto de críticas, especialmente quando aplicável para o ambiente virtual, uma vez que o conteúdo *on-line* costuma ser disponibilizado irrestritamente em vários países, o que faria com que todo provedor de conteúdo tivesse que observar a legislação material de todas as nações, o que tornaria a internet um meio de comunicação e de oferta de serviços inviável[3].

Não por outra razão, ao longo dos anos, a teoria dos efeitos sofreu lapidações, sendo possível afirmar que passou a caracterizar-se como um dos efeitos direcionados. Um bom exemplo é encontrado em caso do início do século passado, em tudo anterior ao *boom* da internet[4].

No caso *International Shoe Co. v. Washington 326 U.S 310 (1945)*, a Suprema Corte norte-americana teve que analisar se empresa de Delaware, com atividades no estado de Washington, deveria contribuir com tributo de compensação ao desemprego instituído por aquele estado. A empresa contestou a cobrança do tributo, indicando que o serviço realizado pelo seu vendedor no estado de

---

[2] CAMARGO, Solano de. *Homologação de sentenças estrangeiras*: ordem pública processual e jurisdições anômalas. São Paulo: Quartier Latin, 2019, p. 119.

[3] ARBIX, Daniel do Amaral. *Resolução online de controvérsias*. São Paulo: Intelecto Editora, 2017, p. 195; POST, David. Against "against cyberanarchy". *Berkeley Technology Law Journal*, v. 17, n. 4, 2002, republicado na coletânea THIERER, Adam; CREWS, Clyde Wayne Jr. (org.). *Who rules the net? Internet governance and jurisdiction*. Washington DC: Cato Institute, 2003, p. 86.

[4] Por fatores históricos relativos à formação política do Estado norte-americano, entre os estados federados que compõem os Estados Unidos, internamente se aplicam as noções típicas do conflito de jurisdições entre Estados-nações. REIS, Marcelo Simões dos. Federalismo no Brasil e nos Estados Unidos: um estudo comparado numa abordagem histórica. *Revista do Programa de Mestrado em Direito do UniCEUB*, v. 2, n. 1, p. 230, 2005.

Washington não era propriamente um serviço da empresa, e que não era sediada naquele estado, assim como não tinha agentes no local. Da mesma forma, não poderia ser considerado empregador e não realizava oferta de empregos, nos termos da legislação.

No julgado consta que o entendimento assentado é o de que a jurisdição pessoal da Corte é baseada no seu poder de fato sobre o demandado e a sua presença na jurisdição territorial do estado é pré-requisito para tanto.

Para o exercício do poder jurisdicional, bastaria a existência de contato mínimo entre o demandado e o território do fórum, desde que sejam assegurada as garantias mínimas processuais e a justiça substancial.

Como a personalidade jurídica da pessoa jurídica é uma ficção, as suas atividades são conduzidas por pessoas físicas autorizadas a agir em seu nome. São as atividades realizadas por esses agentes que serão consideradas pelas Cortes como suficientes e aptas a assegurar que o demandado, caso seja processado nesse estado, tenha assegurado o devido processo legal, afastando a inconveniência de um julgamento longe "de casa".

Entendeu-se que as atividades conduzidas em nome da empresa em Washington não eram irregulares ou casuais, mas sistemáticas e contínuas, e resultaram em grande volume de negócios interestaduais, protegidos pela lei estadual de Washington. Essas operações estabeleceram contatos suficientes entre a empresa e o fórum. As garantias processuais e a justiça substancial estariam asseguradas, permitindo ao estado assegurar a impositividade das obrigações legais decorrentes da presença da empresa no local.

A *teoria do contato mínimo*, como ficou conhecido esse entendimento, indica que, estabelecido esse contato entre o demandado e o fórum, a Corte deve observar a razoabilidade do exercício da jurisdição em face de um demandado não residente no local. Seriam considerados os interesses do estado em proteger os direitos por ele assegurados aos seus cidadãos, e o ônus para o demandante, caso isso lhe fosse negado, e para o demandado, de ter que se defender em uma jurisdição diversa da sua.

O mero inconveniente ou os custos envolvidos não seriam suficientes para afastar o exercício da jurisdição. Para que isso ocorra, o inconveniente teria que ser considerável e os custos significativos[5].

---

5   GREENBERG, Marc H. A return to Liliput: the Licra v. Yahoo-case and the regulation of online content in the world market. *Berkeley Technology Law Journal*, v. 18, issue 4, p. 1200, 2003.

O julgado *International Shoe Co.* é referência, até os dias de hoje, para a jurisprudência norte-americana em casos envolvendo operações comerciais e relações, em sentido amplo, realizadas em mais de um estado federado.

Em 1947, nos casos *Gulf Oil Corp v. Gilbert* e *Koster v. (American) Lumbermens Mutual Casualty Co.*, julgados simultaneamente, o tema do contato mínimo foi desenvolvido a partir do critério da conveniência.

O famoso caso *Gilbert* pode ser assim sintetizado: demanda ajuizada em Nova York por um residente da Virgínia contra uma empresa da Pensilvânia, por um ilícito ocorrido na Virgínia, com quase todas as testemunhas residindo lá. A propositura em Nova York se assentaria em tentativa de obter indenização maior. A demanda foi remetida para Virgínia pela Corte distrital. A segunda instância reverteu o julgado, e a Suprema Corte fez prevalecer o primeiro entendimento em prol da remessa para Virgínia.

Na oportunidade, a Suprema Corte estabeleceu critérios para a verificação da conveniência: I) a facilidade de acesso às provas; II) a existência de procedimentos que obriguem a testemunha a prestar depoimento; III) o custo de oitiva das testemunhas; IV) a existência de local apropriado para a demanda; V) todos os demais problemas práticos que tornam o julgamento de um caso simples rápido e com custo razoável; VI) dificuldades administrativas da Corte; VII) dificuldades na formação do corpo de jurados; VIII) o interesse local na demanda; e IX) a familiaridade da Corte com o direito a ser aplicado.

No caso *Gulf v. Gilbert*, ficou consignado que uma Corte pode não exercer a sua jurisdição, mesmo quando autorizada a tanto, se algum dos critérios estabelecidos for violado. Não por outro motivo, no ano seguinte, foi instituída na legislação americana previsão institucionalizando figura que explicita que "para conveniência das partes e testemunhas, e no interesse da justiça, uma Corte distrital pode transferir qualquer ação civil para qualquer outro distrito ou divisão onde poderia ter sido ajuizada" (28 U.S.C. § 1404(a) 1948). Com base nessa legislação, pode ser feita a transferência também de uma Corte estadual para uma federal[6].

Em julgado mais recente, a Corte distrital da Califórnia entendeu que o fórum mais conveniente para o caso sob análise não era o do demandado, contrariando a regra geral de propositura de demanda no foro do demandado para facilitar o seu exercício do direito de defesa.

---

[6] YELLEN, James D. Forum non conveniens: standards for the dismissal of actions from United States Federal Courts to foreign tribunal. *Fordham International Law Journal*, vol. 5, issue 2, p. 540, 1981.

Em *Kleiner v. Spinal Kinetics, Inc., 5:15-cv-02179, 2016 WL*, um casal de alemães processou empresa alemã, com subsidiária na Califórnia, por problemas que tiveram após a colocação de implantes cervicais produzidos pela empresa. A cirurgia ocorreu na Alemanha, onde também estavam as testemunhas, local que possuía conexão profunda com os elementos de prova do feito. O juiz distrital californiano entendeu pela aplicação do *forum non conveniens*, e determinou que o local adequado para o ajuizamento da demanda era a Alemanha. O demandado foi ouvido previamente e concordou com o deslocamento da jurisdição, mesmo que fosse para local distante. Muito provavelmente, sua concordância se baseou no fato de que a legislação alemã não possui previsão de *punitive damages*, como a americana[7].

Esses casos, entre tantos outros julgados ao longo das últimas décadas, evidenciam uma tendência da jurisprudência norte-americana de privilégio do local de ocorrência do ato ou fato, ou o domicílio do demandante, na definição da competência interna e da jurisdição direta internacional.

Retomando a temática digital, outro precedente muito invocado para questões virtuais, ainda que anterior ao surgimento da internet, é *Calder v. Jones, 465 U.S 783 (1984)*. A demanda foi proposta pela atriz Shirley Jones contra o jornal *National Enquirer*, que teria publicado reportagem, em 1979, informando que ela seria alcoólatra, ferindo os seus direitos de personalidade. A demanda foi ajuizada na Califórnia pelo fato de o jornal possuir grande circulação por lá, mesmo que fosse editado na Flórida. O caso chegou até a Suprema Corte, que fixou que a Corte da Califórnia exerca jurisdição sobre o caso, tendo em vista a conduta intencional realizada na Flórida, calculada para causar danos à demandante na Califórnia.

Citando o precedente *International Shoe Co.*, a Suprema Corte indicou que a cláusula do devido processo permite que haja exercício de jurisdição pessoal sobre o demandado em qualquer estado em que ele tenha contatos mínimos.

O jornal *National Enquirer* era sediado na Flórida e publicava jornal semanal, com mais de 5 milhões de publicações. Dessas, em torno de 600 mil cópias eram vendidas na Califórnia, quase o dobro do segundo maior número de vendas por estado, o que justificava a presença de contato mínimo entre o periódico e o estado da Califórnia.

---

[7] BILLAM, Suzanne E. *Forum non conveniens: when home isn't always convenient*. Disponível em: https://www.lexology.com/library/detail.aspx?g=06450c99-bf55-4f2d-9175-9fbde754394a. Acesso em: 3 dez. 2022.

Entendeu-se que a Califórnia seria o seu objetivo, e também o local em que o dano foi sentido. Foi aplicado o critério do *effect test* (ou *calder test*), em que foram verificados os efeitos intencionais buscados pelo demandado.

Para chegar a essa conclusão, foram analisadas: a conduta ilícita do demandado, se expressamente direcionada para o fórum, foi a causadora de dano ao demandante no seu fórum e se o demandado sabia que poderia ter consequências legais naquele local.

De acordo com a Corte, "em resumo: Califórnia é o ponto focal tanto da história quanto do dano sofrido. É apropriada a jurisdição sobre os recorrentes na Califórnia baseada nos 'efeitos' da sua conduta na Flórida e na Califórnia" (tradução nossa).

O parâmetro estabelecido no caso ultrapassou a seara dos casos de difamação, passando, ao longo dos anos, a ser aplicado também para hipóteses de infringimento de propriedade intelectual e para atividades comerciais[8].

Mesmo sendo um caso de publicação de periódico impresso, ele repercute para as demandas judiciais envolvendo internet, porque se pode entender que, independentemente do local onde o conteúdo foi produzido ou disponibilizado, prevalece aquele em que foi gerado o dano. Como aponta Greenberg, a teoria dos efeitos nos moldes estabelecidos pelo caso *Calder* sempre teria sido aplicada para situações em que a conduta do agente, seja no contexto da responsabilidade civil, da violação de direito marcário, seja de direitos autorais, era dita como ilícita, tanto no foro do demandante quanto no do demandado, sem que tivesse sido questionada a sua validade quando, em um dos locais, a conduta era tida como legal[9].

A ubiquidade da internet faz com que o material possa ser disponível ao mesmo tempo para o mundo todo, tornando difícil a comprovação da intenção de gerar efeitos em uma determinada jurisdição, especialmente quando não se está diante de responsabilidade civil por ofensa a direitos da personalidade, mas hipóteses diversas, como a oferta de produtos e serviços ao público em geral.

Nesse sentido, a teoria dos efeitos parece mais eficaz e amoldada para os casos de responsabilidade civil na seara dos direitos pessoais, enquanto outras teorias, a serem apresentadas na sequência, podem ser mais adequadas para outras searas.

---

[8] GEIST, Michael. The shift toward "targeting" for internet jurisdiction. *In*: THIERER, Adam; CREWS, Clyde Wayne Jr. (org.). *Who rules the net? Internet governance and jurisdiction*. Washington, DC: Cato Institute, 2003, p. 101.

[9] GREENBERG, Marc H. A return to Liliput: the Licra v. Yahoo-case and the regulation of online content in the world market. *Berkeley Technology Law Journal*, v. 18, issue 4, p. 1204, 2003.

6.3. TEORIA DO NÍVEL DE INTERATIVIDADE

Outro marco da jurisprudência norte-americana é o caso *Zippo Manufacturing Co. v. Zippo Dot Com, Inc., 952, E Supp. 1119 (W.D. Pa. 1997)*. A autora fabrica os famosos isqueiros Zippo na Pensilvânia, enquanto a Zippo Dot Com é da Califórnia, opera um *site* de notícias *on-line* e obteve exclusividade dos domínios zippo.net e zipponews.com. A fabricante de isqueiros ajuizou, na Pensilvânia, demanda contra a dot.com por diluição, infringimento e falsa designação de marca, pois o uso do nome estaria diminuindo a singularidade da marca de isqueiros.

Para a defesa, a demanda deveria ser arquivada por ausência de jurisdição pessoal da Corte da Pensilvânia, recaindo ao demandante o ônus de comprovar a existência de contato suficiente entre ele e o foro.

A alegação foi rechaçada sob o argumento de que a jurisdição da Corte, a constitucionalidade do seu exercício, é diretamente proporcional à natureza e à qualidade da atividade comercial que um agente conduz na internet. Para tal verificação, deveria ser empregado teste apto a mensurar o nível de interatividade entre o *site* e o público, que teria, de um lado, o "contato sistemático com o foro" de quem entra na internet e realiza negócios através dela e, de outro, o comportamento mais passivo, quando só há informação prestada em meio eletrônico.

A jurisdição seria incontroversa quando o demandado firma contratos com residentes de jurisdição estrangeira envolvendo transmissão de dados, e seria mais incerta quando apenas disponibiliza um conteúdo em um *site* acessível pelos usuários das jurisdições estrangeiras. No meio do caminho estariam os *sites* em que há troca de informações entre o provedor e o usuário. Nesse caso, haveria necessidade de exame do nível de interatividade e da natureza comercial da troca de informações que ocorre no *site*.

Na hipótese sob análise, o *site* da Zippo Dot Com continha informações sobre a empresa, e o serviço de notícias possuía três níveis de filiação: público/livre, original ou super, cada um deles oferecendo acesso a um número maior de grupo de notícias. Para acessar os perfis original e super, há necessidade de inscrição, com preenchimento de informações pessoais básicas. O pagamento era feito por cartão de crédito, pela internet ou por telefone. Processado o pagamento, era fornecida uma senha de acesso.

O contato da empresa de notícias com a Pensilvânia ocorreu quase exclusivamente pela internet. Escritório, empregados e o servidor do Dot Com estavam na Califórnia. Em um segundo momento, a empresa fechou contrato de parceria com sete provedores de acesso na Pensilvânia, a fim de permitir que seus assinantes acessassem o *site*.

Considerando todos esses fatores, entendeu-se que, ante a intenção de realização de comércio eletrônico com usuários locais, a ausência de contato fortuito com eles – diante do processamento dos pedidos de inscrição e a necessidade de designação de senhas para os acessos nas modalidades original e super –, houve uma escolha consciente de realizar negócios com os habitantes locais. Nesse caso, estaria claro para o demandado que poderia ser processado nesse local. Não obstante apenas 2% dos assinantes serem da Pensilvânia, é realizada referência interessante ao caso *International Shoe Co.*, oportunidade em que a Suprema Corte teria entendido que valem mais a natureza e a qualidade do contato do que a quantidade para a definição da jurisdição.

O método do nível de interatividade não passa imune de críticas. A primeira delas centra-se no fato de que o expediente, ao contrário do que se esperava à época, não trouxe maior certeza ou previsibilidade para o tema da jurisdição para a internet, já que a maioria dos *sites* não são ativos ou passivos, mas intermediários. Mesmo *sites* tidos como passivos podem usar *cookies* e coletar dados, o que geralmente ocorre quando há acesso a qualquer *site*, e essa conduta, especialmente na fase de tratamento de dados, revela-se ativa[10].

A segunda, e ainda mais contundente, é a que identifica que o emprego do método faria com que o *site* contendo informações tidas como difamatórias, com sede em outra jurisdição, mas plenamente acessível no local de residência do ofendido, não se submeteria à jurisdição do foro da vítima, gerando evidentes prejuízos à defesa judicial dos seus direitos[11].

O Centro de Estudos em Direito Digital da *Fordham Law School* realizou análise, tanto da literatura quanto da jurisprudência, no período de janeiro de 2011 a dezembro de 2012, e deparou-se com 41 casos que abordam o tema jurisdição e internet. A conclusão é de que tanto o método da interatividade quanto o *calder test calder* continuavam sendo bastante utilizados, mas que a ferramenta empregada em Zippo prevaleceria, com exceção das questões relacionadas à responsabilidade civil e difamação, em que se aplicaria com maior frequência o *calder test*[12].

---

[10] GEIST, Michael. The shift toward "targeting" for internet jurisdiction. *In*: THIERER, Adam; CREWS, Clyde Wayne Jr. (org.). *Who rules the net? Internet governance and jurisdiction.* Washington, DC: Cato Institute, 2003, p. 103-104.

[11] GREENBERG, Marc H. A return to Liliput: the Licra v. Yahoo-case and the regulation of online content in the world market. *Berkeley Technology Law Journal*, v. 18, issue 4, p. 1203, 2003.

[12] CENTER ON LAW AND INFORMATION POLICY. Internet jurisdiction: survey of legal scholarship published in English and United States Case Law. *Fordham Law School*, june

Esses dados refletem um período específico da experiência norte-americana. Outros países empregam recursos diversos para a determinação da jurisdição para o ambiente digital. No entanto, a longevidade desses dois casos e, como já dito, o seu emprego contínuo como fundamento teórico em demandas envolvendo internet em situações plurilocalizadas, inclusive em países outros, apenas evidencia a importância desses dois casos, caracterizando-os como verdadeiros precedentes na temática.

6.4. TEORIA DO CENTRO DE INTERESSE

O Tribunal Europeu de Justiça, ao analisar o caso *Shevill & Ors. v. Presse Alliance S.A., Case C-68/93 [1995]*, que envolvia a distribuição, em Estados-membros, de material impresso com conteúdo entendido como difamatório, consignou a possibilidade de o demandante acionar o demandado em qualquer um dos Estados em que o material foi distribuído e em que o dano foi sentido. No entanto, o Estado-membro apenas exerceria jurisdição sobre a parcela do dano causado ou sentido dentro das suas fronteiras territoriais. A integralidade do ilícito e do eventual dano decorrente poderia ser discutida no local do estabelecimento do editor da publicação.

Essa compreensão acabou por gerar a abordagem mosaico, que possibilitava que os mesmos fatos dessem ensejo a uma pluralidade de demandas judiciais. As desvantagens para ambas as partes são evidentes: o demandante teria que arcar com os custos de ajuizar demandas em 27 Estados-membros, e o demandado teria o ônus de figurar no polo passivo de cada uma delas. Os riscos para os direitos titulados pelo demandado seriam ainda maiores nos casos envolvendo países de *civil law* que integram o bloco e não adotam a teoria do *forum non conveniens*[13].

Tal compreensão tornaria igualmente difícil a mensuração dos danos parciais sofridos em cada local, especialmente quando o ato tido como ilícito envolve a violação de direitos de personalidade, sendo ligeiramente mais factível para as hipóteses de violação a direitos autorais e marcário.

Como bem destacado por Lutzi, não pode ser olvidado o risco de que o ajuizamento de demanda, visando discutir uma parcela do ilícito, gere a concessão de uma medida inibitória interlocutória (*interlocutory injunction*) que afete toda a

---

2013. Disponível em: https://papers.ssrn.com/sol3/papers.cfm?abstract_id=2309526. Acesso em: 3 dez. 2022.

[13] PRÉVOST, Emeric. *Study on forms of liability and jurisdictional issues in the application of civil and administrative defamation laws in Council of Europe member states.* Council of Europe Study DGI (2019) 04, p. 33.

atividade do demandado, por exemplo, uma determinação de remoção generalizada do conteúdo em discussão, sob pena de multa ou outras medidas indutivas[14].

Ainda segundo o mesmo autor, as Cortes inglesas seriam muito restritivas na concessão de medidas dessa natureza, baseadas em porções do ilícito, enquanto as Cortes alemãs posicionar-se-iam em sentido oposto, o que aumentaria a chance de escolha direcionada da jurisdição por parte do demandante[15].

Além dos problemas elencados acima, a abordagem mosaico ainda conflitaria com vários paradigmas do direito internacional privado, entre eles: I) *o princípio da certeza legal*, já que o demandado, dada a ubiquidade da internet, não conseguirá prever os locais em que poderá ser acionado judicialmente; II) *o actor sequitur rei*, que indica a necessidade de o demandante acionar o demandado no seu domicílio; III) o da *proximidade*, ante a criação de conexão tênue entre o foro e o conteúdo ali acessível, gerando *libel tourism*, ou turismo judicial; e IV) o da *melhor administração da justiça*, que indica a necessidade de diminuição do número de Cortes com jurisdição sobre um caso, para que sejam reduzidos os riscos de prolação de decisões irreconciliáveis[16].

Imagina-se, ainda, que essa concepção traria grandes dificuldades para a fase de reconhecimento e execução dessas sentenças estrangeiras. Ainda que o sistema comunitário europeu preveja um procedimento simplificado de circulação e homologação de decisões, a prolação de diferentes pronunciamentos judiciais envolvendo parcelas do mesmo fato ocorrido *on-line* traria desafios ao juízo competente para a execução dessas variadas decisões com efeitos sobrepostos, principalmente na hipótese de concessão de tutelas de urgência cumuladas com medidas acessórias, por exemplo, multa.

Ante essas dificuldades, a concepção foi paulatinamente abandonada, optando-se pela teoria de que o Estado de domicílio, seja do demandante, seja do demandado, a depender do caso, exerceria jurisdição sobre toda a esfera de repercussão do dano supostamente experimentado.

Esse entendimento foi expresso pelo Tribunal Europeu de Justiça em 2011, quando do julgamento conjunto dos casos *eDate Advertising v. X (C-509/09)* e *Olivier Martinez e Robert Martinez* v. *MGN Limited (C-509/09)*.

---

[14] LUTZI, Tobias. Internet cases in EU Private Law: developing a coherent approach. *International & Comparative Law Quarterly*, Cambridge, vol. 66, n. 3, p. 689, jul. 2017.

[15] LUTZI, Tobias. Internet cases in EU Private Law: developing a coherent approach. *International & Comparative Law Quarterly*, Cambridge, vol. 66, n. 3, p. 690, jul. 2017.

[16] LUTZI, Tobias. Internet cases in EU Private Law: developing a coherent approach. *International & Comparative Law Quarterly*, Cambridge, vol. 66, n. 3, p. 692, jul. 2017.

Na primeira demanda, X era um alemão condenado à prisão perpétua pelo homicídio de um famoso ator. Anos depois, obteve liberdade condicional e ajuizou demanda, na Alemanha, contra a eDate, empresa com sede na Áustria que mantinha, em sua página *on-line*, notícia sobre o caso de X e a tese defensiva adotada.

Na segunda, foi elaborada notícia, em inglês, publicada pelo jornal *Sunday Mirror*, de que Olivier Martinez, um famoso ator francês, teria tido um encontro amoroso com uma cantora. A demanda foi proposta na França.

Em ambos os casos, os tribunais nacionais consultaram a Corte Europeia acerca de questões prejudicais envolvendo a jurisdição adequada para conhecer as demandas. Os tribunais questionavam sobre a correta interpretação a ser dada ao art. 5(3) do Regulamento 44/2001, que prevê a possibilidade de uma pessoa domiciliada em um Estado-membro ser demandada, em matéria extracontratual, perante o tribunal em que ocorreu ou poderá ocorrer o fato danoso. O Tribunal Europeu entendeu que o local do dano se refere, simultaneamente, ao lugar do evento causal e o da sua materialização, e que ambos podem constituir nexo significativo do ponto de vista da jurisdição.

Na oportunidade, foi retomado o posicionamento em prol da abordagem mosaico firmada pela Corte no caso *Shevill*, indicando os inconvenientes da limitação da jurisdição do Estado apenas aos danos causados naquele foro, mas que o demandante sempre teria a faculdade de fazer pedido global no tribunal do domicílio do demandado, ou no lugar de estabelecimento do editor da publicação.

Restou consignado que a internet reduz a utilidade do critério da difusão, por ser universal para conteúdos ali disponibilizados, nem sempre ser possível quantificar essa difusão com certeza e confiabilidade com relação a um Estado--membro em particular, nem avaliar o dano exclusivamente causado nesse ente.

Tendo em vista esse cenário, entendeu-se que a demanda poderia ser proposta pelo demandante no local em que o dano pudesse ser mais bem apreciado, o local onde a vítima tem o seu centro de interesse, que normalmente coincide com a sua residência habitual, mas não sempre, e que esse tribunal analisaria o caso em sua totalidade. Entendeu-se que o critério do centro de interesse permitiria ao demandante antever razoavelmente onde poderá demandar, e ao demandado onde será demandado.

Cabe destacar que essa compreensão não afastou por completo a abordagem mosaico, pois constou expressamente no acórdão que a integralidade do suposto dano poderia ser objeto de demanda ajuizada no local centro de interesse do demandante, ou no local de estabelecimento do demandado, sem prejuízo da possibilidade de ajuizamento de demandas por danos parciais em todos os Estados--membros em que o conteúdo estivesse ou esteja acessível.

Apesar da manutenção da abordagem mosaico, verifica-se que, cada vez mais, ela se caracteriza como opção secundária, ante a ampliação das jurisdições possíveis em que a integralidade do dano supostamente sofrido pode ser discutida nos casos de responsabilidade extracontratual, que passa a abarcar o local de estabelecimento do demandado, o local do fato danoso e o centro de interesse da vítima.

No ano de 2018, a Suprema Corte canadense decidiu o caso *Haaretz.com v. Goldhar (2018 SCC28)* aplicando as mesmas noções desenvolvidas pela experiência europeia. Um conhecido empresário canadense, dono de um dos times de futebol mais populares de Israel, ajuizou, no Canadá, demanda contra jornal israelense que publicou, em sua página *on-line*, e também de forma impressa, reportagem criticando a maneira como ele gerenciava o clube. O ponto principal da reportagem são a propriedade e o gerenciamento do time, mas o artigo também faz referências aos seus negócios canadenses e sua gestão. O artigo foi disponibilizado apenas na via eletrônica no Canadá.

O demandante obteve êxito perante a primeira instância, e a decisão foi mantida em segunda, com o jornal recorrendo para a Suprema Corte questionando a jurisdição canadense para conhecer e julgar o caso. Por maioria de votos, prevaleceu o entendimento de que a demanda deveria ser suspensa em favor da jurisdição israelense, por aplicação da noção de *jurisdiction simpliciter* (análise da existência de conexão real entre o objeto do litígio e o local do julgamento).

No caso, verificou-se que a matéria repercutiu muito mais em Israel, local em que o demandante seria mais conhecido e iria com frequência, e teria reputação a zelar, e menos no Canadá. Entendeu-se que deveriam ser considerados os interesses comerciais do demandante, foco central da reportagem, e a sua reputação em Israel, e que seria injusto para o jornal um julgamento em Ontário, local onde sequer possui bens ou presença. A comparação entre conveniência e custos paras as partes e testemunhas privilegiaria Israel.

Para a declinação da jurisdição, foi aplicado o princípio do *forum non conveniens*, que permite que um tribunal, de forma discricionária, decline o feito para outro que se vê mais apto para solucionar o litígio.

Nessa hipótese, o centro de interesse do demandante não coincidiu com a sua residência, mas sim com o local do exercício de sua atividade profissional, o que estabeleceu um nexo estreito com o Estado de Israel.

Esse caso demonstra que, nem sempre, ao contrário do que possa parecer à primeira vista, a opção pelo centro de interesse é mais vantajosa ou conveniente ao demandante. No caso analisado, o demandante reside em um continente e terá que litigar em outro, arcando com todos os custos e empecilhos gerados por essa situação.

É claro que, nesse caso, a opção pela jurisdição israelense poderia ser justificada com base no local de estabelecimento do emissor do conteúdo. No entanto, a fundamentação empregada rumou muito mais na notoriedade do demandante, que seria maior em Israel do que no Canadá, pelos negócios que conduz naquele país, do que na localização física do periódico.

Uma das críticas à teoria do centro de interesse é que ela iria contra o brocardo *actor sequitur rei*[17]. Contudo, nos parece que isso ocorreria apenas parcialmente, ante a opção, abrangida por essa vertente, de acionamento do demandado no local do seu estabelecimento, e do natural antagonismo entre esse paradigma com o do *lexi loci delicti*, sedimentado para danos ocorridos na esfera digital, como o local de residência, ou de atuação do demandante.

6.5. TEORIA DO PAÍS DE ORIGEM

O caso mais notório sobre o tema é *UEJF et Licra v. Yahoo! Inc et Yahoo France, Ordonnance de Référé 00/05308*, julgado em 2000. A Liga Francesa contra o Racismo e o Antissemitismo enviou carta para a sede do Yahoo, nos Estados Unidos, opondo-se ao leilão *on-line* de itens nazistas na plataforma, violador da lei francesa. A empresa bloqueou a oferta no domínio "yahoo.fr", mas alguns itens continuavam à venda no domínio "yahoo.com". Foi ajuizada demanda contra a permanência dos itens, acessíveis na França através do *site* ".com".

O judiciário francês entendeu que exerce jurisdição sobre o caso e adotou a teoria dos efeitos de *calder* para a concessão da medida de urgência. Em segundo momento, foram realizadas audiências com os patronos e representantes das partes.

Em resposta, o Yahoo ajuizou demanda na Califórnia, local da sua sede, contestando a execução da decisão nos Estados Unidos. Em primeira instância, entendeu-se pela aplicação da teoria do país de origem do fornecedor, no sentido de que apenas o país em que a empresa estabeleceu sua sede poderia exercer jurisdição sobre a companhia, e consequentemente sobre o fato.

A importância desse julgado para o sistema de reconhecimento e homologação de sentenças estrangeiras envolvendo o ambiente digital fará com que seja retomado no próximo capítulo, quando o tema será esmiuçado. Por ora, basta a menção ao caso e a indicação de que, não obstante no processo de conhecimento ter havido aplicação da *teoria dos efeitos de calder*, quando da execução da decisão

---

[17] LUTZI, Tobias. Internet cases in EU Private Law: developing a coherent approach. *International & Comparative Law Quarterly*, Cambridge, vol. 66, n. 3, p. 700, jul. 2017.

perante outra jurisdição, a Corte distrital, não sem críticas, aplicou a teoria do país de origem do provedor de conteúdo.

Como aponta Lima, o critério do país de origem representa uma ameaça à proteção do consumidor[18]. O mesmo alerta é realizado por Lutzi, para quem, em linhas gerais, o método seria salutar por reduzir incertezas quanto à jurisdição e ao direito aplicável, ambos do país do provedor de conteúdo, mas afetaria negativamente a seara consumerista, além de ser facilmente manipulável[19], gerando *forum shopping*.

6.6. TEORIA DO DIRECIONAMENTO

Em 2009, a Corte de Amsterdã adotou posicionamento diverso para o tema da jurisdição e internet. Em *Dimensione v. Cassina (LJN BH6546)*, uma empresa com sede na Itália e uma fundação com sede na França ajuizaram demanda contra empresa italiana, nos Países Baixos. Foi consignado, na decisão, que Cassina é uma empresa que fabrica móveis e os vende para o mundo todo, inclusive na Holanda. Em 2007, foi firmado contrato entre Cassina e a Fundação Le Corbusier, em que foi cedido o direito exclusivo de fabricar e vender alguns modelos de móveis, assim como o uso da marca da Fundação.

A demandada, Dimensione, vende móveis *on-line*. Sua página possui, como opção de idioma, as línguas italiano, alemão, inglês e francês. O seu diferencial seria o de vender móveis com preços mais vantajosos, com as mesmas condições de compra direto da fábrica, além de oferecer garantia. Na opção de compra, o *site* indica listagem de países em que é realizada a entrega dos móveis, incluindo a Holanda.

Em 2008, a Dimensione enviou mala direta para escritórios de advocacia, informando que o Tribunal de Justiça Europeu, em decisão de caso sob sua análise, teria permitido o uso de cópias de móveis adquiridos diretamente na Itália. Na correspondência, há indicação do *site* da Dimensione e a oferta de desconto, com consignação expressa de que a opção oferecida seria até 50% mais barata do que uma compra realizada na Holanda, e que esses móveis poderiam ser usados em instalações comerciais.

---

[18] LIMA, Cíntia Rosa Pereira de. *Validade e obrigatoriedade dos contratos de adesão eletrônicos* (shrink-wrap *e* click-wrap) *e dos termos e condições de uso (*browse-wrap*)*: um estudo comparado entre Brasil e Canadá. São Paulo: USP, 2009, p. 578.

[19] LUTZI, Tobias. Internet cases in EU Private Law: developing a coherent approach. *International & Comparative Law Quarterly*, Cambridge, vol. 66, n. 3, p. 712, jul. 2017.

As demandantes pugnaram para que houvesse determinação judicial de cessação da conduta da Dimensione, que violaria seus direitos autorais, proibindo-a de divulgar e replicar os modelos de móveis indicados na inicial e, em especial, a sua oferta para a Holanda através de mala direta, catálogo ou *site* voltado para o público holandês, bem como proibindo-a de manter estoque, vender, entregar ou importar esses móveis nos Países Baixos.

Foi realizado também pedido para tornar o *site* da Dimensione, com expressa indicação da URL da página, inacessível aos residentes holandeses no prazo de sete dias após o julgamento, ou para que houvesse determinação de alteração do *site* para que ele não fosse acessível para endereços de IP localizados na Holanda e visitantes com nome de domínio "nl", bem como para visitantes com nome de domínio de provedor de serviços de internet terminado em ".nl".

Ao decidir de forma favorável às demandantes, o Tribunal considerou que o objeto da demanda eram as supostas violações aos direitos autorais, ocorridas em solo holandês, o que permitiria ao Tribunal conhecer o caso. Considerou-se importante que a Holanda apareça na lista de países onde os móveis são entregues. Da mesma forma, foi ponderado que os pedidos são efetivamente atendidos quando realizados *on-line*, uma vez que os advogados da Cassina realizaram encomenda e receberam o móvel em Amsterdã. Foi levado em conta, ainda, que houve o envio de catálogos de oferta para 10 mil clientes em potencial na Holanda, via endereços de *e-mail* holandeses.

A percepção de que há oferta direcionada ao público holandês não se alteraria, mesmo que não haja opção de escolha do idioma holandês no *site*, já que os idiomas disponíveis são úteis para a população local.

Diante da constatação de que havia intenção clara de venda dos produtos comercializados pela demandada para residentes na Holanda, houve determinação de cessação imediata da oferta, nos Países Baixos, dos modelos de móveis descritos na inicial, seja por mala direta, *e-mail*, seja por catálogo, sob pena de multa diária.

Da mesma forma, foi determinado que a demandada se abstenha de manter em estoque, importar ou negociar os modelos de móveis nos Países Baixos, determinando que o *site* indicado na URL ou semelhantes sejam tornados inacessíveis para o público holandês, para que não sejam acessíveis pelo endereço IP localizado na Holanda e para visitantes com nome de domínio "nl" ou visitantes com nome de domínio do provedor terminado em ".nl", sob pena de multa diária.

O Brasil já experienciou situação em tudo semelhante.

Após a promulgação do Marco Civil da Internet, o tema da jurisdição e do direito aplicável para as demandas envolvendo temática virtual com elementos de estraneidade avultou-se, especialmente pelas previsões do art. 11 do diploma legal e a possibilidade de aplicação extraterritorial da legislação nacional ali contida.

No caso conhecido como *Tudo sobre Todos* (Cautelar Inominada 0805175-58. 2015.4.05.8400, Justiça Federal do Rio Grande do Norte), de 2015, a medida preparatória foi ajuizada pelo Ministério Público Federal, e teve como objeto o *site Tudo sobre todos*. O objetivo era a suspensão/retirada provisória do *site* administrado pela empresa Top Documents, que comercializa dados pessoais de todos os brasileiros, como data de nascimento, número de inscrição no cadastro de pessoas físicas (CPF), endereço residencial completo, perfil de parentes e até de vizinhos[20].

Apesar de a empresa estar sediada em Seicheles, o *site* estar hospedado por provedor com sede na Califórnia, e o domínio ser ".se" (Reino da Suécia), a página é destinada ao público brasileiro: o idioma utilizado é o português, e comercializa dados de brasileiros, havendo direcionamento para o mercado brasileiro, como no caso holandês mencionado. A vinculação formal com o Brasil ocorre através da empresa brasileira contratada para intermediar as cobranças e transferências de recursos, sediada em São Paulo. A comercialização dos dados é realizada sem prévia consulta e colheita de consentimento dos titulares dos dados, violando a intimidade, a vida privada e o sigilo dos dados pessoais.

A pretensão ventilada na inicial é de que haja determinação judicial para que as empresas que, no Brasil, administraram serviços de acesso a *backbones*, serviço móvel pessoal (SMP) e serviço telefônico fixo comutado (STFC) insiram obstáculos tecnológicos capazes de inviabilizar, até julgamento definitivo do processo principal, o acesso ao *site* em todo o território nacional.

Interessante observar que o pedido foi direcionado não aos responsáveis legais pelo provedor de conteúdo, sediado em um local conhecido como paraíso

---

[20] Conforme consta na petição inicial, desconfia-se que a fonte das informações comercializadas pelo *site* tenha como origem o banco de dados da Receita Federal, já que dados fornecidos por contribuintes ao órgão nas declarações de imposto de renda, mas com erros de digitação, estariam sendo ofertados na página. Foram juntados aos autos testes realizados durante o Inquérito Civil Público que verificaram a possibilidade de obtenção de dados de crianças de tenra idade, o que reforça a suspeita de que o banco de dados utilizado emprega os dados cadastrais relacionados ao CPF dos indivíduos. Há elevado grau de suspeita de vazamento da base de dados federal. A possibilidade de participação de agentes internos do órgão motivou pedido do Ministério Público Federal para que a União Federal integrasse o polo ativo da demanda.

fiscal e digital, e, portanto, desconhecidos, mas aos intermediários locais, agentes que possuem bens e representantes na jurisdição.

Como visto, quando da apresentação das camadas de funcionamento da rede, optou-se pela atuação na camada infraestrutural da internet brasileira. Poderia ser o pedido direcionado para a empresa que, no Brasil, intermedeia os pagamentos realizados pelos interessados nas informações ao *site*. No entanto, essa atuação na camada do conteúdo seria complementar, já que há notícia de que alguns dados seriam fornecidos de forma gratuita aos interessados, e apenas perfis mais detalhados seriam objeto de cobrança.

O fundamento legal dos pedidos foram as disposições dos arts. 5º, X e XII, da Constituição Federal, 2º, VI, 3º, II e III, 7º, VII, VIII, *a, b* e *c*, IX, 8º, I e II, e 11, do Marco Civil da Internet, 4º e 5º, V e VII, da Lei 12.414/2011, que disciplina a consulta de bancos de dados para fins comerciais, e 4º e 31, §§ 1º, I e II, da Lei 12.527/2011, conhecida como Lei de Acesso à Informação.

A medida de urgência foi deferida. Aos provedores de *backbone* e de serviço telefônico fixo comutado foi solicitado que inserissem obstáculos tecnológicos que inviabilizem, até julgamento final da demanda, o acesso ao *site* em todo território nacional. Foi realizado pedido através da Secretaria Nacional de Justiça, para que o Reino da Suécia retirasse do ar o *site* e fornecesse dados dos criadores e mantenedores da página.

Enquanto as medidas eram cumpridas pelos provedores de *backbone*, que inseriram obstáculos técnicos para que a página não fosse acessível no Brasil, houve apresentação de pedidos complementares para que fossem requisitados dados para provedores de aplicação que tinham alguma conexão com o *site*.

Ao *Google*, foram solicitados os dados ligados ao código-fonte da página *Tudo sobre todos* (incluindo ID e usuário, número dos IPs que acessam a conta, *logs* de acesso e conteúdo de *e-mails*, *logs* de acesso e dados do *Google Drive* ligados à conta); ao *Twitter*, os *logs* de acesso à conta na plataforma (@_TudoSobreTodos), ao *Yahoo*, os *logs* de acesso à conta de *e-mail* em nome da empresa vinculada ao provedor, com IP, data e hora de acesso e, ao *Facebook*, o endereço IP responsável pela criação e manutenção do perfil *TudoSobreTodosOficial*.

Os pedidos dirigidos aos provedores de aplicação foram deferidos, com cumprimento parcial da determinação judicial, sob argumentos diversos, que serão objeto de análise no capítulo seguinte, quando do estudo a respeito das possibilidades legais de atuação sobre provedores locais e representantes legais de provedores com sede em outros países.

Não obstante o desconhecimento geral sobre a titularidade e administração da Top Documents, mantenedora da página em questão, a empresa conferiu poderes para que advogado devidamente habilitado realizasse a sua defesa em juízo no Brasil. O patrono indica desconhecer a identidade dos representantes da empresa.

O agravo de instrumento interposto em face da decisão que concedeu a tutela de urgência preparatória requerida, fundado no argumento de que os dados possuem caráter público, sendo, inclusive, disponibilizados pela própria Administração Pública, foi indeferido pelo Tribunal Regional Federal da 5ª Região, sob o argumento central de que:

> Apesar do caráter público de alguns desses dados, sua compilação conjunta e a formação de um banco de dados com tal densidade de informações, e sem o consentimento dos indivíduos, nitidamente fere a garantia constitucional de proteção e inviolabilidade da vida privada e da intimidade das pessoas.
>
> Ademais, ressalte-se que há possibilidade de tais informações disponibilizadas no acervo do *site* estarem sendo obtidas ilegalmente através do próprio banco de dados da Receita Federal, na medida em que há relatos de que erros de digitação inseridos em declarações de imposto de renda estão sendo reproduzidos nos perfis dos usuários do *site*, como bem destacou o Juiz *a quo*[21].

A demanda principal, ação civil pública, foi ajuizada. Há dificuldade para realização da citação da empresa, já que o advogado constituído na ação preparatória indicou não possuir poderes para representação da empresa na demanda, pois a procuração outorgada conferia poderes específicos para a medida cautelar preparatória.

Houve determinação de citação da empresa por *e-mail*. A medida, não ortodoxa e sem previsão expressa no sistema brasileiro à época dos fatos[22], encontra justificativa diante das peculiaridades do caso e o evidente emprego de manobras evasivas por parte da demandada.

Ainda que o feito esteja no início da fase instrutória, já é considerado um marco na produção jurisprudencial brasileira sobre ambiente digital. Primeiramente, por ter aplicado a teoria do direcionamento, explicitando que, apesar de a página ter sido construída toda com base em provedores e domínio estrangeiros, estava claramente voltada para brasileiros e dados de pessoas dessa nacionalidade, o que atraia a jurisdição nacional. Em um segundo momento, pelo fato de a or-

---

[21] TRF5, Agravo de Instrumento 08052225642015 4050000, Rel. Des. Federal Paulo Roberto de Oliveira Lima, 2ª T., j. 25.11.2015.

[22] Atualmente há possibilidade de citação via correio eletrônico, desde que o citado tenha disponibilizado seu endereço eletrônico no banco de dados do Poder Judiciário, nos termos da redação do art. 246 do Código de Processo Civil, conferida pela Lei 14.195/2021.

dem judicial ter se voltado prioritariamente aos provedores que atuam na camada infraestrutural da rede, com o intuito de bloquear, por completo, o acesso de IPs brasileiros à página com conteúdo claramente ilícito.

Usualmente, as medidas judiciais são direcionadas aos provedores de aplicação. Isso porque é menos drástico e potencialmente danoso a outros direitos, com a liberdade de expressão, a remoção/bloqueio pontual de uma URL, e não o impedimento de acesso à integralidade de uma página.

Como já visto, o provedor de aplicação pode ser do tipo de hospedagem e não vincular somente conteúdo de um sujeito ou empresa, mas de vários. Medidas voltadas à camada técnica de banimento total de um *site* em determinado território possuem o potencial de violar os direitos desses terceiros. No caso, a medida foi adotada em sede de tutela de urgência ante a gravidade da situação: exposição à venda de dados de milhares de pessoas, e pelo fato de a página hospedar somente conteúdo próprio, e não de terceiros.

Essa forma de determinar o país com jurisdição para o feito ficou conhecida como *targeting test*, que parte da doutrina entende como o critério mais adequado, especialmente para questões de oferta de produtos e serviços ao público.

De acordo com Svantesson, a teoria do direcionamento teria migrado da seara consumerista, sendo o método empregado com maior frequência pela União Europeia para casos envolvendo proteção de dados. Ainda segundo o professor australiano, essa abordagem poderia ser descrita como "o sonho do legislador mas o pesadelo do juiz (e dos advogados)" (tradução nossa), pois, em teoria, ela forneceria certeza, previsibilidade e simplicidade na definição do órgão jurisdicional mas, em verdade, seria difícil diante do caso concreto[23].

A tendência em prol desse critério não ignora que ele, talvez, não seja o ideal quando se considera uma página com alcance global e a potencialidade de *forum shopping* pelos provedores[24], ou, ainda, que tal abordagem pode implicar a redução de opções de consumo *on-line*, já que empresas podem não ofertar produtos para certos mercados com base nesse entendimento[25].

---

[23] SVANTESSON, Dan. *Solving the internet jurisdiction puzzle*. Oxford: Oxford University Press, 2017, p. 103.
[24] LUTZI, Tobias. Internet cases in EU Private Law: developing a coherent approach. *International & Comparative Law Quarterly*, Cambridge, vol. 66, n. 3, p. 702, jul. 2017.
[25] GEIST, Michael. The shift toward "targeting" for internet jurisdiction. *In*: THIERER, Adam; CREWS, Clyde Wayne Jr. (org.). *Who rules the net? Internet governance and jurisdiction*. Washington, DC: Cato Institute, 2003, p. 118.

Considerando esse cenário, estudiosos do tema sugerem aprimoramentos na teoria. Gest indica teoria do direcionamento assentada em três fatores: I) *contrato* – Termos de Uso permitiriam antever a jurisdição aplicável, mas teriam importância mitigada em casos envolvendo consumidores, e dependeriam "do método empregado para obtenção do consentimento e a razoabilidade dos termos contidos no contrato"[26] (tradução nossa); II) *tecnologia* – seria ônus da parte que contesta o exercício do poder jurisdicional do órgão que conhece e analisa o caso demonstrar quais medidas técnicas empregou para direcionar ou evitar que sua atividade estivesse voltada para uma determinada jurisdição; e III) *conhecimento real ou implícito* das partes sobre a localização geográfica da atividade *on-line*. Os dois últimos fatores poderiam ser verificáveis mediante o emprego de tecnologias de localização geográfica[27].

Outros, como Lutzi, propõem abordagem mista entre a teoria do país de origem do provedor de conteúdo e a do direcionamento. De acordo com a sua concepção, haveria preponderância da jurisdição do país em que está localizada a sede do agente que disponibilizou o conteúdo. A exceção ocorreria em demandas envolvendo direito do consumidor, para hipóteses contratuais e extracontratuais[28].

Para a definição do direito aplicável, o critério do país de origem seria secundário, ante a necessidade de observância das regras gerais de conexão definidas no direito privado. Mesmo assim, deixa entrever a sua predileção pela legislação do país de origem do provedor ao indicar a necessidade de comparação entre a norma indicada pelo método de escolha do direito aplicável e a legislação do país de origem, focada na possível mitigação de direitos do provedor quando da aplicação de legislação que não seja a de sua origem.

O apreço pela legislação do país de origem do provedor de conteúdo é mantido mesmo diante da constatação de que "a maioria dos provedores de informação estão estabelecidos fora da União Europeia, a regra geral do país de origem geralmente se referiria às leis de países de não Estados-membros"[29] (tradução nossa).

---

[26] GEIST, Michael. The shift toward "targeting" for internet jurisdiction. *In*: THIERER, Adam; CREWS, Clyde Wayne Jr. (org.). *Who rules the net? Internet governance and jurisdiction*. Washington, DC: Cato Institute, 2003, p. 108.

[27] GEIST, Michael. The shift toward "targeting" for internet jurisdiction. *In*: THIERER, Adam; CREWS, Clyde Wayne Jr. (org.). *Who rules the net? Internet governance and jurisdiction*. Washington, DC: Cato Institute, 2003, p. 108-117.

[28] LUTZI, Tobias. Internet cases in EU Private Law: developing a coherent approach. *International & Comparative Law Quarterly*, Cambridge, vol. 66, n. 3, p. 715-720, jul. 2017.

[29] LUTZI, Tobias. Internet cases in EU Private Law: developing a coherent approach. *International & Comparative Law Quarterly*, Cambridge, vol. 66, n. 3, p. 722, jul. 2017.

No capítulo subsequente, serão expostas algumas possibilidades para o enfrentamento do tema da jurisdição para fatos plurilocalizados na internet, considerando as teorias expostas, de acordo com a perspectiva legislativa brasileira.

7
POSSIBILIDADES PARA A JURISDIÇÃO DIGITAL BRASILEIRA

7.1 INEXISTÊNCIA DE SOLUÇÃO ÚNICA E ABRANGENTE

A interconexão de fenômeno tão complexo e multifacetado quanto a internet com o tema da jurisdição apta a conhecer, julgar e efetivar os pronunciamentos judiciais que versam sobre questões digitais não encontra solução única.

Isso ocorre principalmente porque os julgados estrangeiros trazidos e as previsões legais sobre o tema da jurisdição internacional não exclusiva na legislação brasileira dedicam-se, precipuamente, às modalidades prescritiva e adjudicatória da jurisdição, ou seja, à fase de elaboração de normas que regulam condutas e a sua aplicação diante do caso concreto, em processo judicial ou administrativo[1].

A execução do pronunciamento estatal adjudicado, seja ele provisório, seja definitivo, conhecida como *enforcement jurisdiction*, apresenta-se como a etapa mais complexa desse fenômeno.

A busca por dados aptos à identificação do sujeito que cometeu o ato ilícito digital, requisito necessário para qualquer pretensão ressarcitória, ou, ainda, a pretensão de remoção ou bloqueio do conteúdo infringente no ambiente digital evidenciam essa dificuldade prática. Isso porque grande parte dos provedores a quem esses comandos judiciais se dirigem possuem sedes em outros países, o que traz à tona a questão dos limites de atuação de um Estado, que deve respeitar a soberania exercida por outro dentro de suas fronteiras territoriais, o que impede, via de regra, atos executivos com eficácia extraterritorial sobre esses provedores.

A necessidade de uso da via do reconhecimento e homologação de decisões estrangeiras para assegurar o cumprimento de decisões sobre agentes estrangeiros e bens localizados no exterior apresenta-se intrincada, nem sempre efetiva ou célere, como será visto. As peculiaridades desse sistema não parecem coadunar-se com a ubiquidade e a velocidade do ambiente digital.

---

[1] SVANTESSON, Dan. *Solving the internet jurisdiction puzzle*. Oxford: Oxford University Press, 2017, p. 159.

Apesar do constatado acima, é certo que a preponderância histórica do Estado na resolução de conflitos e o seu aparelho estruturado, durante séculos, com esse intuito, justificam o seu predomínio como meio de solução dos embates sociais. Como bem destacado por Leonardi, os elementos de regulação da internet:

> [...] não podem funcionar sem um sistema de governo territorial e de coerção física imposta pelo sistema jurídico. Ainda que o desenvolvimento tecnológico tenha criado mudanças radicais nas maneiras como os seres humanos vivem e interagem, ele não alterou a essência das formas tradicionais de governo e de regulação adotadas pelas nações: apenas exigiu adaptações simples ou complexas, conforme o caso[2].

Por isso, a análise focará na jurisdição estatal, objeto central desta obra. Propõe-se a *atuação judicial voltada para a tutela específica e para o resultado prático equivalente, ou seja, para os provedores de aplicação e de conexão*.

Com relação a ambos, busca-se a obtenção de dados do agente causador do ilícito. Pode-se intentar, também, o bloqueio ou a remoção do material, com a aplicação dos mecanismos técnicos de controle do conteúdo digital.

Uma opção especialmente válida é o emprego de filtros de localização geográfica sobre o conteúdo tido como ilícito ou ofensivo, quando oriundo de fora do país ou quando desconhecido o agente produtor, com dispensa do uso dos mecanismos de cooperação jurídica internacional, como será oportunamente esmiuçado.

É certo que nenhuma das soluções apresentadas consegue, por si só, fazer frente à complexidade da internet, que permeia diferentes agentes, de variadas nacionalidades, situados em Estados soberanos distintos e soluções técnicas diversificadas.

Nesse sentido, as hipóteses apresentadas acima serão analisadas considerando-se o seu grau de efetividade e de concretude para a resolução de questões envolvendo o ambiente digital, partindo da figura do Estado, e os meios coercitivos que lhe são inerentes, perpassando pela resolução *on-line* e privada de disputas.

7.2. LOCAL DOS EFEITOS COMO CRITÉRIO PARA ESCOLHA DO DIREITO APLICÁVEL E EXERCÍCIO DE JURISDIÇÃO PRESCRITIVA E ADJUDICATÓRIA

7.2.1. Responsabilidade extracontratual e relações de consumo

A ubiquidade da internet, entendida como a sua possibilidade de estar, ao mesmo tempo, em diversos lugares e, consequentemente, permitir que os conteú-

---

[2] LEONARDI, Marcel. *Tutela e privacidade na internet*. São Paulo: Saraiva, 2012, p. 259-260.

dos disponibilizados nesse ambiente sejam potencialmente acessados por pessoas nas mais variadas localizações ao redor do globo, torna difícil, senão impossível, precisar o local de ocorrência dos fatos que ali se desenrolam.

Como visto no capítulo anterior, diversas são as teorias que buscam determinar o direito aplicável e a jurisdição apta a conhecer e analisar uma demanda envolvendo o ambiente digital. Ao lado das vertentes doutrinárias a respeito do tema, existem os posicionamentos defendidos pelas principais empresas que atuam no mercado de tecnologia e prestação de serviços *on-line* quanto à jurisdição e ao direito aplicável para as relações que se desenvolvem nessa seara.

Como bem destacou Antonialli, a *Microsoft* defende que o critério deveria ser o da sede da localização dos dados; a *Google*, que deveria ser a sede da empresa responsável por prestar os serviços (no seu caso, a jurisdição americana, em especial, a legislação extremamente favorável aos provedores do Estado da Califórnia); o *Facebook*, atual *Meta*, que deveria ser observado o que está determinado na sua política de uso; e a *Netflix*, que seria o país de incorporação da empresa[3]. É facilmente verificável que a situação não é simples ou comporta apenas uma resposta aceitável em termos fáticos e teóricos.

Não obstante a possibilidade de manipulação, pelas partes, de qualquer dado ou parâmetro utilizado para a definição da jurisdição, entende-se pela maior viabilidade dos critérios calcados na localização dos sujeitos que integram a relação, em detrimento, por exemplo, do local de armazenamento físico do dado ou do conteúdo objeto da demanda[4].

Isso porque, como alertado por diversos estudiosos da área, como Daskal, as informações trafegam e são armazenadas em rede de forma descentralizada e fragmentada, com a possibilidade de realização de cópias e *backups* de segurança, espalhados por servidores com localizações variadas.

Essas operações usualmente ocorrem com total desconhecimento do criador e responsável legal pelo dado, já que são realizadas pelo provedor contratado para o seu armazenamento, que manipula e controla a capacidade de seus servidores físicos conforme suas necessidades e conveniências[5]. O mesmo raciocínio vale

---

[3] ANTONIALLI, Dennys Marcelo. *A arquitetura da Internet e o desafio da tutela do direito à privacidade pelos Estados nacionais*. São Paulo: USP, 2017, p. 101.

[4] LUTZI, Tobias. Internet cases in EU Private Law: developing a coherent approach. *International & Comparative Law Quarterly*, Cambridge, vol. 66, n. 3, p. 700, jul. 2017.

[5] DASKAL, Jennifer. The Un-territoriality of data. *The Yale Law Journal*, n. 125, p. 373, 2015; LUTZI, Tobias. Internet cases in EU Private Law: developing a coherent approach. *International & Comparative Law Quarterly*, Cambridge, vol. 66, n. 3, p. 716, jul. 2017.

para as informações geradas pelo próprio provedor, armazenadas em seus servidores ao redor do globo.

A *Global Commission on Internet Governance*, entidade de pesquisa lançada em 2014 pelo Centro Canadense de Inovação para a Governança Internacional e a Chatham House britânica, apontou quatro opções possíveis para a definição da jurisdição digital. Três delas assentadas no critério da cidadania (do criador do dado, do sujeito a quem o dado diz respeito, ou do sujeito que o detém), enquanto outra alternativa seria a definição da jurisdição com base no local onde os efeitos do ato foram sentidos. Na ocasião, são realizados contrapostos a cada um dos critérios[6].

As sugestões assentadas na cidadania, cada qual com as suas peculiaridades, esbarram na dificuldade de exercício da jurisdição em prol de indivíduo que pode estar fisicamente situado em local totalmente distante da jurisdição apta a conhecer e julgar a sua demanda, dificultando o acesso à justiça estatal e à tutela do direito. O mesmo poderá ocorrer em detrimento do demandado, caso a jurisdição seja definida com base na sua cidadania.

Tal construção afasta-se da lógica que permeia as normas que estabelecem a jurisdição, na modalidade exclusiva ou concorrente: a facilitação do exercício de ação e de defesa, trazendo efetividade para o resultado da atuação judicial.

Não obstante a inexistência de uma opção que dê conta, com perfeição, de todas as situações plurilocalizadas digitais, opta-se pela adoção do critério de localização física das partes, mais especificamente a do demandante, para as hipóteses de responsabilidade extracontratual e para os casos envolvendo relações de consumo.

Como observam Basso e Polido, partindo-se do método do direito internacional privado e das considerações sobre o ambiente digital, a escolha do "domicílio das partes ou o ponto espaço no qual a relação irradia efeitos com maior intensidade"[7] como elemento de conexão para as situações digitais encontra ressonância na teoria da sede da relação jurídica de Savigny.

---

[6] CHERTOFF, Michael; ROSENZWEIG, Paul. A primer on globally harmonizing internet jurisdiction and regulations. *Global Comission on Internet Governance*, paper series n. 10, p. 8, march 2015.

[7] BASSO, Maristela; POLIDO, Fabrício. Jurisdição e lei aplicável na internet: adjudicando litígios de violação de direitos da personalidade e as redes de relacionamento social. *In*: LUCCA, Newton de; SIMÃO FILHO, Adalberto (org.). *Direito e internet vol. II*: aspectos relevantes. São Paulo: Quartier Latin, 2008, p. 480.

Esse critério, laborado exaustivamente pela doutrina e pela jurisprudência estrangeiras para hipóteses gerais de responsabilidade civil extracontratual anteriores ao advento da internet, aplica-se também ao novo contexto social[8], e coaduna-se, igualmente, com os princípios e as previsões legais nacionais.

Há muito se admite a incidência do brocardo *lex loci delicti* para a definição do direito material incidente, entendendo-se pela aplicabilidade da lei do lugar em que o delito foi cometido.

A Lei de Direito Internacional Privado da Suíça, de 1987, já previa que o direito aplicável para hipóteses como a de violação de direitos de personalidade cometidos por meios de comunicação social seria de escolha da vítima, que poderia optar: I) pelo direito do Estado de sua residência habitual, desde que o autor do dano tenha tido possibilidade de prever que os efeitos do seu ato seriam sentidos naquele local; II) pelo direito do Estado em que o autor do dano tenha sua sede ou residência habitual; ou, ainda, III) pelo direito do Estado em que foram sentidos os efeitos do ato danoso, desde que o autor tenha tido condições de prever a produção desses efeitos nesse local[9].

A mesma percepção em prol do local onde os efeitos danosos são sentidos é extraída do *Restatement (Third) of the Foreign Law of the United States*, material elaborado pelo *American Law Institute*, em 1987, como um compilado de entendimentos sobre direito internacional confeccionado por estudiosos do tema, de grande prestígio acadêmico e prático. Nele, há indicação textual no sentido de que a capacidade prescritiva do Estado de atuar além dos seus limites territoriais é admitida quando os efeitos de uma ação repercutem sobre pessoas, propriedades e atos dentro do Estado (§ 402), com necessidade de averiguação da razoabilidade do exercício da jurisdição, definido pelo cotejo com lista de critérios elencada no próprio documento[10].

---

[8] Para Dan Svantesson: "no contexto do direito privado internacional, é significativo notar como o princípio da territorialidade e o princípio da nacionalidade perderam espaço para outros pontos focais como o 'domicílio' e a 'residência habitual'" (tradução nossa). Segundo o autor, esses novos critérios apesar de estarem conectados com a noção de lugar não fortalecem o princípio da territorialidade, pois teriam muito mais em comum com a noção de centro de interesses, do que com a territorialidade. SVANTESSON, Dan. *Solving the internet jurisdiction puzzle*. Oxford: Oxford University Press, 2017, p. 38-39.

[9] POLIDO, Fabrício Bertini Pasquot. *Direito internacional privado nas fronteiras do trabalho e da tecnologia*: ensaios e narrativas na era digital. Rio de Janeiro: Lumen Juris, 2018, p. 136.

[10] "§ 403. LIMITAÇÕES DE JURISDIÇÃO PRESCRITIVA (1) Mesmo quando uma das bases de jurisdição sob § 402 está presente, um Estado não pode exercer jurisdição

Para demandas em que o objeto litigioso é ato ilícito realizado na seara digital, compreende-se, majoritariamente, que o local de ocorrência do delito confunde-se com o do dano sofrido. Tal entendimento decorre da indeterminabilidade inerente à definição do momento exato do seu cometimento, e a impossibilidade de especificação do local, e/ou do instante em que houve o primeiro acesso *on-line* ao conteúdo tido como ilícito.

Nesse sentido, conforme assinalado no caso *Dow Jones & Company Inc v. Gutnick [2002] HCA 56 2002*, *leading case* para o estudo sobre o tema julgado pela Suprema Corte da Austrália, envolvendo ação ressarcitória por publicação *on-line* de reportagem tida como difamatória, a publicação de qualquer material é ato bilateral, que envolve, no mínimo, duas partes: de um lado, a que publica, de outro, para quem o material é publicado.

No acórdão, restou consignado que publicação destinada a uma variedade de pessoas poderia ter tantas conexões territoriais quanto são os sujeitos para quem o material foi disponibilizado. Entendeu-se que a legislação australiana não estabelece a localização da pessoa que publica o material difamatório como sendo necessariamente o da publicação em si. Considerando a bilateralidade inerente ao ato de publicar, a difamação ocorreria no local em que o dano à reputação é sentido pelo sujeito que alega a sua existência. Nesse caso, o local de residência

---

para prescrever lei com respeito a uma pessoa ou atividade que tenha conexões com outro Estado quando o exercício de tal jurisdição não for razoável. (2) Se o exercício da jurisdição sobre uma pessoa ou atividade não é razoável é determinado pela avaliação de todos os fatores relevantes, incluindo, quando apropriado: (a) o vínculo da atividade com o território do estado regulador, ou seja (b) as conexões, tais como nacionalidade, residência ou atividade econômica, entre o estado regulador e a pessoa responsável pela atividade a ser regulada, ou entre esse estado e aqueles a quem a regulamentação se destina a proteger; (c) o caráter da atividade a ser regulada, a importância da regulamentação para o estado regulador, o grau em que outros estados regulamentam tais atividades e o grau em que a conveniência de tal regulamentação é geralmente aceita; (d) a existência de expectativas justificadas que podem ser protegidas ou prejudicadas pela regulamentação; (e) a importância da regulamentação para o sistema político, jurídico ou econômico internacional; (f) a medida em que a regulamentação é consistente com as tradições do sistema internacional; (g) a medida em que outro Estado pode ter interesse em regulamentar a atividade; e (h) a probabilidade de conflito com a regulamentação de outro Estado. (3) Quando não seria irrazoável que cada um de dois Estados exercesse jurisdição sobre uma pessoa ou atividade, mas as prescrições dos dois Estados estão em conflito, cada Estado tem a obrigação de avaliar seu próprio interesse, bem como o do outro Estado, em exercer jurisdição, à luz de todos os fatores relevantes, inclusive os estabelecidos na subseção (2); um Estado deve transferir-se para o outro Estado se o interesse desse Estado for claramente maior".

do demandante, já que a demanda versava somente sobre os danos supostamente sofridos naquele local.

A tese do jornal, de que o sujeito que disponibiliza material *on-line* não deveria ter que observar a legislação material de todos os países no qual a publicação é acessível, foi rechaçada pela Corte, sob o argumento de que "a identificação da pessoa sobre quem o material será publicado facilmente identificará a lei de difamação a que essa pessoa poderá recorrer" (tradução nossa).

No âmbito do direito instrumental, o estudo elaborado pelos prestigiados *American Law Institute* (ALI) e *International Institute for the Unification of Private Law* (Unidroit) para a formulação de princípios de processo civil transnacional aponta para a mesma direção. O minucioso trabalho capitaneado por processualistas de renome de diversos países, inseridos em variados sistemas legais, possui intuito claro: a criação de um sistema com procedimentos legais justos para litigantes envolvidos em disputas transnacionais[11].

A partir da atuação de professores como Hazard Jr. e Taruffo, entendeu-se que, entre as circunstâncias possíveis, a jurisdição pode ser exercida

> [...] *quando há conexão substancial entre o foro e as partes, ou entre o foro e a transação ou ocorrência em disputa*. Uma conexão substancial existe quando parte significativa da transação ou da ocorrência ocorrem no foro, quando o demandado é residente habitual do foro ou quando a pessoa jurídica foi constituída no foro, tem lá como o seu principal local de negócios ou a propriedade em disputa está ali localizada[12] (destaques no original) (tradução nossa).

Outra hipótese de exercício de jurisdição que em tudo se coaduna com o tema sob análise é apresentada no mesmo documento quando nenhum outro foro é tido como razoável. Nessa circunstância:

---

[11] Tal intenção resta cristalina no seguinte excerto: "o objetivo dessas regras é o de oferecer um sistema de processo justo para os litigantes envolvidos em disputas legais com origem em transações transnacionais. Considerando que todo litígio é desagradável do ponto de vista dos litigantes, essas regras buscam reduzir a incerteza e a ansiedade experimentadas pelas partes obrigadas a litigar em situações não familiares. A redução da diferença entre sistemas legais, comumente conhecida como 'harmonização' da lei é um aspecto para o atingimento de tal justiça" (tradução nossa). HAZARD JR., Geoffrey; TARUFFO, Michele; GIDI, Anthony. *Introduction to the principles and rules of transational civil procedure*. Faculty Scholarship at Penn Law, 2001, p. 779.

[12] AMERICAN LAW INSTITUTE; INTERNATIONAL INSTITUTE FOR THE UNIFICATION OF PRIVATE LAW. *Principles of Transnational Civil Procedure*. *Appendix*: Rules of Transnational Civil Procedure (A Reporters' Study). Rome, 2005, p. 12.

Há presença ou nacionalidade do demandado no foro; quando há presença de bens do demandado no foro, relacionados ou não com a demanda, com a autoridade da Corte limitada à propriedade ou o seu valor[13] (tradução nossa).

Embora essas valorosas recomendações não tenham sido incorporadas aos sistemas jurídicos nacionais, elas servem como importante fonte acadêmica, que indica os pressupostos e consensos mínimos tidos como adequados e ideais pela comunidade jurídica dedicada à questão. Como visto, muitos deles se coadunam com a proposta aqui apresentada.

Na realidade brasileira incide todo o conjunto da legislação material aplicável à espécie, de acordo com a pretensão formulada pelo demandante, com atenção para o Marco Civil da Internet, legislação especial para a esfera digital, e toda a discussão apresentada em capítulo próprio sobre o seu alcance extraterritorial. Para a definição da jurisdição internacional prescritiva e adjudicatória, seguindo a mesma linha de raciocínio, aplica-se a previsão do art. 21, III, do Código de Processo Civil, que disciplina a jurisdição concorrente brasileira para as demandas em que o fundamento seja fato ocorrido ou ato praticado no Brasil.

Coadunando com esse entendimento, Mendes e Tiburcio, ao investigarem a previsão legal, ainda sob a égide do Código de Processo Civil de 1973, indicam o exercício de jurisdição pelo juiz brasileiro para o ambiente do direito digital:

> A fixação da jurisdição competente para julgar litígios internacionais envolvendo a Internet tem como principal obstáculo a dificuldade, em seu âmbito, na determinação de conceitos tradicionais, como *lugar da celebração do contrato* ou *lugar do ilícito*. Diferentes pessoas, em diferentes Estados, podem acessar o mesmo conteúdo e transmitir informações, e muitas vezes a origem dos envolvidos não é sequer determinável. Nessas circunstâncias, é possível cogitar um número bastante expressivo de critérios para fixação da competência para processar e julgar demandas envolvendo fatos praticados no âmbito da Internet. *O ponto é relevante porque o principal critério para fixação de competência – domicílio do réu – quando relacionado à Internet, frequentemente não pode ser aplicado, seja porque o réu não tem domicílio determinável, seja porque representaria ônus excessivamente gravoso para uma das partes.*
>
> Na esfera cível, esse é o critério tradicional para fixação da competência internacional e de aceitação praticamente universal. Diversas razões históricas e práticas justificam sua prevalência, embora o tema seja desvio impossível para o presente estudo. Para o ponto, é importante observar apenas que o critério

---

[13] AMERICAN LAW INSTITUTE; INTERNATIONAL INSTITUTE FOR THE UNIFICATION OF PRIVATE LAW. *Principles of Transnational Civil Procedure. Appendix*: Rules of Transnational Civil Procedure (A Reporters' Study). Rome, 2005, p. 13.

do domicílio do réu oferece inúmeras dificuldades quando aplicado nesse novo contexto virtual.

Em razão do ônus decorrente da aplicação desse primeiro critério, também a autoridade judicial do local no qual praticado o ilícito é competente para as demandas de natureza cível dele decorrentes. É nesse ponto que a dificuldade de precisar o local onde foram realizados os atos virtuais torna-se relevante. Em razão dessa dificuldade, algumas soluções alternativas são amplamente aceitas. A principal delas, adotada pela Corte de Justiça Europeia, atribui competência internacional ao Estado em que ocorrer o dano, entre outras possibilidades também aceitas. O E. STJ, seguindo a mesma orientação, já reconheceu a competência do Estado brasileiro, se aqui ocorreu o dano.

> *Desse modo, ordinariamente, a autoridade judiciária brasileira será competente para processar e julgar litígios internacionais relacionados à Internet em, pelo menos, duas hipóteses no contexto de ilícitos.* Em primeiro lugar, *quando o réu for domiciliado no Brasil – critério tradicional de fixação da competência internacional – e, além disso, também seja quando o fato gerador do ilícito ocorreu no país, caso seja determinável, seja quando houver dano produzido no Brasil*[14] (grifo nosso).

A hipótese encontra ressonância também nas normas de definição da competência interna, que estabelecem como competente o juízo *do lugar do ato ou fato* para a ação de reparação de dano, de acordo com o art. 53, IV, *a*, do Código de Processo Civil.

Analisando esse dispositivo, Dinamarco explicitou, com precisão, não só a sua aplicabilidade para o conceito de reparação em sentido amplo, não restrito à tutela ressarcitória, abarcando também a tutela voltada para as obrigações de fazer e não fazer, e a sua incidência para os atos e fatos ocorridos na internet:

> Ao falar em *ação de reparação de dano* o Código de Processo Civil inclui nessa regra de competência todas as demandas visando a qualquer espécie de *tutela reparatória* e não apenas à *tutela ressarcitória*, que é exclusivamente pecuniária.
>
> Nesta era em que a internet derrubou fronteiras e criou um verdadeiro universo à parte, uma infinidade de atos da vida comum das pessoas ganhou *existência virtual*. Superados os óbices para a responsabilização por atos praticados nesse plano, especialmente pela entrada em vigor do Marco Civil da Internet (Lei n. 12.935, de 23.4.14), surgiu então um problema natural, mas peculiar: *qual seria o foro competente para demandar a reparação de danos portadores de dimensão global?* Atualizado nessa problemática, o Superior Tribunal de Justiça manifestou-

---

[14] MENDES, Aluisio Gonçalves de Castro; TIBURCIO, Carmen. Jurisdição e competência para o julgamento de ilícitos cíveis com elementos de estraneidade segundo o direito brasileiro. *Revista de Processo*, v. 231, p. 44-45, maio 2014.

-se a respeito, ao estabelecer que "considera-se lugar do ato ou fato *para efeito de aplicação da regra do art. 100, V, letra a do CPC, a localidade em que residem e trabalham as pessoas prejudicadas, pois é na comunidade onde vivem que o evento negativo terá maior repercussão para esses sujeitos e suas famílias*[15] (grifo nosso).

O Superior Tribunal de Justiça já se manifestou em variadas oportunidades no mesmo sentido, indicando o Poder Judiciário brasileiro como ente com jurisdição concorrente para conhecer e julgar ações reparatórias assentadas em relações transnacionais desenvolvidas no ambiente digital, propostas por demandantes brasileiros[16]. Igualmente, a Corte já fixou a competência do juízo do domicílio do demandante para hipóteses de jurisdição interna digital[17].

Cabe registrar que, para os ilícitos penais, a Corte possui entendimento sedimentado em prol da localização do agente que divulga o conteúdo, ao considerar que os crimes contra a honra são formais, com consumação independente de resultado naturalístico. A mera divulgação já caracterizaria o delito, com fixação da jurisdição do local em que é feito o *upload* das informações[18].

Afora essa hipótese específica, a solução adotada em prol do foro do demandante igualmente coaduna-se com a diretriz sugerida pelo Conselho da Europa, que estabelece, como indicativo para o exercício da jurisdição em casos de difamação, a existência de conexão forte entre a situação subjacente e o foro, apta a

---

[15] DINAMARCO, Cândido Rangel. *Instituições de direito processual civil*, v. I. 7. ed. São Paulo: Malheiros: 2013, p. 726.

[16] REsp 1.168.547/RJ, Rel. Min. Luis Felipe Salomão, 4ª T., j. 11.05.2010, *DJe* 07.02.2011. No julgado restou consignado que a jurisdição poderia ser exercida não apenas com fundamento no local de domicílio do demandante, mas também se no Brasil foi realizado o acesso ao *site*. Essa última possibilidade, não unânime entre os Ministros da Turma, apenas a primeira. Deve restar consignado ainda que para as hipóteses de registro de nome de domínio, o Superior Tribunal de Justiça entende que "cabe tanto ao juízo do foro do domicílio do autor quanto ao do foro do local onde ocorreu o fato a competência para o conhecimento e o julgamento da ação de abstenção de uso de marca cumulada com pedido de indenização". REsp 1.571.241/MT, Rel. Min. Nancy Andrighi, 3ª T., j. 05.06.2018, *DJe* 08.06.2018.

[17] Em variadas oportunidades assentou-se que a tutela ressarcitória por atos tidos como difamatórios realizados no ambiente digital poderia ser buscada via ajuizamento de demanda no local de residência do demandante ou no lugar onde trabalha, restando evidente a adoção da teoria dos efeitos, sem a abordagem mosaico inerente à teoria do centro de interesse. *Vide*: Ag 1.375.009/MG, Rel. Min. João Otávio de Noronha, j. 15.03.2011; AgRg no Ag 695.530/RJ, Rel. Min. Aldir Passarinho Jr., *DJe* 22.09.2008; AgRg no Ag 808.075/DF, Rel. Min. Fernando Gonçalvez, *DJe* 17.12.2007; e AgRg no Ag 808.075/DF, Rel. Min. Fernando Gonçalves, 4ª T., j. 04.12.2007, *DJ* 17.12.2007.

[18] RHC 77.692/BA, Rel. Min. Felix Fischer, 5ª T., j. 10.10.2017, *DJe* 18.10.2017.

"propiciar ao demandante acesso efetivo à Corte, garantindo, ao mesmo tempo, suficiente previsibilidade ao demandado a respeito da jurisdição em que poderá ser processado"[19] (tradução nossa).

Nos casos em que preponderam relações de consumo, aplica-se o art. 22, II, do Código de Processo Civil, quando o consumidor tiver domicílio ou residência no Brasil. A vulnerabilidade presumida do consumidor, prevista no art. 4º, I, do Código de Defesa do Consumidor, atinge todos os consumidores e, de acordo com Lima, não admite prova em contrário, sendo *iure et de iure*[20].

Questão controvertida reside na abrangência da vulnerabilidade consumerista, se englobaria apenas os consumidores pessoas físicas destinatárias finais de produtos e serviços, ou se alcançaria também pessoas jurídicas de pequeno porte[21]. Há preponderância da teoria finalista atenuada na jurisprudência do Superior Tribunal de Justiça, que entende que a vulnerabilidade, entendida em sentido técnico, jurídico, fático e/ou informacional, pode ensejar a aplicação do Código de Defesa do Consumidor para pessoas jurídicas.

Essa compreensão já era defendida pela melhor doutrina há muito, como bem sintetiza De Lucca:

> Ao prevalecer a teoria finalista – que nos parece claramente a mais acertada em matéria de Direito do Consumidor –, o aspecto teleológico da proteção ao Código se sobrepõe aos demais. Quer isso dizer que os empresários, salvo raras exceções, não se acham albergados pela legislação tutelar, não obstante a definição de "consumidor", constante do *caput* do art. 2º do CDC que, com

---

[19] PRÉVOST, Emeric. *Study on forms of liability and jurisdictional issues in the application of civil and administrative defamation laws in Council of Europe member states*. Council of Europe Study DGI (2019) 04, p. 15.

[20] LIMA, Cíntia Rosa Pereira de. *Validade e obrigatoriedade dos contratos de adesão eletrônicos (shrink-wrap e click-wrap) e dos termos e condições de uso (browse-wrap)*: um estudo comparado entre Brasil e Canadá. São Paulo: USP, 2009, p. 344.

[21] O Código de Defesa do Consumidor labora com quatro conceitos de consumidor: o de base, previsto no *caput* do art. 2º, que norteia as principais discussões acerca da definição da figura; o por equiparação do parágrafo único do art. 2º, o que enseja a responsabilidade do fornecedor por fato do produto e do serviço contido no art. 17; e o do art. 29 que equipara a consumidor todas as pessoas expostas às práticas previstas no diploma legal. A defesa em prol de conceito multifacetado de consumidor, não necessariamente atrelado à noção contratual, mas visto de forma plural, com fundamento epistemológico, econômico, sociológico, psicológico, filosófico e jurídico é realizada por Newton de Lucca com fundamento em abalizada doutrina especializada. LUCCA, Newton de. *Direito do consumidor*: teoria geral da relação de consumo. São Paulo: Quartier Latin, 2003, p. 107-133.

a expressão "pessoa jurídica", contemplou a possibilidade de os empresários, quando destinatários finais, serem também abrangidos pela proteção[22].

Para o âmbito das contratações de produtos e serviços na internet, defende-se a expansão do conceito de consumidor, baseado na maior vulnerabilidade inerente a esse meio de formação da relação negocial, assentada na desigualdade real entre os contratantes, decorrente

> [...] da complexidade técnica dos produtos e serviços oferecidos na internet, da extensão de oferta destes bens e serviços, das grandes corporações (oligopólios), da massificação exacerbada destas relações contratuais atingida pelo crescente uso dos contratos de adesão e de condições gerais de contrato [...][23].

Em diversas oportunidades, o Superior Tribunal de Justiça já assentou entendimento no sentido de que as relações envolvendo provedores, em sentido amplo, e usuários pessoas físicas, são caracterizadas como de consumo[24]. A Corte já aplicou também a legislação consumerista para hipótese envolvendo pessoa jurídica e consumidores equiparados, previstos no art. 17 do Código de Defesa do Consumidor[25], deixando entrever a possibilidade de adoção casuística do conceito finalista de consumidor, em sua versão ampliada.

7.2.2. Jurisdição internacional brasileira concorrente para contratos digitais e foro de eleição

A despeito das possíveis interpretações ao art. 21, III, do Código de Processo Civil, esse incide também quando o contrato for celebrado no Brasil. A discussão que permeia os contratos eletrônicos, se firmados entre ausentes ou presentes, repercute na definição do local de celebração da avença: na primeira hipótese, de acordo com art. 435 do Código Civil, o local onde foi proposto é dito como o da celebração.

---

[22] LUCCA, Newton de. A aplicação do Código de Defesa do Consumidor à atividade bancária. *Revista de Direito do Consumidor*, vol. 27, p. 82, jul./set. 1998.

[23] LIMA, Cíntia Rosa Pereira de. *Validade e obrigatoriedade dos contratos de adesão eletrônicos (shrink-wrap e click-wrap) e dos termos e condições de uso (browse-wrap): um estudo comparado entre Brasil e Canadá*. São Paulo: USP, 2009, p. 347.

[24] A título exemplificativo: REsp 1.444.008/RS, Rel. Min. Nancy Andrighi, 3ª T., j. 25.10.2016, DJe 09.11.2016, AgRg no REsp 1.349.961/MG, Rel. Min. Paulo de Tarso Sanseverino, 3ª T., j. 16.09.2014, DJe 23.09.2014; e AREsp 1.016.237, Rel. Min. Maria Isabel Gallotti, j. 18.11.2005, DJ 25.11.2005.

[25] REsp 1.398.985/MG, Rel. Min. Nancy Andrighi, 3ª T., j. 19.11.2013, DJe 26.11.2013.

Para maioria da doutrina, entende-se que a interatividade usualmente existente nesse tipo de contratação a caracteriza como pacto firmado entre presentes, com a possibilidade de exercício de jurisdição concorrente, caso um dos contratantes esteja localizado no Brasil[26]. Apenas para efeito de registro, para obrigação originada no ambiente virtual que deva ser cumprida em território nacional, a jurisdição brasileira concorrente pode ser exercida com base no art. 21, II, do Código de Processo Civil, como já analisado no capítulo 2.

A hipótese de exercício da jurisdição concorrente contida no art. 21, I, § 1º, do Código de Processo Civil será esmiuçada em tópico específico dedicado à atuação sobre provedores estrangeiros com subsidiárias no Brasil.

A escolha do foro em situações envolvendo sujeitos com paridade informacional para os casos de jurisdição concorrente deve ser mantida, exatamente conforme prevê o art. 25 do Código de Processo Civil.

7.3. AS DIFICULDADES PARA O EXERCÍCIO DA JURISDIÇÃO ESTATAL EXECUTIVA DIGITAL (*ENFORCEMENT JURISDICTION*)

7.3.1. Tutela específica e resultado prático equivalente: noções gerais

As possibilidades previstas em legislações específicas para o ambiente digital relativas à indisponibilização de conteúdo e entrega, por provedores de conexão e de aplicação, de dados com aptidão de identificar o autor do conteúdo lesivo a direitos de terceiros, além da aplicação de penalidades específicas para controladores e operadores de tratamento de dados pessoais, são frutos diretos e inseparáveis do desenvolvimento do conceito de prestação jurisdicional.

Ao longo dos séculos XX e XXI, o processo civil passou por intensa e inexorável mudança na tutela prestada pelo Poder Judiciário na proteção dos direitos. Em movimento lento, gradual e sem volta, a pessoa foi recentralizada no campo do direito material, sendo necessária a sua correspondência no plano processual.

Tudo se iniciou com o tema da tutela específica das obrigações, em sentido amplo, com a expressão aqui entendida como a utilização de mecanismos aptos a proporcionar, ao sujeito que busca o Poder Judiciário, o resultado mais assemelhado possível ao que teria obtido com o adimplemento natural da obrigação, contratual

---

[26] YARSHELL, Flávio Luiz; GOMES, Adriano Camargo. Internet e limites da jurisdição: uma breve análise à luz do direito processual civil. *In*: LUCON, Paulo Henrique dos Santos; WOLKART, Erik Navarro; LAUX, Francisco de Mesquita; RAVAGNANI, Giovani dos Santos (org.). *Direito, processo e tecnologia*. São Paulo: Thomson Reuters Brasil, 2020, p. 32-33.

ou extracontratual[27]. A expressão é um contraponto às medidas destinadas a eliminar as consequências da violação ou a compensar o credor pela sua ocorrência[28].

Essa noção não poderia ser mais bem sintetizada senão através da conhecida e precisa construção de Chiovenda de que o processo, na medida do que for praticamente possível, deve proporcionar, a quem tem um direito, tudo aquilo, e precisamente aquilo que ele tem o direito de obter[29].

Não obstante se tratar de fenômeno mundial experimentado por diversos países, como no *common law* inglês que desenvolveu, por séculos, através da *equity*, a figura da *injunction*, e, no direito italiano, que se esmerou na construção da tutela inibitória[30], cabe aqui, ainda que de forma muito resumida, apresentar os eventos que influenciaram mais decisivamente o transcurso histórico brasileiro.

A fonte primária da regulação das relações sociais como conhecemos nos dias de hoje, o direito romano, em sua fase inicial, não admitia qualquer espécie de ingerência sobre a vontade do devedor recalcitrante, que apenas poderia ser condenado em pecúnia. A exceção podia ser encontrada nos interditos que representavam "um ato de vontade do pretor, mais do que o ato de inteligência, que pudesse corresponder a uma declaração de existência do direito"[31], esse realizado pelo magistrado privado.

Somente em segundo momento passou-se a admitir que as obrigações de dar pudessem ser exigidas em sua forma específica, o que paulatinamente se expandiu para as obrigações de fazer e não fazer[32].

A execução indireta, realizada mediante o emprego de medidas de coerção psicológica sobre a vontade do devedor inadimplente, foi o método mais presente no direito medieval e canônico, como informa Talamini em estudo primoroso sobre o tema[33].

---

[27] YARSHELL, Flávio Luiz. *Tutela jurisdicional específica nas obrigações de declaração de vontade*. São Paulo: Malheiros Editores, 1993, p. 37.

[28] BARBOSA MOREIRA, José Carlos. A tutela específica do credor nas obrigações negativas. *In*: BARBOSA MOREIRA, José Carlos. *Temas de direito processual*. 2ª série. São Paulo: Saraiva, 1980, p. 31.

[29] CHIOVENDA, Giuseppe. *Dell'azione nascente del contrato preliminare*. Saggi di Diritto Processuale Civile, v. 1, 1930, p. 110.

[30] TARUFFO, Michele. A atuação executiva dos direitos: perfis comparatísticos. *Revista de Processo*, vol. 59, p. 79, jul.-set. 1990.

[31] SILVA, Ovídio A. Baptista da. *Jurisdição e execução na tradição romano-canônica*. 2. ed. São Paulo: Revista dos Tribunais, 1997, p. 27.

[32] TALAMINI, Eduardo. *Tutela relativa aos deveres de fazer e de não fazer*. 2. ed. São Paulo: Revista dos Tribunais, 2003, p. 40.

[33] TALAMINI, Eduardo. *Tutela relativa aos deveres de fazer e de não fazer*. 2. ed. São Paulo: Revista dos Tribunais, 2003, p. 47.

Com a Revolução Francesa e o predomínio dos ideais burgueses, a autonomia da vontade foi elevada a patamar de primazia sobre os demais direitos, tendo sido inserida previsão expressa no Código Civil da época, que determinava que as obrigações inadimplidas deveriam, necessariamente, ser convertidas em perdas e danos. Nas palavras de Arruda Alvim:

> [...] a ideia de liberdade não admitia tais meios – instrumentos, como os hoje enseja francamente preordenados para coagir o inadimplente, ao adimplemento, senão que, a única solução conhecida e aceita era a tutela ressarcitória, depois do processo de conhecimento[34].

A legislação brasileira, por muito tempo, seguiu a tendência mundial de valorização máxima da autonomia da vontade e busca pela proteção da propriedade privada, o que é vislumbrado na inexistência de previsões aptas a constranger imediatamente o devedor ao adimplemento de obrigações que não fossem de pagamento de valores, e a previsão da tutela de urgência apenas para figuras de direitos reais, tais como interdito proibitório e nunciação de obra nova[35].

Em suas redações originais, os Códigos de Processo Civil de 1939 e 1973, cada qual a sua maneira, não traziam dispositivos amplos que pudessem ensejar a propositura de demanda judicial voltada para a consecução direta ou indireta de obrigações positivas ou negativas.

A crítica é ainda mais presente na codificação de 1973, que não trazia previsão assemelhada ao art. 302 do diploma anterior: ação cominatória que poderia atuar sobre a vontade do devedor, mas que apenas surtia efeitos quando da prolação de sentença de mérito, ao final do processo de conhecimento.

Não por outro motivo, a doutrina e a prática se esmeraram na busca por soluções que, diante do conjunto normativo da época, pudessem, de alguma forma, tutelar situações de urgência envolvendo prestações de fazer ou não fazer.

Nesse sentido, utilizou-se o poder geral de cautela extraível dos arts. 798 e 799 do Código de Processo Civil de 1973, mesmo que se soubesse, como bem assinalou Grinover, que se tratava de um paliativo[36].

---

[34] ALVIM NETTO, José Manoel de Arruda. Obrigações de fazer e não fazer: direito material e processo. *Revista de Processo*, vol. 99, p. 32, jul.-set. 2000.
[35] TALAMINI, Eduardo. *Tutela relativa aos deveres de fazer e de não fazer*. 2. ed. São Paulo: Revista dos Tribunais, 2003, p. 104-110.
[36] GRINOVER, Ada Pellegrini. A tutela preventiva das liberdades: *habeas corpus* e mandado de segurança. *Revista de Processo*, v. 6, p. 28, 1981.

Foi na legislação esparsa que as ações mandamentais, positivas e negativas encontravam franco desenvolvimento em solo brasileiro. A Lei da Ação Civil Pública, de 1985, consagrou, nos arts. 11 e 12, a possibilidade de que fosse proferida sentença judicial determinando a execução específica ou uso de meios indiretos atuantes sobre o devedor.

A inserção dessa via em uma legislação que visa à proteção do meio ambiente, do patrimônio cultural e histórico, entre outros, se justifica plenamente ante a natureza coletiva dos bens jurídicos *sub judice* e a impossibilidade, muitas vezes absoluta, de prestação de tutela adequada caso a única resposta judicial fosse a conversão em perdas e danos.

O mesmo fenômeno foi sentido com relação à proteção ao consumidor. A legislação de base a esse respeito deu um passo além rumo à efetividade da tutela ao, no art. 84 do Código de Defesa do Consumidor, facultar ao magistrado a concessão de tutela específica ou o resultado prático equivalente para as obrigações de fazer e não fazer.

A inserção, no sistema brasileiro, da tutela específica nas obrigações positivas e negativas, com possibilidade de cominação de multa *ex officio* pelo magistrado, com fungibilidade e atipicidade dos meios empregados para a obtenção da finalidade perseguida, cumprimento da obrigação ou obtenção do seu resultado prático equivalente, adveio em 1994, com o art. 461 do Código de Processo Civil. Alinhado a ele foi inserido dispositivo, art. 273, que, pela primeira vez, propiciou que, diante dos requisitos da urgência e da plausibilidade do direito alegado, fosse possível obtenção de ordem judicial compelindo o recalcitrante a fazer ou não fazer *inaudita altera parte*. A determinação judicial poderia ser mantida, alterada ou revogada após cognição exauriente, com participação plena da parte obrigada, em observância ao devido processo legal e ao contraditório.

Esses dois artigos, em específico, fazem parte do processo de aprimoramento pelo qual o Código de Processo Civil de 1973 passou entre os anos de 1992/1994, que, somado às alterações efetivadas nos anos 2001/2002 e 2005/2006, constituem as reformas realizadas na codificação, com o intuito de trazer celeridade e efetividade ao processo civil brasileiro.

Os avanços na tutela jurisdicional obtidos nos últimos anos foram sedimentados, ante a manutenção de dispositivos que consagraram a tutela de urgência específica para as obrigações de fazer e não fazer, e ampliados, com a tutela antecipada antecedente e a possibilidade de sua estabilização, no Código de Processo Civil de 2015.

Como bem destaca Dinamarco, a legislação processual de 2015 deu ênfase às medidas de execução indiretas, voltadas para constranger o devedor, em sentido amplo, a realizar a prestação positiva ou negativa que lhe compete, o que é especialmente válido para as obrigações personalíssimas. Ao mesmo tempo, focou no resultado a ser obtido e não na atividade-meio, abrindo espaço para que, nas prestações de natureza fungível, fosse possível o alcance de resultado prático equivalente em prol do credor através da sub-rogação[37].

São as conquistas em prol de uma prestação jurisdicional célere e condizente com a natureza dos direitos violados, ou na iminência de o serem, oriundas da codificação processual civil que fazem com que, no âmbito da internet, medidas de entrega de dados pessoais e de remoção/bloqueio de conteúdos possam ser admitidas e tidas como compatíveis com a sistemática brasileira. Considera-se que o direito material a ser tutelado é o fator determinante para a escolha do instrumento processual, que deverá ser capaz de estancar a crise de adimplemento inerente a qualquer execução forçada[38].

Quando necessário, a pretensão de obtenção dos dados pessoais do autor do ilícito deve ser ventilada em ação de obrigação de fazer, destinada a quem detém tal informação. A pretensão de indisponibilização de ato ilícito digital deverá ser buscada mediante obrigação de fazer de remoção do ilícito, voltada para a situação de ilicitude. A desconformidade do ato com o ordenamento jurídico já é suficiente para que seja realizado pedido de remoção[39]. Poderá ser, e recomenda-se que seja, cumulada com pedido inibitório, voltado a impedir a repetição futura do ato.

---

[37] DINAMARCO, Cândido Rangel. *Instituições de direito processual civil*, v. IV. 4. ed. São Paulo: Malheiros: 2019, p. 502.

[38] DINAMARCO, Cândido Rangel. *Instituições de direito processual civil*, v. IV. 4. ed. São Paulo: Malheiros: 2019, p. 447.

[39] Nas precisas palavras de Luiz Guilherme Marinoni: "A tutela de remoção do ilícito visa a remover ou eliminar o próprio ilícito, vale dizer, a causa do dano; ela não visa a ressarcir o prejudicado pelo dano. No caso de tutela de remoção do ilícito, é suficiente a transgressão de um comando jurídico, pouco importando se o interesse privado tutelado pela norma foi efetivamente lesado ou ocorreu um dano. Como explica Scognamiglio, no caso de tutela reintegratória, bastando a transgressão de um comando jurídico, prescinde-se da circunstância de que tenha ocorrido um dano, enquanto na hipótese de tutela ressarcitória verifica-se a lesão de um bem do sujeito, a qual pode ser determinada em concreto, considerando-se o próprio sujeito ou seu patrimônio.
A tutela ressarcitória, além de pressupor a existência de um dano, expressa uma forma de responsabilidade fundada, em regra, na culpa ou no dolo, ou, em outras palavras, na correlação do evento danoso ao sujeito, que se exprime através da chamada imputabilidade. A tutela reintegratória, ao contrário, prescinde da culpa ou do dolo, enquanto tem por escopo eliminar uma situação de ilicitude, sem a necessidade de qualquer valoração do comportamento de quem impede tal resultado". MARINONI, Luiz Guilherme. *Antecipação de tutela*. 10. ed. São Paulo: Revista dos Tribunais, 2008, p. 92.

Em ambas, usualmente, será realizado pedido de tutela de urgência, ante a incompatibilidade da morosidade de um pronunciamento definitivo de mérito e a velocidade com que as informações são propagadas na esfera virtual. Igualmente, haverá o emprego de medidas coercitivas acessórias voltadas à execução indireta, em detrimento da sub-rogação.

As peculiaridades inerentes à tutela específica digital serão descortinadas na sequência.

7.3.2. Especificidades do ambiente digital: os dados e o conteúdo armazenados por provedores de aplicação e provedores de conexão

No ambiente digital, a relação de base subjacente à disponibilização de qualquer material envolve o agente, que torna o conteúdo acessível para um número indeterminado de pessoas mediante publicação em um *site*, uma rede social ou até mesmo através de envio de *e-mails* e de mensagens em serviços de mensageria, e os provedores que ofertaram instrumental técnico que permitiu que isso ocorresse. Na hipótese de o material ser ilícito, por violar a esfera de direitos de terceiro, essa relação passa a contar com mais um sujeito, o ofendido.

Segundo Riordan, os intermediários, mesmo não sendo os autores do ato em desconformidade com o direito, são alvos comuns nesse tipo de demanda, por alguns motivos específicos. Para os propósitos que nos interessam, cabe destacar três deles.

O primeiro seria a presença local e a visibilidade dos provedores. Muitos intermediários seriam mais facilmente identificáveis que o ofensor original, e por atuarem em diversas jurisdições, com infraestruturas fixas, e possuírem papel muito significativo na comunicação via internet, sua presença em juízo e a execução de decisões contra bens locais seria facilitada.

O segundo fator seriam os efeitos colaterais das medidas realizadas por eles. Os provedores poderiam tomar providências que nem mesmo o autor do ilícito, quando identificado e responsabilizado, poderia. Riordan cita como exemplos o monitoramento de condutas, a suspensão ou encerramento de contas de usuários, ou alteração de funcionalidades na própria plataforma, com o intuito de impedir a propagação do ilícito. Da mesma forma, poderiam atingir um número maior de agentes do ilícito, caso a publicação tenha se disseminado na rede de forma viral, algo que não ocorreria caso o foco recaísse apenas no autor primário.

Em seu entender, os baixos custos de execução seriam outro fator de justificação. Processar o autor do ilícito seria possível somente quando identificado, ou quando o número de sujeitos envolvidos fosse pequeno. Quando esse número é indeterminado, a melhor estratégia para o ofendido seria focar nos intermediários[40].

Essa forma de atuação seria oportuna para os pedidos de bloqueio e remoção de conteúdo, com destaque para os casos em que a identificação do agente ilícito não é possível, ou o conteúdo provém de fora do país.

Nesse cenário, não é incomum que o agente causador do ato ilícito violador de direitos de terceiros mantenha-se oculto. Usualmente, ele se vale de subterfúgios para mascarar a sua identidade, fazendo uso de dados de identificação pessoal e nomes de usuários e perfis falsos, já que ciente de que comete um ilícito. Contudo, existe um caminho lógico e jurídico a ser percorrido para que se obtenha, ou ao menos para que haja a tentativa de obtenção, dos dados capazes de identificar esse agente. Ele necessariamente envolve os provedores de conexão e de aplicação já apresentados e conceituados no capítulo 3.2.

Os provedores coletam dados pessoais para tornar a publicidade mais efetiva e direcionada, aumentando os lucros dos anunciantes[41], a única, senão a principal, fonte de renda de diversos provedores de aplicação que disponibilizam serviços de *e-mail*, plataformas de redes sociais e páginas na internet sem a cobrança direta dos usuários.

O Marco Civil da Internet definiu cada espécie de dado, o ente responsável pela sua coleta e guarda, os valores que devem informar essas operações e os requisitos para que a parte interessada tenha acesso a eles. Os dados cadastrais, tais como qualificação pessoal, filiação e endereço, informados quando da criação de uma conta de *e-mail* ou em rede social, principalmente perante provedores de conexão, são a única espécie de dados que prescinde de autorização judicial para sua disponibilização, já que podem ser fornecidos diretamente para autoridade administrativa, conforme art. 10º, § 3º, da Lei 12.965/2014[42].

---

[40] RIORDAN, Jaani. *The liability of internet intermediaries*. Oxford: Oxford University, 2013, p. 14-17.
[41] MACIEL, Rafael Fernandes. A requisição judicial de registros de conexão e aplicações no Marco Civil. In: LUCCA, Newton de; SIMÃO FILHO, Adalberto; LIMA, Cíntia Rosa Pereira de (org.). *Direito e internet III*: tomo II. São Paulo: Quartier Latin, 2015, p. 475-476.
[42] Segundo Danilo Doneda e Marília Monteiro, a previsão decorreria da Lei 12.683/2012, que investiga crimes de lavagem de dinheiro e autoriza a polícia e o Ministério Público a requisitarem essa espécie de dado sem autorização judicial. Ainda de acordo com os autores, quanto ao dispositivo do Marco Civil da Internet, "sua interpretação deve ser restritiva e deve levar em consideração os limites de requisição de dados pessoais presentes na Lei 12.683/2012, que estreitam essa possibilidade a investigações já em – e, muito

O acesso à internet é realizado por um terminal de "computador ou qualquer outro dispositivo que se conecte à internet" (art. 5º, II). Toda vez que esse acesso é realizado, o provedor atribui a ele um registro de conexão, "conjunto de informações referentes à data e hora de início e término de uma conexão à internet, sua duração e o endereço IP utilizado pelo terminal para o envio e recebimento de pacotes de dados" (art. 5º, VI).

Isso ocorre para facilitar a transmissão das informações, que, como já visto, ocorre através de pacotes de dados que trafegam por diversos roteadores. Para que a informação não se perca no fluxo de rede, cada pacote recebe o número de endereço IP de destino e origem, para que possam se unir e entregar o resultado final ao destinatário, seja um arquivo de texto, uma foto, seja um vídeo.

Os provedores de aplicação igualmente registram "informações referentes à data e hora de uso de uma determinada aplicação de internet a partir de um determinado endereço IP", conforme art. 5º, VIII, do Marco Civil da Internet.

Como é possível perceber, o conhecimento sobre o endereço IP, apesar de não indicar, de forma direta, quem é o usuário, é dado essencial para qualquer investigação de autoria, pois apontará a origem e o destino da conexão e do dado.

De acordo com o art. 15 do Marco Civil da Internet, pelo prazo de seis meses, os provedores de aplicação devem armazenar os registros de acesso a aplicações de internet realizados no Brasil, enquanto os provedores de conexão devem realizar a guarda pelo prazo de um ano, conforme art. 13 da legislação de referência.

O percurso que pode levar a essa descoberta pode ser sintetizado da seguinte forma: I) identificação e preservação do fato ilícito através de um meio de prova que ateste a autenticidade e integridade, e preserve a cadeia de custódia empregada; II) identificação do provedor de aplicação; III) obtenção de informações com o provedor de aplicação; IV) identificação do provedor de conexão; e V) obtenção de informações com o provedor de conexão.

---

importante, somente aquelas relacionadas aos tipos penais presentes na mencionada lei". DONEDA, Danilo; MONTEIRO, Marília. O sistema da privacidade e proteção de dado no Marco Civil da Internet. In: ARTESE, Gustavo. *Marco Civil da Internet*: análise jurídica sob uma perspectiva empresarial. São Paulo: Quartier Latin, 2015, p. 83. Esse artigo gerou controvérsias ante a possibilidade de solicitação indiscriminada e não fundamentada de dados pessoais pelas autoridades administrativas, mediante exercício abusivo. A questão foi parcialmente dirimida com a edição do Decreto 8.771/2016, que buscou, entre outros, estabelecer parâmetros para a requisição de dados por autoridade administrativa, vedando "pedidos coletivos que sejam genéricos ou inespecíficos" (art. 11, § 3º). No entanto, as limitações propostas pelos autores não foram incorporadas no texto do Decreto.

A preservação do fato geralmente é efetuada em ata notarial, meio de prova típico previsto no art. 384 do Código de Processo Civil, ou por instrumentos atípicos já reconhecidos pela jurisprudência, como o registro em plataforma *blockchain*[43].

O provedor de aplicação é identificado pela URL do *site*, presente na barra de endereços do navegador, por exemplo: www5.usp.br[44]. Com os dados obtidos, IP, data e hora, é possível identificar o provedor de conexão utilizado para realizar o *upload* do material.

Com o provedor de conexão, serão obtidos os dados cadastrais de fornecimento obrigatório registrados quando da contratação de serviço de acesso à internet, fixa ou móvel. Quando os dados desses provedores indicam pessoa sem conexão aparente com o fato ou espaços públicos com rede *wi-fi* aberta, pode haver necessidade de adoção de outras medidas, como busca e apreensão de dispositivos eletrônicos no endereço identificado[45]. Com exceção dos dados cadastrais, que podem ser acessados pela autoridade administrativa, a obtenção de outros dados perante os provedores de conexão e de aplicação depende de autorização judicial. O art. 22 do Marco Civil da Internet estabelece que:

> Art. 22. A parte interessada poderá, com o propósito de formar conjunto probatório em processo judicial cível ou penal, em caráter incidental ou autônomo, requerer ao juiz que ordene ao responsável pela guarda o fornecimento de registros de conexão ou de registros de acesso a aplicações de internet.

Os requisitos para que tal solicitação seja deferida, previstos nos incisos do parágrafo único do mencionado artigo, são concomitantes: I) presença de indícios fundamentados da ocorrência do ato ilícito; II) justificativa motivada de que os

---

[43] WERNECK, Isadora; GRINGS, Maria Gabriela. Prova judicial e tecnologia *blockchain*. In: FALCÃO, Cíntia Ramos; CARNEIRO, Tayná (org.). *Direito exponencial*: o papel das novas tecnologias no jurídico do futuro. São Paulo: Thomson Reuters, 2020, p. 429-451.

[44] Não se pode deixar de registrar a discussão existente a respeito do dever de fornecimento de informações sobre a chamada porta lógica. Isso porque, com o elevado número de acessos à internet, mediante a popularização do ambiente digital houve esgotamento do número de IPs disponíveis. Para contornar o problema, gradativamente, está ocorrendo a transição do modelo IPV4 para o modelo IPV6. Enquanto isso não ocorre, acontece o uso compartilhado de IPs, com cada usuário valendo-se de uma porta lógica. Sem esse dado, a individualização do acesso não é plenamente atingida. Os provedores de aplicação indicam que o Marco Civil da Internet não determina a sua guarda, por outro lado, o mesmo texto legal faz referência ao "conjunto de informações" relacionadas a um IP. O ponto ainda não foi pacificado na jurisprudência.

[45] THAMAY, Rennan; TAMER, Maurício. *Provas no direito digital*: conceito da prova digital, procedimentos e provas digitais em espécie. São Paulo: Thomson Reuters, 2020, p. 146.

dados serão utilizados em investigação ou instrução probatória; e III) indicação do período a que se referem os registros.

A doutrina especializada, amparada na prática forense, indica que o procedimento de apuração de dados pode não ser linear ou com desdobramentos únicos: alguns dados podem levar à necessidade de acionamento de outros provedores, seja de aplicação, seja de conexão.

Caso as informações buscadas não tenham sido geradas no Brasil, hipótese, por exemplo, de conta de *e-mail* criada em provedor de aplicação estrangeiro, como: Gmail.com – do provedor *Google*, com sede nos Estados Unidos –, os entraves para identificação do usuário se avultam. O mesmo ocorre quando o material ilícito é disponibilizado *on-line* em página na internet, sem que o provedor tenha qualquer ligação com o território em que os efeitos do ilícito são sentidos. Nesse cenário, em que grande parte dos provedores a quem o comando judicial dirige-se possui sedes em outros países, tem-se outra vertente da problemática envolvendo a execução de decisões judiciais na seara digital. As questões envolvendo a possibilidade de atuação sobre subsidiárias locais serão objeto de tópico em apartado.

7.3.3. Legitimidade passiva dos intermediários

Questão tormentosa diz respeito ao manejo das espécies de demandas processuais que podem ser utilizadas para a obtenção de dados que levem à identificação do agente autor do ilícito e a remoção ou bloqueio *on-line* do conteúdo contrário às normas jurídicas.

Ambas as pretensões podem ser realizadas perante o Poder Judiciário, seja de forma isolada, seja cumulada. Para tanto, figurarão no polo passivo da demanda os provedores, únicos que possuem os dados de identificação do autor, em caso de postagem anônima ou realizada via perfis falsos criados em redes sociais ou em seção de comentários de plataformas que possuem espécie de "seção do leitor". Essa é a hipótese mais usual, uma vez que, dificilmente, o agente que comete um ato ilícito usará seus dados verdadeiros quando da realização da conduta ilícita.

Da mesma forma, ainda que identificável, ele poderá estar localizado em jurisdição diversa, o que gerará grandes empecilhos para o cumprimento da ordem judicial emanada pela autoridade brasileira, como será visto em tópico específico.

Assim, o entendimento de que a tutela de remoção do conteúdo deve ser buscada prioritariamente em face do autor[46], em termos práticos, é opção menos factível.

---

[46] LEONARDI, Marcel. *Tutela e privacidade na internet*. São Paulo: Saraiva, 2012, p. 264.

Apesar de não ser o autor do fato ilícito e com hipóteses de responsabilização muito bem definidas na legislação de regência, a serem esmiuçadas no item subsequente quando da abordagem dos provedores de aplicação, os intermediários podem atuar como um facilitador do ilícito, o que faria com que tivessem o dever de auxiliar o demandante a deter o agente causador.

Nos países de *common law*, esse dever decorre da *equity*[47], arranjo de princípios com origem histórica no direito natural, voltado para a atuação sobre pessoas, na consecução de obrigações de fazer e não fazer[48].

O sistema inglês, por exemplo, entende que, quando um intermediário é central ou essencial para o cometimento do ilícito, essa constatação seria suficiente para considerar que foi usado como um facilitador, e isso embasa o pedido de entrega de dados[49]. A mesma compreensão já foi externada pela Corte Europeia de Justiça, no conhecido caso *L'Oréal v. eBay*, em que restou assentado que o terceiro teria o dever de auxiliar o detentor do direito na contenção dos efeitos do ilícito, mesmo que a ele não seja estabelecida responsabilidade pelo ato infringente em si[50].

No ordenamento brasileiro, compreensão análoga pode ser entendida como derivada do dever geral de colaboração com o Poder Judiciário, que recai não apenas sobre as partes e os auxiliares da justiça, mas também sobre terceiros[51].

---

[47] RIORDAN, Jaani. *The liability of internet intermediaries*. Oxford: Oxford University, 2013, p. 19.

[48] HANBURY, Harold Greville. *Modern equity*: the principles of equity. London: Stevens & Sons Limited, 1943, p. 15.

[49] RIORDAN, Jaani. *The liability of internet intermediaries*. Oxford: Oxford University, 2013, p. 211.

[50] Na hipótese, a Corte determinou que o provedor de aplicação deveria adotar medidas voltadas para a prevenção de futuras violações do mesmo tipo, sem maiores especificações, de quais condutas deveriam ser realizadas pelo provedor e qual a consequência de um agir que ficassem aquém da "expectativa" da Corte. BELLI, Luca; FRANCISCO, Pedro Augusto; ZINGALES, Nicolo. Law of the land or law of the platform? Beware of the privatization of regulation and police. *In*: BELLI, Luca; ZINGALES, Nicolo (org.). *Platform regulations*: how platforms are regulated and how they regulate us. Official outcome of the UN IGF Dynamic Coalition on Platform Responsibility. Rio de Janeiro: Escola de Direito do Rio de Janeiro da Fundação Getulio Vargas, 2017, p. 47-48.

[51] O Superior Tribunal de Justiça já exarou posicionamento no mesmo viés: Recurso em mandado de segurança. Quebra de sigilo telemático. Legalidade e valor da multa. Decadência. *Aplicação da multa por descumprimento de decisão judicial para terceiro fornecer informações. Possibilidade.* Recurso desprovido. 1. Ocorreu a decadência do mandado de segurança no tocante à legalidade e ao valor da multa imposta pela autoridade coatora, considerando que transcorreu prazo superior a 120 dias, conforme dispõe o art. 23 da Lei

7.3.3.1. Medidas judiciais e terceiros

Essas considerações ensejam reflexões sobre os efeitos das decisões judiciais sobre terceiros. A noção de que os provimentos judiciais não podem prejudicar os sujeitos que não figurem como partes na demanda é corrente na seara processual.

A evolução do estudo do tema, como a divisão conceitual entre *parte em sentido processual* e *parte em sentido material* proposta por Carnelutti, levou à percepção de que a decisão judicial poderia ter seus efeitos estendidos para terceiros, conforme orienta Arenhart[52]. Ainda de acordo com o autor, todos devem reconhecer a decisão judicial que, segundo Liebman, teria eficácia natural geral, que em tudo difere da imutabilidade, que somente atinge as partes e faz coisa julgada material.

Entre os terceiros, importante destacar a divisão entre aqueles *juridicamente indiferentes* e os *juridicamente interessados*: para os primeiros, que não fazem parte de relações jurídicas dependentes ou conexas com uma das partes com o objeto do processo, "*os efeitos da decisão serão sentidos de forma imutável e indiscutível, não por conta da coisa julgada, mas apenas pela falta de legitimidade para questionarem tais efeitos judicialmente*"[53] (grifos no original).

Para os que travam esse tipo de relação, haverá a possibilidade de reação ao comando judicial, ainda que o contraditório seja exercido de forma diferida. Os prejuízos que podem experimentar não decorreriam da decisão em si, mas da sanção, consequência do seu descumprimento.

Exatamente nessa hipótese enquadram-se os provedores, que figuram em relações contratuais com o autor do ilícito. Não pode ser olvidado que, ao inscrever-se em um serviço de *e-mail*, troca de mensagens, ou ao criar perfil em rede social,

---

n. 12.016/2009, entre a impetração do *mandamus* – outubro de 2016 – e a prolação da decisão impugnada – dezembro de 2015. 2. *A jurisprudência deste Sodalício admite a aplicação de multa em decorrência do descumprimento de ordem judicial para terceiro fornecer informações referentes à movimentação da conta de usuários de rede social, ou qualquer outro aplicativo de internet*, mesmo que os dados fiquem armazenados em computadores localizados no exterior. Recurso em mandado de segurança desprovido (RMS 53.757/RS, Rel. Min. Joel Ilan Paciornik, 5ª T., j. 18.10.2018, *DJe* 05.11.2018) (grifo nosso).

[52] ARENHART, Sérgio Cruz. A efetivação de provimentos judiciais e a participação de terceiros. *In*: DIDIER JR., Fredie; WAMBIER, Teresa Arruda Alvim (org.). *Aspectos polêmicos e atuais sobre os terceiros no processo civil (e assuntos afins)*. São Paulo: Revista dos Tribunais, 2004, p. 953.

[53] ARENHART, Sérgio Cruz. A efetivação de provimentos judiciais e a participação de terceiros. *In*: DIDIER JR., Fredie; WAMBIER, Teresa Arruda Alvim (org.). *Aspectos polêmicos e atuais sobre os terceiros no processo civil (e assuntos afins)*. São Paulo: Revista dos Tribunais, 2004, p. 958.

o usuário e o provedor firmam um contrato de prestação de serviços, ainda que não diretamente oneroso para o contratante, que cede gratuitamente seus dados e as características de navegação que indicam seus gostos e perfil de consumo. A relação é ainda mais evidente perante os provedores de conexão, que prestam serviços onerosos de acesso à internet.

Esse dever geral de cooperação por terceiros foi reiterado pelo Superior Tribunal de Justiça ao impor multa para que rede social fornecesse dados telemáticos necessários para investigação criminal em curso[54].

A necessária observância às determinações judiciais por terceiros determinados é preocupação verificável desde o Código de Processo Civil anterior, em que a Lei 10.358/2001 inseriu, entre os deveres das partes e de todos aqueles que, de alguma forma, participam do processo, previstos no art. 14, o de *cumprir com exatidão os provimentos mandamentais e não criar embaraços à efetivação de provimentos judiciais, de natureza antecipatória ou final* (inciso V). O descumprimento desse dever constituía ato atentatório ao exercício da jurisdição, sancionado com multa.

A previsão, que visa assegurar o cumprimento das decisões judiciais por quem quer que seja que deva realizar ou abster-se de realizar o comando ali instituído, foi mantida na codificação em vigor, com pequena alteração gramatical, pois agora todos devem *cumprir com exatidão as decisões jurisdicionais, de natureza provisória ou final, e não criar embaraços à sua efetivação* (art. 77, IV), sob pena de cometimento de ato atentatório à dignidade da justiça.

Apesar da inexistência de previsão legal de procedimento específico para a pretensão de obtenção de dados e remoção/bloqueio de conteúdo destinada aos provedores de aplicação e de conexão, os instrumentos legais existentes podem e devem ser utilizados em prol da crise de direito material, que se desenvolve na esfera digital, independentemente da posição que os provedores ocupam na demanda, como partes ou como terceiros juridicamente interessados.

Para além de todo o exposto, importantes diferenciações devem ser traçadas acerca dos pedidos que podem ser dirigidos para cada espécie de provedor e das peculiaridades técnicas de atuação de cada um quando há pretensão de bloqueio ou remoção de material ilícito.

7.3.3.2. Definição do polo passivo e possibilidades processuais

Antes da edição do Marco Civil da Internet, os dados de conexão e de aplicação já eram solicitados aos provedores, bem como a atuação para o bloqueio e

---

[54] RMS 55.019/DF, Rel. Min. Joel Ilan Paciornik, 5ª T., j. 12.12.2017, *DJe* 01.02.2018.

remoção do conteúdo ilícito disponibilizado em suas plataformas. A edição de legislação específica não sanou as questões procedimentais que já existiam sobre qual o instrumento processual mais adequado e efetivo para vincular tais pretensões. Infelizmente, o Código de Processo Civil de 2015 também não abordou o tema.

Coube à doutrina e aos operadores jurídicos a busca pela espécie processual que mais se coaduna com o direito material, e que se apresente como apta a sanar a crise apresentada perante o Poder Judiciário. Com esse intuito, serão apresentadas as principais vias empregadas, bem como as vantagens e desvantagens inerentes a cada uma, sob a perspectiva do autor da demanda, o sujeito vítima do ato ilícito. Para tanto, a sistematização realizada por Gajardoni e Martins[55], que indica cinco alternativas, servirá de fio condutor para a análise.

A primeira opção seria o ajuizamento de ação de obrigação de fazer para a obtenção de dados e remoção/bloqueio do conteúdo, em face do provedor de aplicação. Obtidas as informações desejadas, haveria o ajuizamento de demanda contra o provedor de conexão e, na sequência, caso tenha sido possível a identificação do ofensor, ajuizamento de demanda ressarcitória contra ele. A desvantagem desse procedimento é bastante evidente: o ajuizamento de três demandas, com todos os custos e as complicações inerentes, tais como a possibilidade de profusão de recursos e incidentes, sem contar o abarrotamento do Poder Judiciário, na tentativa de resolver um único litígio.

A segunda seria de ajuizamento de tutela antecipada antecedente de obrigação de fazer em face do provedor de aplicação, com o mesmo intuito da medida que inicia a opção anterior. Obtidos os dados, haveria aditamento da inicial, com inclusão do provedor de conexão no polo passivo. O passo seguinte seria o ajuizamento de demanda indenizatória em face do agente infrator. Como os próprios autores indicam, nessa opção, haveria risco concreto de indeferimento da inicial, ante a tentativa de aditamento e ampliação do polo passivo, hipótese não prevista na legislação de regência. Na eventualidade de indeferimento, restaria o caminho explicitado na primeira opção.

A terceira seria a utilização de ação de produção antecipada de provas contra as duas espécies de provedores, para obtenção exclusiva de dados, sem considerações sobre a indisponibilização do conteúdo, com ajuizamento posterior de demanda de reparação de danos em face do autor. Nessa sugestão, o conteúdo tido como ilícito

---

[55] GAJARDONI, Fernando da Fonseca; MARTINS, Ricardo Maffeis. Direito digital e legitimação passiva nas ações de remoção de conteúdo e responsabilidade civil. *In*: LUCON, Paulo Henrique dos Santos; OLIVEIRA, Pedro Miranda de (org.). *Panorama atual do novo CPC*: volume 3. São Paulo: Empório do Direito, 2019, p. 199-203.

continuaria *on-line*, e a pretensão final seria unicamente de cunho reparatório, em demanda própria, voltada para o agente gerador do ilícito.

A quarta opção seria o ajuizamento de ação de obrigação de fazer cumulada com indenizatória, contra o provedor de aplicação, para obtenção de registros e remoção do conteúdo, em litisconsórcio facultativo eventual com corréus indeterminados: o provedor de conexão e o agente do ilícito. As pretensões do demandante seriam distintas para cada um dos demandados, refletidas em pedidos diversos e consecutivos. A vantagem residiria no ajuizamento de demanda única.

Como quinta e última alternativa, a sugestão é de ajuizamento de ação indenizatória contra réu indeterminado, o autor do ato ilícito, para responsabilização civil e obrigação de não fazer, a não repetição do ato. Seria realizado pedido, ao juiz, de expedição de ofícios sucessivos aos provedores de aplicação para disponibilização de dados e remoção do conteúdo e, aos provedores de conexão, para fornecimento de informações. Com a obtenção dos dados, a petição inicial seria emendada, com consolidação do polo passivo.

Essa compreensão está fundamentada em interpretação proativa do magistrado ao art. 319, § 1º, do Código de Processo Civil, que determina que, "caso não disponha das informações previstas no inciso II, poderá o autor, na petição inicial, requerer ao juiz diligências necessárias à sua obtenção". O inciso II disciplina a necessidade de indicação da qualificação da parte passiva, pelo demandante, quando do ajuizamento da demanda.

O modelo seria aceito, na prática, desde que o pedido de expedição de ofício seja bem fundamentado[56]. O parâmetro continua sendo os requisitos previstos nos incisos I a III do parágrafo único do art. 22 do Marco Civil da Internet, já mencionados. A vantagem dessa última opção seria a diminuição de resistências por parte dos provedores que, por não comporem o polo passivo da demanda, figuram como meros terceiros que atuarão como auxiliares da justiça.

De acordo com Gajardoni e Martins, os provedores nessa opção "deixam de se preocupar com questões como custas processuais, eventual sucumbência, necessidade de provisionamento e gastos com advogados, etc."[57], aumentando o grau de colaboração.

---

[56] GAJARDONI, Fernando da Fonseca; MARTINS, Ricardo Maffeis. Direito digital e legitimação passiva nas ações de remoção de conteúdo e responsabilidade civil. *In*: LUCON, Paulo Henrique dos Santos; OLIVEIRA, Pedro Miranda de (org.). *Panorama atual do novo CPC*: volume 3. São Paulo: Empório do Direito, 2019, p. 205.

[57] GAJARDONI, Fernando da Fonseca; MARTINS, Ricardo Maffeis. Direito digital e legitimação passiva nas ações de remoção de conteúdo e responsabilidade civil. *In*: LUCON,

É certo que, nesse cenário, há possibilidade de cominação de *astreintes*, com o intuito de induzir os provedores a apresentarem, em juízo, os dados solicitados, o que poderá gerar a interposição de recursos versando unicamente sobre o valor e/ou periodicidade da multa, com consequentes desdobramentos e prolongamentos da demanda principal.

Inexiste alternativa processual perfeita. A pretensão de obtenção dos dados que levem à identificação do autor do ato, desatrelada de qualquer intuito de remoção/bloqueio do material, pode ser tutelada pela ação de produção antecipada de provas. A desvantagem, além da óbvia manutenção do conteúdo na internet, seria a necessidade de ajuizamento posterior de demanda ressarcitória, caso o autor seja identificado.

Por outro lado, a opção que parece tutelar, de forma mais adequada e integral, o direito violado, e com ameaça de nova violação repetitiva, que ocorre com a mera manutenção do material ilícito *on-line* e acessível para todos, 24 horas por dia, com potencial de compartilhamento e viralização, parece ser a última alternativa apresentada, por concentrar os atos processuais em uma única demanda e colocar os provedores como terceiros que atuam de forma colaborativa com o Judiciário, e não na posição de demandados, com todos os ônus inerentes.

Não pode ser olvidada a lição sempre presente de Marinoni acerca da necessária e inseparável relação entre a tutela dos direitos materiais e o manejo de técnicas processuais:

> O processo deve se estruturar de maneira tecnicamente capaz de permitir a prestação das *formas de tutela* prometidas pelo direito material. De modo que, entre as *tutelas dos direitos* e as *técnicas processuais* deve haver uma relação de adequação. Mas essa relação de adequação não pergunta mais sobre as *formas de tutela*, porém sim a respeito das *técnicas processuais*. Ou melhor, quando se indaga sobre a efetividade do processo já se identificou a *forma de tutela* prometida pelo direito material, restando verificar se as *técnicas processuais* são capazes de propiciar a sua efetiva prestação[58] (destaques no original).

A eleição da via da expedição de ofícios aos provedores, nesse caso, para os de conexão, em demanda de obrigação de fazer ajuizada somente em face do provedor de aplicação, assim que apresentados os dados pelos provedores de

---

Paulo Henrique dos Santos; OLIVEIRA, Pedro Miranda de (org.). *Panorama atual do novo CPC*: volume 3. São Paulo: Empório do Direito, 2019, p. 204.

[58] MARINONI, Luiz Guilherme. *Teoria geral do processo*. São Paulo: Revista dos Tribunais, 2006, p. 246.

aplicação, conforme descrito na primeira opção apresentada, também é defendida como forma de concretização dos princípios da duração razoável do processo e da economia processual.

Assim, seria plenamente possível que a parte solicite ao juízo a expedição de ofícios aos provedores, para que apresentem os dados solicitados. O fundamento legal pode ser encontrado nos arts. 139, 297, parágrafo único, 370, 380, 519 e 536, § 1º, todos do Código de Processo Civil[59]. Outro embasamento legal advém da redação do art. 22 da Lei 12.965/2014, que indica que o pedido de fornecimento de dados pode ocorrer de forma incidental.

7.3.4. Atuação voltada para provedores de aplicação

7.3.4.1. Sistema de responsabilização

Antes da aprovação da legislação específica, o entendimento jurisprudencial rumava, majoritariamente, pela responsabilização do provedor de aplicação pelo material violador de direito alheio. Os fundamentos mais usuais assentavam-se na existência de relação de consumo entre provedor e usuário, em que teria havido defeito no serviço prestado, com base no art. 14 do Código de Defesa do Consumidor, ou exercício de atividade de risco para os direitos de terceiros, com fundamento no art. 927 do Código Civil.

A mesma compreensão nunca permeou a atividade dos provedores de conexão, pois apenas viabilizam o instrumental técnico para que o conteúdo trafegue de um terminal ao outro, sem conhecimento sobre licitude ou ilicitude do material, que apenas sofre fragmentação em pacotes de dados que facilitam a sua transmissão. A analogia com meios tradicionais, como os serviços postais e de telefonia, explicita a noção.

Para os provedores de aplicação, o ponto mais abordado sempre foi o monitoramento de conteúdo, se haveria ou não esse dever por parte dos intermediários. Entendia-se pela dificuldade de vigilância constante do que é tornado público na internet pelos milhares de usuários de redes sociais ou por comentários postados em blogs ou em espaços do leitor.

A responsabilização do provedor ocorria em hipóteses em que havia a possibilidade de controle prévio do material, como ocorreu com provedor de página de anúncios corresponsabilizado por oferta em que o nome e o telefone

---

[59] THAMAY, Rennan; TAMER, Maurício. *Provas no direito digital*: conceito da prova digital, procedimentos e provas digitais em espécie. São Paulo: Thomson Reuters, 2020, p. 154-155.

comercial do autor foram tornados públicos, e a ele foi atribuída a prestação de serviços sexuais de cunho homossexual[60]. Situação mais usual ocorria quando o provedor de aplicação era notificado, extrajudicialmente, pela parte lesada, de que hospedava conteúdo ilícito e não tomava as medidas necessárias para a sua remoção ou bloqueio.

Essa compreensão decorre da experiência estrangeira e da figura do *notice and take down*, em que a responsabilização advém da desídia do provedor em adotar as medidas técnicas cabíveis para, em curto e razoável espaço de tempo, tornar o conteúdo indisponível *on-line* após ser notificado.

Uma das maiores inspirações para o regime até então adotado foi o *Digital Millennium Copyright* (DMC) norte-americano, já mencionado, legislação de regência para direito autoral, que criou "uma espécie de exceção à responsabilidade por violação de direitos autorais na internet, assegurando imunidade aos provedores que atendessem prontamente à notificação do ofendido para a retirada do material impróprio"[61].

Posteriormente, essa espécie de responsabilização condicionada, em que a indenização abarca somente os fatos ocorridos após a notificação do provedor, passou a abranger todas as situações de violação de direitos *on-line* e a discussão da postura do provedor acerca do ato cometido por terceiro.

No seu país de origem, a figura não passou imune a críticas, pois sempre esteve presente o risco de interferência na liberdade de expressão e a geração de um efeito silenciador de natureza preventiva (*chilling effect*) em que o próprio agente deixa de se manifestar *on-line*, com receio das possíveis consequências legais do ato[62].

---

[60] REsp 997.993/MG, Rel. Min. Luis Felipe Salomão, 4ª T., j. 21.06.2012, DJe 06.08.2012.

[61] SCHREIBER, Anderson. Marco Civil da internet: avanço ou retrocesso? A responsabilidade civil por dano derivado de conteúdo gerado por terceiro. *In*: LUCCA, Newton de ; SIMÃO FILHO, Adalberto; LIMA, Cíntia Rosa Pereira de (org.). *Direito e Internet*, tomo II. São Paulo: Quartier Latin, 2015, p. 286.

[62] SCHREIBER, Anderson. Marco Civil da internet: avanço ou retrocesso? A responsabilidade civil por dano derivado de conteúdo gerado por terceiro. *In*: LUCCA, Newton de ; SIMÃO FILHO, Adalberto; LIMA, Cíntia Rosa Pereira de (org.). *Direito e Internet*, tomo II. São Paulo: Quartier Latin, 2015, p. 287. Fenômeno muito semelhante é experimentado na divulgação de conteúdo que tem como alvo políticos, autoridades e figuras públicas. Esses sujeitos valer-se-iam de notificações, extra e judiciais, contendo ameaças de ajuizamento de demandas, com o intuito de sufocar o debate político e as críticas sofridas. Essa forma de manejo é conhecida como *Strategic Lawsuits Against Public Participation* (SLAPP). VERZA, Sofia. *SLAPP: the background of Strategic Lawsuits Against Public Participation*. European Centre of Press and Media Freedom. Disponível em: https://www.ecpmf.eu/

Em 1991, o emblemático julgamento do caso *Cubby Inc. v. CompuServ Inc., 776 F. Supp. 135 (S.D.N.Y. 1991)*, em tudo anterior ao DMC, já indicava que essa seria a linha adotada acerca da responsabilização dos provedores. Um fórum na internet foi processado com base na legislação que responsabilizava editores por publicações tidas como lesivas em periódicos impressos. A Corte entendeu que não poderia haver responsabilização solidária, pois o mesmo não ocorria com livreiros, jornaleiros ou bibliotecas, que desconhecem o teor ofensivo do material que disponibilizam[63].

Essa compreensão se cristalizou com o *Communications Act*, de 1996, com destaque para a seção 230, que criou verdadeiro *safe harbour* para os provedores de internet. Dada a sua importância, esse diploma será apresentado e analisado no tópico sobre o sistema de reconhecimento e homologação de sentenças estrangeiras estadunidense.

A União Europeia seguiu caminho em tudo assemelhado. A Diretiva 2000/31/EC, no art. 14, isenta os provedores de responsabilização pelo material disponibilizado, considerando que não tenham conhecimento da ilegalidade do seu conteúdo ou, desde que notificados, tenham atuado com diligência para impossibilitar o acesso. O art. 15 afasta a existência de dever geral de vigilância.

A responsabilização dos intermediários de conexão é definida com base em requisitos negativos, previstos no art. 12 do mesmo diploma: não devem, na origem, na transmissão, selecionar o destinatário ou modificar as informações transmitidas. A mera assistência na transmissão passiva do conteúdo ou a criação de cópias para reduzir o tamanho do arquivo e aumentar a velocidade de transmissão não são suficientes para gerar responsabilização[64].

Retomando o cenário legislativo brasileiro, o Marco Civil da Internet, em vez de regular o sistema, até então adotado pela jurisprudência, com base nas diretrizes estabelecidas pelo Superior Tribunal de Justiça, estabelecendo diretrizes claras para todos os envolvidos, focado em garantias procedimentais, a fim de assegurar a esfera de direito de todos os envolvidos, rumou em sentido diverso.

O art. 19 estabeleceu, como premissas para a responsabilização dos provedores de aplicação por conteúdo de terceiros, a liberdade de expressão e a vedação

---

slapp-the-background-of-strategic-lawsuits-against-public-participation/. Acesso em: 3 dez. 2022.

[63] LAUX, Francisco. *Supremo debate o artigo 19 do Marco Civil da Internet (parte 2)*. Disponível em: https://www.conjur.com.br/2019-nov-11/direito-civil-atual-supremo-debate-artigo-19-marco-civil-internet-parte. Acesso em: 3 dez. 2022.

[64] RIORDAN, Jaani. *The liability of internet intermediaries*. Oxford: Oxford University, 2013, p. 127.

à censura. Dessa forma, não causa espanto que ela tenha sido condicionada ao descumprimento de ordem judicial específica de indisponibilização do material.

Ainda foram previstas algumas "salvaguardas" aos provedores: I) as providências exigíveis devem ocorrer *no âmbito e nos limites técnicos do serviço*; II) *no prazo assinalado*"; e III) apenas são exigíveis quando houver *identificação clara e específica do conteúdo apontado como infringente, que permita a localização inequívoca do material*.

A nova sistemática exige o acionamento do Poder Judiciário, desconsiderando o descompasso absoluto entre a velocidade de propagação de conteúdos na internet e a prestação jurisdicional, ainda que deferido pedido de tutela de urgência. Importa destacar que, como já visto, há possibilidade de denúncia extrajudicial do conteúdo e remoção voluntária por parte da plataforma, mas que normalmente somente ocorre quando há violação aos Termos de Uso, e não por ofensa a direito de terceiro de natureza diversa.

Outro grande empecilho é o ônus de contratação de advogado, já que a possibilidade de ajuizamento de demanda de indisponibilização ou assentada em pedido ressarcitório ser ajuizada no juizado especial, contida no art. 19, § 3º, acaba não tendo aplicabilidade prática. A complexidade desse tipo de demanda, verificável pelas questões inerentes às figuras processuais manejáveis e a configuração do polo passivo, já analisadas, afasta o uso da via simplificada prevista em lei.

Para alguns, a existência de crivo judicial para a remoção e indisponibilização de conteúdos afastaria o arbítrio privado e o sistema, nem sempre claro e observador, das garantias processuais elementares, empregado pelos provedores na definição da licitude ou ilicitude do conteúdo[65].

As polêmicas envolvendo o art. 19 serão objeto de análise do Supremo Tribunal Federal. No Recurso Extraordinário 1.037.396/SP, será julgado o tema de repercussão geral 987, de relatoria do Ministro Dias Toffoli.

A existência de ordem judicial prévia, como requisito para a responsabilização civil dos provedores de aplicação, será examinada com enfoque específico na sua

---

[65] É o que se verifica do posicionamento do ex-Relator Especial da Organização das Nações Unidas para a Promoção e a Proteção da Liberdade de Expressão, Frank La Rue, e do Relator Especial para Liberdade de Expressão da Comissão Interamericana de Direitos Humanos, Edison Lanza, disponíveis, respectivamente, em: https://www2.ohchr.org/english/bodies/hrcouncil/docs/17session/A.HRC.17.27_en.pdf e em: http://www.oas.org/en/iachr/expression/docs/publications/INTERNET_2016_ENG.pdf. Acesso em: 3 dez. 2022.

compatibilidade com os dispositivos constitucionais que asseguram a liberdade de manifestação do pensamento, de expressão e o acesso à informação.

O *Facebook Brasil* ajuizou a demanda excepcional com o intuito de afastar condenação sofrida perante Turma Recursal, que reformou decisão de primeiro grau e responsabilizou a empresa por danos morais, ante a existência de perfil falso em sua rede social, não obstante o cumprimento imediato da ordem judicial concedida em tutela de urgência, que determinou a remoção do perfil. Entendeu-se que condicionar a retirada do perfil à prolação de ordem judicial específica violaria os direitos do consumidor, gerando isenção dos provedores de qualquer responsabilidade indenizatória. Diversos provedores e entidades do setor solicitaram participação como *amici curie* e o feito aguarda julgamento.

A exceção ao regime geral do art. 19 é encontrada no art. 21, em que há responsabilização subsidiária dos provedores pela divulgação de imagens ou vídeos de cenas de nudez ou de ato sexuais, sem autorização dos participantes (*revenge porn*). Nessa hipótese, o dever de indenizar decorre da inércia do intermediário que, notificado extrajudicialmente, deixou de promover, de forma diligente, a indisponibilização do material.

Para Schreiber, a redação do art. 19 feriria o direito à reparação plena e integral do dano à honra, à privacidade e à imagem, o acesso à justiça e a vedação ao retrocesso, com sugestão de interpretação conforme, para que outras formas de violação à intimidade e aos direitos de personalidade tivessem o mesmo tratamento dispensado pelo art. 21 à intimidade sexual[66].

A tendência é que o Supremo Tribunal Federal declare a constitucionalidade do art. 19 do Marco Civil da Internet, considerando a inexistência de dever de monitoramento prévio e contínuo dos provedores de aplicação com relação ao material disponibilizado pelos seus usuários, e a suficiência da tutela de remoção do ilícito prestada, via reserva de jurisdição, a partir da ciência do provedor da existência de decisão judicial de remoção e/ou bloqueio do material ilícito.

7.3.4.2. Desindexação

A figura da desindexação já foi apresentada quando do estudo dos mecanismos técnicos de remoção e bloqueio de conteúdo *on-line*, e é retomada ante os

---

[66] SCHREIBER, Anderson. Marco Civil da internet: avanço ou retrocesso? A responsabilidade civil por dano derivado de conteúdo gerado por terceiro. *In*: LUCCA, Newton de ; SIMÃO FILHO, Adalberto; LIMA, Cíntia Rosa Pereira de (org.). *Direito e Internet*, tomo II. São Paulo: Quartier Latin, 2015, p. 297.

importantíssimos desdobramentos de decisões judiciais que determinaram o seu emprego, a discussão sobre o alcance territorial desse tipo de comando judicial e as polêmicas envolvendo a necessidade, ou não, de indicação precisa da URL objeto de desindexação. Para o momento, é salutar recordar que ela incide sobre os provedores de busca, que atuam para que determinado *hyperlink* que remete a uma página não apareça no resultado de pesquisa quando determinadas palavras-chave são buscadas.

Essa ferramenta, que age como um filtro que altera o funcionamento normal do algoritmo utilizado pelo buscador, é de suma importância quando se cogita sobre o bloqueio de conteúdo *on-line*.

A consolidação de empresas como o *Google*, maior provedor de buscas global, fez com que grande parte dos usuários da internet, mesmo para páginas conhecidas, não digite a URL completa, mas faça dos buscadores um facilitador para acesso a qualquer material *on-line*.

O *leading case* de desindexação ocorreu em 2014, quando o Tribunal de Justiça da União Europeia julgou o caso *Google Spain v. Coteja González (caso C-131/12 Google Spain SL v. Agencia Española de Protección de Datos – AEPD).* A Corte entendeu que exercia jurisdição prescritiva para o caso submetido à sua análise, ante a existência de subsidiária local e direcionamento de atividades para cidadãos espanhóis, não obstante o processamento de dados pelo provedor de buscas ocorrer nos Estados Unidos[67].

No mérito, foi determinado que o *Google Spain* deixasse de apresentar, em seus resultados, o fato de que o cidadão espanhol Costeja González havia tido problemas financeiros que levaram o seu imóvel à hasta pública. Esse julgado estabeleceu diversas premissas para o que viria a ser conhecido como direito ao esquecimento, exercível pelo titular do direito perante os provedores de busca quando os dados sejam inadequados, irrelevantes, não mais relevantes ou excessivos, analisáveis sempre sob a ótica do interesse público. A partir desse pronunciamento, o *Google* passou a disponibilizar formulário a ser preenchido pelo interessado em requerer a filtragem na plataforma de busca[68].

Importante ressaltar que a desindexação não realiza a remoção do conteúdo da página da internet em que ele foi disponibilizado, que continuará intacto e somente

---

[67] DASKAL, Jennifer. Borders and Bits. *Vanderbilt Law Review*, v. 71, n. 179, p. 212, 2018.

[68] Segundo a empresa, desde então já foram analisados 979.640 solicitações de remoção, que tinham como objeto 3.838.351 URLs, das quais 46,6% foram removidas. Disponível em: https://transparencyreport.google.com/eu-privacy/overview. Acesso em: 3 dez. 2022.

sofrerá os efeitos do emprego de técnica com esse intuito. Ele apenas não aparecerá no resultado de pesquisa realizada com base em palavras-chave predeterminadas.

Práticas privadas de desindexação são tidas como de baixo custo e bem-sucedidas em grande escala. Contudo, teriam três defeitos, especialmente quando considerado o cenário anterior ao da consolidação da figura do direito ao esquecimento e para as hipóteses que versam sobre outras categorias jurídicas: I) a existência de critério arbitrário quanto ao nível de prova requerido do solicitante, de acordo com o tipo de ilícito; II) remoções realizadas por empregados, de acordo com políticas de uso das plataformas, e não por operadores jurídicos, com base em critérios legais; e III) inexistência de observância às garantias de natureza processual[69].

No Brasil, no mesmo ano da edição do Enunciado 531 na VI Jornada de Direito Civil, que indica que "a tutela da dignidade da pessoa humana na sociedade da informação inclui o direito ao esquecimento", dois importantes casos foram julgados pelo Superior Tribunal de Justiça envolvendo a temática. Apesar de não terem sido ajuizados contra os provedores de busca, essas duas demandas são importantes indicativos sobre a percepção judicial sobre o tema, que certamente refletem em outras demandas em que o pedido de filtragem de resultado de busca *on-line* tenha como fundamento material o direito ao esquecimento.

Em julgamento conjunto, ocorrido em 2013, a Quarta Turma analisou os casos conhecidos como *Aída Curi*[70] e *Candelária*[71]. Em linhas gerais, no primeiro, a família de Aída Curi, assassinada de forma brutal em 1958, buscava, com base no direito ao esquecimento, reparação de danos em face da TV Globo pela exibição do programa *Linha Direta Justiça*, que décadas depois recriou o evento e o apresentou às novas gerações. No segundo, a mesma emissora de televisão buscava reverter condenação em danos morais ajuizada por cidadão indiciado como coautor/partícipe dos homicídios ocorridos em 1993 no Rio de Janeiro, conhecidos como *chacina da Candelária*. O sujeito foi absolvido pelo Conselho de Sentença. Em 2006, no mesmo programa *Linha Direta Justiça*, a história foi reapresentada, com indicação de que havia sido absolvido.

Ambos os recursos especiais foram desprovidos. Entendeu-se, na Corte de vértice infraconstitucional, que a distância temporal existente, no primeiro caso,

---

[69] RIORDAN, Jaani. *The liability of internet intermediaries*. Oxford: Oxford University, 2013, p. 313. Questões semelhantes se fazem presentes quando ente privado passa a realizar tarefas até então exclusivas do poder público.
[70] REsp 1.335.153/RJ, Rel. Min. Luis Felipe Salomão, 4ª T., j. 28.05.2013, *DJe* 10.09.2013.
[71] REsp 1.334.097/RJ, Rel. Min. Luis Felipe Salomão, 4ª T., j. 28.05.2013, *DJe* 10.09.2013.

entre os fatos e o momento de exibição do programa televisivo, e por ser fato de domínio público, não ensejariam responsabilidade civil, ainda que reconhecido o direito ao esquecimento. No segundo, que haveria direito ao esquecimento para os condenados e para os absolvidos em processo criminal, presente no sigilo dos antecedentes criminais, que deveria ser estendido para outros aspectos. Restou consignado que a narrativa de fato histórico e marcante do país poderia ter sido feita sem a necessidade de exposição do sujeito.

Os familiares de Aída Curi interpuseram recurso extraordinário com repercussão geral. A Corte entendeu que o direito ao esquecimento não poderia ser extraído do sistema jurídico brasileiro.

Cabe rápida menção a caso de desindexação que ganhou notoriedade, nos últimos anos, por destoar do parâmetro até então adotado pelo Superior Tribunal de Justiça, que, reiteradamente, entendia pela necessidade de indicação das URLs que se pretende remover e/ou bloquear, e a impossibilidade de responsabilização dos buscadores pelos resultados apresentados[72].

Perante a justiça fluminense, houve ajuizamento de demanda por pessoa que hoje atua como promotora de justiça, mas que, no passado, participou de concurso de provas e títulos para a magistratura. O concurso foi alvo de investigações de fraude, posteriormente refutadas. Ao pesquisar o nome dessa pessoa no *Google*, a notícia associando seu nome ao do concurso com suspeita de irregularidades era um dos primeiros resultados indicados pelo buscador. O pleito foi de filtragem dos *links* com essa informação. Por maioria de votos, o Superior Tribunal de Justiça manteve o acórdão de segundo grau, que determinou a realização de filtragem pelo provedor de busca, indicando a Corte de vértice, textualmente, que se tratava de hipótese excepcional em que, além de afastar a determinação, até então corrente, de indicação precisa das URLs, o buscador foi tido como parte legítima para figurar no polo passivo da demanda, com imposição de multa diária em caso de descumprimento[73]. Os desdobramentos desse entendimento e sua repercussão para os casos futuros somente poderão ser sentidos com o transcurso do tempo.

---

[72] REsp 1.660.168/RJ, Rel. Min. Nancy Andrighi, Rel. p/ Acórdão Min. Marco Aurélio Bellizze, 3ª T., j. 08.05.2018, *DJe* 05.06.2018.

[73] A divergência desse julgado com relação ao que vinha entendendo a Corte em casos análogos foi destacada pelo Min. Ricardo Cueva, em recente artigo acadêmico sobre o tema. CUEVA, Ricardo Villas Bôas. Alternativas para a remoção de fake news das redes sociais. *In*: ABBOUD, Georges; NERY JR., Nelson; CAMPOS, Ricardo (org.). *Fake news e regulação*. 2. ed. São Paulo: Thomson Reuters, 2020, p. 273-274.

Tendência semelhante foi observada em decisão proferida pelo Tribunal de Justiça da União Europeia em outubro de 2019 (*caso C-18/18*). Na hipótese, em 2016, usuário do *Facebook* realizou postagem sobre a representante do partido Os Verdes, da Áustria, considerada ofensiva. A ofendida acionou o *Facebook Irlanda*, solicitando que removesse o conteúdo, o que não ocorreu.

Diante da negativa, houve o acionamento da via judicial, ocasião em que foi deferida medida de natureza injuntiva de urgência para que a plataforma removesse qualquer fotografia da demandante com as afirmações ofensivas ou de cunho semelhante. A decisão foi confirmada pela Instância Superior e o caso foi submetido à análise do Supremo Tribunal, que verificou que o litígio suscita questões de interpretação do direito comunitário, suspendendo a instância mediante apresentação de duas questões prejudiciais ao Tribunal de Justiça da União.

Entendeu-se que, não obstante não possa ser imposta, aos provedores de aplicação, obrigação de monitoramento contínuo de suas plataformas, a medida concedida seria ineficaz caso não fossem removidos/bloqueados os materiais com conteúdo assemelhado ao declarado judicialmente ilegal.

Para além dessa nova imposição aos provedores, a decisão é ainda mais polêmica ao consignar a inexistência, na legislação europeia, de limitações territoriais aos efeitos das decisões proferidas nesse sentido, uma vez que o art. 18, (1), da Diretiva 2000/31/EU, que regula o comércio eletrônico, não traz nenhuma restrição nesse sentido. O dispositivo da decisão de 2019 merece ser transcrito em sua integralidade:

> A Diretiva 2000/31/CE do Parlamento Europeu e do Conselho, de 8 de junho de 2000, relativa a certos aspetos legais dos serviços da sociedade de informação, em especial do comércio eletrônico, no mercado interno ("Diretiva sobre o comércio eletrônico"), nomeadamente o artigo 15.º, n. 1, da mesma, deve ser interpretada no sentido de que não se opõe a que um órgão jurisdicional de um Estado-membro possa:
>
> *ordenar a um fornecedor de armazenamento que suprima as informações por si armazenadas e cujo conteúdo seja idêntico ao de uma informação declarada ilegal anteriormente ou que bloqueie o acesso às mesmas, seja qual for o autor do pedido de armazenamento dessas informações;*
>
> *ordenar a um fornecedor de armazenamento que suprima as informações por si armazenadas e cujo conteúdo seja semelhante ao de uma informação declarada ilegal anteriormente ou que bloqueie o acesso às mesmas*, na medida em que a vigilância e a procura das informações a que essa medida inibitória diz respeito estejam limitadas às informações que veiculem uma mensagem cujo conteúdo permaneça, em substância, inalterado em relação ao que deu lugar à constatação de ilicitude e que contenham os elementos especificados na medida inibitória,

> e as diferenças na formulação desse conteúdo semelhante relativamente à que caracteriza a informação declarada ilegal anteriormente não sejam suscetíveis de obrigar o fornecedor de armazenamento a proceder a uma apreciação autónoma desse conteúdo, e
>
> ordenar a um fornecedor de armazenamento que suprima as informações a que a medida inibitória diz respeito ou que bloqueie o acesso às mesmas a nível mundial, no âmbito do direito internacional relevante (grifo nosso).

Não restam dúvidas de que a efetividade da tutela prestada é assegurada quando não se exige que a parte demandante ajuíze nova demanda para cada nova disponibilização do conteúdo considerado ilícito pela autoridade judicial ou, ainda, que emende a petição inicial continuamente. Todavia, a hipótese alarga, no cenário legal brasileiro, o contido no art. 19 do Marco Civil da Internet, e cria dever de monitoramento para os provedores, ainda que não genérico, mas assentado na busca e contenção de material idêntico ou semelhante, dando margem para arbítrios e remoções indevidas por falha no processo decisório realizado pela empresa do que pode ser considerado idêntico ou semelhante.

7.3.4.3. Possibilidade de atuação sobre subsidiárias locais de provedores globais?

A expedição de decisões nacionais direcionadas aos provedores com sede em outros países pode acalentar o senso de justiça da vítima do ilícito, e até mesmo do prolator da decisão que, muito bem-intencionado, quer garantir os direitos materiais assegurados pelo ordenamento nacional. Todavia, esse agir ofende os valores que baseiam as relações entre Estados, principalmente a soberania, a autodeterminação e a prerrogativa exercida por cada Estado de definição das hipóteses nas quais exercerá jurisdição internacional.

Assentada essa compreensão, parte-se para outra questão: é possível o ajuizamento de demandas em face das subsidiárias brasileiras de provedores de aplicação estrangeiros, buscando a obtenção de dados de aplicação e conteúdo telemático e bloqueio/remoção de material *on-line* hospedado por esses provedores?

À primeira vista, a resposta parece ser simples e afirmativa, uma vez que ninguém discorda que intermediários devem observar a legislação dos locais com os quais possuem contatos sistemáticos e substantivos. Não pode haver *compliance* legal seletivo[74].

A redação do art. 11, § 2º, do Marco Civil da Internet reforça essa noção ao indicar a aplicabilidade da legislação para pessoas jurídicas sediadas no exterior

---

[74] SVANTESSON, Dan. *Solving the internet jurisdiction puzzle*. Oxford: Oxford University Press, 2017, p. 220.

desde que oferte serviço ao público brasileiro. Na hipótese de existência de subsidiária em território nacional, a necessidade de conformação com o sistema jurídico local é ainda mais evidente.

Nos casos envolvendo as subsidiárias dos provedores de aplicação, como *Facebook, Google, Twitter* e outros, elas observam o ordenamento nacional no desenvolvimento de suas atividades, seja com relação às normas que regem a estruturação da sociedade econômica, seja com relação ao pagamento de tributos e todo o mais. Caso contrário, sua atuação seria considerada ilícita, o que certamente não ocorre.

Da mesma forma, o exercício de jurisdição pessoal pelo juízo do foro não parece ser objeto de maiores objeções. Tal compreensão encontra diversos fundamentos, entre eles o local onde os efeitos do ato ilícito foram sentidos pelo demandante, a presença física do demandado no foro, e a existência de direcionamento de conteúdo ou material publicitário para os usuários de determinado país ou região, realizado pelo provedor acionado. Os critérios entendidos pela jurisprudência para a caracterização do *targeting* já foram apresentados no capítulo anterior. O ponto central para o melhor entendimento da questão reside na compreensão de qual é o escopo da subsidiária e o da matriz, qual a relação entre elas e o local de alocação da informação objeto da determinação judicial.

Inicialmente, não há definição legal e única de subsidiária. O Decreto 55.762/1965 regulou a Lei 4.131/1962, que disciplina o capital estrangeiro e remessa de valores para o exterior, indicando, no parágrafo único do art. 20, que *considera-se subsidiária de empresa estrangeira a pessoa jurídica, estabelecida no País, de cujo capital com direito a voto pelo menos 50% (cinquenta por cento) pertença, diretamente ou indiretamente, a empresa com sede no exterior*.

Contudo, essa definição seria válida apenas para a interpretação do Decreto. A Lei das Sociedades por Ações, no art. 251, faz referência às subsidiárias integrais, aquelas que possuem somente um acionista, outra sociedade. No caso dos maiores provedores de aplicação, as suas subsidiárias brasileiras possuem capital com direito a voto pertencente integralmente a empresas com sede no exterior[75].

---

[75] Como exemplo: o Facebook Serviços Online do Brasil Ltda. que tem como acionistas o Facebook Miami Inc. e o Facebook Global Holdings III LLC; o Google Brasil Internet Ltda., o Google International LLC e o Google LLC, enquanto o Twitter Brasil Rede de Informação Ltda. tem seus acionistas o T.I. Brazil Holdings LLC e Twitter International Company. KURTZ, Lahis; VIEIRA, Victor Barbieri Rodrigues; ROCILLO, Paloma. *Perfil dos litígios envolvendo a internet no Brasil*: grupos econômicos e jurisdição. Belo Horizonte: Instituto de Referência em Internet e Sociedade, 2019, p. 26.

A previsão do art. 119 da Lei das Sociedades por Ações, ao estabelecer que o *acionista residente ou domiciliado no exterior deverá manter, no País, representante com poderes para receber citação em ações contra ele, propostas com fundamento nos preceitos desta Lei*, o que poderia ser uma alternativa para acionamento direto, pelo juiz nacional, do acionista estrangeiro, parece não se aplicar ao caso sob análise.

A doutrina especializada indica que esse dispositivo "não pode ser objeto de interpretação ampliativa ou analógica, aplicando-se apenas às ações judiciais fundadas na Lei das S.A."[76], o que afasta a sua incidência para outras espécies de demandas não assentadas em relações acionárias.

As subsidiárias dos principais provedores de aplicação com presença no Brasil possuem, como objeto social, atividades de *marketing*, propaganda e comercialização de espaços publicitários na página brasileira do provedor "mãe". Tanto é que, por exemplo, o *Google Brasil*, nos contratos de publicidade que pactua, se intitula como "empresa revendedora do Programa de Publicidade da Google Inc. ('Google') no Brasil"[77], e não como provedor de aplicação, categoria buscador.

Nesse sentido, a primeira constatação é a de que subsidiária e matriz são empresas com objetivos e personalidades jurídicas diferentes. Assim, "a subsidiária apresenta personalidade jurídica própria, o que significa a titularidade de direitos e obrigações inconfundíveis com os atribuídos ao(s) sócio(s)"[78].

Mesmo não havendo similitude entre as personalidades, inegável o fortíssimo liame entre a matriz e a subsidiária, ambas pertencendo ao mesmo grupo econômico. Ainda que não haja definição única e aplicável para todos os ramos do direito sobre grupo econômico, a compreensão mais basilar indica a existência de

> [...] um conjunto de empresas que, ainda quando juridicamente independentes entre si, estão interligadas, seja por relações contratuais, seja pelo capital, e cuja propriedade (de ativos específicos e, principalmente, do capital) pertence a indivíduos ou instituições, que exercem o controle efetivo sobre este conjunto de empresas[79].

---

[76] EIZIRIK, Nelson. *A Lei das S/A Comentada*, v. II. 2. ed. São Paulo: Quartier Latin, 2015, p. 294.

[77] *Termo do Programa de Publicidade da Google*. Disponível em: https://www.google.com/intl/pt-BR/adwords/select/TCBrazilForGoogleBrazil1108.html. Acesso em: 3 dez. 2022.

[78] JUSTEN FILHO, Marçal. *Curso de direito administrativo*. 5. ed. São Paulo: Thomson Reuters, 2018. *E-book*.

[79] GONÇALVES, Reinaldo. Grupos econômicos: uma análise conceitual e teórica. *Revista Brasileira de Economia*, v. 45, n. 4, p. 494, out./dez. 1991.

A presença de grupo econômico é a base para alguns entendimentos que advogam a possibilidade de acionamento judicial da subsidiária local para fatos e atos relacionados com a controladora. Emprega-se, de forma isolada ou concomitante, a teoria da aparência, em que a subsidiária local se vale do mesmo nome fantasia da matriz e induz os usuários de boa-fé a acharem que se trata da mesma empresa, quando não o é, e a proteção integral do consumidor e a necessidade de facilitação do seu direito de ação, que não poderia ser obstado com o acionamento da jurisdição internacional quando existe "representante local" da empresa estrangeira[80].

Diversos são os julgados que determinam que as subsidiárias locais entreguem dados que estão sob o controle único da matriz, com fundamento nas premissas estabelecidas anteriormente[81].

Decisões nesse sentido não costumam verificar que a subsidiária, por atuar com atividades auxiliares de publicidade e propaganda, não possui acesso direto a dados de usuários, gerenciados pela empresa controladora. O *princípio da necessidade*, que norteia a proteção de dados, determina que o acesso a esse tipo

---

[80] KURTZ, Lahis; VIEIRA, Victor Barbieri Rodrigues; ROCILLO, Paloma. *Perfil dos litígios envolvendo a internet no Brasil*: grupos econômicos e jurisdição. Belo Horizonte: Instituto de Referência em Internet e Sociedade, 2019, p. 18-19. Recentemente, o Superior Tribunal de Justiça e o Tribunal de Justiça do Estado de São Paulo proferiram acórdãos reconhecendo a legitimidade passiva do *Facebook* em demandas ajuizadas em face do aplicativo *WhatsApp*. Entendeu-se que ambos fazem parte do mesmo grupo econômico, e o aplicativo de troca de mensagens não possui representação nacional. Em prol do consumidor, facilita-se o seu acesso à justiça, com consequente responsabilização solidária da empresa do grupo com representação nacional. REsp 1.568.445/PR, Rel. Min. Rogerio Schietti Cruz, Rel. p/ Acórdão Min. Ribeiro Dantas, 3ª Seção, j. 24.06.2020, *DJe* 20.08.2020; e TJSP, Apelação Cível 1004124-74.2019.8.26.0541, Rel. Pedro Baccarat, 36ª Câmara de Direito Privado, Foro de Santa Fé do Sul, 3ª Vara, j. 25.09.2020, data de registro: 25.09.2020. Esse posicionamento, com destaque para os casos de ausência de subsidiária local, não é isolado na jurisprudência brasileira.

[81] TJRS, Recurso Cível 71009553074, 1ª T. Recursal Cível, Turmas Recursais, Rel. Mara Lúcia Coccaro Martins Facchini, j. 25.08.2020; TJSP, Apelação Cível 1010773-93.2014.8.26.0100, Rel. Christine Santini, 1ª Câmara de Direito Privado, Foro Central Cível – 20ª Vara Cível, j. 30.07.2019; data de registro: 31.07.2019; TJSP, Apelação Cível 1003236-66.2018.8.26.0048; Rel. Mendes Pereira, 15ª Câmara de Direito Privado, Foro de Atibaia – 4ª Vara Cível, j. 31.01.2019; data de registro: 31.01.2019; e TJRS, Agravo de Instrumento 70015755952, 9ª Câmara Cível, Rel. Marilene Bonzanini, j. 09.08.2006. Importante destacar que esse tipo de julgado não é unânime. É possível localizar decisões que reconhecem a ilegitimidade da subsidiária, mesmo que pertencente ao mesmo grupo econômico. Mas o entendimento é minoritário. Veja-se: TJSP, Embargos de Declaração Cível 1135600-11.2016.8.26.0100, Rel. A. C. Mathias Coltro, 5ª Câmara de Direito Privado, Foro Central Cível – 34ª Vara Cível, j. 01.06.2020; data de registro: 01.06.2020.

de informação somente pode ocorrer quando absolutamente necessário para a prestação do serviço, o que não seria o caso[82]. Da mesma forma, a subsidiária não pode exigir da matriz a entrega dos dados. Entendimento diverso subverteria a lógica inerente entre empresa controladora e controlada.

O que a prática demonstra é que as subsidiárias, reiteradamente destinatárias de medidas judiciais nacionais de fornecimento de dados e bloqueio e remoção de conteúdo com fundamento legal no Marco Civil da Internet, acompanhadas por medidas coercitivas indutivas, como as *astreintes*, encaminham a solicitação judicial para a controladora, que decidirá se cumprirá a determinação ou não.

Os critérios empregados nesse processo decisório interno não costumam ser claros, mas geralmente envolvem a compatibilidade da solicitação com a legislação de regência da matriz. O regime jurídico norte-americano, por exemplo, impede o compartilhamento, ainda que com origem judicial, de alguns dados, como o conteúdo de mensagens, com base no *Stored Communications Act*. A exceção prevista no *Cloud Act*, já apresentada em capítulo anterior, restringe-se à seara criminal e exige a existência de acordo executivo específico entre Estados e os dados tramitam entre autoridades governamentais, sem contato direto entre o governo estrangeiro e a empresa que os coletou ou armazena.

No caso *Tudo sobre Todos*, já mencionado, o *Facebook Brasil* indicou que encaminhou a requisição judicial para a sua sede, que graciosamente forneceu os dados solicitados (IP de criação e manutenção da página, *logs* e data e hora de acesso). Contudo, é lugar-comum, nesse tipo de demanda, a discricionariedade da matriz no acatamento de ordens judiciais, especialmente as que não tenham sido proferidas pelos juízes da sua jurisdição.

Nessas hipóteses, cabe à subsidiária o pesado ônus argumentativo de demonstrar, judicialmente, a diferença de escopo entre as empresas e a impossibilidade de cumprimento da decisão judicial sem a colaboração da controladora.

Como já apontado por Talamini, em artigo sobre o cumprimento de medidas executivas coercitivas no caso de bloqueio nacional do aplicativo *WhatsApp*, a primeira providência, antes de determinar-se a realização ou abstenção de conduta, é a verificação sobre a sua factibilidade:

> A ordem e as intimações foram dirigidas ao Facebook do Brasil, reputado responsável pelo WhatsApp no território nacional (o WhatsApp pertence ao grupo

---

[82] REZEK, Francisco; GUIDI, Guilherme Berti de Campos. Jurisdição na era da internet: continências necessárias. *Caderno Especial – Cooperação Jurídica Internacional*, v. 1, p. 134-135, abr. 2018.

Facebook). No presente texto, parte-se da premissa de que a decisão judicial estava correta em seu "mérito" (*i. e.*, em determinar a quebra de sigilo e em dirigir tal ordem de quebra à empresa que tinha possibilidade de cumpri-la). O que aqui se pretende é discutir a questão da proporcionalidade da medida coercitiva. *Se a decisão em si mesma estiver errada (porque cominada contra quem não a pode cumprir ou por qualquer outra razão), nenhuma medida sancionatória, em hipótese alguma, deverá ser aplicada – ficando prejudicado este debate*[83] (grifo nosso).

Vertente importante dessa discussão diz respeito à necessidade/possibilidade de estabelecimento de armazenamento local dos dados de nacionais, acessíveis pela subsidiária, que teria capacidade técnica de cumprir com as ordens judiciais que determinam a sua entrega.

7.3.4.3.1. Os dados devem ser armazenados localmente?

De acordo com Cruz, quando do processo legislativo do Marco Civil da Internet, ante as notícias de espionagem institucional realizada pelo governo norte-americano, denunciadas pelo ex-agente terceirizado Edward Snowden, o Poder Executivo pressionou por alterações no texto.

O PL 2.126/2011, enviado ao Congresso Nacional, não continha previsão de aplicação da legislação brasileira para os provedores de aplicação não sediados no país. A inclusão seria uma espécie de retaliação aos grandes provedores que atuam no Brasil, maioria estrangeira, que, na visão do governo brasileiro, haviam auxiliado as práticas de espionagem norte-americanas[84].

No segundo semestre de 2013, nova versão do projeto de lei foi apresentada na Câmara, com a inserção de dispositivo que obrigava os provedores de aplicação que prestam serviços ao público brasileiro a observarem a legislação nacional e a instalarem servidores para armazenamento de dados de brasileiros no Brasil. Veja-se a redação indicada para o art. 11:

> O armazenamento dos dados de pessoas físicas ou jurídicas brasileiras por parte dos provedores de aplicações de Internet que exercem essa atividade de forma organizada, profissional e com finalidades econômicas no país deve ocorrer no território nacional, ressalvados os casos previstos na regulamentação.

---

[83] TALAMINI, Eduardo. Medidas coercitivas e proporcionalidade: o caso WhatsApp. *In*: TALAMINI, E.; MINAMI, M. Y. (org.). *Atipicidade dos meios executivos*. 2. ed. Salvador: Juspodvim, 2018, p. 780.

[84] BRITO CRUZ, Francisco Carvalho de. *Direito, democracia e cultura digital*: a experiência da elaboração legislativa do Marco Civil da Internet. São Paulo: USP, 2015, p. 112.

§ 1º Incluem-se na hipótese do *caput* os registros de acesso a aplicações de Internet, assim como o conteúdo de comunicações em que pelo menos um dos partícipes esteja em território brasileiro.

§ 2º Aplica-se a legislação brasileira mesmo nos casos em que o armazenamento dos dados e das comunicações previsto neste artigo ocorrer também fora do Brasil[85].

A proposta não foi bem recebida por provedores e entidades que atuam na promoção e desenvolvimento do comércio exterior, que teriam enviado carta ao Congresso Nacional listando desvantagens na adoção do modelo. Entre elas, foram destacadas quatro consequências negativas aos consumidores, a saber: I) redução da segurança; II) aumento de custos, ante a limitada capacidade computacional brasileira; III) queda de competitividade das empresas brasileiras, que não teriam acesso a serviços de armazenamento em nuvem mais baratos sediados em outros países; e IV) danos aos consumidores, que teriam menor acesso a serviços prestados fora do país, ante os custos inerentes gerados pela legislação local[86].

A resposta a essas e outras considerações expressadas pelos provedores de aplicação teria sido a alteração do texto para a versão final do art. 11, com manutenção apenas da determinação de aplicação da legislação nacional *em qualquer operação de coleta, armazenamento, guarda e tratamento de registros, de dados pessoais ou de comunicações por provedores de conexão e de aplicações de internet em que pelo menos um desses atos ocorra em território nacional.*

Inegável a existência de pretensão estatal de armazenamento de dados de usuários nacionais dentro das fronteiras do Estado, gerando fragmentação da rede mundial. Não raras vezes, esse tipo de imposição é encontrado em países autoritários e/ou com tendência de controle sobre o livre fluxo de informações e ideias. A China é o maior exemplo nesse sentido. A Rússia buscou fazer com o que a rede social *LinkedIn* apenas pudesse atuar no país caso armazenasse dados de usuários russos em território nacional. A questão foi controversa com a empresa optando por não operar em território russo[87].

---

[85] BRITO CRUZ, Francisco Carvalho de. *Direito, democracia e cultura digital*: a experiência da elaboração legislativa do Marco Civil da Internet. São Paulo: USP, 2015, p. 112-113.

[86] BRITO CRUZ, Francisco Carvalho de. *Direito, democracia e cultura digital*: a experiência da elaboração legislativa do Marco Civil da Internet. São Paulo: USP, 2015, p. 113.

[87] DJEFFAL, Christian. An essay on the future of data governance: data protection in the face of internet fragmentation. *In*: PERNICE, Ingolf; POHLE, Jörg (org.). *Privacy and cyber security on the books and on the ground*. Berlin: Alexandre Von Humboldt Institute for Internet and Society, 2018, p. 64.

A discussão sobre a localização dos dados está presente há muito na doutrina especializada estrangeira. Segundo estudo elaborado a pedido do Fórum Econômico Mundial, a atuação restritiva estatal sobre o livre fluxo de dados, baseada na territorialidade, seria ainda mais ampla, podendo abarcar cinco vertentes de atuação: I) determinações para que os dados sejam processados por entidades situadas em determinada jurisdição; II) determinações para que os dados sejam armazenados de forma local; III) alterações na arquitetura da rede e no roteamento de dados, encorajando ou determinando que os dados circulem, preferencial ou especificamente, dentro do espaço territorial; IV) políticas discriminatórias que escolhem organizações que podem realizar certas tarefas, baseada na sua nacionalidade; e V) restrições ao movimento transfronteiriço de certas categorias de dados[88].

Tem-se que, na atual configuração da legislação brasileira, inexiste o dever de armazenamento local de informações por provedores de aplicação estrangeiros. O mesmo ocorre com relação aos provedores nacionais, que podem guardar dados cadastrais e conteúdos telemáticos de usuários brasileiros em servidores físicos situados em qualquer localidade ou em nuvem.

Cabe recordar que mesmo essa última espécie de armazenamento depende, em alguma medida, de servidores físicos que mantêm o sistema de guarda de dados em rede na localidade que melhor servir aos seus interesses comerciais e logísticos.

7.3.4.3.2. Dados armazenados em servidores estrangeiros ou em nuvem[89]

O tema do local de guarda das informações e dos metadados, pelos provedores de aplicação, abre espaço para diversas discussões de cunho teórico e prático. Como já exposto quando da apresentação da natureza peculiar da comunicação em rede, os dados trafegam de forma fragmentada e descentralizada. O uso dessa estratégia é que faz com que as informações circulem de forma mais ágil entre emissor e receptor.

Foi a invenção do conceito de pacote de dados, surgido na telefonia, que propiciou que imagens e sons pudessem ser transmitidos em rede, em pequenos

---

[88] DRAKE, William J.; CERF, Vinton G.; KLEINWÄCHTER, Wolfgang. *Internet fragmentation*: an overview: future of the internet iniciative white paper. World Economic Forum, 2016, p. 41.
[89] A tecnologia da computação de borda, em que os dados são armazenados em locais mais próximos ao ponto em que foram criados, evitando envio para servidores centralizados e os problemas ocasionados pela latência, está em expansão, mas ainda não está sendo empregada de forma expressiva para conteúdos postados em *sites* e redes sociais, o que justifica a sua não abordagem nesta obra.

arquivos, reagrupados quando no destino. Na transmissão desses dados, o provedor buscará o melhor caminho para o seu transporte, considerando diversos fatores, tais como a localização dos servidores e os custos da operação, o que nem sempre corresponderá com as fronteiras territoriais dos Estados.

Esse fator técnico explica o motivo pelo qual dados trocados entre dois usuários brasileiros situados em território nacional podem trafegar em redes internacionais e serem armazenados em servidores alocados em outros países, de forma fracionada.

Muito se discute sobre a natureza desses dados e a relação entre eles e o conceito de atuação do poder jurisdicional direto dentro das fronteiras do Estado soberano.

Autores como Daskal[90] e Andrews e Newman[91] apontam que as características inerentes aos dados digitais e a sua forma de circulação seriam incompatíveis com a noção de limites territoriais para a jurisdição. Outros, como Woods, buscam demonstrar que os dados, seu fluxo e armazenamento não são incompatíveis com a noção de territorialidade[92]. O seu pensamento está calcado na noção de que os dados não seriam móveis, divisíveis e com independência geográfica, como apregoado por muitos. Em verdade, seria possível fazer analogia com bens já existentes.

No entanto, apesar do seu esforço em analisar as características mais atreladas aos dados – intangibilidade, mobilidade, divisibilidade, fungibilidade e distância física entre o dado e o seu criador – que não precisam estar na mesma localização para o exercício da propriedade –, não parece que tenha logrado êxito na comparação realizada. Isso porque aspectos como a possibilidade de criação de cópias e *backups* em rede e em servidores físicos espalhados nas mais variadas jurisdições,

---

[90] A seguinte passagem é bastante ilustrativa do seu pensamento: "distinções baseadas em território – qualquer que sejam os seus propósitos – dependem, essencialmente, da habilidade de distinguir entre 'aqui' e 'lá' e a determinação de que 'aqui' e 'lá' importam. Dados, e a maneira em que são acessados e controlados. Estão erodindo essas duas concepções fundamentais" (tradução nossa). DASKAL, Jennifer. The Un-territoriality of data. *The Yale Law Journal*, n. 125, p. 365-366, 2015.

[91] O mesmo pode ser extraído do pensamento dos autores: "a nuvem geralmente oferece *tabula rasa*, uma lousa limpa, em que jurisdição e regras de direito aplicável podem ser escritas e reescritas para evitar muitos dos passos em falso que as Cortes têm dado quando confrontadas com o surgimento da internet" (tradução nossa). ANDREWS, Damon C.; NEWMAN, John M. Personal jurisdiction and choice of law in the cloud. *Maryland Law Review*, v. 313, p. 25, 2013.

[92] WOODS, Andrew Keane. Against data excepcionalism. *Stanford Law Review*, v. 68, p. 733, April 2016.

além da possibilidade de divisão do material, em número quase infinito de pacotes de dados, que contêm apenas fragmentos da informação, e não o todo, que podem ser espalhados em diversos pontos físicos ou em nuvem, não encontram analogia adequada em outros bens, tais como a moeda, ainda que na modalidade virtual.

Essas e outras questões foram levantadas por Svantensson em artigo crítico à publicação de Woods, em que indica que esse não teria demonstrado como soluções adotadas para outros bens intangíveis se aplicariam para os dados, pois não teria encontrado outro bem com todas as características daqueles para realizar a analogia pretendida[93]. Contudo, a análise de Woods interessa no ponto em que defende uma nova abordagem para os temas relacionados à transterritorialidade da rede. Indica o autor que, até o momento, a doutrina se preocupou em aplicar a legislação local para comportamento extraterritorial com efeitos substantivos locais, exatamente uma das hipóteses de exercício da jurisdição internacional brasileira defendida nesta obra.

O ponto em que se pretende lançar luzes é o da aplicação da legislação local, para fatos e atos com efeitos locais, para dados armazenados em nuvem[94]. Partindo desse pressuposto, sugere-se que, se um Estado exerce jurisdição pessoal sobre a parte ou seus bens, pode buscar dados que sejam necessários ao exercício do seu poder jurisdicional, independentemente do local em que estejam armazenados ou do domicílio do demandado. Nessa concepção, somente haveria verdadeiro conflito de leis quando da presença de três elementos: jurisdição prescritiva; jurisdição executiva e interesse do Estado em ter a sua legislação aplicada, a ser verificado pelas Cortes diante do caso concreto[95].

Essa percepção, ainda que controversa, pois não fica claro qual seria o juízo responsável por essa análise, ante a inexistência de um tribunal supranacional com jurisdição para resolução de conflitos entre poderes jurisdicionais, se o do

---

[93] SVANTESSON, Dan. Against "against data exceptionalism". *Masaryk University Journal of Law and Technology*, v. 10, p. 206, September 2016. Interessante notar que Woods foi claramente inspirado no artigo notório de Goldsmith, "Against cyberanarchy", desde o título escolhido até o ponto de vista defendido, em prol da manutenção do requisito da territorialidade, agora para os dados armazenados em nuvem. Atento a essas similaridades, Svantesson redigiu a sua resposta com o provocativo título "Against 'against data excepcionalism'", que remete ao texto-resposta de David Post à publicação de Goldsmith, intitulado à época "Against 'against cyberanarchy'".

[94] WOODS, Andrew Keane. Against data excepcionalism. *Stanford Law Review*, v. 68, p. 738, April 2016.

[95] WOODS, Andrew Keane. Against data excepcionalism. *Stanford Law Review*, v. 68, p. 775, April 2016.

foro ou do Estado afetado pelo seu potencial exercício jurisdicional, importa pela ênfase no aspecto do interesse na aplicação da legislação, que, tendencialmente, seria maior para o Estado em que o ato/fato repercutiu seus efeitos.

Verifica-se que, até o momento, os Tribunais brasileiros tiveram oportunidades pontuais de analisar casos envolvendo a guarda de dados de nacionais em servidores estrangeiros ou em nuvem.

Em um dos primeiros pronunciamentos a respeito, em inquérito civil em trâmite perante o Superior Tribunal de Justiça[96], importante questão de ordem foi suscitada pela Relatora Ministra Laurita Vaz a respeito da possibilidade de provedor de aplicação fornecer dados telemáticos, o conteúdo das comunicações trocadas, como *e-mails*. No caso sob análise, o *Google Brasil* informou não ter como cumprir com a ordem judicial de quebra de sigilo das comunicações, no caso, os *e-mails* originados ou direcionados para conta de usuários determinados registrados na plataforma *Gmail*.

A tese defensiva da empresa foi a de que as informações estariam armazenadas em servidores norte-americanos, com incidência da legislação daquele país, que veda que provedores compartilhem, com terceiros, esse tipo de dado, havendo necessidade de acionamento da via da cooperação jurídica internacional, em especial o acordo de assistência judiciária em matéria penal firmado entre os dois países, o MLAT. Dessa forma, pugnaram pela não aplicabilidade de medidas coercitivas contra os representantes do *Google Brasil*.

Por maioria de votos, a Corte Especial votou com a relatora no sentido de que o argumento apresentado pela empresa deveria ser rechaçado, pois a empresa controladora se faria representar no país pelo *Google Brasil*, e o objeto da determinação judicial são "mensagens remetidas e recebidas por brasileiros em território brasileiro, envolvendo supostos crimes submetidos induvidosamente à jurisdição brasileira".

Nessa linha argumentativa, foi expresso que: "é irrecusável que o fato de esses dados estarem armazenados em qualquer outra parte do mundo não os transformam em material de prova estrangeiro, a ensejar a necessidade da utilização de canais diplomáticos para transferência desses dados".

Da mesma forma, foi indicado que a transmissão dos dados entre controladora e controlada, com o intuito de apresentação à autoridade brasileira, não se caracterizaria como quebra de sigilo, que apenas ocorreria com a entrega dos dados à autoridade local. O dever de observância à legislação nacional faria

---

[96] Inq 784/DF, Rel. Min. Laurita Vaz, Corte Especial, j. 17.04.2013, *DJe* 28.08.2013.

com que a empresa instalada no país não pudesse deixar de cumprir com as ordens judiciais brasileiras. Com base nesse entendimento, houve fixação de multa diária ao *Google Brasil*, em caso de descumprimento da ordem de quebra de sigilo telemático.

Em parecer proferido para o *Google Brasil* a respeito do tema e abordando esse feito, Dinamarco inicia sua consulta informando que, de acordo com a empresa, mediante ordem judicial específica, é possível, junto à controladora norte-americana, a obtenção do número do endereço IP. A remoção de conteúdo determinado, como da plataforma de vídeos *YouTube*, poderia ser realizada mediante simples comunicação entre a subsidiária e a matriz.

O cenário seria diverso quando se considera o conteúdo da comunicação telemática, protegido pela legislação da sede norte-americana, sem que as subsidiárias locais da empresa tenham acesso direto a ele, uma vez que não operam os servidores da matriz. Em seu entender, determinações que impõem deveres dessa monta, ignorando a impossibilidade técnica de cumprimento do comando judicial pela empresa local e as personalidades jurídicas distintas envolvidas, seriam mais drásticas do que a desconsideração da personalidade jurídica em si:

> Aqui no presente caso pretendeu-se, indo muito além da teoria da desconsideração e de sua disciplina ditada em lei, simplesmente tomar as duas empresas como uma só (a brasileira e a americana), como se pudesse uma delas, por atos e decisões próprias, atuar sobre próprios da outra (os servidores contendo os *e-mails* armazenados) ou emitir determinações que a outra devesse cumprir. Essa postura equivale inverter os polos do *verticalismo*, ou da relação de *subordinação* da controlada à controladora, colidindo com a lição de Fábio Comparato, de plena aderência à realidade, de que "no grupo econômico de *subordinação* as sociedades controladas perdem grande parte de sua autonomia de gestão empresarial. *É a sociedade controladora que toma soberanamente as decisões mais importantes*".

A via cooperacional para cumprimento de decisões judiciais oriundas de demandas criminais, o MLAT, é indicada, no parecer, como adequada para obtenção dos dados almejados. Considera o autor a existência de três categorias de impossibilidades: I) *natural*, ausência de meios técnicos à disposição da subsidiária de acesso aos dados em questão; II) *político-econômica*, relação de subordinação entre matriz e subsidiária; e III) *político-jurídica*, a legislação norte-americana, que não permite o fornecimento de conteúdo telemático sem que haja determinação emanada por juiz daquele país. O *Google Brasil* não possuiria dever legal e "não sendo ilegítima sua omissão, ela não pode ser sancionada por ter-se omitido", o que afastaria as *astreintes* cominadas.

Posicionamento semelhante foi adotado pelo Superior Tribunal de Justiça em acórdão de 2019, em investigação criminal, em que foi indicado à multinacional com subsidiária no Brasil o dever de apresentação de dados telemáticos[97].

Ainda que existam considerações sobre o grau de efetividade dos acordos de assistência judiciária em matéria penal, ignorar a existência de personalidades jurídicas diferenciadas, a relação de controle entre as empresas, os níveis de acesso concedidos aos dados armazenados pela matriz e a legislação a que ela se sujeita, apenas pelo fato de fazerem parte do mesmo grupo econômico, não se apresenta como a melhor solução para problema com tantas variáveis, mesmo que os dados cadastrais e telemáticos envolvam cidadãos brasileiros. Outra vertente dessa questão são os dados com origem totalmente estrangeira, por exemplo, número de IP e dados cadastrais de criação e acesso de conta de *e-mail*, rede social ou de página na internet hospedada por provedor estrangeiro, em que o serviço somente é disponibilizado ou acessível em território nacional, sem que os dados tenham sido gerados no país. Nesse caso, a utilização de mecanismos de cooperação jurídica internacional será a única alternativa possível para a obtenção das informações.

Apesar de a vítima do dano estar localizada em território nacional, o que faz com que o Poder Judiciário brasileiro exerça jurisdição pessoal sobre o fato/ato danoso nas modalidades prescritiva e adjudicatória, há ausência de jurisdição executiva para obtenção direta desses dados alocados fora dos limites territoriais brasileiros, sob a jurisdição de outro país soberano.

Ciente das vicissitudes que norteiam o tema, o legislador nacional, em semelhante posicionamento ao experimentado durante o processo legislativo do Marco Civil da Internet, durante a tramitação do PL 2.630/2020, que institui a Lei Brasileira de Liberdade, Responsabilidade e Transparência na Internet, mais conhecida como Lei das *Fake News*, inseriu em uma das versões do texto o art. 37, que determinava:

> Os provedores de redes sociais e de serviços de mensageria privada deverão ter sede e nomear representantes legais no Brasil, tornando essa informação disponível em seus sítios na internet, bem como manter acesso aos seus bancos de dados remotamente do Brasil, com informações referentes aos usuários brasileiros e para a guarda de conteúdos nas situações previstas em Lei, especialmente para atendimento de ordens de autoridade judiciária brasileira.

Ao comentarem o artigo em questão, os especialistas Souza e Perrone indicam:

> O mal causado pela desinformação não conhece fronteiras e o remédio para isso é justamente o estabelecimento de padrões de cooperação internacional

---

[97] RMS 53.213/RS, Rel. Min. Ribeiro Dantas, 5ª T., j. 07.05.2019, *DJe* 13.05.2019.

que respeitem a soberania dos países envolvidos em atividades investigativas e processos judiciais. Querer passar por cima da soberania dos outros países, impondo acesso forçado de dados, aproxima o Brasil das piores experiências regulatórias sobre o tema[98].

A previsão foi suprimida durante o processo legislativo ante a impossibilidade fática de obrigar um provedor de internet a ter representante local para que possa oferecer produtos e serviços para o mercado brasileiro.

A ubiquidade tão característica da internet, ao permitir que o conteúdo ali existente seja acessível de forma remota em todos os lugares a todo tempo, afasta a aplicabilidade real de dispositivos como esse. Apenas a criação de filtros de localização geográfica perante os provedores de conexão poderia impedir que plataformas internacionais sem representação nacional não fossem acessíveis no Brasil. Isso desvirtuaria completamente a natureza da internet e da rede de informação construída ao longo das últimas décadas para o livre trânsito de dados, sem contar que proibiria o acesso a páginas apenas por serem estrangeiras sem representação nacional, cerceando a liberdade de informação e de expressão dos usuários brasileiros, em evidente retrocesso autoritário e desarrazoado.

Para além das questões de ordem econômica envolvendo o grau de conveniência e oportunidade dos grandes provedores em atender o mercado nacional, mediante a necessária instalação de estrutura física de representação local, dispositivos como esses já nascem como letra morta para provedores estrangeiros de pequeno e médio porte que jamais irão observá-los.

Para aqueles que ainda tiverem intenção de fazê-lo, o tempo e a burocracia para instalação de sede e indicação de representantes pode ser maior do que a existência da empresa em si. Como é de conhecimento comum, empresas surgem, expandem-se, são incorporadas ou superadas por outras em velocidade espantosa no mercado digital, em movimentos que não encontram similitude no mundo analógico.

Por fim, outro aspecto dessa discussão, a questão do acesso nacional a banco de dados estrangeiros armazenados em nuvem ou em servidores instalados em outros países, esbarra nos pontos já expostos, com destaque para o regime jurídico do país em que os dados estão alocados e que exerce jurisdição pessoal sobre eles.

---

[98] SOUZA, Carlos Affonso; PERRONE, Christian. *Fake news e acesso a dados armazenados no exterior*. Disponível em: https://www.jota.info/coberturas-especiais/liberdade-de--expressao/fake-news-e-acesso-a-dados-armazenados-no-exterior-30062020. Acesso em: 3 dez. 2022.

Para Goldsmith, haveria a possibilidade de acesso direto a esses dados, seja em fase de investigação policial, seja no curso de processo judicial, apenas quando a cooperação entre o Estado que busca o dado e aquele que detém jurisdição sobre o local em que o servidor que o armazena se localiza não é bem-sucedida[99]. É certo que sua posição parte do ponto de vista estadunidense, em que instrumentos tecnológicos para alcançar tal escopo estão disponíveis com maior facilidade para as autoridades locais. Não pode ser desconsiderado, ainda, o fato de que a maioria das empresas de tecnologia estão sediadas em solo norte-americano, o que diminui a probabilidade de existência de entraves legais, como os existentes por lá para o compartilhamento de dados com autoridades estrangeiras.

7.3.4.3.3. Impossibilidade de prolação de decisões judiciais com efeitos extraterritoriais diretos

O descompasso entre as respostas estatais que dependem de atuação conjunta e integrada de diversas jurisdições e a velocidade de propagação de informações na internet faz com que alguns magistrados busquem atribuir efeitos extraterritoriais aos seus comandos judiciais. Como já explicitado no capítulo 5, o Marco Civil da Internet pode ser caracterizado como norma de extensão, que busca tutelar atos e fatos que tenham algum tipo de conexão com o território nacional, desde que alguma das atividades descritas no *caput* do art. 11 seja realizada no Brasil. Basta que um dos terminais esteja localizado no país, ou que a empresa sediada no exterior oferte serviços ao público brasileiro ou que integrante do seu grupo econômico tenha estabelecimento no Brasil, tudo de acordo com os §§ 1º e 2º do mesmo artigo.

A redação desse dispositivo fez com que fossem prolatadas decisões que, visando à remoção de conteúdo ilícito ou obtenção de dados cadastrais aptos a identificar o autor do ato contrário ao ordenamento legal, determinavam aos provedores de aplicação estrangeiros que realizassem a remoção global do conteúdo ou compartilhassem as informações que detinham sobre contas e registros de acesso[100].

---

[99] GOLDSMITH, Jack. The internet and the legitimacy of remote cross-border searches. *University of Chicago Public Law & Legal Theory Working Paper*, n. 16, p. 10, 2001.

[100] Como exemplo: TJSP, Agravo de Instrumento 2247149-47.2018.8.26.0000, Rel. Correia Lima, 20ª Câmara de Direito Privado, Foro Regional II – Santo Amaro – 4ª Vara Cível, j. 11.03.2019; data de registro: 15.03.2019; TJSP, Agravo de Instrumento 2238604-22.2017.8.26.0000, Rel. José Joaquim dos Santos, 2ª Câmara de Direito Privado, Foro Central Cível – 7ª Vara Cível, j. 10.04.2018; data de registro: 11.04.2018; TJSP, Agravo de Instrumento 2252215-76.2016.8.26.0000, Rel. Rui Cascaldi, 1ª Câmara de Direito Privado, Foro Central Cível – 43ª Vara Cível, j. 28.03.2017, data de registro: 28.03.2017; TJSP, Agravo

Esses comandos judiciais foram orientados aos provedores estrangeiros sem a utilização dos instrumentos de cooperação jurídica internacional. Como visto, a atuação direta sobre bens e pessoas situados em outros países depende do emprego dos mecanismos cooperacionais. A extraterritorialidade da legislação material, justificada pela importância do bem jurídico por ela tutelado, não encontra, nem poderia encontrar, equivalente processual[101].

A Constituição Federal é clara ao estabelecer, entre os princípios fundamentais que regem as relações internacionais brasileiras, o respeito à independência nacional e a não intervenção, de acordo com art. 4º, I e IV. O necessário respeito à autoridade dos outros Estados impede a invasão do seu espaço territorial por outros. Exceções no direito internacional moderno podem ser encontradas em casos de guerra e para a proteção de direitos humanos fundamentais, quando o Estado diretamente responsável falha com o seu dever humanitário[102].

Essa noção foi transplantada para o viés do poder jurisdicional no art. 16 do Código de Processo Civil, que, ao inaugurar o livro sobre função jurisdicional, disciplina, de forma clara, que *a jurisdição civil é exercida pelos juízes e pelos tribunais em todo o território nacional, conforme as disposições deste Código.*

Inexistem dúvidas de que a efetividade da tutela jurisdicional deve ser o objetivo maior da atividade jurisdicional. Nada mais frustrante para o jurisdicionado do que a obtenção de um provimento jurisdicional favorável que não pode ser cumprido em seu favor. Na linguagem popular, essa situação é expressa na famosa frase "ganhou, mas não levou".

A extensão territorial da legislação material parece enquadrar-se na jocosa classificação de Svantensson como *bark jurisdiction*, conjunto de normas elaboradas para deixar clara uma posição, expressar valores de uma sociedade, sem a

---

de Instrumento 2169252-79.2014.8.26.0000, Rel. Alcides Leopoldo, 1ª Câmara de Direito Privado, Foro Regional III – Jabaquara – 5ª Vara Cível, j. 03.02.2015, data de registro: 03.02.2015.

[101] Coadunando com esse entendimento: REZEK, Francisco; GUIDI, Guilherme Berti de Campos. Jurisdição na era da internet: continências necessárias. *Caderno Especial – Cooperação Jurídica Internacional*, v. 1, p. 140-141, abr. 2018. Em sentido contrário: BARRETO, Alesandro Gonçalves; WENDT, Emerson. Marco Civil da Internet e acordos de cooperação internacional: análise da prevalência pela aplicação da legislação nacional aos provedores de conteúdo internacionais com usuários no Brasil. *Direito e TI – debates contemporâneos.* Disponível em: http://direitoeti.com.br/artigos/mlat-x-marco-civil-da-internet/. Acesso em: 3 dez. 2022.

[102] SVANTESSON, Dan. *Solving the internet jurisdiction puzzle.* Oxford: Oxford University Press, 2017, p. 35.

intenção real de efetivamente serem colocadas em prática nos exatos termos em que foram redigidas. Como exemplo, o autor cita a legislação de proteção de dados de Singapura, que busca abarcar também agentes sem presença física no país. Em contraposição, a *bite jurisdiction* seria o sistema de normas construídas para efetivamente serem colocadas em prática e executadas[103].

As dificuldades inerentes à extraterritorialidade da legislação material para o ambiente digital foram tópico da análise de Goldsmith em artigo de 1998, em que o professor já evidenciava que um Estado poderia se propor a regular atividades que ocorrem em qualquer lugar ao redor do globo, mas a efetividade do escopo dessa lei dependerá da sua capacidade de executá-la[104].

Não se olvida a importância da existência de normas voltadas para outras finalidades que não a efetividade da legislação material, tais como os escopos sociais de pacificação social e educação sobre direitos e obrigações realizados pela jurisdição moderna[105].

Contudo, a função de maior destaque realizada pela jurisdição sempre será a de dar efetividade aos direitos garantidos pela legislação nacional, pois

> [...] a função jurisdicional não consiste somente em *julgar*, ou seja, em emitir *sentenças* em processos de conhecimento. Ocorrem inúmeras situações em que a efetivação da tutela jurisdicional exige a realização de atos e a imposição de providências [...][106] (destaques no original).

O afã de cumprir com a promessa constitucional de apreciação da lesão e da ameaça a direito (art. 5º, XXXV, da Constituição Federal), mediante a oferta de tutela apta a dar à crise de direito material solução integral, razoável, que abarque a atividade satisfativa (art. 4º do Código de Processo Civil), não pode ignorar os parâmetros que regem as relações entre Estados.

---

[103] SVANTESSON, Dan. *Solving the internet jurisdiction puzzle*. Oxford: Oxford University Press, 2017, p. 133-134.

[104] GOLDSMITH, Jack. Against cyberanarchy. *University of Chicago Law Review 68*, n. 4, republicado na coletânea THIERER, Adam; CREWS, Clyde Wayne Jr. (org.). *Who rules the net? Internet governance and jurisdiction*. Washington DC: Cato Institute, 2003, p. 44.

[105] DINAMARCO, Cândido Rangel. *A instrumentalidade do processo*. 15. ed. São Paulo: Malheiros, 2013, p. 188 e s. Esse ponto é destacado por Dan Svantesson quando comenta sobre a legislação contra a violência doméstica, que estatisticamente não são sempre observadas, mas que não se cogita a sua desnecessidade para o tecido social. SVANTESSON, Dan. *Solving the internet jurisdiction puzzle*. Oxford: Oxford University Press, 2017, p. 135.

[106] CINTRA, Antônio Carlos de Araújo; GRINOVER, Ada Pellegrini; DINAMARCO, Cândido Rangel. *Teoria Geral do Processo*. 30. ed. São Paulo: Malheiros, 2014, p. 334.

Cumpre registrar que, da mesma forma em que são prolatadas decisões que buscam alcançar diretamente pessoas e bens em outras jurisdições, outras aplicam o princípio da aderência territorial, inerente ao poder jurisdicional, reconhecendo que os Estados nacionais e os estados federais possuem atuação direta dentro das fronteiras físicas preestabelecidas[107]. Todavia, o cenário para o litigante é de incerteza e insegurança. A ânsia de alguns julgadores, verificada nas várias decisões referenciadas, em dar efetividade aos comandos judiciais emanados, desconsiderando os limites territoriais intrínsecos à jurisdição, é elemento que se faz presente de forma constante quando o ambiente digital é objeto da cognição judicial.

Os instrumentos de cooperação jurídica internacional podem estar aquém dos anseios sociais de efetividade e celeridade da tutela prestada. No entanto, a extraterritorialidade das decisões judiciais apresenta-se como caminho inócuo, uma vez que o comando judicial não será cumprido pelo destinatário estrangeiro, que alegará ausência de jurisdição pessoal do órgão prolator e a existência de caminhos outros para o reconhecimento e homologação de decisões estrangeiras.

Nesse sentido, não há conhecimento de jurisdição que admita que juízos de outro Estado executem suas decisões de forma direta em seu território. A exceção está prevista na Convenção sobre o Cibercrime, conhecida como Convenção de Budapeste, e o auxílio mútuo ali previsto, para as hipóteses de dados de fonte aberta ou de consentimento legal e voluntário da pessoa legalmente autorizada a divulgar os dados.

Como regra geral, a nacionalização da decisão estrangeira é requisito para que os efeitos dela decorrentes possam surtir. O poder jurisdicional em que se localiza o destinatário do comando terá que ser acionado pela via cooperacional para que reconheça e homologue a decisão estrangeira.

7.4. O SISTEMA DE RECONHECIMENTO E HOMOLOGAÇÃO DE SENTENÇAS ESTRANGEIRAS E SUAS VICISSITUDES

Diversas são as teorias que procuram explicar a razão de ser do direito internacional. Sucintamente, elas podem ser divididas em dois grandes grupos: as doutrinas voluntaristas ou positivistas, em que a obrigatoriedade do direito

---

[107] AREsp 1.530.941, Rel. Min. Gurgel de Faria, j. 20.03.2020, *DJ* 24.03.2020; TJSP, Agravo de Instrumento 2020232-04.2020.8.26.0000, Rel. Fernanda Gomes Camacho, 5ª Câmara de Direito Privado, 10ª Vara Cível, j. 25.06.2020, data de registro: 25.06.2020; TJSP, Agravo de Instrumento 2009850-83.2019.8.26.0000; Rel. Paulo Ayrosa,: 31ª Câmara de Direito Privado, Foro Regional II – Santo Amaro – 8ª Vara Cível, j. 12.03.2019, data de registro: 12.03.2019; TJSP, Agravo de Instrumento 2055830-58.2016.8.26.0000; Rel. J. B. Paula Lima, 10ª Câmara de Direito Privado, 30ª Vara Cível, j. 26.07.2016, data de registro: 27.07.2016.

internacional decorreria da vontade dos Estados em observar tais normas, seja vontade coletiva ou consentimento mútuo, e as doutrinas naturalistas, para quem a obrigatoriedade decorreria de critérios objetivos, acima da vontade dos Estados. Para a última vertente, a própria identidade e continuidade do Estado já evidenciariam a primazia do direito internacional[108].

O predomínio da posição positivista é evidenciado pela compreensão preponderante de ser o Estado o principal ator na esfera do direito internacional, e que as relações se desenvolvem entre entes formalmente independentes, livres e iguais, com valorização da sua vontade soberana[109]. Essas noções estariam subjacentes a algumas das fontes do direito internacional, especialmente nos princípios gerais do direito e nas normas consuetudinárias, espécies normativas com observância necessária prevista em tratados, como a Convenção de Viena sobre o Direito dos Tratados, de 1969, e o Estatuto da Corte Permanente de Justiça Internacional.

Um importante demonstrativo de aplicabilidade prática envolvendo os princípios gerais do direito internacional e os limites do poder jurisdicional pode ser encontrado no julgamento do famoso *caso Lotus*[110].

No ano de 1927, a Corte Permanente de Justiça Internacional, atual Tribunal de Justiça Internacional, teve que responder ao seguinte questionamento: a Turquia havia agido em desconformidade com os princípios do direito internacional – e em caso positivo, quais – por instituir procedimento criminal contra oficial de um navio francês pela morte de oito tripulantes de navio de nacionalidade turca, após colisão entre embarcação francesa e turca em alto-mar.

Entendeu-se que a vinculação dos Estados às leis decorre da sua vontade livre, manifestada em convenções ou usos aceitos, que expressam princípios do direito estabelecidos para regular relações entre Estados independentes e coexistentes, exatamente a posição advogada pela corrente positivista apresentada acima. Como decorrência, a principal restrição imposta a um Estado é a de não poder exercer seu poder, de qualquer forma, no território de outro. A jurisdição seria territorial. A única exceção adviria se existente regra permissiva derivada do costume internacional ou convenção. Haveria discricionariedade para que os Estados estendam a aplicação de suas leis e a jurisdição de suas Cortes sobre

---

[108] ACCIOLY, Hildebrando; DO NASCIMENTO E SILVA, G. E.; CASELLA, Paulo Borba. *Manual de direito internacional público*. 21. ed. São Paulo: Saraiva, 2014, p. 132.

[109] CAMARGO, Solano de. *Homologação de sentenças estrangeiras*: ordem pública processual e jurisdições anômalas. São Paulo: Quartier Latin, 2019, p. 81.

[110] SS Lotus (Fr. v. Turk.) 1927 P. C.I.J. (ser. A) No. 10 (Sept .7).

pessoas, bens e atos de fora do seu território. Os limites para tanto seriam encontrados em regras proibitivas.

No caso sob análise, os efeitos da conduta realizada no navio francês foram sentidos no outro navio, local tido como extensão da sua bandeira, no caso a turca. Não haveria regra de direito internacional que proíba a Turquia de processar o oficial francês, estando justificado o exercício da jurisdição turca, na modalidade concorrente, ante a falta de regra de direito internacional específica.

Importante destacar que o julgamento não foi unânime, pelo contrário: o empate entre os julgadores só foi resolvido pelo voto de minerva do presidente da Corte, o que explicita a considerável divergência existente sobre o tema.

Alguns questionam a importância que até hoje é dada a esse caso, em especial na sua utilização como fundamento para aplicação estrita do princípio da territorialidade, pois o julgamento teria contradições e aspectos pouco claros[111].

É possível concordar com a crítica de que, como observado no próprio julgamento do *caso Lotus*, o mais acertado é a utilização de precedentes análogos ao caso sob análise, e que a situação descrita ali em nada se assemelha com os dilemas enfrentados pela jurisdição para o ambiente digital, não obstante a sua recorrente referência pela doutrina especializada[112].

O *caso Lotus*, assentado em jurisdição estabelecida em critério negativo, teria sido superado por outro entendimento do Tribunal de Justiça Internacional, de que os Estados devem se pautar por critérios positivos para a determinação da jurisdição, ou seja, "deve se exercer apenas em relação a fato que se concretiza dentro do território nacional"[113].

Ambas as vertentes da Corte, negativa e positiva, exercem influência para a teoria dos efeitos, hipótese adotada nesta obra para definição da jurisdição para os atos/fatos extracontratuais ou baseados em relações de consumo ocorridos na internet, já que a jurisdição será exercida pelo poder jurisdicional em que reside o demandante, local em que os efeitos do ato virtual se concretizaram.

Outro dado decorrente foi o reconhecimento, no âmbito do direito internacional público, que o Estado possui a prerrogativa plena de definir sua jurisdição

---

[111] SVANTESSON, Dan. *Solving the internet jurisdiction puzzle*. Oxford: Oxford University Press, 2017, p. 22.
[112] SVANTESSON, Dan. *Solving the internet jurisdiction puzzle*. Oxford: Oxford University Press, 2017, p. 23.
[113] GONÇALVES, Marcelo Barbi. *Teoria geral da jurisdição*. Salvador: Juspodivm, 2020, p. 278-279.

internacional[114]. Não por outra razão, a noção de exercício de poder soberano no território delimitado e sobre atos/fatos ocorridos ou que gerem efeitos nele esteja tão arraigada ao conceito de jurisdição.

Essa compreensão, como já visto, é a base do sistema de cooperação jurídica internacional, no qual o Brasil está inserido, em que cada país determina as situações plurilocalizadas sobre as quais exercerá o poder jurisdicional, bem como os requisitos que regem o seu sistema de reconhecimento e homologação de sentenças estrangeiras.

7.4.1. A jurisdição internacional indireta brasileira

As normas que regem a jurisdição internacional direta brasileira já foram apresentadas no capítulo 2, quando do estudo das hipóteses de exercício de jurisdição exclusiva e concorrente pelo magistrado nacional para as situações plurilocalizadas internacionais, previstas no Código de Processo Civil e em tratados internacionais nos quais o país é signatário.

Por outro lado, conhecido, principalmente fora do país, como exercício de jurisdição internacional indireta[115], o mecanismo visa à internalização de pronunciamentos judiciais proferidos por juízes de outros Estados em hipóteses de jurisdição concorrente. A decisão é apresentada ao Poder Judiciário nacional pela parte interessada no reconhecimento e/ou reconhecimento e execução do pronunciamento estrangeiro.

Como bem explica Loula, "reconhecer uma sentença estrangeira é atribuir-lhe, no foro, a qualidade que as sentenças nacionais possuem"[116].

Vencidas as resistências históricas ao reconhecimento e execução de sentenças estrangeiras, calcadas principalmente na noção de que os pronunciamentos judiciais serviriam como demonstração de exercício de poder soberano, não sendo admissível intervenção no território alheio, variadas posições teóricas têm sido adotadas pelos Estados quanto ao tema.

---

[114] CAMARGO, Solano de. *Homologação de sentenças estrangeiras*: ordem pública processual e jurisdições anômalas. São Paulo: Quartier Latin, 2019, p. 118.

[115] MICHAELS, Ralf. Some fundamental jurisdiction conceptions as applied in judgment conventions. *In*: ECKART, Gottschalk; MICHAELS, Ralf; RÜHL, Giesela; VON HEIN, Jan (org.). *Conflict of Laws in a Globalizing World*: A Tribute to Arthur von Mehren. Cambridge University Press, 2007, p. 36.

[116] LOULA, Maria Rosa Guimarães. Anotações sobre homologação de sentença estrangeira no Brasil. *In*: TIBURCIO, Carmen; VASCONCELOS, Raphael; MENEZES, Wagner (org.). *Panorama do direito internacional privado atual e outros temas contemporâneos*. Belo Horizonte: Arraes Editores, 2015, p. 197.

Como informam Greco Filho[117] e Barbosa Moreira[118], as primeiras teorizações sobre o tema apresentavam três abordagens para o reconhecimento de sentenças estrangeiras. A primeira era a dos países que se recusavam a reconhecer as sentenças estrangeiras, a segunda dos países que estabeleciam critérios, geralmente de natureza formal para internalização do pronunciamento judicial estrangeiro, e a terceira, a dos países que adentravam no mérito da decisão estrangeira, conhecida como revisão de fundo.

Estudos mais recentes, como o de Gruenbaum, apresentam abordagem diversa, que refletem com maior precisão o cenário atual e suas peculiaridades[119].

Alguns Estados entendem que o exercício da jurisdição por juiz estrangeiro é admitido quando há conexão marcante, ou seja, quando há forte ligação entre a relação de direto material subjacente e o juízo do foro prolator da decisão. Os países que adotam esse critério, como a França e o Canadá, não delimitariam, *a priori*, o conceito, construído pela casuística. Uma das hipóteses seria a de inexistência de previsão legal de jurisdição exclusiva do juízo em que se busca o reconhecimento da decisão e escolha de foro estrangeiro não fraudulenta.

Outros sistemas jurídicos valem-se de critério bem delimitado. O juízo internacional apenas poderá exercer jurisdição direta nos mesmos casos em que o juiz nacional poderia exercê-la, de acordo com as suas normas internas. O chamado critério do espelho é utilizado por países como Argentina, Itália e Alemanha, e é alvo de críticas por adotar o ordenamento interno como métrica para todas as outras jurisdições.

Ainda segundo Gruenbaum, alguns países valer-se-iam de espécie de listagem, ora de foros aceitos, ora de foros não aceitos. Para a primeira hipótese, somente pronunciamentos judiciais versando sobre determinadas situações de direito material poderiam ser reconhecidos e executados no foro. Seria a abordagem da Suíça, por exemplo. A Inglaterra adotaria sistema semelhante, com o estabelecimento de hipóteses específicas para admissão de exercício de jurisdição pelo juízo de outro Estado, tais como a submissão voluntária do demandado ou a sua presença física, ainda que de passagem, no foro estrangeiro, quando da sua citação.

Países como o Brasil utilizariam listagem que estabelece hipóteses específicas, nas quais não admite que haja exercício da jurisdição externa, a jurisdição exclusiva,

---

[117] GRECO FILHO, Vicente. *Homologação de sentença estrangeira*. São Paulo: Saraiva, 1978, p. 16-19.
[118] BARBOSA MOREIRA, José Carlos. *Comentários ao Código de Processo Civil*, vol. V. 4. ed. Rio de Janeiro: Forense, 1981, p. 64-67.
[119] GRUENBAUM, Daniel. Competência internacional indireta (art. 963, I, CPC/2015). *Revista de Processo*, vol. 266, p. 101-103, abr. 2017.

já estudada no tópico anterior. No início, o Brasil apenas reconhecia as sentenças estrangeiras caso houvesse tratado firmado com o Estado de origem do pronunciamento judicial e na presença de reciprocidade[120]. Na sequência, essas exigências foram deixadas de lado, e foi adotado sistema do juízo de delibação, estabelecido pelo Código de Processo Civil italiano de 1865[121]. A palavra de origem latina, *delibatioonis,* de acordo com Basso, "significa tirar, colher um pouco de alguma coisa, tocar de leve, saborear, provar, examinar"[122]. Segundo essa compreensão, até hoje vigente, para surtir efeitos no Brasil, a sentença estrangeira deverá ser "nacionalizada" através de um processo de homologação a ser realizado por um órgão jurisdicional, geralmente de elevada instância.

O juízo em que se busca o reconhecimento da decisão não analisará a matéria de fundo ou a justiça do pronunciamento proferido pelo juízo estrangeiro, mas somente se os requisitos formais foram observados e se a decisão não ofende elementos basilares do sistema jurídico nacional do Estado que homologará a decisão.

Usualmente, a verificação recairá sobre os pressupostos processuais de existência e validade da sentença estrangeira. Ainda que não haja unanimidade absoluta quanto aos requisitos necessários para o nascimento e desenvolvimento válido do processo, que variam conforme o autor e a corrente adotada, que reflete em posicionamentos ampliativos ou restritivos sobre o tema[123], entende-se que

---

[120] BARBOSA MOREIRA, José Carlos. Efectos de las sentencias y laudos arbitrales extranjeros. *Revista de Processo*, vol. 79, p. 184, jul.-set. 1995.

[121] SOARES, Boni de Moraes. Um réquiem ao velho juízo de delibação: homenagem póstuma à tradicional cognição no direito processual internacional brasileiro. *In*: RAMOS, André de Carvalho; MENEZES, Wagner (org.). *Direito internacional privado e a nova cooperação jurídica internacional.* Belo Horizonte: Arraes Editores, 2015, p. 59.

[122] BASSO, Maristela. Reconhecimento e execução de sentenças estrangeiras no Brasil: estudo a partir dos ensinamentos do mestre Jacob Dolinger. *In*: BAPTISTA, Luiz Olavo; VISCONTE, Débora; ALVES, Mariana Cattel Gomes (org.). *Estudos em homenagem ao prof. Dr. José Carlos de Magalhães*. São Paulo: Atelier Jurídico, 2018, p. 183.

[123] De forma geral, para a vertente ampliativa os pressupostos processuais se dividiriam em: objetivos intrínsecos (regularidade procedimental e existência da citação) e extrínsecos (ausência de coisa julgada, litispendência e compromisso), e subjetivos (investidura, competência e imparcialidade do juiz, capacidade de ser parte, de estar em juízo e capacidade postulatória). Para a vertente restritiva os pressupostos processuais poderiam ser condensados em três requisitos: demanda regularmente formada, capacidade de quem a formula e investidura do destinatário da demanda, sintetizados na seguinte frase: "uma correta propositura da ação, feita perante uma autoridade jurisdicional, por uma entidade capaz de ser parte em juízo". CINTRA, Antônio Carlos de Araújo; GRINOVER, Ada Pellegrini;

o reconhecimento e a homologação dependem da análise de certos elementos inerentes à relação jurídica processual.

Até a entrada em vigor da Emenda Constitucional 45/2004, a função foi realizada pelo Supremo Tribunal Federal por mais de um século. O Código de Processo Civil de 1939 abordou, de forma não detalhada, o tema da homologação, assim como o fez o Decreto-Lei 4.657/1942.

À época, os requisitos exigidos eram que a decisão estrangeira deveria ter sido proferida por autoridade competente, em feito no qual houve citação regular da parte demandada, transitado em julgado, acompanhado de tradução.

Por delegação do Código de Processo Civil de 1973, coube ao Regimento Interno do Supremo Tribunal Federal o estabelecimento do processo de homologação. O ponto de destaque da previsão regimental foi a adição de requisitos outros para o reconhecimento e execução da sentença estrangeira: a inexistência de ofensa à soberania nacional, à ordem pública e aos bons costumes brasileiros, previstos no art. 17 da Lei de Introdução ao Código Civil de 1942.

Ao aglutinar previsões contidas em legislações esparsas sobre o tema, o Regimento Interno tornou-se referência normativa. Com a transferência do poder homologatório estabelecida na Emenda Constitucional 45/2004, o Regimento Interno do Superior Tribunal de Justiça e a Resolução 9/2005, posteriormente revogada pela Emenda Regimental 18/2014, passaram a disciplinar a questão.

O Código de Processo Civil de 2015 não inovou substancialmente no trato da matéria. O destaque foi a inserção, no art. 963, VI, da necessidade de observância à ordem pública como pressuposto para homologação. Quando da adequação, em 2014, do Regimento Interno do Superior Tribunal de Justiça, ao novo *Codex* processual que entraria em vigor, a inexistência de ofensa à soberania nacional, à dignidade da pessoa humana e/ou à ordem pública foram previstas como requisitos para a homologação de sentença estrangeira.

Não se trata de rol inédito, posto que o respeito à soberania nacional e à ordem pública já figuravam como pressupostos homologatórios na Lei de Introdução ao Código Civil de 1942, enquanto a observância à dignidade da pessoa humana apresenta-se como mero reforço ao princípio basilar do sistema constitucional brasileiro.

Ainda que não expressamente previsto como um dos requisitos legais para o reconhecimento e homologação de sentenças estrangeiras, soma-se outro de relevância ímpar, a observância perante o juízo que proferiu a decisão ao devido

---

DINAMARCO, Cândido Rangel. *Teoria Geral do Processo*. 30. ed. São Paulo: Malheiros, 2014, p. 313.

processo legal e às garantias a ele inerentes. Em seu aspecto processual, o devido processo legal "é entendido como o conjunto de garantias constitucionais que, de um lado, asseguram às partes o exercício de suas faculdades e poderes processuais e, de outro, são indispensáveis ao correto exercício da jurisdição"[124].

Essa noção em prol do *due process* para o reconhecimento, homologação e execução de sentenças estrangeiras está presente em diversos ordenamentos, ante a sua centralidade para a legitimação do exercício do poder jurisdicional e das decisões.

Cabe anotar que os elementos delineados pela legislação brasileira são também empregados em tratados internacionais sobre o tema, como o Código Bustamante, os Protocolos de Las Leñas e de Ouro Preto, firmados no âmbito do Mercosul, e a Convenção de Bruxelas na União Europeia.

Acerca do mecanismo empregado, a carta rogatória é o instrumento, por excelência, da cooperação internacional entre juízos, podendo ter como objeto atos decisórios ou não, conforme prevê o art. 216-O, § 1º, do Regimento Interno do Superior Tribunal de Justiça. Ao contrário do auxílio direto, no art. 260 do Código de Processo Civil, há previsão de requisitos mínimos que devem estar presentes nas cartas rogatórias, tais como: indicação dos juízes de origem e destino (inciso I), inteiro teor da petição, do despacho judicial e do instrumento do mandato conferido ao advogado (inciso II), menção do ato processual que lhe constitui o objeto (inciso III) e assinatura do juiz (inciso IV).

As cartas rogatórias passivas e ativas tramitam na via diplomática. As passivas a serem cumpridas no Brasil apenas serão executáveis em território nacional após a concessão de *exequatur* pelo Superior Tribunal de Justiça, e somente para as hipóteses de exercício de jurisdição internacional concorrente, jamais para as de jurisdição exclusiva (art. 964 do Código de Processo Civil). O *exequatur*, ou "cumpra-se", somente é concedido após a integração das partes interessadas no feito (art. 261, § 1º) e o exercício das garantias inerentes ao devido processo legal. Como a solicitação de cumprimento teve como origem o Estado e não as partes, é imprescindível que tenham ciência do feito. Não por outra razão, critica-se o uso da expressão *procedimento* contida no *caput* do art. 36, substituível por *processo*[125].

A oitiva prévia da parte ré poderá ser diferida quando o seu conhecimento prévio a respeito puder esvaziar a efetividade da medida de urgência em si, de

---

[124] CINTRA, Antônio Carlos de Araújo; GRINOVER, Ada Pellegrini; DINAMARCO, Cândido Rangel. *Teoria Geral do Processo*. 30. ed. São Paulo: Malheiros, 2014, p. 101.

[125] CINTRA, Antônio Carlos de Araújo; GRINOVER, Ada Pellegrini; DINAMARCO, Cândido Rangel. *Teoria Geral do Processo*. 30. ed. São Paulo: Malheiros, 2014, p. 253.

acordo com art. 962, § 2º, do Código de Processo Civil. Nos §§ 1º e 2º do art. 36 do diploma processual, é delimitada a matéria objeto tanto do direito de defesa quanto do juízo de delibação a ser realizado pelo Superior Tribunal de Justiça.

A defesa apenas poderá versar "quanto ao atendimento dos requisitos para que o pronunciamento judicial estrangeiro produza efeitos no Brasil" (§ 1º). Os pressupostos para a concessão de *exequatur* podem ser encontrados no art. 216-Q, § 2º, do Regimento Interno do Superior Tribunal de Justiça, e restringem-se à autenticidade documental, inteligência da decisão e observância dos requisitos estabelecidos no Regimento Interno da Corte.

A autoridade brasileira possui campo de atuação preestabelecido para o exercício do juízo de delibação, que recairá apenas sobre os requisitos formais do pronunciamento judicial estrangeiro, sem adentrar no mérito ou justiça da decisão, conforme art. 32, § 2º, do diploma processual. Todavia, o art. 39, inserido na Seção IV – "Disposições comuns às seções anteriores", informa que o pedido de cooperação jurídica passivo será recusado pela autoridade brasileira se consistir em ofensa à ordem pública.

Dispositivo semelhante já se fazia presente no art. 216-P do Regimento Interno do Superior Tribunal de Justiça, que disciplina que *não será concedido* exequatur *à carta rogatória que ofender a soberania nacional, a dignidade da pessoa humana e/ ou a ordem pública*. Essas previsões acabam por permitir que vícios materiais sejam analisados pelo órgão julgador brasileiro. Antes de representar contradição com o exposto acima, esses dispositivos consagram a prática nacional de verificação de existência de ofensa à soberania nacional, ordem pública e bons costumes quando da concessão de *exequatur* ou homologação de sentenças estrangeiras.

7.4.2. As dificuldades na cooperação jurídica internacional

De acordo com Svantesson, o sistema legal internacional, na temática da jurisdição, já era disfuncional muito antes do advento da internet e das questões relacionadas a essa espécie de fato plurilocalizado internacional. Em sua opinião, o direito internacional abordaria a jurisdição de forma ilógica, o que tornaria muito difícil para os "não iniciados" a compreensão dessa área[126].

Em estudo sobre as diferentes concepções do conceito de jurisdição, no contexto das convenções internacionais sobre decisões estrangeiras e jurisdição internacional, Michaels apresenta considerações que auxiliam no entendimento

---

[126] SVANTESSON, Dan. *Solving the internet jurisdiction puzzle*. Oxford: Oxford University Press, 2017, p. 9.

da problemática inerente à jurisdição internacional. De acordo com o autor, a jurisdição direta seria um privilégio: um Estado pode exercê-la sem que o outro possa a ele se opor. Por outro lado, a jurisdição indireta seria um poder, que vincula e submete os demais Estados ao resultado do julgamento de reconhecimento ou homologação da sentença estrangeira.

Ainda que essa compreensão possa ser alvo de críticas, basta pensar em hipótese de jurisdição direta concorrente em um Estado em que outro possui previsão de jurisdição exclusiva, o ponto de vista auxilia no entendimento na continuação do seu pensamento.

Segundo Michaels, os Estados estariam interessados em ampliar a sua liberdade de proferir decisões. Assim, para o exercício da jurisdição direta, o foco estaria mais no estabelecimento de critérios que excluem o conhecimento de demandas plurilocalizadas internacionalmente do que na definição de parâmetros para o seu exercício. Tudo o que não estivesse excluído estaria permitido, dentro da noção de exercício privilegiado do poder jurisdicional.

Para a jurisdição indireta, a lógica seria oposta: os Estados estariam mais focados na definição de critérios para o exercício dessa modalidade de jurisdição, sendo mais rigorosos no processo de nacionalização e atribuição de efeitos para as decisões estrangeiras[127], ante o exercício de um poder e a possibilidade de atuação do provimento com origem estrangeira sobre bens e pessoas localizados no território nacional.

Esse descompasso entre as premissas que norteiam cada espécie de exercício do poder jurisdicional serve como indicativo para a compreensão das disfuncionalidades no sistema cooperacional. Uma delas, já mencionada quando da apresentação das características regentes da cooperação jurídica internacional no capítulo 1, é a morosidade inerente à circulação das cartas rogatórias, empregadas para envio e recebimento de decisões judiciais estrangeiras, em muito justificada pela sua tramitação na via diplomática, o que a torna nem sempre dotada da celeridade que dela se espera.

Ainda que a realização de atos não jurisdicionais seja, em muito, favorecida pela figura do auxílio direto, tal não supre, e igualmente não substitui, a carta rogatória e todas as funções por ela realizadas. Demanda já apresentada em capítulo anterior bem ilustra as dificuldades práticas no emprego da via das cartas rogatórias.

---

[127] MICHAELS, Ralf. Some fundamental jurisdiction conceptions as applied in judgment conventions. *In*: ECKART, Gottschalk; MICHAELS, Ralf; RÜHL, Giesela; VON HEIN, Jan (org.). *Conflict of Laws in a Globalizing World*: A Tribute to Arthur von Mehren. Cambridge University Press, 2007, p. 38.

No caso *Tudo sobre Todos*, o Ministério Público Federal formulou pedido para que, através do Ministério da Justiça, fosse solicitado ao Reino da Suécia que retirasse provisoriamente o *site* do ar, hospedado no *top-level domain* (TLD) daquele país, informando ao juízo brasileiro os dados das pessoas físicas que o criaram, inclusive número de IP, *log* de acesso e endereço de *e-mail*. Diante das dificuldades técnicas e, em especial, dos entraves burocráticos encontrados, houve desistência do pedido de expedição de carta rogatória. A consequência foi a manutenção de disponibilidade do *site*, acessível para todos os usuários da internet não localizados no Brasil, uma vez que as medidas de bloqueio à página, determinadas judicialmente, voltaram-se aos intermediários locais brasileiros que atuam na camada infraestrutural, e a informação buscada sobre os criadores da página não foi obtida. Os prejuízos para a coletividade de pessoas com dados indevidamente comercializados pelo *site* são incomensuráveis.

Na ADC 51, mencionada quando da análise da extraterritorialidade da legislação material de natureza criminal, que tem como objeto o Acordo de Assistência Judiciária em Matéria Penal, o MLAT, firmado entre o Brasil e os Estados Unidos da América, merece destaque a manifestação do Departamento de Recuperação de Ativos e Cooperação Jurídica Internacional do Ministério da Justiça e Segurança Pública. Em sua resposta ao pedido de informações, o órgão pronunciou-se pela prevalência do mecanismo de solicitação direta dos dados necessários às empresas, facilitada quando da existência de subsidiárias constituídas sobre as leis brasileiras e sediadas no Brasil.

O próprio órgão, definido no Acordo de Assistência Judiciária como a autoridade central brasileira para a cooperação em matéria penal, aponta a morosidade do sistema, baseado em elaboração, tradução e tramitação para eventual cumprimento da diligência que assentou o pedido de cooperação.

Tal afirmação é corroborada por dados estatísticos disponibilizados pela entidade: com base no MLAT, foram solicitados, por ora, aproximadamente 120 pedidos de cooperação envolvendo quebra de sigilo e fornecimento de dados telemáticos, sendo que, destes, apenas 108 preenchiam os requisitos legais de admissibilidade. Dentre eles, 28 ainda estão em andamento, alguns há quatro anos, enquanto, entre os 80 considerados encerrados, somente em 18 deles a diligência foi efetivamente atendida, predominando os casos de resposta negativa e de desistência da própria autoridade nacional requisitante. Mesmo nos casos de sucesso, o tempo de tramitação do pedido foi, em média, de 13 meses, incompatível com a velocidade dos acontecimentos no mundo virtual[128].

---

[128] Disponível em: http://redir.stf.jus.br/estfvisualizadorpub/jsp/consultarprocessoeletronico/ConsultarProcessoEletronico.jsf?seqobjetoincidente=5320379. Acesso em: 3 dez. 2022, p. 18-30.

Interessante destacar que idênticas dificuldades relacionadas à morosidade na tramitação dos pedidos de cooperação jurídica internacional, assentados em acordos bilaterais, expostas pelo Departamento de Recuperação de Ativos, foram pontuadas pela doutrina americana quando do caso *United States v. Microsoft Corp.*

De acordo com Woods, a cada ano, o número de solicitações de cooperação internacional baseados em MLATs que visam à obtenção de dados de empresas de computação só cresce nos Estados Unidos. O Departamento de Justiça teria recebido, em 2014, 3.270 pedidos de cooperação, sendo que 1.160 envolviam dados computacionais. No ano seguinte, o número total de solicitações via MLAT não teve grande aumento, 3.352, mas os pedidos de dados para as empresas de tecnologia quase dobraram, indo para 2.183.

O incremento exponencial teria alarmado o órgão, que, incapaz de dar conta da demanda já existente e prevendo a manutenção do cenário, solicitou aumento de verba orçamentária para o setor que coordena e gerencia a cooperação via MLATs[129]. Por essas e outras razões, especialistas e operadores defendem a reforma do sistema[130]. Esse dado apenas reforça a posição de Svantesson sobre as disfuncionalidades do sistema internacional de circulação e efetivação de pronunciamentos judiciais.

No âmbito internacional, há muito se busca a elaboração de um instrumento uniforme que simplifique e traga maior agilidade e efetividade para o tráfego de decisões judiciais.

Em 1971, houve a elaboração da Convenção da Haia para Julgamentos. Todavia, o texto jamais entrou em vigor, pois apenas três países ratificaram o documento. De acordo com Oestreicher, um dos motivos para o insucesso da Convenção estaria no fato de ter sido estruturada de forma complexa. Para reconhecimento e execução mútuos de sentenças, além da adesão à Convenção, as partes tinham que negociar, individualmente, um acordo bilateral adicional.

Outra possível causa para o insucesso da Convenção da Haia seria a elaboração da Convenção de Bruxelas, de 1968, em âmbito europeu. Com o crescimento numérico dos países que integravam a comunidade europeia e da sua importância perante Estados e outros grupos regionais de nações, o intrincado sistema proposto pela Convenção da Haia teria, paulatinamente, perdido relevância[131].

---

[129] WOODS, Andrew Keane. Against data excepcionalism. *Stanford Law Review*, v. 68, p. 750-751, April 2016.

[130] ABREU, Jacqueline de Souza. Jurisdictional battles for digital evidence, MLAT reform, and the Brazilian experience. *Revista de Informação Legislativa*, v. 55, n. 220, p. 249, out./dez. 2018.

[131] VON MEHREN, Arthur T. Recognition and enforcement of foreign judgments: a new approach for the hague conference? *Law & Contemporary Problems*, vol. 57, p. 275.

Em 1992, os Estados Unidos teriam iniciado negociações para uma nova Convenção, novamente com baixa adesão, apenas do México, o que tornou o documento inócuo. Ainda conforme Oestreicher, uma das justificativas estaria no fato de a Convenção ser do tipo mista e abarcar hipóteses de exercício de jurisdição direta e indireta e não haver consenso, dadas as diferenças socioeconômicas e culturais, sobre as bases para a jurisdição, com destaque para a modalidade direta[132].

7.4.3. A ordem pública

Segundo Cabral, a ordem pública admitiria conceituação, porém não definição, ante a impossibilidade de estabelecimento de um caráter delimitador e estanque para a figura[133].

A ordem pública pode ser considerada conceito jurídico indeterminado, em que há a presença de núcleo conceitual, bem delimitado quanto a sua extensão e conteúdo, e de halo conceitual, em que esses elementos já não se apresentam de forma tão clara, dando margem para dúvidas ao intérprete[134].

A variedade de elementos que podem compor a ordem pública foi observada por Dollinger, que destacou que, a depender do ordenamento jurídico sob análise, abrangerá soberania nacional, bons costumes, moral, princípios religiosos e direito natural[135]. Como essas concepções são cambiantes, também o é a ordem pública, no tempo e no espaço.

As principais métricas que podem compor a ordem pública seriam a inspiração (aspecto valorativo ético), subordinação (às regras de conduta previstas na legislação) e controle (proteção da estabilidade e da previsibilidade jurídicas)[136], presentes, de uma forma ou de outra, nas noções expostas anteriormente.

Salienta Tiburcio a usual diferenciação entre *ordem pública de primeiro grau*, de âmbito interno, relacionada com as normas do ordenamento nacional tidas

---

[132] OESTREICHER, Yoav. "We're on a road to nowhere": reasons for the continuing failure to regulate recognition and enforcement of foreign judgments. *The International Lawyer*, v. 42, n. 1, p. 60, 84 e s., 2008.

[133] CABRAL, Trícia Navarro Xavier. *Ordem pública processual*. Brasília: Gazeta Jurídica, 2015, p. 52.

[134] ENGISH, Karl. *Introdução ao pensamento jurídico*. 6. ed. Lisboa: Fundação Calouste Gulbenkian, 1972, p. 206-208.

[135] DOLLINGER, Jacob. *A evolução da ordem pública no direito internacional privado*. Rio de Janeiro: Gráfica Luna, 1979, p. 117.

[136] CABRAL, Trícia Navarro Xavier. *Ordem pública processual*. Brasília: Gazeta Jurídica, 2015, p. 55.

como imperativas e inderrogáveis pelas partes, *ordem pública de segundo grau*, que impediria a aplicação de leis e decisões estrangeiras contrárias à ordem pública interna, e *ordem pública de terceiro grau*, que integra o conjunto de princípios de direito internacional da comunidade mundial[137].

O conceito possui várias aplicações, a depender do ramo do direito considerado, hipótese em que passará a ser visto de acordo com os princípios e normas que regem o subsistema jurídico em questão. Todavia, o seu núcleo duro pode ser vislumbrado no exercício de função limitadora da sociedade, realizado pelo direito, no estabelecimento da ordem e da conformidade[138].

Ante a natureza relativamente vaga do preceito, qualquer tentativa de limitação apriorística e/ou exaustiva terá o condão de enfaixar e engessar um instituto de natureza fluida e mutável, já que reflexo dos valores e da moralidade do seu tempo e local.

Nesse sentido, a sistematização realizada, em certa oportunidade, pelo Superior Tribunal de Justiça, que indicou serem de ordem pública as normas: I) constitucionais; II) administrativas; III) processuais; IV) penais; V) de organização judiciária; VI) fiscais; VII) de polícia; VIII) que protegem os incapazes; IX) que tratam da organização da família; X) que estabelecem condições e formalidade para certos atos; e XI) de organização econômica (atinentes a salários, moedas e ao regime de bens)[139], parece englobar categorias que, usualmente, não são consideradas de ordem pública, dificultando a apreensão do conceito.

De acordo com Tiburcio, a ordem pública teria grau de aplicação decrescente: o escrutínio judicial seria mais intenso quando da aplicação direta de normas estrangeiras, e menos rigoroso quando do reconhecimento e homologação de decisões estrangeiras, em que prevaleceria o respeito ao pronunciamento judicial estrangeiro, via de regra[140]. Para os propósitos desta obra, o enfoque recairá na análise da compatibilidade da decisão estrangeira com a ordem pública nacional

---

[137] TIBURCIO, Carmen. A ordem pública na homologação de sentenças estrangeiras. *In*: FUX, Luiz; NERY JR., Nelson; WAMBIER, Teresa Arruda Alvim (org.). *Processo e Constituição*: estudos em homenagem ao professor José Carlos Barbosa Moreira. São Paulo: Revista dos Tribunais, 2006, p. 210.

[138] TIBURCIO, Carmen. A ordem pública na homologação de sentenças estrangeiras. *In*: FUX, Luiz; NERY JR., Nelson; WAMBIER, Teresa Arruda Alvim (org.). *Processo e Constituição*: estudos em homenagem ao professor José Carlos Barbosa Moreira. São Paulo: Revista dos Tribunais, 2006, p. 59.

[139] STJ, SEC 802, Rel. Min. José Delgado, Corte Especial, j. 17.08.2005, *DJ* 19.09.2005.

[140] TIBURCIO, Carmen. A ordem pública na homologação de sentenças estrangeiras. *In*: FUX, Luiz; NERY JR., Nelson; WAMBIER, Teresa Arruda Alvim (org.). *Processo e Constituição*:

quando do processo de reconhecimento e homologação de sentenças estrangeiras, em especial a sua vertente processual.

Na ilustrativa figura utilizada por Dollinger, na nacionalização de pronunciamentos judiciais estrangeiros: "o princípio da ordem pública deve ser visto como se fora um para-raios, que protege a ordem jurídica local da aplicação de leis, atos ou sentenças estrangeiras que sejam chocantes aos princípios vigentes no foro"[141]. O renomado internacionalista indica a existência de ordem pública verdadeiramente internacional ou universal que poderia ser encontrada no respeito mútuo à ordem pública de cada Estado, "ressalvado o respeito a sua própria ordem pública"[142].

No momento de reconhecimento e homologação de sentenças, o Poder Judiciário local analisaria se as diferenças entre a legislação estrangeira e a nacional admitem a aplicação das normas alienígenas, ou se a distância entre os sistemas jurídicos é considerável e a ordem pública local impõe que a norma alienígena não possa surtir efeitos em território nacional, atingindo o campo da eficácia do ato praticado no exterior[143].

No aspecto material, a ordem pública estaria conectada com os valores inerentes ao Estado Democrático de Direito e à ordem constitucional[144]. No viés processual, a ordem pública estaria ligada ao devido processo legal, à regularidade de atos e procedimentos, tendo em vista a necessária observância, pelo juízo prolator, das garantias processuais elementares, reconhecidas pelo processo civil atual. Apenas nesse sentido haveria o que a doutrina denomina de *giusto processo*, que verifica, de maneira abrangente, o modo de ser da relação jurídica processual desenvolvida perante o juízo estrangeiro, tendo como baliza os direitos fundamentais de natureza processual[145].

---

estudos em homenagem ao professor José Carlos Barbosa Moreira. São Paulo: Revista dos Tribunais, 2006, p. 211.

[141] DOLLINGER, Jacob. *A evolução da ordem pública no direito internacional privado*. Rio de Janeiro: Gráfica Luna, 1979, p. 120.

[142] DOLLINGER, Jacob. *A evolução da ordem pública no direito internacional privado*. Rio de Janeiro: Gráfica Luna, 1979, p. 148.

[143] DOLLINGER, Jacob. *A evolução da ordem pública no direito internacional privado*. Rio de Janeiro: Gráfica Luna, 1979, p. 120.

[144] CABRAL, Trícia Navarro Xavier. *Ordem pública processual*. Brasília: Gazeta Jurídica, 2015, p. 433.

[145] "Do ponto de vista teórico, a categoria que melhor expressa a noção de *ordem pública processual* é o modelo do *giusto processo*, de difícil conceituação. Sem embargo, de forma geral, pode-se dizer que tal fórmula compendiosa abrange várias garantias, tais como 'a imparcialidade e a *terzietà* do juiz; a necessidade de contraditório entre as partes em

A noção é compartilhada pelo Conselho da Europa, que estabelece que sentenças provenientes de países de fora da União Europeia, para serem homologadas, devem ter sido proferidas em processos em conformidade com a ordem pública processual, o devido processo legal[146].

A mesma compreensão parece inspirar o legislador português, que indica, no art. 980 do Código de Processo Civil, como um dos requisitos para a homologação de sentenças estrangeiras, a regularidade da citação, nos termos da legislação do país de origem, e a observância aos princípios do contraditório e da igualdade entre as partes.

A verificação de violação da ordem pública processual costuma ser realizada pelo Superior Tribunal de Justiça de forma casuística, e parece seguir as diretrizes apresentadas acima.

O reconhecimento de decisões estrangeiras foi indeferido quando a regularidade do exercício da jurisdição, pela autoridade prolatora, supostamente calcada em cláusula de eleição de foro, não pode ser cabalmente comprovada[147], ou quando da ausência de citação válida[148]. O juízo de conformidade entre a decisão objeto de homologação e o sistema jurídico no qual se busca o seu reconhecimento é especialmente delicado perante o Poder Judiciário norte-americano.

7.4.4. O sistema norte-americano de nacionalização de decisões estrangeiras

A configuração atual evidencia que as principais empresas de tecnologia que dominam o mercado global de serviços de e para a internet possuem sua sede nos Estados Unidos. Como visto quando da apresentação do desenvolvimento histórico da computação e da internet, o estado da Califórnia teve e tem um papel de

---

condições de igualdade; a razoável duração do processo [...]; a informação tempestiva e reservada sobre a natureza de acusação sofrida; a concreta possibilidade de defesa através de tempo e condições necessárias para prepará-la, com a faculdade de interrogar ou fazer interrogar pessoas [...]; a formação da prova mediante contraditório entre as partes', entre tantos outros aspectos, que – à míngua de um modelo teórico exaustivo – sempre terão de ser examinadas caso a caso". KNIJNIK, Danilo. Reconhecimento da sentença estrangeira e tutela da ordem pública processual pelo juízo do foro; ou a verificação, pelo STJ, do "modo de ser" do processo estrangeiro. *Revista de Processo*, v. 156, p. 69, fev. 2008.

[146] PRÉVOST, Emeric. *Study on forms of liability and jurisdictional issues in the application of civil and administrative defamation laws in Council of Europe member states*. Council of Europe Study DGI (2019) 04, p. 17.

[147] SEC 684/US, Rel. Min. Castro Meira, Corte Especial, j. 01.07.2010, *DJe* 16.08.2010.

[148] HDE 1.527/EX, Rel. Min. Laurita Vaz, Corte Especial, j. 23.09.2019, *DJe* 08.10.2019; SEC 10.154/EX, Rel. Min. Laurita Vaz, Corte Especial, j. 01.07.2014, *DJe* 06.08.2014.

destaque nesse cenário. A conjunção de fatores que tornam o ambiente propício para a produção tecnológica de produtos e serviços, tais como a forte interligação entre a iniciativa privada especializada em alta tecnologia e a academia, que não apenas foi capaz de fomentar a criação e o aprimoramento dos recursos existentes, mas de realizar a sua oferta para o mercado consumidor global, tornaram a região de Palo Alto e adjacências referência para o setor, o chamado *Silicon Valley*.

A importância dessa constatação é central para o sistema de reconhecimento e homologação de sentenças estrangeiras, uma vez que o local em que se encontram a sede e os bens da pessoa jurídica será determinante para o cumprimento de ordens judiciais, com destaque para as de conteúdo pecuniário ou que implicam obrigações de fazer ou não fazer. Porém, quando se estuda a organização judiciária norte-americana, um fator precisa ser observado de antemão. A ocupação do que, hoje, se entende como Estados Unidos da América teve início com o estabelecimento de 13 colônias, às quais, depois, outras foram agregadas. Todas gozavam de independência organizacional e legislativa.

Apenas depois da Guerra dos Sete Anos, com a França, e vivendo um período de maior paz, a Inglaterra voltou maiores atenções para sua ocupação do outro lado do Atlântico. Como consequência, o movimento contra o fenômeno "tributação sem representação" foi crescendo, gerando união das colônias contra o colonizador, culminando na "Guerra da Independência", que durou oito anos.

O país pós-conflito se estabeleceu como uma federação descentralizada, com forte autonomia dos Estados-membros. Os estados renunciaram a uma parcela da sua soberania em prol da criação de um governo federal. Foi estabelecido o sistema do federalismo dual: esferas de poder que se excluem e se limitam mutuamente[149].

As peculiaridades da formação histórica do país explicam a grande autonomia legislativa que permite que cada um dos 50 estados tenha grande amplitude para ditar as regras que se aplicam no seu território. Entre os Estados-membros vigora a *full faith and credit clause,* estabelecida no art. IV, seção 1, da Constituição, segundo a qual os estados devem observar e dar cumprimento aos atos públicos e decisões judiciais provenientes de todos os outros Estados-membros.

Em paralelo, em 1789, foi elaborado o *Judiciary Act*, com a previsão de existência de Cortes federais para tratar dos casos legislados pelo governo geral, tanto cíveis quanto criminais. De acordo com a seção 11 do Ato, quando estran-

---

[149] RICO, Clara I. Velasco. Territorialidad, extraterritorialidad e interés. *InDret*, v. 2, p. 7, 2011. Disponível em: https://papers.ssrn.com/sol3/papers.cfm?abstract_id=1837502. Acesso em: 3 dez. 2022.

geiro é parte do litígio, ou quando o demandado é processado por cidadão de outro estado no foro do demandante, pode pedir o deslocamento para uma Corte federal de segunda instância. É justamente o *Judiciary Act* que acaba servindo como substrato de natureza procedimental para as escolhas internas de órgão jurisdicional[150].

Implícito ao exposto acima está a noção de limites territoriais para o poder dos Estados-membros. A aplicação excepcional da legislação de um Estado-membro para fatos ocorridos em outro teria se iniciado com a teoria do contato mínimo, no caso *International Shoes Co.*, já analisado no capítulo anterior[151].

O exercício desse tipo de jurisdição extraterritorial é conhecido com *in personam*, operado via *long-arm statutes*, já que permite ao Estado tutelar pessoas não residentes no seu território, caso elas tenham conexões suficientes com o foro[152].

A configuração da divisão do poder entre os Estados-membros no federalismo norte-americano explica a inexistência de uma legislação uniforme para o sistema de reconhecimento e homologação de sentenças estrangeiras.

Como bem esclarecem Buckley Jr. e Reynes ao abordarem o panorama norte-americano em guia internacional comparativo de execução de julgados internacionais, além da ausência de legislação única, o país também não é parte de nenhum tratado internacional voltado para a temática do reconhecimento e homologação de sentenças estrangeiras[153]. As normas estatais derivam de dois instrumentos legais, o *Uniform Money-Judgments Recognition Act*, de 1962, e a sua versão de 2005, que não revogou o documento anterior e é adotado por poucos estados. Ambos são aplicáveis apenas para condenações pecuniárias, não abrangendo obrigações de fazer ou não fazer.

Os Estados-membros que não adotam essa legislação baseiam-se nos parâmetros estabelecidos pelo *common law*, com destaque para o caso *Hilton v. Guyot*, jul-

---

[150] REIS, Marcelo Simões dos. Federalismo no Brasil e nos Estados Unidos: um estudo comparado numa abordagem histórica. *Revista do Programa de Mestrado em Direito do UniCEUB*, v. 2, n. 1, p. 230, 2005.

[151] RICO, Clara I. Velasco. Territorialidad, extraterritorialidad e interés. *InDret*, v. 2, p. 13, 2011. Disponível em: https://papers.ssrn.com/sol3/papers.cfm?abstract_id=1837502. Acesso em: 3 dez. 2022.

[152] RICO, Clara I. Velasco. Territorialidad, extraterritorialidad e interés. *InDret*, v. 2, p. 13, 2011. Disponível em: https://papers.ssrn.com/sol3/papers.cfm?abstract_id=1837502. Acesso em: 3 dez. 2022.

[153] BUCKLEY JR., John; REYED, Ana C. *The international comparative guide to*: enforcement of foreign judgments 2018. 3. ed. London: Global Legal Group Ltd., p. 208.

gado pela Suprema Corte em 1895[154]. A Suprema Corte determinou que o processo de nacionalização da sentença estrangeira, necessário para que o pronunciamento possa surtir efeitos no território nacional, terá como pressuposto que o julgamento estrangeiro seja justo e integral, por Corte competente, que conduziu o julgamento de acordo com procedimentos regulares, com citação válida ou comparecimento espontâneo do demandado, em um sistema de jurisprudência capaz de garantir administração imparcial da justiça[155].

O já mencionado *Restatement (Third) of the Foreign Law of the United States* dispõe que, na ausência de legislação federal ou convenção, cabe aos Estados-membros legislarem sobre o tema, além de estabelecer hipóteses nas quais o reconhecimento da decisão estrangeira poderia ser recusado (§ 482).

A maioria delas caminha no mesmo sentido do decidido em *Hilton v. Guyot*, apenas com maior detalhamento. Como bem observa Antonialli, essas hipóteses podem ser classificadas como vinculantes. Por outro lado, hipóteses discricionárias abarcariam de forma expressa o não reconhecimento em casos de fraude ou, por exemplo, quando a causa ou o julgamento em si forem repugnantes à política pública do país[156], conceito que muito se assemelha ao aspecto moral e valorativo que permeia a noção de ordem pública. A nacionalização da decisão estrangeira faz com que ela passe a gozar de *full faith and credit*, sendo plenamente executável em qualquer Corte doméstica.

O fato de somente julgamentos finais, conclusivos, poderem ser apresentados para reconhecimento e homologação perante a autoridade judicial norte-americana é apenas um dos obstáculos para a efetividade de decisões estrangeiras que determinam o fornecimento de dados e/ou a remoção de conteúdo, especialmente quando a pretensão é de banimento global, esse último tópico, polêmico e objeto de item de análise em apartado.

Como é de conhecimento geral, os Estados Unidos possuem compreensão diferenciada a respeito do direito de liberdade de expressão. Nas palavras de Wimmer: "fica claro que as leis domésticas de praticamente todos os países, fora os Estados Unidos, não protegem a liberdade de expressão na mesma extensão que a Primeira Emenda"[157] (tradução nossa).

---

[154] BUCKLEY JR., John; REYED, Ana C. *The international comparative guide to*: enforcement of foreign judgments 2018. 3. ed. London: Global Legal Group Ltd., p. 208.

[155] Hilton v. Guyot, 159 U.S. 113 (1895).

[156] ANTONIALLI, Dennys Marcelo. *A arquitetura da Internet e o desafio da tutela do direito à privacidade pelos Estados nacionais*. São Paulo: USP, 2017, p. 92-93.

[157] WIMMER, Kurt. International liability for internet content: publish locally, defend globally. *In*: THIERER, Adam; CREWS, Clyde Wayne Jr. (org). *Who rules the net? Internet governance and jurisdiction*. Washington DC: Cato Institute, 2003, p. 256.

Em virtude do texto da Primeira Emenda à Constituição, *o Congresso não fará nenhuma lei a respeito do estabelecimento de uma religião, ou proibindo o livre exercício dela; ou cerceando a liberdade de expressão ou de imprensa; ou o direito do povo se reunir pacificamente e dirigir petições ao governo para a reparação de injustiças*, a liberdade de expressão é considerada direito quase absoluto.

A predominância apriorística da liberdade de expressão sobre outros direitos fundamentais, seja em embates teóricos, sejam em embates práticos entre as duas espécies de direitos, é mitigada apenas quando diante de discurso de ódio (*hate speech*) ou quando versar sobre conteúdo pornográfico[158].

Ao longo dos anos, a jurisprudência laborou variados parâmetros para averiguar possíveis excessos justificados em nome da liberdade de expressão, capazes de macular outros direitos tidos como essenciais pela sociedade local. No entanto, é inegável que a liberdade de expressão encontra, no sistema jurídico, preponderância não verificada em outros ordenamentos jurídicos, com ênfase nos de *civil law*.

Entre variados casos que poderiam ser citados como exemplificativos, destaca-se o julgado em *New York Times Co. v. Sullivan, 376 U.S. 254*, de 1964. Na oportunidade, entendeu-se que casos de difamação envolvendo funcionários públicos somente teriam veredicto favorável ao autor caso ele fosse capaz de comprovar, de forma clara e convincente, a falsidade intencional do agente (*actual malice*). Na década seguinte, esse padrão probatório espalhou-se para todas as demandas envolvendo o tema.

Não por outra razão, na temática da liberdade de expressão, não se verifica fenômeno muito usual perante o judiciário norte-americano: demandantes que se esforçam para criar ou evidenciar conexões materiais ou processuais com a jurisdição estadunidense, com o intuito de obter vantagens, especialmente de cunho patrimonial, diante da figura do *punitive damages*, não prevista em outros ordenamentos. A proteção conferida pela Primeira Emenda faz com que seja praticamente impossível que as Cortes Americanas nacionalizem decisões estrangeiras com condenações por atos difamatórios.

Outra manifestação clara dessa compreensão é encontrada no *Communications Act*, de 1996, que possuía entre os seus títulos o *Communications Decency Act*, que, com o intuito de combater a pornografia virtual para menores de idade, previa a possibilidade de controle das informações que circulam na internet.

---

[158] PEREIRA, Guilherme Döring Cunha. *Liberdade e responsabilidade dos meios de comunicação*. São Paulo: Revista dos Tribunais, 2002, p. 196 e s.

Objetou-se que a redação dos artigos empregava linguagem muito vaga ao usar expressões como "patentemente ofensivo" ou "indecente", o que teria o condão de ofender o disposto na Primeira e na Quinta Emendas à Constituição. A Suprema Corte julgou a demanda parcialmente procedente, reconhecendo a inconstitucionalidade pretendida[159].

O mesmo documento prevê, na seção 230, hipótese que isenta provedores e usuários de responsabilidade por conteúdo produzido por terceiros, assim como pela instalação, de boa-fé, de mecanismos que impeçam o acesso a materiais considerados obscenos, lascivos, excessivamente violentos ou objetáveis, ainda que constitucionalmente protegidos[160].

As exceções à incidência do texto da seção 230 são bem delimitadas: I) demandas baseadas no *Electronic Communications Privacy Act* (ECPA), ou equivalentes, por incompatibilidade lógica; II) discussões sobre propriedade intelectual, por entendimento jurisprudencial; III) investigações de crimes federais; e IV) tráfico sexual internacional[161].

Para Woods, nos casos envolvendo ambiente digital e fluxo transfronteiriço de dados, o maior problema não estaria na sobreposição de jurisdições ou no conflito entre elas, mas nas legislações materiais de bloqueio, como o *ECPA e o SCA*, que vedam a entrega de dados telemáticos para outros governos[162]. O texto é anterior ao *Cloud Act*, de aplicabilidade específica para as hipóteses de compartilhamento

---

[159] LIMA, Cíntia Rosa Pereira de. *Validade e obrigatoriedade dos contratos de adesão eletrônicos* (shrink-wrap *e* click-wrap) *e dos termos e condições de uso* (browse-wrap): um estudo comparado entre Brasil e Canadá. São Paulo: USP, 2009, p. 354-356.

[160] Recentemente o Presidente dos Estados Unidos publicou a "Ordem Executiva para Prevenir Censura Online", relativizando a Seção 230 do Communications Decency Act ao conferir poderes para que a agência de regulação das comunicações, Federal Comunnications Commission (FCC), estabeleça quando a remoção ou a restrição ao acesso a um material é incompatível com o texto legal. A medida está sendo contestada por grupos que defendem as liberdades civis. Disponível em: https://www.internetlab.org.br/pt/semanario/01-06-2020/?utm_source=Mailing+Seman%C3%A1rio&utm_campaign=778768936a-EMAIL_CAMPAIGN_2020_02_04_10_03_COPY_01&utm_medium=email&utm_term=0_723d7d1345-778768936a-224008841. Acesso em: 3 dez. 2022.

[161] GOLDMAN, Eric. An overview of the United State's Section 230 internet immunity. *In*: FROSIO, Giancarlo (ed.). *The Oxford Handbook of Online Intermediary Liability*. Santa Clara Univ. Legal Studies Research Paper. Disponível em SSRN: https://ssrn.com/abstract=3306737. Acesso em: 3 dez. 2022.

[162] WOODS, Andrew Keane. Against data excepcionalism. *Stanford Law Review*, v. 68, p. 780, April 2016.

governamental de dados, exigindo reciprocidade entre Estados considerados pelo governo norte-americano com nível "adequado" de proteção aos direitos civis e à privacidade, tudo conforme critério unilateral estadunidense.

Ainda assim, é de destaque o posicionamento de Woods, para quem o Congresso deveria modificar a legislação que impede empresas de internet de cooperarem com outros países no compartilhamento de dados. Em sua concepção, as Cortes deveriam interpretar a incidência de leis como o EPCA como limitada, aplicando-a somente quando os dados se referem a empresas americanas ou cidadãos daquele país, sem incidência extraterritorial[163].

Certamente, caso o tema fosse abordado sobre essa perspectiva, muitos dos problemas envolvendo a efetivação de cumprimentos judiciais estrangeiros voltados para provedores seriam resolvidos. O próprio intermediário poderia adotar postura colaborativa com a autoridade com jurisdição sobre o caso, uma vez que, inexistente o impedimento decorrente da legislação da matriz, ou na hipótese de uso das vias cooperacionais, seja por MLATs ou outros instrumentos, o exercício da jurisdição indireta norte-americana encontraria menores entraves para nacionalizar o provimento estrangeiro e dar-lhe cumprimento.

Os empecilhos para o reconhecimento e execução de decisões perante a autoridade jurisdicional norte-americana foram ampliados em 2010, com a promulgação do *Securing the Protection of our Enduring and Established Constitucional Heritage Act*, mais conhecido como *Speech Act*, que visa proibir o reconhecimento e a execução de sentenças estrangeiras, versando sobre difamação, proferidas contra provedores de internet.

Nos *considerandos* apresentados na introdução da legislação, a justificativa para sua elaboração residiria no *status* diferenciado que a liberdade de expressão possui no ordenamento nacional, abalada quando autores ou editores norte-americanos são processados em jurisdições estrangeiras. A internet e o seu alcance internacional trariam a possibilidade de que a compreensão restritiva de um país sobre as liberdades comunicativas pudesse afetar o exercício da liberdade de expressão de forma global, inclusive em assuntos de interesse público.

Dessa forma, o título 28 do *United States Code* foi emendado para que as Cortes locais não reconheçam ou executem decisões estrangeiras de difamação, a não ser que o juízo local consiga determinar que a legislação sobre difamação aplicada prevê, no mínimo, a mesma proteção à liberdade de imprensa e de expressão da

---

[163] WOODS, Andrew Keane. Against data excepcionalism. *Stanford Law Review*, v. 68, p. 781, April 2016.

Primeira Emenda. Caso a legislação estrangeira não ofereça o mesmo nível de proteção, o reconhecimento da decisão judicial apenas ocorrerá se a parte contra quem o pronunciamento se pretende reconhecer possa ser considerada responsável por difamação na hipótese de aplicação da legislação norte-americana como um todo.

O ônus probatório que recai sobre aquele que pretende a nacionalização da decisão estrangeira é significativo. Cabe a ele a comprovação de que o nível de proteção assegurado a liberdades comunicativas, pela legislação que embasou a condenação por difamação é, ao menos, igual ao do ordenamento norte-americano.

Igualmente, ele deve comprovar a viabilidade de condenação pelos mesmos fatos, diante da legislação norte-americana, assim como que o juízo prolator da decisão exerça jurisdição pessoal sobre o caso observou os ditames do devido processo legal impostos para as Cortes domésticas. A isenção de responsabilidade aos provedores prevista na seção 230 do *Communications Act* foi novamente reiterada: inexistirá reconhecimento de sentença caso o ato não possa ensejar o dever de reparação por parte do provedor perante o juízo do reconhecimento, considerando o dispositivo em destaque.

A mera apresentação dos principais pontos abarcados pelo *Speech Act* torna desnecessários maiores comentários a respeito. Resta evidente o intuito protetivo que animou o legislador a elaborar texto legal que praticamente impossibilita o reconhecimento e execução de decisões estrangeiras que condenem cidadãos ou empresas norte-americanas por atos difamatórios ocorridos ou sentidos em outros países.

Nem todos os pesquisadores norte-americanos concordam com a redação e/ou com os propósitos nada implícitos que nortearam a confecção do *Speech Act*. As considerações de Rosen explicitam essa percepção:

> O SPEECH ACT é profundamente imperfeito por três razões. O Ato paroquialmente desconsidera os interesses legítimos de outros países que protegem constitucionalmente o discurso diferentemente dos Estados Unidos. O Ato também é constitucionalmente paroquial com relação aos limites do devido processo para a jurisdição pessoal, demandando reconhecimento e execução, a não ser que a pretensão de exercício da jurisdição pela corte estrangeira cumpra com os requisitos norte-americanos de devido processo. Finalmente, o paroquialismo sistemático do Ato tem o potencial de causar danos maiores do que o previsto, ante a linguagem vaga, que torna o Ato aplicável a mais situações do que apenas para turismo legal[164] (tradução nossa).

---

[164] ROSEN, Mark D. The Speech Act's unfortunate parochialism: of liber turism and legitimate pluralism (invited symposium contribution). *Virginia Journal of International Law*, v. 53, n. 1, p. 101, 2012.

Cabe ainda recordar outro aspecto coligado ao tema do cumprimento de atos judiciais estrangeiros voltados para provedores de aplicação. Em âmbito nacional, mesmo após as modificações implementadas pelo *Cloud Act*, o *Stored Communications Act* ainda prevê hipóteses muito limitadas para o acesso ao conteúdo telemático de mensagens eletrônicas pela autoridade judicial norte-americana e o seu compartilhamento com juízes estrangeiros.

Em âmbito local, o Código de Processo Civil do Estado da Califórnia regula o reconhecimento e homologação de sentenças estrangeiras em moldes em tudo assemelhados aos parâmetros adotados nacionalmente, ou seja, com previsões que restringem, consideravelmente, a possibilidade de nacionalização da sentença estrangeira. As normas ali estabelecidas possuem incidência para as ordens judiciais envolvendo condenações pecuniárias, tidas como finais ou conclusivas, em seu país de origem. A redação do art. 1.715 excepciona a sua aplicação para questões tributárias, aplicação de multas ou penalidades e para casos envolvendo direito de família.

O art. 1.716, (b), estabelece as hipóteses nas quais o magistrado deve indeferir o pedido de reconhecimento. São elas: I) a sentença foi proferida em um sistema judicial que não garante tribunais ou procedimentos imparciais compatíveis com os requisitos do devido processo legal; II) o tribunal estrangeiro não detinha jurisdição pessoal sobre o demandado; e III) o tribunal estrangeiro não tinha jurisdição sobre o assunto.

No dispositivo seguinte, art. 1.716, (c), são elencadas as situações em que o magistrado exerce poder discricionário de reconhecimento: I) o demandado no processo no tribunal estrangeiro não recebeu notificação do processo em tempo suficiente para permitir sua defesa; II) a sentença foi obtida por fraude que privou a parte perdedora de uma oportunidade adequada para apresentar seu caso; III) a ordem judicial, causa de ação ou o pedido de reparação em que a ordem judicial se baseia é repugnante à política pública deste Estado ou dos Estados Unidos; IV) a ordem judicial entra em conflito com outra ordem judicial final e conclusiva; V) o processo no tribunal estrangeiro foi contrário a um acordo entre as partes, segundo o qual o litígio em questão devia ser dirimido de outra forma, que não pelo processo nesse tribunal estrangeiro; VI) no caso de jurisdição baseada apenas na pessoa, o tribunal estrangeiro era um foro seriamente inconveniente para o julgamento da ação; VII) a ordem judicial foi proferida em circunstâncias que levantam dúvidas substanciais sobre a integridade do tribunal processador em relação a ela; VIII) o procedimento específico no tribunal estrangeiro que conduziu à ordem judicial não era compatível com os requisitos do devido processo legal; e IX) a ordem judicial demanda o pagamento de danos por difamação, a menos que o tribunal determine que a lei de difamação aplicada pelo tribunal estrangeiro proporcionou, pelo menos, a mesma proteção da liberdade de expressão e de imprensa, tal como previsto pelas constituições dos Estados Unidos e da Califórnia.

Por fim, o art. 1.717, (a), define as hipóteses em que o pedido de reconhecimento não pode ser indeferido por suposta ausência de jurisdição pessoal: I) o demandado foi citado pessoalmente no país estrangeiro; II) o demandado apresentou-se voluntariamente no processo, com a finalidade de proteger bens apreendidos ou ameaçados de apreensão no processo, ou de contestar a jurisdição do tribunal sobre o demandado; III) o requerido, antes do início do processo, concordou em se submeter à jurisdição do tribunal estrangeiro relativamente ao objeto em causa; IV) o demandado estava domiciliado no país estrangeiro quando o processo foi instituído, ou era uma corporação ou outra forma de organização comercial que tinha o seu principal local de negócios, ou estava organizado sob as leis do país estrangeiro; V) o demandado tinha um escritório de negócios no país estrangeiro e o processo no tribunal estrangeiro envolvia uma causa de ação ou pedido de reparação decorrentes de negócios feitos pelo demandado, por meio desse escritório, no país estrangeiro; e VI) o demandado operava um veículo a motor ou um avião no país estrangeiro; e o processo envolvia uma causa de ação ou um pedido de reparação decorrente dessa operação[165].

O impacto da legislação exposta acima para o sistema de reconhecimento de sentenças estrangeiras pôde ser sentido em dois casos muito conhecidos envolvendo jurisdição para o ambiente digital e os limites de atuação do poder jurisdicional dos Estados.

7.4.4.1. Os casos Yahoo e Equustek

O caso *UEJF et Licra v. Yahoo! Inc et Yahoo France* é emblemático a respeito das dificuldades de reconhecimento e execução de sentenças estrangeiras que versam sobre a temática digital perante o Poder Judiciário norte-americano. Como explanado no capítulo anterior, o Yahoo foi condenado, perante o Poder Judiciário francês, a impedir, especialmente para o público francês, a oferta de produtos relacionados à ideologia nazista, em página de leilões hospedada pela empresa, pois o Código Penal francês tipifica expressamente a conduta.

---

[165] ANTONIALLI, Dennys Marcelo. *A arquitetura da Internet e o desafio da tutela do direito à privacidade pelos Estados nacionais*. São Paulo: USP, 2017, p. 93-94; e BUCKLEY JR., John; REYED, Ana C. *The international comparative guide to*: enforcement of foreign judgments 2018. 3. ed. London: Global Legal Group Ltd., p. 211.

A proibição recaia sobre o domínio "yahoo.com", uma vez que a empresa, a pedido, já havia realizado o bloqueio de ofertas do tipo na página "yahoo.fr", que continuavam acessíveis em território francês no domínio "yahoo.com". Houve determinação de emprego de filtros de localização geográfica para que a página não pudesse ser acessada por IPs situados em solo francês. A empresa teve três meses para implementação das medidas técnicas necessárias, sob pena de multa diária de 100 mil francos.

Diante da grande repercussão do caso, um dos primeiros do gênero envolvendo empresas de tecnologia e o exercício de poder jurisdicional sobre páginas acessíveis no mundo todo, e da pressão da opinião pública envolvendo tema sensível, o Yahoo removeu a página de leilão hospedada em sua plataforma e revisou seus Termos de Uso, com o intuito de frear discursos de ódio e de racismo em suas páginas[166].

Ainda assim, o provedor ajuizou demanda preventiva na Califórnia, local em que se situa o seu servidor de armazenamento, com o intuito de obter declaração judicial de que a futura execução da decisão francesa iria em sentido contrário à Primeira Emenda da Constituição norte-americana e a liberdade de expressão ali prevista. Perante a Corte Distrital, houve julgamento de procedência. Entendeu-se que a empresa havia comprovado a ameaça ao seu direito, ante a possiblidade de a parte contrária ajuizar demanda nos Estados Unidos buscando o reconhecimento e execução da decisão francesa[167].

Na instância superior, por maioria de votos, a decisão de piso foi reformada. Entendeu-se que o pedido seria juridicamente impossível, uma vez que a parte vencedora, perante o judiciário francês, não teria realizado ou ameaçado realizar nenhuma medida judicial para executar a sentença em território norte-americano[168].

Para alguns, a Corte atentou-se a uma tecnicidade, tendo perdido a oportunidade de adentrar no mérito da causa e, com isso, analisar as intrincadas questões que envolviam o caso, em especial a compatibilidade da sentença estrangeira com o ordenamento jurídico norte-americano. A empresa interpôs recurso perante a Suprema Corte do país, com admissibilidade negada[169].

---

[166] BERMAN, Paul Schiff. Towards a cosmopolitan vision of conflict of laws: redefining governmental interests in a global era. George Washington University Law School, *U.Pa L. Rev.*, v. 153, p. 1836, 2005. LEONARDI, Marcel. *Tutela e privacidade na internet*. São Paulo: Saraiva, 2012, p. 255.

[167] Yahoo!, Inc. v. La Ligue Contre Le Racisme, 169 F. Supp. 2d 1181 (N.D.Cal. 2001).

[168] Yahoo! Inc. v. La Ligue Contre Le Racisme et L'Antisemitisme, 433 F.3d 1199, 1202 (9th Cir. 2006).

[169] EKO, Lyombe. *American Exceptionalism, the french exception, and digital media law*. Lexington: Lexington Books, 2013, p. 189.

As percepções sobre esse caso são variadas. De um lado estão aqueles que vislumbram que as medidas adotadas pela empresa perante o Poder Judiciário local, bem como a decisão de primeiro grau, evidenciam as peculiaridades do reconhecimento e homologação de sentenças estrangeiras nos Estados Unidos[170]. De outro, os que vislumbram que a remoção voluntária do conteúdo objeto da demanda original teria o condão de comprovar a predominância da decisão francesa e seu alcance extraterritorial[171].

Resta inegável que o *caso Yahoo* é um paradigma para qualquer discussão envolvendo alcance jurisdicional para demandas sobre a temática digital, não apenas por ter sido um dos primeiros pronunciamentos judiciais de grande repercussão sobre o tema, em época de consolidação do alcance global da internet e do início da percepção de que as discussões sobre jurisdição seriam um ponto importante para esse novo ambiente, como também pelas questões técnicas dele decorrentes, os filtros de localização geográfica, a serem apresentadas em momento oportuno.

Outro caso notório ocorreu em 2017, quando a Suprema Corte do Canadá desproveu recurso interposto pelo *Google* contra decisão que havia determinado que a empresa realizasse a desindexação, em seus resultados de busca, de páginas relacionadas a uma empresa não apenas no seu buscador canadense, mas no motor de buscas global (.com)[172].

A pequena empresa de tecnologia de British Columbia, Equustek Solutions Inc., ajuizou demanda indicando que havia firmado parceria comercial com Datalink Technologies para distribuição de seus produtos. No entanto, a distribuidora estaria se assenhorando deles e vendendo-os como se fossem propriedade sua, além de ter adquirido informações confidenciais e segredos industriais da demandante, usando-os para fabricar um produto que compete com o original.

Apesar da existência de decisões judiciais proibindo a venda dos produtos e o uso da propriedade intelectual da demandante, a Datalink continuava a realizar negócios, a partir de localização desconhecida, vendendo os itens em *sites* para consumidores do mundo todo.

Houve o ajuizamento de demanda em face do Google para a desindexação das páginas criadas pela Datalink com produtos que violam os direitos autorais

---

[170] GREENBERG, Marc H. A return to Liliput: the Licra v. Yahoo-case and the regulation of online content in the world market. *Berkeley Technology Law Journal*, v. 18, issue 4, p. 1212, 2003.
[171] EKO, Lyombe. *American Exceptionalism, the french exception, and digital media law*. Lexington: Lexington Books, 2013, p. 189.
[172] Google Inc. v. Equustek Solutions Inc. [2017] 1 S.C.R. 824 (Can.).

e a propriedade intelectual da demandante. A medida de urgência foi deferida, e o buscador removeu 345 páginas associadas à Datalink, limitada aos resultados obtidos via uso do buscador "google.ca". O resultado foi insatisfatório, pois a cada página removida, a empresa infratora inseria o mesmo conteúdo em novas páginas dentro do seu *site*. Diante desse cenário, a demandante obteve decisão interlocutória, determinando que o *Google* deixasse de exibir, em seus resultados de busca, todos os *sites* mantidos pela Datalink em todos os seus motores de busca.

Perante a instância maior, a decisão foi mantida por maioria de votos. Entendeu-se que terceiros podem ter que obedecer a decisões interlocutórias (*injunctions*), mesmo não sendo parte no feito, isso quando estão envolvidos com os atos ilícitos de terceiros e acabam facilitando o dano, mesmo quando não são culpados do ato em si.

Seria senso comum que a Datalink não poderia realizar transações comerciais de forma viável sem que o seu *site* apareça no resultado de buscas do Google, e que os consumidores canadenses, mesmo com as medidas adotadas, ainda poderiam adquirir os produtos caso utilizem o buscador "google.com", assim como os consumidores localizados em outros países.

Constou no voto do relator que a empresa infratora ignorou ordens judiciais anteriores e mudou sua sede do Canadá, e agora opera em local desconhecido fora do país. Ainda, que mantém suas atividades em razão do mecanismo de busca do Google, que direciona consumidores em potencial para o seu *site*. Isso torna o Google um ator importante para que o dano ocorra. Uma decisão com efeitos globais seria a única maneira efetiva de mitigar o dano para a demandante, causando danos mínimos ao Google, o que justificaria a manutenção da decisão. Assim:

> Quando é necessário assegurar a efetividade de uma decisão (*injunction*), uma Corte pode deferir que a medida alcance condutas em qualquer lugar do mundo. O problema nesse caso está acontecendo *on-line* e globalmente. A internet não tem fronteiras – o seu *habitat* natural é global. A única maneira de assegurar que a decisão interlocutória atinja o seu objetivo é aplicá-la onde o Google opera – globalmente[173] (tradução nossa).

Constou que o argumento utilizado pelo *Google*, de que uma ordem judicial com abrangência global violaria a *comity* internacional, e que é possível que a ordem não pudesse ser obtida em outra jurisdição, ou que observar essa determinação pode fazer com que o *Google* viole leis de outra jurisdição, seria apenas teórico. Caso o *Google* tenha provas disso, em especial quanto à liberdade de expressão,

---

[173] Google Inc. v. Equustek Solutions Inc. [2017] 1 S.C.R. 824 (Can.), p. 5-6.

ele poderia apresentar essas provas perante a Corte para ajustes na medida, o que o *Google* não teria feito.

Na sequência, esgotada a instância canadense, e como a ordem teria que ser executada no local da sede da empresa, na Califórnia, o *Google* ajuizou demanda preventiva, indicando que a decisão seria inexequível nos Estados Unidos, por conflitar de forma direta com a Primeira Emenda e com o *Communications Act*[174].

A medida preventiva de urgência foi deferida, pois se entendeu que a seção 230 do *Communications Decency Act* prevê imunidade de responsabilização aos provedores para conteúdos criados por terceiros. Constou a existência de julgados que entendem que um intermediário é tratado como autor do conteúdo quando há determinação para que remova conteúdo de terceiros. Na mesma decisão, restou consignado que a decisão canadense restringiria o interesse público de liberdade de expressão, que estaria ameaçada em nível global na internet, caso fosse mantida. Até o momento, não há notícia de que a decisão tenha sido cumprida.

O *Google* apresentou a decisão norte-americana perante o Poder Judiciário canadense, buscando comprovar que a ordem canadense violava, de forma concreta, leis de outros países. Ainda assim, não houve reconsideração.

Todo o exposto neste subcapítulo indica a existência de baixos consensos internacionais sobre o que pode ser disponibilizado *on-line* e o que deve ser retirado da arena pública digital, com a pornografia infantil como um dos poucos pontos de consenso de conteúdo absolutamente proibido *on-line*, e os diferentes posicionamentos existentes entre os Estados.

As dificuldades de harmonização de tratados internacionais para adoção de parâmetros predefinidos no processo de nacionalização de sentenças internacionais mostram-se evidentes diante da ausência absoluta de diploma dessa natureza, não obstante as tentativas realizadas nesse sentido ao longo dos anos.

Aliada à ausência de consensos internacionais, o sistema de reconhecimento e homologação de sentenças estrangeiras, além de burocrático e letárgico, ainda é permeado por questões morais e valorativas que vão além daquelas relacionadas ao devido processo legal e ao *giusto processo*, presentes na indeterminabilidade do conceito de ordem pública.

Enquanto a interoperabilidade entre os diversos sistemas jurídicos permanece como um objetivo a ser alcançado[175] para algumas situações que se

---

[174] Google LLC v. Equustek Solutions Inc., 2017 WL 5000834 (N.D. Cal. Nov. 2, 2017).
[175] SVANTESSON, Dan. *Solving the internet jurisdiction puzzle*. Oxford: Oxford University Press, 2017, p. 118.

desenvolvem na internet, pode ser buscada solução diversa, a atuação sobre intermediários locais.

7.5. ATUAÇÃO VOLTADA PARA PROVEDORES DE CONEXÃO

A tutela judicial direcionada aos provedores de acesso costuma ter como objetivo a obtenção de registros de conexão, definidos no art. 5º, VI, do Marco Civil da Internet, que possam levar à identificação do sujeito gerador do ilícito para futura responsabilização, ou o bloqueio de conteúdo contrário ao ordenamento jurídico nacional oriundo de provedores de aplicação estrangeiros, sem que seja possível a identificação do indivíduo criador e/ou mantenedor.

O passo a passo para a obtenção dos dados de registro já foi apresentado anteriormente, assim como as modalidades técnicas de bloqueio que podem ser utilizadas pelos provedores que operam na camada infraestrutural da internet. Conforme Goldsmith e Wu, "o controle dos intermediários locais é o principal método dos governos para controle de danos via internet que veem de fora"[176] (tradução nossa).

O caso *Tudo sobre Todos*, apresentado no capítulo 6 e já referenciado ao longo desta obra, é bom exemplo dessa forma de atuação judicial.

Importa destacar, nesse momento, outro emprego da tutela jurisdicional voltada para os intermediários que garantem o acesso à internet, permeado de controvérsias. O diferencial, nesse caso, reside no fundamento legal para a sua aplicação e as implicações sobre terceiros não relacionados ao objeto do processo.

O Marco Civil da Internet estabeleceu que a inobservância aos deveres contidos nos arts. 10 e 11, que versam sobre a guarda, coleta e disponibilização de registros, além da aplicabilidade da legislação material especial quando um dos terminais de acesso está localizado no Brasil, implicará sanções aos provedores de conexão e de aplicação. O art. 12 disciplina que poderão ser aplicadas, de forma isolada ou cumulativa: I) advertência; II) multa de 10% sobre o faturamento econômico do grupo econômico no Brasil; III) suspensão temporária das atividades descritas no art. 11; ou IV) proibição de exercício dessas atividades.

Considerando o arcabouço legislativo exposto acima, desde a entrada em vigor do Marco Civil da Internet, um dos casos mais notórios de bloqueio na camada infraestrutural envolveu o aplicativo de troca de mensagens e arquivos de imagem e vídeo *WhatsApp*. Entre os anos de 2015 e 2016, foram proferidas três

---

[176] GOLDSMITH, Jack; WU, Tim. *Who controls the internet? Illusions of borderless world.* Oxford: Oxford University Press, 2006, p. 156.

decisões judiciais, em tutela de urgência, determinando aos provedores de conexão o bloqueio do aplicativo em todo o território nacional.

As determinações dos juízos de primeiro grau assentaram-se nas previsões do art. 12 e visavam constranger o provedor de aplicação a entregar dados de usuários e de comunicações ocorridas no aplicativo que serviriam de meio de prova em investigações criminais. Todas foram revistas, em curto espaço de tempo, pelos Tribunais locais. O alto impacto social da medida, que teria atingido mais de 90 milhões de pessoas no país e causado prejuízos econômicos milionários[177], e as discussões técnicas e jurídicas advindas do emprego da providência drástica ensejaram a propositura de duas ações perante o Supremo Tribunal Federal.

A ADPF 403 foi ajuizada pelo Partido Popular Socialista (PPS) e questiona a interpretação conferida por uma das decisões de bloqueio ao art. 5º, IX, da Constituição Federal. O Partido da República (PR) ajuizou a ADI 5.527, com objetivo central de declaração de inconstitucionalidade dos incisos III e IV do art. 12 da Lei 12.965/2014, e interpretação limitativa do alcance do contido no art. 10, § 2º, do Marco Civil da Internet para as demandas criminais.

Em caráter subsidiário, o pleito foi de declaração de nulidade parcial, sem redução de texto do art. 12, III e IV, da Lei 12.965/2014, impossibilitando a sua incidência aos aplicativos de troca de mensagens, ou, ainda, para que fosse dada interpretação conforme aos dispositivos legais, com aplicação escalonada das sanções previstas nos incisos do referido art. 12 do Marco Civil da Internet.

Após admissão de diversos *amici curiae* e realização de audiência pública conjunta, ambos os feitos aguardam julgamento na Corte Suprema, a ADP 403 ante pedido de vista realizado pelo Ministro Alexandre de Moraes, e a ADI 5.527 com a Ministra Rosa Weber[178].

Essas medidas provocaram debates, em diversos grupos sociais, em nível acadêmico ou não, considerando o número de indivíduos que foram afetados em todo o país. Importa salientar que, para além da óbvia discussão sobre a proporcionalidade da medida empregada e a relação entre os fins pretendidos e os meios utilizados para tanto, a própria subsunção do fato à sanção imposta é objeto de questionamento.

---

[177] ZANATTA, Rafael. A. F. *Nota técnica sobre decisão de bloqueio do WhatsApp*. Instituto Brasileiro de Defesa do Consumidor. Disponível em: https://www.idec.org.br/pdf/nota-tecnica-bloqueio-whatsapp.pdf. Acesso em: 3 dez. 2022.

[178] Para mais detalhes sobre o caso: GRINGS, Maria Gabriela. Medidas judiciais e ambiente digital. *In*: TALAMINI, Eduardo; MINAMI, M. Y. (org.). *Atipicidade dos meios executivos*. 2. ed. Salvador: Juspodvim, 2018.

Isso porque as medidas previstas no art. 12 da Lei 12.965/2014 fazem referência aos encargos que incidem sobre os provedores, contidos nos arts. 10 e 11 do mesmo diploma legal, que não incluem a entrega de dados telemáticos, um dos objetivos das decisões que determinaram o bloqueio do aplicativo de mensagens.

Com base nessa compreensão e no art. 139, IV, do Código de Processo Civil, Talamini sugere que a melhor opção teria sido o emprego de medidas coercitivas atípicas, como a adoção de medidas de coerção patrimonial efetivas, como o bloqueio de ativos financeiros do *Facebook*. Outra alternativa, de acordo com o autor, seria a cominação de multa pessoal ao administrador da empresa, ou ainda a divulgação de mensagem para todos os usuários do *Facebook*, indicando que a empresa, ao não cumprir a decisão judicial, "adota condutas que podem contribuir para o tráfico de drogas"[179].

É certo que, com exceção da última sugestão mais radical, todas as outras se apresentam como razoáveis e com capacidade de dobrar a vontade do destinatário da medida judicial reticente em cumpri-la. Jamais poderá ser olvidado que o processo deve se adaptar às necessidades do direito material e às suas peculiaridades[180].

Mais do que isso: atingiriam apenas a esfera de direitos do provedor de aplicação, sem o potencial de ferir direitos alheios, como ocorreu. As medidas contra intermediários não podem infringir, injustificadamente, os direitos dos usuários, que possuem direito à livre manifestação e expressão. A par de situações anômalas, como a experimentada com o bloqueio nacional do aplicativo *WhatsApp*, a atuação sobre os intermediários locais possui vantagens expressivas quando o material ilícito é estrangeiro ou quando a restrição de acesso determinada pode ser limitada geograficamente em detrimento da remoção global. Essa possibilidade específica de atuação, por provedores de conexão e de aplicação, será objeto do item a seguir.

7.6. CONTENÇÃO DE EFEITOS GLOBAIS DAS DECISÕES JUDICIAIS: ADOÇÃO DE FILTROS DE LOCALIZAÇÃO GEOGRÁFICA

Para as demandas judiciais que veiculam pedidos assentados em obtenção de dados de registro de acesso à aplicação, nacionais ou estrangeiros, alocados em

---

[179] TALAMINI, Eduardo. Medidas coercitivas e proporcionalidade: o caso WhatsApp. *In*: TALAMINI, E.; MINAMI, M. Y. (org.). *Atipicidade dos meios executivos*. 2. ed. Salvador: Juspodvim, 2018, p. 799.

[180] ZUFELATO, Camilo; SPONCHIADO NETO, Sílvio. Marco Civil da Internet: implicações jurídico-processuais da Lei 12.965/14. *In*: LUCCA, Newton de; SIMÃO FILHO, Adalberto; LIMA, Cíntia Rosa Pereira de (org.). *Direito e internet III*: tomo II. São Paulo: Quartier Latin, 2015, p. 515.

servidores fora do país ou em nuvem, o cenário, como já visto, não é acalentador. Na hipótese de o provedor de aplicação possuir subsidiária na jurisdição prolatora da decisão, é possível que haja colaboração interna entre a empresa local e a controladora para a obtenção do número de endereço de IP. Esse intuito solidário não é puramente voluntário ou altruístico, decorre da cominação de medidas coercitivas indutivas em face da subsidiária.

Conteúdos de comunicações telemáticas ou outros dados podem não ser fornecidos pela matriz, em observância à legislação de regência, usualmente o sistema normativo norte-americano apresentado. A mesma razão informa as dificuldades presentes no sistema de nacionalização de decisões estrangeiras sobre essa temática perante o Poder Judiciário estadunidense.

A retirada de conteúdo ilícito disponível *on-line* é outro tema espinhoso, em que pode haver colaboração do provedor de aplicação estrangeiro ou não, na mesma lógica incidente para a apresentação de dados e com as mesmas vicissitudes. A diferença existente reside em uma questão técnica: a possibilidade de o material ilícito ser indisponibilizado com eficácia limitada, sem que seja completamente banido da internet para todos os seus usuários.

Um dos principais, senão o principal estudioso sobre a regulação da internet e dos comportamentos que nela se desenvolvem mediante uso de mecanismos técnicos que levam em conta a sua estrutura e organização, mais do que apenas a produção legislativa exógena, Lessig propõe solução ímpar para essa questão. Em sua concepção, haveria a possibilidade de inserção de uma camada de identificação pessoal na arquitetura da rede, uma espécie de carteira digital, que revelaria apenas a informação estritamente necessária para acessar determinado conteúdo ou satisfazer algum critério, por exemplo, indicar que o usuário é maior de idade, sem informar seu gênero ou nome[181]. Com base nessa identidade digital, defende que os cidadãos sejam regulados pela legislação da sua nacionalidade, em detrimento de sua localização geográfica. Os Estados aplicariam a legislação uns dos outros, em seus territórios, para os cidadãos daquela nacionalidade, por reciprocidade[182].

---

[181] LESSIG, Lawrence. *Code version 2.0*. New York: Basic Books, 2006, p. 51/52.
[182] Em suas palavras: "O pacto funcionaria assim: cada Estado se comprometeria em executar para os servidores na sua jurisdição as regulações de outros Estados para cidadãos daqueles Estados, em troca de terem a sua própria regulação executada em outras jurisdições. Nova York poderia requerer que servidores em Nova York mantenham cidadãos de Minnesota longe de servidores de apostas de Nova York, em troca de Minnesota manter cidadãos de Nova York longe de servidores que exploram a privacidade do usuário. Utah manteria cidadãos europeus longe de servidores que exploram a privacidade do usuário, em troca

Não obstante bem-intencionado, o caminho apontado por Lessig não parece factível por algumas razões. A primeira delas é a confiança quase irrestrita no intuito cooperativo dos Estados em aplicar a legislação de outras nações dentro das suas fronteiras, desconsiderando as implicações práticas decorrentes, de toda natureza, e o *lex forismo*. A segunda é a volta da nacionalidade como elemento de conexão para o direito material aplicável para situações transnacionais, em detrimento de outros critérios empregados pela doutrina e pelos tribunais para a definição da regra de conflito, diante de cada situação de direito material.

Essa ideia estava atrelada ao projeto *Microsoft Passaport*, do início dos anos 2000, que buscava desenvolver comercialmente um serviço de autenticação *on-line*. O intuito da empresa encontrou obstáculos na lei de proteção de dados europeia, que a obrigaram a separar a ideia de um passaporte digital da coleta de dados pessoais, com inclusão de maior controle, pelo usuário, das informações pessoais fornecidas[183]. Não há notícia de que o projeto tenha tido o alcance pretendido.

Em detrimento, outra opção que estava sendo desenvolvida há algum tempo ganhou notoriedade na seara da contenção dos efeitos de retirada de materiais *on-line*. Para compreendê-la, se faz necessário retomar um ponto importante já apresentado: no início da internet, não era possível saber quem eram os usuários da rede, onde estavam ou o que estavam fazendo. A rede era rudimentar e incipiente.

Segundo Lessig, essa condição não decorria da vontade de Deus. A internet é um produto, e seu *design* pode ser alterado para revelar todas essas informações[184]. E o foi.

Ao longo das últimas décadas, o interesse na oferta de produtos e serviços cada vez mais personalizados fez com que conhecer o consumidor em potencial se tornasse um dado decisivo no ambiente do comércio digital. Para saber quem é o usuário da rede, foram implementadas tecnologias de identificação que, trabalhando com os conceitos de identidade, indicam alguns fatores sobre alguém, como nome, sexo, nível de escolaridade etc., autenticação, certificam os elementos de identificação, credenciamento, e estabelecimento de procedimento padrão de autenticação[185].

---

da Europa manter cidadãos de Utah longe de *sites* europeus de apostas" (tradução nossa). LESSIG, Lawrence. *Code version 2.0*. New York: Basic Books, 2006, p. 308.

[183] REIDENBERG, Joel R. *States and internet enforcement*. Fordham Law School, 2003, p. 218-219.

[184] LESSIG, Lawrence. *Code version 2.0*. New York: Basic Books, 2006, p. 38.

[185] LESSIG, Lawrence. *Code version 2.0*. New York: Basic Books, 2006, p. 39-40.

Ainda de acordo com o autor, o *design* simplificado do tráfego de pacote de dados de um IP para outro faz com que a identidade do emissor ou do destinatário seja uma informação não determinante para que o fluxo de dados ocorra. Basta que haja identificação do número do IP. O minimalismo da arquitetura da rede refletiria o melhor *design* para a realização de variadas funções, já que a complexidade da rede está nas suas pontas, nas máquinas, ela seria a mais simples possível[186].

É certo que, com base no endereço IP, é possível descobrir a identidade de um usuário da internet, mas de acordo com o passo a passo intrincado regulado no Brasil pelo Marco Civil da Internet e dependente de decisões judiciais que determinem aos provedores o compartilhamento dos dados solicitados, desde que presentes os requisitos legais para tanto.

No entanto, foram desenvolvidas outras formas de obtenção de informações sobre os usuários da internet. A primeira delas foram os *cookies*, que identificam que determinado IP que acessou aquela informação é o mesmo que já havia acessado aquele *site* antes. O *design* original da internet não registrava esse tipo de dado. A identificação de conteúdo foi o passo seguinte no desenvolvimento da internet, atrelada principalmente à noção de controle do que poderia ser acessado pelo usuário. Usualmente realizado pelos provedores de aplicação, mas também podendo ser empregada pelo destinatário final, essa funcionalidade atende a diversos propósitos e instituições, principalmente escolas, bibliotecas e empresas que querem que certos materiais não sejam acessados pelos usuários de sua rede interna.

Por fim, o pleno conhecimento de todos os elementos que compõem a frase *who did what, where?* são verificáveis no ambiente *on-line* quando são desenvolvidas tecnologias que possibilitam conhecer a localização geográfica do usuário da internet.

No início dos anos 1990, foram realizadas as primeiras tentativas de localizar geograficamente o usuário e apresentar-lhe conteúdo específico, com motivação comercial. Nesse momento, alguns *sites* solicitavam que o usuário indicasse o seu país ou região de origem, ou até que enviassem por fax algum documento para atestar sua localização geográfica antes de permitir o acesso à página[187]. É certo que a maioria dessas técnicas são burláveis. *Sites* relacionados ao consumo e venda de bebidas alcóolicas ou conteúdo adulto, até hoje, questionam se o usuário é maior de

---

[186] LESSIG, Lawrence. *Code version 2.0*. New York: Basic Books, 2006, p. 44.
[187] GOLDSMITH, Jack; WU, Tim. *Who controls the internet? Illusions of borderless world.* Oxford: Oxford University Press, 2006, p. 68.

idade antes de permitir o acesso à página. Basta escolher clicar "sim" ou "não", sem nenhum tipo de verificação sobre a autenticidade da informação disponibilizada.

É conhecida a história do empreendedor Cyril Houri, que, em viagem para Paris, continuava recebendo propaganda de pequenos comércios norte-americanos, apesar de estar a quilômetros de distância. Partindo dessa constatação, desenvolveu um programa que pudesse identificar a localização do usuário conforme ele se deslocava no globo, apresentando anúncios da região em que efetivamente se encontrava. Em outras palavras: estabelecendo fronteiras territoriais na internet, até então sem delimitações territoriais[188].

Com base nessa ideia, diversos outros, partindo dos endereços de IP, alocados aos provedores de conexão que atuam na região e que os distribuem aos seus clientes, passaram a aprimorar mecanismos de geolocalização. O cruzamento de vários centros de dados e sua análise por algoritmos possibilitaram determinar a localização dos usuários[189]. Essa informação passou a ser utilizada para os mais diferentes fins.

Para os provedores de aplicação, tecnologias que permitem limitar o alcance global de suas páginas ou, ainda, adequá-las às especificidades da legislação de cada Estado, tornaram possível a oferta de produtos e serviços mais adequados ao perfil de consumo daquela área, além de potencializar as chances de respeito às diferenças culturais entre nações, diminuindo a litigiosidade.

A prática é mais comum e está mais difundida do que parece: grandes provedores globais possuem páginas desenvolvidas de acordo com a língua de cada local em que são acessíveis, sem que o usuário tenha que fazer essa escolha, que já é automática. Serviços de *streaming* de vídeo e música ofertam conteúdo diferenciado de acordo com especificações legais e/ou estratégias de marketing de cada Estado ou região[190].

Como ocorre com todas as tecnologias, a geolocalização também pode ser empregada de forma nociva. A prática de *geoblocking*, oferta de produtos e serviços com discriminações baseadas na nacionalidade e/ou na localização física

---

[188] GOLDSMITH, Jack; WU, Tim. *Who controls the internet? Illusions of borderless world.* Oxford: Oxford University Press, 2006, p. 58-59.

[189] GOLDSMITH, Jack; WU, Tim. *Who controls the internet? Illusions of borderless world.* Oxford: Oxford University Press, 2006, p. 69.

[190] No ano de 2020, diante da pandemia global de covid-19, a Justiça Eleitoral brasileira permitiu que os eleitores que não estivessem em seu domicílio eleitoral no dia de votação justificassem sua ausência através do aplicativo e-Título, que verificou a localização geográfica do eleitor para determinar se ele realmente não estava no seu município de votação.

do sujeito, foi objeto de regulação no âmbito da União Europeia. De acordo com uma das parlamentares envolvidas no projeto, Reda, "é evidente que *geoblocking* é uma forma de discriminação de conteúdo, com diferenciação de oferta baseada em fronteiras geográficas"[191] (tradução nossa).

O Regulamento 2018/302, que entrou em vigor, indica, entre outros, que: "os comerciantes não podem, através da utilização de medidas de caráter tecnológico, bloquear ou restringir o acesso dos clientes à sua página *on-line* por razões relacionadas com a nacionalidade, local de residência ou de estabelecimento do cliente" (art. 3º).

No Brasil, em 2018, o Ministério Público do Estado do Rio de Janeiro ajuizou ação civil pública em face do site *Decolar.com*, que estaria utilizando algoritmos baseados na localização geográfica e na nacionalidade do indivíduo para apresentar preços e disponibilidade de hospedagem em hotéis[192].

No viés estatal, o emprego de tecnologias como a interceptação de pacotes de dados e a geolocalização passou a ser visto como instrumento em prol de finalidades diversas, entre elas a observância da legislação local até mesmo para agentes sem presença física no Estado. A atuação sobre os intermediários locais, em especial os provedores de conexão, faz com que seja possível que conteúdo disponibilizado e/ou armazenado fora dos limites territoriais do Estado possa ser impedido de adentrar na rede nacional, assim como materiais tidos como ilícitos perante o Estado local sejam bloqueados apenas dentro das suas fronteiras geográficas, permanecendo disponíveis em domínios estrangeiros.

Um dos primeiros usos reportados de técnicas de geolocalização como decorrência de deferimento de medida judicial contendo tutela específica ou resultado prático equivalente de natureza mandamental ocorreu na Alemanha, em 1995, quando o provedor CompuServe, por hospedar grupo de discussão *on-line* de material pornográfico, foi considerado em desconformidade com a legislação do país. O resultado inicial foi a remoção da página em nível global, mesmo nos países em que a conduta não ofendia a legislação local. Em um segundo momento,

---

[191] REDA, Júlia. *Geoblocking: at odds with the EU single market and consumer expectations*. In: SZCZEPANIK, P.; ZAHRÁDKA, P.; MACEK, J.; STEPAN, P. (org.). *Digital Peripheries*: the online circulation of audiovisual content from the small market perspective. Cham: Springer Series in Media Industries, 2020, p. 89.

[192] Consta que em buscas simultâneas para acomodações idênticas, realizadas por pessoas localizadas em Buenos Aires e no Rio de Janeiro, muitas ofertas não eram apresentadas ao consumidor brasileiro e outras tinham preços consideravelmente mais elevados para o público nacional. Petição inicial da Ação Civil Pública disponível em: http://rs.consumidorvencedor.mp.br/documents/13137/332720/acp.pdf. Acesso em: 3 dez. 2022.

a empresa desenvolveu filtro de localização geográfica para adequação específica ao modelo legal alemão[193].

Esse caso serviu como estopim para alteração da legislação alemã, que passou a responsabilizar os provedores na lógica do *notice and take down*. Para o Ministério Público, a empresa não teria tomado todas as medidas necessárias, em prazo razoável[194]. Não obstante o seu pioneirismo, o caso CompuServe não obteve a atenção da academia e da mídia sobre o tema do alcance das decisões judiciais de remoção e bloqueio de conteúdo *on-line*, como o julgamento *Dow Jones & Company Inc v. Gutnick*, pela Suprema Corte da Austrália, em 2002.

Na hipótese, indivíduo ajuizou demanda ressarcitória por difamação na Austrália, seu local de residência, em face da editora do *The Wall Street Journal* e da revista *Barron's*, que publicaram, em suas edições *on-line*, reportagens questionando a origem dos proventos econômicos de Joseph Gutnick. O primeiro ponto de destaque versa sobre a jurisdição apta a conhecer e julgar o caso. A demandada defendia que seria a jurisdição norte-americana, pois a editora e seus servidores estavam localizados nos Estados Unidos e o material tido como difamatório estaria voltado precipuamente para o público norte-americano. De outro lado, o ofendido assentava que a sua pretensão reparatória deveria ser analisada pela jurisdição australiana, local em que residia e onde os efeitos da publicação foram por ele sentidos.

Como visto, prevaleceu a segunda posição, ante o entendimento de que, geralmente, entende-se como o local de uma publicação aquele em que o material alegadamente difamatório é disponibilizado. No caso da internet, isso ocorreria com o *download*, ele tornaria o material disponível de forma compreensível.

O demandante alegava que a violação à sua reputação ocorreu no estado de Victória, onde reside, e seria essa parcela que estaria sendo discutida em juízo, e não a sua possível repercussão global. Não obstante o argumento do demandado de que a publicação estava centrada nos leitores estadunidenses, o fato de ter sido disponibilizada *on-line* de forma indiscriminada e a existência de assinantes australianos com potencial concreto de atingir a esfera de direitos do demandante na Austrália foram suficientes para a fixação da jurisdição australiana.

O pleito material do demandante foi julgado procedente, e aqui reside a maior polêmica do caso, uma vez que, como indicado por Kirby J., um dos julgadores,

---

[193] LESSIG, Lawrence. *Code version 2.0*. New York: Basic Books, 2006, p. 39.
[194] GOLDSMITH, Jack. Against cyberanarchy. *University of Chicago Law Review 68*, n. 4, republicado na coletânea THIERER, Adam; CREWS, Clyde Wayne Jr. (org.). *Who rules the net? Internet governance and jurisdiction*. Washington DC: Cato Institute, 2003, p. 50-51.

que considerou que "a natureza da rede torna impossível assegurar com completa eficácia o isolamento de qualquer área geográfica na superfície da Terra de acessar um *site* em particular" (tradução nossa). Indo mais além, conclui:

> Em adição às dificuldades de controle de acesso a um *site* por referência à geografia, fronteiras nacionais ou subnacionais, a internet tem testemunhado um rápido crescimento de tecnologias ("tecnologias de anonimato") que capacitam usuários da internet a mascarar suas identidades (e localização). Em virtude desses desenvolvimentos, a provisão de sistemas de verificação com custos eficazes, práticos e confiáveis, que possam proporcionar um sistema de reconhecimento universal, do ponto de origem do usuário da internet, ainda não surgiu. Por isso, a natureza da tecnologia da internet em si torna virtualmente impossível, ou extremamente difícil, pesado e custoso, prevenir que o conteúdo de um *site* seja acessado em uma jurisdição específica onde um usuário da internet pretende fazê-lo. Na realidade, uma vez que a informação é postada na internet, ela é usualmente acessível para todos os usuários da internet em qualquer lugar do mundo. Mesmo que a jurisdição correta de um usuário pudesse ser apurada com precisão, não há atualmente tecnologia adequada que possa habilitar os provedores de conteúdo fora do sistema de assinatura a excluir o acesso a todos os usuários de jurisdições específicas (tradução nossa).

Por essa razão, a determinação foi de remoção global das reportagens consideradas difamatórias. A decisão foi questionada por muitos, que a consideraram como o paradigma que conferiu extraterritorialidade a uma legislação local, com os riscos de que tal compreensão poderia irradiar para o crescente mercado da internet que, na época, almejava seu alcance global, com maior penetração em diferentes classes sociais.

Para outra parcela da doutrina, o pronunciamento australiano não seria anômalo, pois a Primeira Emenda da Constituição dos Estados Unidos não reflete valores universais a respeito da liberdade de expressão, e que a compreensão de um Estado sobre esse tema não estaria inscrita na arquitetura da internet.

Na opinião de Goldsmith e Wu, a permanência da empresa em território australiano mesmo após a prolação da decisão refletiria o seu entendimento de que seria comercialmente vantajoso fazer negócios e ter atuação lá. O aparente prejuízo causado aos leitores de fora da Austrália decorreria dessa decisão de permanecer operando localmente[195]. Não nos parece que a solução seja tão simples, uma vez que fechar a subsidiária local e deixar de aceitar assinantes australianos não surtiria efeitos sobre a condenação sofrida, no máximo poderia evitar novas.

---

[195] GOLDSMITH, Jack; WU, Tim. *Who controls the internet? Illusions of borderless world.* Oxford: Oxford University Press, 2006, p. 156-157.

O desenvolvimento de técnicas de *geoblocking* como alternativa à extraterritorialidade de decisão nacional proferida para atuar no espaço virtual teve grande repercussão no julgado *UEJF et Licra v. Yahoo! Inc et Yahoo France*, já apresentado. Para o ponto que aqui nos interessa, é muito importante destacar que, durante o curso da demanda perante o Poder Judiciário francês, o magistrado formou um painel de especialistas para auxiliá-lo na busca de soluções técnicas factíveis para o caso.

O corpo técnico indicou que a técnica de *geoblocking*, apesar de não ser infalível, seria a melhor solução para o caso, com a vedação de acesso à página de leilões de itens nazistas para IPs franceses e sua manutenção em todos os outros países. À época, os *experts* indicaram que o índice de sucesso da técnica seria de 70%, o que foi entendido pelo julgador como eficaz, a ponto de determinar que o Yahoo empregasse o *geoblocking*[196]. Curioso notar que, como ocorre em tantas outras searas, o que é considerado como medida suficiente em uma situação é tido como inaceitável em outra, em tudo análoga.

Na mesma época do julgamento francês, um empreendedor canadense lançou um serviço *on-line* que transmitia canais de televisão. Naquele momento, não havia nada na legislação canadense que impedisse esse tipo de atividade. O iCraveTV começou a ter notoriedade, chamando a atenção nos Estados Unidos, local em que foi processado pela Liga Nacional de Futebol (Americano) por violação de direitos autorais, com base na legislação norte-americana. No curso do processo, a empresa teve 90 dias para comprovar que tinha tecnologia para bloquear o acesso de residentes em solo americano ao *site*. Com base no endereço IP, foi indicado que poderiam impedir 98% dos acessos de cidadãos norte-americanos. Ainda assim, a medida foi considerada insuficiente pelo julgador[197].

Ao contrário do que foi alardeado à época, casos como os expostos acima não tiveram como efeito a diminuição no comércio eletrônico ou no fluxo de informações *on-line*, já que o temor de que todos os *sites* teriam que observar a legislação individual de cada país ao mesmo tempo não se concretizou, não ao menos na forma prevista.

O respeito às diferenças culturais, refletidas muitas vezes nos diplomas legais de cada Estado, foi possibilitado, entre outros, pelo emprego dos filtros

---

[196] GREENBERG, Marc H. A return to Liliput: the Licra v. Yahoo-case and the regulation of online content in the world market. *Berkeley Technology Law Journal*, v. 18, issue 4, p. 1214, 2003; SVANTESSON, Dan. *Solving the internet jurisdiction puzzle*. Oxford: Oxford University Press, 2017, p. 205.

[197] LESSIG, Lawrence. *Code version 2.0*. New York: Basic Books, 2006, p. 295-296.

de localização geográfica e a adequação dos *sites* às idiossincrasias locais. Não podem deixar de serem mencionados importantes fatores que contribuíram com esse intuito, como a transposição do conceito do *common law* de contato mínimo substancial para a esfera digital, a recompreensão do que é considerado como local do dano para situações plurilocalizadas digitais, e o desenvolvimento da noção de direcionamento (*targenting*), através da qual é possível verificar se uma página foi construída visando determinado público e região, com consequente necessidade de acatamento da legislação ali vigente.

Em duas oportunidades mais recentes, o tema da extraterritorialidade das decisões judiciais de remoção de conteúdo foi novamente colocado em evidência. Com isso, não se intenciona dizer que essa questão não estivesse, esteja ou não continuará sendo experimentada no dia a dia por todos aqueles que atuam na seara do direito digital. A quantidade de determinações judiciais brasileiras, com as mais variadas matizes argumentativas e decisórias, versando sobre o tema nos últimos anos, como já demonstrado, é relevante.

Em termos internacionais, o caso *Google Spain* v. *Coteja González* teve grande repercussão nessa temática ao determinar a desindexação de fatos sobre o sr. González pelo provedor de buscas. O que não ficou absolutamente esclarecido quando do julgamento foi o alcance da determinação: se o provedor deveria remover globalmente qualquer resultado de pesquisa envolvendo o sr. González e o fato ensejador da desindexação, ou se a decisão possuía limitação territorial, e em caso positivo, qual.

A lacuna na decisão fez com que o *Google*, após consulta a várias autoridades nacionais de proteção de dados, interpretasse que a determinação alcançava todo o território europeu. O grupo *Article 29* lançou orientações, *guidelines*, em sentido diverso: a remoção deveria abarcar todos os domínios relevantes, incluindo o domínio ".com"[198].

A questão foi esclarecida em 2019, com o julgamento *C-507/17 Google LLC* vs. *Commission Nationale de L'Informatique et des Libertés (CNIL)*. Em linhas gerais, o caso pode ser resumido da seguinte forma: o CNIL determinou que o buscador realizasse a desindexação global quando os pedidos, que preenchem os requisitos para tanto, partissem da França. O *Google* discordou da decisão e houve aplicação de multa administrativa. A empresa recorreu para o *Conseil d'État*, que suspendeu a multa e submeteu o caso para o Tribunal de Justiça da

---

[198] SVANTESSON, Dan. *Solving the internet jurisdiction puzzle*. Oxford: Oxford University Press, 2017, p. 175-176.

União Europeia (TJUE)[199]. O advogado geral do TJUE, Maciej Spuznar, proferiu parecer que, posteriormente, foi adotado como razões de decidir pela Corte. Na oportunidade, indicou que o *caso Google Spain* não teria indicado parâmetros territoriais, e que a desindexação no âmbito europeu não poderia atingir países que estejam fora da esfera territorial do bloco. Não seria possível aplicação analógica com a Convenção de Roma, que permite a sua incidência extraterritorial para as hipóteses de extradição.

Em sua opinião, eventual elasticidade territorial do comando judicial para países de fora da União Europeia poderia fazer com que os demais países adotassem posturas semelhantes, em evidente emprego da técnica da reciprocidade.

O posicionamento adotado não foi bem recebido por todos. Para Rodrigues Jr., "o grande problema do parecer está na maneira superficial com que ele tratou

---

[199] As indagações apresentadas pelo *Conseil d'État* foram as seguintes: "1) Deve o 'direito à [supressão de referências]', como consagrado pelo [Tribunal de Justiça] no seu Acórdão de 13 de maio de 2014, [Google Spain e Google (C-131/12, EU:C:2014:317),] com fundamento nas disposições dos artigos 12°, alínea b), e 14°, [primeiro parágrafo,] alínea a), da [D]iretiva [95/46], ser interpretado no sentido de que o operador de um motor de busca é obrigado, quando acolhe um pedido de [supressão de referências] de uma hiperligação, a efetuar essa [supressão de referências] em todos os nomes de domínio do seu motor, de forma a que as [hiper]ligações controvertidas deixem de ser exibidas, seja qual for o local a partir do qual é efetuada a pesquisa com base no nome do requerente, incluindo fora do âmbito de aplicação territorial da [D]iretiva [95/46]?
2) Em caso de resposta negativa a esta primeira questão, deve o 'direito à [supressão de referências]', como consagrado pelo [Tribunal de Justiça] no seu acórdão suprarreferido, ser interpretado no sentido de que o operador de um motor de busca apenas é obrigado, quando acolhe um pedido de supressão de uma hiperligação, a suprimir as [hiper]ligações controvertidas dos resultados exibidos na sequência de uma pesquisa efetuada a partir do nome do requerente no nome de domínio correspondente ao Estado onde se considere que o pedido foi efetuado ou, de forma mais genérica, nos nomes de domínio do motor de busca que correspondem às extensões nacionais desse motor para todos os Estados-membros [...]?
3) Além disso, em complemento da obrigação invocada na segunda questão, deve o 'direito à [supressão de referências]', como consagrado pelo [Tribunal de Justiça] no seu acórdão suprarreferido, ser interpretado no sentido de que o operador de um motor de busca, quando acolhe um pedido de [supressão de referências] de uma hiperligação, é obrigado, através da técnica designada 'bloqueio geográfico', a partir de um endereço IP supostamente localizado no Estado de residência do beneficiário do 'direito à [supressão de referências]', a suprimir os resultados controvertidos das pesquisas efetuadas a partir do seu nome, ou mesmo, de forma mais genérica, a partir de um endereço IP supostamente localizado num dos Estados-membros aos quais se aplica a [D]iretiva [95/46], independentemente do nome de domínio utilizado pelo internauta que efetue a busca?".

de dois problemas (se é que efetivamente os tratou): a natureza jurídica da internet e os limites técnicos de uma decisão extraterritorial".

Ainda de acordo com o professor, a decisão seria inócua "em se considerando a possibilidade de encontrar os mesmos dados pessoais nos motores (da mesma empresa) com terminações não europeias"[200].

Importante destacar que, efetivamente, qualquer cidadão europeu poderá ter acesso a essa informação caso altere o seu motor de buscas de "google.fr" para "google.com" ou "google.com.br", por exemplo. Essa mudança pode ser realizada facilmente por qualquer usuário médio da internet.

Nesse sentido, avulta a importância dos filtros de localização geográfica. Durante a tramitação do caso na esfera administrativa, o Google havia sugerido a implementação de bloqueio geográfico com alternativa à remoção global, indicação rejeitada pelo CNIL.

A mesma opção foi apresentada pelo advogado geral do TJUE em seu parecer, ao indicar que o provedor de busca:

> [...] é obrigado a tomar todas as medidas que estiverem à sua disposição para assegurar uma supressão de referências eficaz e completa. Isto inclui, nomeadamente, a técnica denominada "bloqueio geográfico", a partir de um endereço IP presumivelmente localizado num dos Estados-membros sujeitos à Diretiva 95/46, independentemente do nome de domínio utilizado pelo internauta que efetue a pesquisa.

No dispositivo da decisão do Tribunal de Justiça da União Europeia, não houve menção explícita sobre a utilização dos filtros de localização, mas há referência a não remoção global, com a retirada do conteúdo limitada, geograficamente, às versões do buscador que correspondam aos Estados-membros:

> [...] com medidas que, embora satisfaçam as exigências legais, permitam efetivamente impedir ou, pelo menos, desencorajar seriamente os internautas que efetuam uma pesquisa a partir do nome da pessoa em causa dentro de um dos Estados-membros [...].

Parece-nos que o emprego dos filtros de localização geográfica é a medida mais eficaz para impedir que os usuários de determinada localidade procurem

---

[200] RODRIGUES JR., Otavio Luiz. *TJ da União Europeia discute os limites territoriais do direito de apagar dados*. Disponível em: https://www.conjur.com.br/2019-jan-30/tj-ue-discute-limites-territoriais-direito-apagar-dados. Acesso em: 3 dez. 2022.

acessar conteúdo que esteja bloqueado judicialmente, tentando valer-se de extensões dos buscadores diferentes daquela automática, vinculada ao local em que está localizado.

A jurisprudência nacional já proferiu decisão, anterior ao acórdão do Tribunal de Justiça da União Europeia, estabelecendo que o dever de retirada de conteúdo da lista de resultado gerada por provedor de pesquisa deve se limitar ao território nacional e ao domínio ".br" da página. Esse entendimento assentou-se na necessidade de observância ao contido no art. 16 do Código de Processo Civil, que limita o alcance territorial dos comandos judiciais, em consonância com os princípios da soberania e da autodeterminação dos povos, de índole constitucional[201]. Contudo, apesar do desenvolvimento tecnológico que permite o bloqueio localizado em detrimento da remoção global, da notoriedade da técnica e do fundamento jurídico para o seu emprego, que decorre inclusive do texto constitucional, ao contrário do que possa parecer, a questão parece longe de estar sedimentada no Brasil.

No âmbito de inquérito policial que investiga notícias falsas (*fake news*), denunciações caluniosas, ameaças e outros, contra o Supremo Tribunal Federal, seus membros e familiares, realizadas por pessoas supostamente envolvidas em esquemas de financiamento e divulgação em massa nas redes sociais, o entendimento foi diverso. Diante de indícios concretos da existência de grupos fechados em aplicativo de troca de mensagens que coordenavam e/ou financiavam a disseminação de notícias inverídicas contra diversas pessoas e autoridades mediante o uso de perfis falsos em redes sociais e *bots*, o Ministro Alexandre de Moraes determinou a expedição de ordens de busca e apreensão em domicílios pessoais e profissionais dos suspeitos, além de afastar o sigilo bancário e fiscal de alguns dos investigados. Ainda, determinou o bloqueio de contas em redes sociais, "necessário para a interrupção dos discursos com conteúdo de ódio, subversão da ordem e incentivo à quebra da normalidade institucional e democrática"[202].

Na sequência, a ordem voltada para os provedores de aplicação foi reiterada, ante o descumprimento da medida anterior, com imposição de multa diária de R$ 20.000,00 por perfil indicado e não bloqueado no prazo de 24 horas. Diante da notícia de que foi realizado o bloqueio apenas para os endereços IP provenientes do Brasil, houve expedição de nova decisão determinando a remoção global dos perfis nas redes sociais, com imposição da multa diária anteriormente cominada.

---

[201] TJSP, Apelação Cível 1054138-03.2014.8.26.0100, Rel. Salles Rossi, 8ª Câmara de Direito Privado, Foro Central Cível – 36ª Vara Cível, j. 05.04.2017, data de registro: 26.04.2017.

[202] Inq 4.781, Rel. Min. Alexandre de Moraes, j. 26.05.2020.

O feito tramita com publicidade processual externa restrita, não sendo possível o acesso para sujeitos que não sejam partes, auxiliares da justiça, membros do Ministério Público ou advogados constituídos no caso. No entanto, foi amplamente noticiado na mídia que, para além das medidas coercitivas narradas, houve ameaça de responsabilização criminal de funcionário do *Facebook Brasil*, com cominação de multa no valor de R$ 1,92 milhão, o que fez com que provedor realizasse a remoção global. A rede social *Twitter* indicou que recorrerá da decisão[203].

As precisas palavras de Talamini sobre a relação, nem sempre existente e/ou necessária, entre punição exemplar para atendimento de anseios sociais e eficácia da medida coercitiva empregada, ao comentar o bloqueio do aplicativo *WhatsApp*, lançam luzes certeiras sobre a questão:

> No caso do WhatsApp, a maioria, se não a totalidade, dos discursos favoráveis à providência adotada fundou-se na gravidade do comportamento do grupo Facebook: a deslealdade de sua conduta, ao criar artifícios para subtrair-se à jurisdição nacional; a hipocrisia do discurso de preservação do sigilo de dados de seus usuários, em flagrante contradição com a dócil submissão a políticas invasivas ou limitadoras em outros países; o embaraço criado à investigação de um crime que o ordenamento qualifica como "hediondo" – e assim por diante.
>
> Todavia, nada disso justifica uma resposta *severa*, "exemplar", como medida de *coerção*. Exige, isso sim, uma resposta *eficaz*. E esse é um terreno em que severidade e eficácia não se identificam necessariamente. O tema é objeto de tópico próprio, adiante. A medida coercitiva é instrumento de afirmação da autoridade jurisdicional. E o é precisamente porque contribui para que a jurisdição tenha decisões eficazes em cada caso concreto. Não há dúvidas de que a censura expressada na sanção punitiva contra o desobediente também se presta a preservar a autoridade do Estado. Mas o faz para o futuro e num sentido geral. São planos distintos, por um lado, obter o cumprimento da própria decisão num dado caso concreto e, por outro, demonstrar ao desobediente e a toda sociedade que ele não pode agir assim e que, no futuro, quem repetir tal conduta será igualmente punido. E tal diversidade reflete-se em significativa diferença de regimes jurídicos, quanto ao devido processo legal, a tipicidade e anterioridade das sanções, a pessoalidade de sua incidência...[204] (destaques no original).

---

[203] FERREIRA, Afonso; GONZALEZ, Mariana. *Facebook atende Moraes e bloqueia perfis de bolsonaristas fora do país*. Disponível em: https://noticias.uol.com.br/politica/ultimas-noticias/2020/08/01/facebook-stf.htm. Acesso em: 3 dez. 2022.

[204] TALAMINI, Eduardo. Medidas coercitivas e proporcionalidade: o caso WhatsApp. *In*: TALAMINI, E.; MINAMI, M. Y. (org.). *Atipicidade dos meios executivos*. 2. ed. Salvador: Juspodivm, 2018, p. 786-787.

Parece-nos que os filtros de localização geográfica sejam a melhor medida existente, na atualidade, na tentativa de compatibilizar cumprimento de ordens judiciais de retirada de conteúdo ilícito do ambiente virtual, com respeito à soberania e ao sistema jurídico de outros países, em que a conduta pode ser considerada legal. Importa recordar que tais filtros podem ser utilizados não apenas pelos provedores de aplicação, objeto da análise detida realizada acima, mas também pelos provedores de conexão.

Da mesma forma, a medida pode ser empregada para limitar o alcance geográfico de decisão judicial de retirada, bem como para impedir que conteúdo hospedado por provedor estrangeiro seja acessível em determinado local, mediante atuação do Estado sobre intermediários locais[205].

O direito e dever de um Estado de proteger seus cidadãos de danos, ou ilícitos, locais, aplica-se com igual ou maior força quando ele vem de fora. Essa noção estaria bastante presente para casos de poluição ou ilícitos financeiros[206].

O caso *Tudo sobre Todos* é exemplo desse uso: a página que fornecia dados pessoais de milhares de brasileiros de forma ilegal estava hospedada fora do país, e foi criada por perfis anônimos. A determinação judicial foi direcionada aos provedores de conexão, para que criassem barreiras técnicas e impedissem que os dados pudessem ser acessados por endereços IPs localizados no Brasil.

É certo que essa segunda modalidade de uso é menos usual, uma vez que o juízo terá que ser acionado pela vítima ou seu representante extraordinário, como o Ministério Público, indicando que o conteúdo de origem estrangeira não poderá ser acessado em território nacional. O ônus argumentativo do demandante, nesse cenário, é maior, pois terá que demonstrar ainda que, com base em elementos indiciários e com uso de máximas de experiência, outra medida menos gravosa não seria eficaz no caso, e que somente o uso de medidas na camada infraestrutural da internet poderá salvaguardar o direito violado ou ameaçado de violação.

Os filtros de localização geográfica não são infalíveis. Segundo Svantesson, o grau de precisão da geolocalização seria determinado por dois fatores: a fonte da precisão, relacionada com a coleta acurada de dados de geolocalização, e a evasão, relacionada com a possibilidade sempre presente de se contornar esse tipo de tecnologia.

---

[205] LEONARDI, Marcel. *Tutela e privacidade na internet*. São Paulo: Saraiva, 2012, p. 262.
[206] GOLDSMITH, Jack; WU, Tim. *Who controls the internet? Illusions of borderless world*. Oxford: Oxford University Press, 2006, p. 156-157.

Atualmente, as tecnologias estão apuradas quanto ao seu nível de precisão. O risco de fraude depende da natureza do conteúdo. Filmes e músicas lançadas em apenas uma região, mas com grande apelo comercial em outras, são mais suscetíveis[207]. O uso de *proxy* ou VPN que mascarem a origem do IP pode burlar esse tipo de medida. Ainda, sempre há a possibilidade de que o material continue acessível em outro provedor de busca ou de conexão que não foi destinatário da medida judicial que estabeleceu o bloqueio. Há o risco de que a ordem judicial interfira na própria dinâmica de mercado, criando diferentes níveis de acesso à informação, além de interferir no DNS, ao atuar na camada de arquitetura da rede[208].

Ainda que sujeitas a falhas, é necessário recordar que os filtros de localização geográfica não precisam ser 100% eficazes para que se considere que atingiram o seu objetivo. Em alguns cenários, o fato de que algumas pessoas mais capacitadas possam conhecer o conteúdo que se pretende bloquear não anula o fato de que um número incontável deixou de ter acesso, graças ao emprego da técnica.

Não pode ser olvidado, sob nenhuma circunstância, o intuito maior que rege as técnicas de *geoblocking*: a possibilidade de que determinado material ou página na internet deixe de ser acessível em apenas uma jurisdição, aquela em que o seu conteúdo conflita com outros bens jurídicos, permanecendo acessível nas demais, em que tal conflito não se configura, ou em que o grau de lesão ao direito de terceiro é diminuto. Os filtros de localização geográfica são alternativa viável e factível que permite a interoperabilidade entre jurisdições. São eles que possibilitam que os provedores se adequem a múltiplas jurisdições, ainda que contraditórias entre si. Sua decorrência, o *geoblocking*, pode ser a única técnica a ser utilizada na via da tutela pelo equivalente nas obrigações de fazer e não fazer quando há impossibilidade de remoção do conteúdo, por ser proveniente de *site* estrangeiro, ou quando o sujeito busca apenas resguardar a sua reputação local, sem preocupar-se com a repercussão global do ato/fato desabonador.

O lembrete de Lessig não pode ser esquecido: a codificação que rege a arquitetura em rede não é neutra, ela revela valores e escolhas entre valores, regulação, controles e definições sobre o espaço de liberdade[209]. Cabe a nós estabelecer o que queremos que seja disponibilizado e transmitido *on-line*, quais são os bens com maior relevância social, aqueles que merecem maior proteção jurídica.

---

[207] SVANTESSON, Dan. *Solving the internet jurisdiction puzzle*. Oxford: Oxford University Press, 2017, p. 205-206.
[208] RIORDAN, Jaani. *The liability of internet intermediaries*. Oxford: Oxford University, 2013, p. 21.
[209] LESSIG, Lawrence. *Code version 2.0*. New York: Basic Books, 2006, p. 78.

Nessa toada, considerando que tal ponderação envolve princípios subjacentes ao tecido social, que muitas vezes refletem valores e tradições locais, o emprego de filtros de localização geográfica, e até mesmo de *geoblocking* parece a melhor solução para o cenário multicultural e plural que permeia o convívio entre jurisdições estatais.

CONCLUSÃO

O tema da prestação jurisdicional para a internet encontra-se entre um dos mais intrigantes da atualidade. De um lado, está o poder jurisdicional estatal, via consolidada e tida como preferencial para a resolução de conflitos, limitada por dogmas seculares e princípios que regem a relação entre Estados. O principal deles, o conceito de soberania, arraigado ao de Estado moderno, e a sua forma de atuação, exercida de forma *exclusiva* sobre o território e população determinados, e de maneira *excludente* com relação aos demais Estados que gozam do mesmo *status*, indica a necessidade do uso de instrumentos de cooperação jurídica internacional para que comandos nacionais de origem administrativa ou judicial possam ser cumpridos no território de Estado diverso.

De outro, tem-se o ambiente digital, pensado e construído para funcionar em rede, através de intricada organização de cabos e conexões, que sustentam, fisicamente, um sistema de comunicação descentralizada redundante, no qual pacotes de dados trafegam em alta velocidade, ao redor do globo, a todo momento.

A realidade evidencia que a transferência internacional de dados, natural quando os dois sujeitos do ato comunicativo estão situados em Estados diversos, ocorre mesmo quando emissor e receptor encontram-se no mesmo Estado, uma vez que é informada pelo juízo de conveniência na alocação física dos servidores empregados pelos provedores. Nessa configuração, fatores como a delimitação física dos Estados são ignorados.

A internet e sua ubiquidade desconhecem limitações geográficas. Tanto que, a não ser pelo emprego de mecanismos técnicos de controle do conteúdo digital, em tese, todo material disponibilizado na internet pode ser acessado em qualquer lugar do mundo. Isso faz com que um provedor de aplicação não precise ter sede ou representação local para ter atuação em determinado Estado. Contudo, é cediço que nem todo conteúdo disponibilizado *on-line* será considerado lícito perante todos, ou a maioria dos ordenamentos jurídicos, tendo em vista a multiplicidade de valores que permeiam os variados sistemas jurídicos existentes e os direitos e posições jurídicas por eles tutelados.

O desafio para a prestação jurisdicional digital é compatibilizar a tutela dos direitos, considerando os ditames que regem a relação entre Estados, com uma das características mais centrais da internet: a inexistência de fronteiras físicas.

Na busca por solução(ões) para a questão, a premissa estabelecida foi a efetividade da tutela a ser prestada em prol dos direitos de personalidade lesionados, ou sob ameaça de lesão, no ambiente digital. A hipótese é de obtenção de dados pessoais do autor do ilícito perante os intermediários da internet, provedores de aplicação e de conexão, visando responsabilização civil e, quiçá, criminal, do sujeito infrator, e bloqueio ou remoção do conteúdo disponibilizado *on-line* que ofende a esfera de direitos de terceiros. As medidas de identificação e obstrução do material podem ser concomitantes ou independentes.

Inicialmente, foram apresentadas as disposições legais que regem o exercício da jurisdição internacional brasileira e a cooperação jurídica internacional na esfera cível, com destaque para as normas que estabelecem a modalidade concorrente, incidente para os casos envolvendo a seara digital, presentes no Código de Processo Civil, em legislações esparsas e em tratados internacionais em que o Brasil é signatário.

Na sequência, o estudo voltou-se à apresentação de breve histórico de desenvolvimento da computação e da internet, essencial para a compreensão do porquê de o ambiente digital, em sua conformação original, ter sido construído para que, no fluxo de informações em rede, não fosse possível saber quem fez o quê e onde, e como essa premissa foi revista, por diversos motivos de natureza macro e microestrutural, pelos operadores da rede, que implementaram instrumentos de controle do conteúdo digital. A criação desses mecanismos, vários deles apresentados no estudo, com base nas camadas de conteúdo, lógica e infraestrutural de funcionamento da rede, é decorrência direta dos intensos embates que acompanham a criação da internet, relativos à sua regulação, se ela seria necessária e, entendendo-se que sim, como ela deveria ocorrer.

Nos primórdios da internet a autorregulação via código de conduta moral, criada e aplicada pelos próprios usuários da rede, a *netiquete*, foi tida como adequada. A ampliação do alcance social da rede, que passou de poucos usuários *experts* reunidos em grupos de *e-mail* e em fóruns de discussão para abarcar a sociedade em geral, explicitou a inviabilidade do modelo.

A noção de autorregulação privada da rede foi revista quando do surgimento de provedores de aplicação, que condicionam o acesso à sua plataforma à aceitação de contratos de adesão que estabelecem as condutas permitidas, proibidas e toleradas dos usuários.

A previsão e aplicação de sanções incidentes quando da inobservância aos Termos e Condições de Uso fixados, não obstante serem altamente eficazes, já que realizadas por agentes que atuam diretamente na arquitetura da rede, desconhecem limites territoriais e incidem sobre a internet como um todo. O contrário ocorre com as determinações emanadas pelo Poder Judiciário que, para produzirem efeitos sobre pessoas e bens localizados em outros Estados, dependem da via cooperacional e devem, necessariamente, observar os parâmetros relacionados ao devido processo legal.

Ainda dentro da vertente da autorregulação, não poderia deixar de ser mencionada a iniciativa do *Facebook*, rede social com presença global e grande penetração em todas as classes sociais, de instituir Comitê de Supervisão autônomo de orientação e revisão das decisões da empresa sobre o conteúdo postado pelos usuários da rede, em tentativa clara de ampliar o número de agentes com voz ativa no processo decisório privado empregado pela companhia. Essas iniciativas convivem com a regulação estatal sobre o ambiente digital, intentada há anos por diversos Estados, com a superação do entendimento em prol da analogia com atos/fatos não digitais, ante o entendimento das peculiaridades que permeiam as relações travadas na seara digital.

A compreensão, cada vez mais arraigada entre os operadores jurídicos que atuam no ambiente digital, de que a internet é espaço complexo e dinâmico, do qual o Estado possui parcos conhecimentos e dificuldades de atuação célere e efetiva, uma vez que sempre depende da colaboração dos entes privados detentores da rede, fez com que novas iniciativas, calcadas em autorregulação regulada passassem a ser elaboradas. Experiências como a da Alemanha, com a edição da *NetzDG*, que estabelece diretrizes para a remoção e o bloqueio de conteúdo pelas plataformas sociais com mais de 2 milhões de usuários no país e prevê a criação de instituição de autorregulação regulada, amparada pelo Poder Público, e o novo *Digital Services Act* (DSA) servem de inspiração para outros países para o tratamento da seara digital, como se observa no projeto da Lei Brasileira de Liberdade, Responsabilidade e Transparência na Internet, a Lei das *Fake News*.

A ubiquidade da internet indica que a via mais adequada para a sua regulação seria aquela que ocorresse em âmbito internacional, envolvendo variedade de figuras, tais como representantes de Estados, de grandes intermediários digitais com atuação transnacional e da sociedade civil organizada.

O resultado obtido refletiria a diversidade de posições que norteiam o tema, e teria maior potencial de ser observado por todos os agentes do setor, diminuindo consideravelmente as incertezas que, hoje, guiando a definição do direito aplicável e a jurisdição internacional apta a conhecer e julgar demandas dessa espécie. Contudo, as dificuldades enfrentadas na elaboração e adoção de normativa que possibilite a circulação e reconhecimento de decisões judiciais entre Estados, experimentada com a Convenção de Haia para Julgamentos, de 1971, que jamais entrou em vigor pela ausência de entendimentos comuns para a definição de normas sobre o exercício de jurisdição direta e indireta pelos Estados, evidencia a complexidade do tema.

Na seara digital, a existência de consensos mínimos sobre o conteúdo que deve ou não ser permitido na internet apenas é verificada quanto à pornografia infantil, restando incertezas e posições divergentes quanto aos demais temas, reflexo de diferenças culturais e interesses políticos e econômicos sobre a importância da internet e do material que ali trafega.

A via da autorregulação regulada, por combinar o conhecimento técnico dos provedores de aplicação sobre as camadas e o funcionamento da rede com a fiscalização estatal, nos parece opção interessante para a seara digital, especialmente para conteúdo de propagação rápida e de autoria desconhecida, considerando sempre a inafastabilidade da jurisdição.

A preponderância da regulação estatal no cenário construído nas últimas décadas, não obstante o surgimento recente de iniciativas puramente privadas e híbridas, culminou na elaboração de leis que, no âmbito do direito material, regulam atividades que, por terem alguma conexão com o foro, se desenvolvem também em outros Estados. O art. 11 do Marco Civil da Internet, as disposições do Regulamento Geral de Proteção de Dados europeu, a Lei Geral de Proteção de Dados brasileira e o projeto da Lei Brasileira de Liberdade, Responsabilidade e Transparência na Internet evidenciam esse fenômeno.

As relações plurilocalizadas internacionais são objeto de demandas submetidas ao Poder Judiciário, estando a jurisprudência repleta de julgados, sobre as mais variadas questões a elas relacionadas.

Destacam-se aqueles em que a produção dos efeitos ocorre em local distinto daquele em que se localiza a residência ou a sede do gerador do ato/fato. No sentido de averiguar a construção judicial a respeito, foram analisados os principais julgados, de variadas Cortes de *commom law* e *civil law*, que culminaram em teorias para a definição da jurisdição e do direito aplicável para relações plurilocalizadas.

Com base nesse estudo jurisprudencial e em tudo o que foi exposto sobre a jurisdição internacional brasileira, foram apresentadas soluções para a tutela jurisdicional para o ambiente digital. O ponto de partida foi a jurisdição estatal, a teoria dos efeitos e a compreensão de que, em termos legais, entende-se que atos plurilocalizados envolvendo direitos de personalidade repercutem seus efeitos no local em que a pessoa vítima da violação ou da ameaça se encontra, e são tidos como ocorridos nesse local.

O fundamento legal para esse entendimento, no direito processual, pode ser encontrado no art. 21, III, do Código de Processo Civil, que disciplina o exercício de jurisdição internacional concorrente para atos e fatos praticados no Brasil com origem extracontratual e em relações de consumo, e seu equivalente para a definição da competência interna, o art. 53, IV, do mesmo diploma legal.

Foi visto que a definição do órgão jurisdicional com jurisdição prescritiva e adjudicatória para a análise da demanda não é o maior obstáculo para a efetividade da tutela digital. As dificuldades iniciam-se pela compreensão dos mecanismos técnicos da internet, que podem ser objeto de pedidos de tutela específica ou de resultado prático equivalente, ventilados em demandas obrigacionais de fazer ou não fazer.

A inexistência de estabelecimento de rito próprio pela legislação de regência, que apenas definiu as categorias de provedores, o tempo legal de guarda de dados, os requisitos para a obtenção de registros de conexão e de aplicação, dá ensejo ao manejo de variadas figuras processuais, em face de diferentes legitimados passivos. Algumas delas foram apresentadas e analisadas em sua conveniência, sob o ponto de vista da celeridade da efetividade em prol da vítima do ato/fato digital contrário à lei.

Com relação aos provedores de aplicação, para além da questão das hipóteses de responsabilização pelo conteúdo postado por terceiros, que passaram da experiência jurisprudencial do *notice and take down* vigente até a edição do Marco Civil da Internet, para regra geral de responsabilidade subsidiária condicionada, com exceção das situações de divulgação de cenas de nudez ou de sexo sem o consentimento de um dos envolvidos, o uso da desindexação ganhou notoriedade recente.

É de conhecimento geral que, a partir do caso *Google Spain* v. *Coteja González (caso C-131/12 Google Spain SL v. Agencia Española de Protección de Datos – AEPD)*, julgado pelo Tribunal de Justiça da Corte Europeia em 2014, a possibilidade de que provedores de busca sejam orientados judicialmente a não apresentar, em seus resultados, certas palavras-chave envolvendo determinado sujeito ganhou novos contornos e passou a ser denominada como exercício de direito ao esquecimento.

O tema mais polêmico sob a perspectiva dos provedores de aplicação diz respeito à atuação do Poder Judiciário do foro sobre subsidiárias locais de provedores estrangeiros.

Foi visto que, não obstante a presença física de empresas do grupo econômico no país, o dever de fornecer dados do autor do ilícito e de bloquear/remover o material disponibilizado *on-line* não pode ser imputado às subsidiárias locais.

As diferenças entre as personalidades jurídicas e os objetos sociais da matriz e subsidiária fazem com que a empresa local não tenha acesso aos dados de usuários ou ao controle da arquitetura da rede que possibilita a retirada do ilícito ou apresentação de conteúdo telemático, sob o domínio exclusivo da matriz.

As iniciativas legislativas que tentaram estabelecer aos provedores de aplicação o dever de armazenar localmente os dados pessoais e o conteúdo das comunicações de pessoas físicas e jurídicas brasileiras não foram exitosas, uma vez que ignoravam as peculiaridades da rede e do armazenamento de informações, calcadas em servidores físicos situados ao redor do globo.

Dando continuidade ao tema, foram apresentados os pontos de discussão mais relevantes no tema da alocação internacional de dados em servidores físicos ou em nuvem, com destaque para o controverso armazenamento de dados nacionais fora da jurisdição brasileira, bem como as polêmicas sobre a prolação de decisões judiciais de apresentação, sob pena de incidência de *astreintes*, voltadas para as subsidiárias locais.

Indicou-se que a extraterritorialidade das normas de extensão material não encontra equivalente processual, considerando os parâmetros que regem as relações entre Estados e a limitação territorial inerente ao poder jurisdicional presentes, por exemplo, no art. 4º, I e IV, da Constituição Federal, e no art. 16º do Código de Processo Civil.

Dessa forma, o juiz brasileiro pode conhecer e julgar demandas plurilocalizadas que versam sobre atos/fatos digitais que se enquadrem nas hipóteses de exercício de jurisdição internacional estabelecidas no Código de Processo Civil e em tratados internacionais em vigor no país, mas não pode exercer jurisdição pessoal de forma direta, dependendo da cooperação jurídica internacional para a efetividade do comando.

Sob o aspecto do exercício da jurisdição internacional indireta, foram apresentadas as disposições que estabelecem o sistema nacional de reconhecimento e homologação de decisões e sentenças estrangeiras, permeado por conceitos, como o de ordem pública, presentes em outros ordenamentos jurídicos. Não foi ignorado o descompasso existente entre a tramitação de mecanismos de cooperação jurídica internacional e o ambiente digital e a potencialidade de viralização de conteúdo, mesmo quando da existência de procedimentos simplificados previstos em acordos bilaterais de assistência mútua entre países, como os MLATs firmados pelos Estados Unidos com diversos países, incluindo o Brasil.

A situação é especialmente problemática quando se busca o reconhecimento de decisões perante o Poder Judiciário norte-americano, local de sede da maioria de grandes provedores de aplicação com atuação no Brasil.

O sistema normativo estadunidense, além das questões envolvendo o federalismo e a grande autonomia legislativa dos estados, estrutura-se em prol da liberdade de expressão e da autonomia individual, o que implica o estabelecimento de critérios legais em atos como a Primeira Emenda à Constituição, o *Stored Communications Act*, o *Speech Act* e o Código de Processo Civil da Califórnia que praticamente impossibilitam a nacionalização de comandos judiciais estrangeiros voltados para provedores de aplicação.

Com o intuito de explicitar as dificuldades enfrentadas no sistema de reconhecimento de sentenças estrangeiras norte-americano, foram apresentados os paradigmáticos casos *Yahoo* (*UEJF et Licra v. Yahoo! Inc et Yahoo France*) e *Equustek* (*Google LLC v. Equustek Solutions Inc., 2017 WL 5000834 (N.D. Cal. Nov. 2, 2017)*).

A atuação sobre provedores de conexão, empresas locais, pode ocorrer para a obtenção de registros de conexão e também para que realizem o bloqueio de conteúdo, especialmente de origem estrangeira, contrário ao ordenamento jurídico nacional. Foram apresentados dois exemplos de decisões judiciais proferidas em face de agentes que exercem atividades na camada infraestrutural da rede, os casos *Tudo sobre Todos* e aqueles envolvendo o bloqueio do comunicador *WhatsApp*, com verificação da adequação e proporcionalidade do seu emprego.

Tendo em vista todo o apresentado, foi visto que a indisponibilidade de conteúdo ilícito pode valer-se, tanto perante provedores de conexão quanto de aplicação, do emprego de filtros de localização geográfica, que limitam o alcance territorial da decisão judicial que determinou o emprego da técnica que possibilita obtenção de resultado prático equivalente. Assim, o conteúdo tido como ilícito deixa de ser acessível no território correspondente ao do Estado do juiz prolator da decisão, permanecendo acessível em outros em que, eventualmente, o ato/fato não está em desacordo com o ordenamento jurídico local. A técnica é conhecida e empregada há muito tempo, como visto.

O Tribunal Europeu foi incitado a manifestar-se a respeito do alcance territorial das determinações judiciais que estabelecem o dever de desindexação. Ao analisar o caso *C-507/17 Google LLC v. Commission Nationale de L'Informatique et des Libertés (CNIL)*, em 2019, entendeu-se que o dever de desindexar abrange os Estados-membros da União Europeia, com a remoção limitada geograficamente aos buscadores que correspondem às fronteiras físicas da União Europeia, o que evidencia a relevância e a factibilidade da técnica.

REFERÊNCIAS

ABBOUD, Georges. A autorregulação regulada como modelo do direito proceduralizado – regulação de redes sociais e proceduralização. In: ABBOUD, Georges; NERY JR., Nelson (org.). *Fake News e regulação*. 2. ed. São Paulo: Thomson Reuters, 2020.

ABRAMOVAY, Pedro Vieira. *Sistemas deliberativos e processo decisório congressual: um estudo sobre a aprovação do Marco civil da internet*. Rio de Janeiro, 2017. Tese de doutorado – Centro de Ciências Sociais – Universidade Estadual do Rio de Janeiro.

ABREU, Jacqueline de Souza. Jurisdictional battles for digital evidence, MLAT reform, and the Brazilian experience. *Revista de Informação Legislativa*, v. 55, n. 220, out./dez. 2018.

ACCIOLY, Hildebrando. *Manual de direito internacional público*. 21. ed. São Paulo: Saraiva, 2014.

AGUIAR, Júlio Cesar de. Novos paradigmas da cooperação jurídica internacional e o conceito contemporâneo de soberania. *Revista do Direito Público*, v. 12, n. 2, Londrina, ago. 2017.

AKDENIZ, Yaman. *Freedom of expression on the internet*: a study of legal provisions and practices related to freedom of expression, the free flow of information and media pluralism on the internet in OSCE participating States. Viena: Organization for Security and Co-operation in Europe, 2012.

ALLORIO, Enrico. *Problemas de derecho procesal*. Buenos Aires: Ediciones Juridicas Europa-América, 1963. v. 2.

ALVES, Ângela Limongi Alvarenga. *Limites e potencialidades da soberania estatal na pós-modernidade*. Tese (Doutorado) – Faculdade de Direito, Universidade de São Paulo, São Paulo, 2017.

ALVES JR., Sérgio. *The internet balkanization discourse backfires*. Disponível em: https://papers.ssrn.com/sol3/papers.cfm?abstract_id=2498753. Acesso em: 3 dez. 2022.

ALVIM NETTO, José Manoel de Arruda. Obrigações de fazer e não fazer: direito material e processo. *Revista de Processo*, v. 99, jul./set. 2000.

AMERICAN LAW INSTITUTE. *Principles of Transnational Civil Procedure. Appendix: Rules of Transnational Civil Procedure (A Reporters' Study)*. Rome, 2005.

ANDREWS, Damon C. *Personal jurisdiction and choice of law in the cloud*. Maryland Law Review, n. 313, 2013.

ANJOS, Lucas Costa dos. *Governança global da internet, conflitos de lei e jurisdição*. In: POLIDO, Fabrício Bertini Pasquot; ANJOS, Lucas Costa dos, BRANDÃO, Luíza Couto Chaves (org.). Belo Horizonte: Instituto de Referência em Internet e Sociedade, 2018.

ANTONIALLI, Dennys Marcelo. *A arquitetura da Internet e o desafio da tutela do direito à privacidade pelos Estados nacionais*. São Paulo, 2017. Tese de doutorado – Faculdade de Direito de São Paulo – Universidade de São Paulo.

ANTUNES, Laila Damascena. *Governança global da internet, conflitos de lei e jurisdição*. In: POLIDO, Fabrício Bertini Pasquot; ANJOS, Lucas Costa dos, BRANDÃO, Luíza Couto Chaves (org.). Belo Horizonte: Instituto de Referência em Internet e Sociedade, 2018.

ARAÚJO, Nádia. A importância da cooperação jurídica internacional para a atuação jurídica do Estado brasileiro no plano interno e internacional. In: RAMOS, André de Carvalho; CASELLA, Paulo Borba (org). *Direito internacional*: homenagem a Adherbal Meira Mattos. São Paulo: Quartier Latin, 2009.

ARAÚJO, Nádia. As regras sobre tratados internacionais e a cooperação jurídica internacional no novo Código de Processo Civil de 2015. In: BAPTISTA, Luiz Olavo; VISCONTE, Débora; ALVES, Mariana Cattel Gomes (org). *Estudos em homenagem ao prof. Dr. José Carlos de Magalhães*. São Paulo: Atelier Jurídico, 2018.

ARBIX, Daniel do Amaral. *Resolução online de controvérsias*. São Paulo: Intelecto, 2017.

ARENHART, Sérgio Cruz. A efetivação de provimentos judiciais e a participação de terceiros. In: DIDIER JR., Fredie; WAMBIER, Teresa Arruda Alvim (org). *Aspectos polêmicos e atuais sobre os terceiros no processo civil (e assuntos afins)*. São Paulo: Revista dos Tribunais, 2004.

ARMELIN, Donaldo. Competência internacional. *Revista de Processo*, v. 2, abr./jun. 1976.

ASSIS, Araken de. *Processo civil brasileiro*. 2. ed. São Paulo: Revista dos Tribunais, 2016. v. 1.

ÁVILA, Henrique. Dos Limites da Jurisdição Nacional. In: WAMBIER, Teresa Arruda Alvim; DIDIER JR., Fredie; TALAMINI, Eduardo; DANTAS, Bruno (org.). *Breves Comentários ao Novo Código de Processo Civil*. 3. ed. São Paulo: Revista dos Tribunais, 2016.

BABO, Caio Gonzales de. Fundamentos da cooperação jurídica internacional. *Revista de Direito Constitucional e Internacional*, v. 82/2013, jan./mar. 2013.

BARBOSA MOREIRA, José Carlos. A tutela específica do credor nas obrigações negativas. In: *Temas de direito processual*. São Paulo: Saraiva, 1980. 2ª Série.

BARBOSA MOREIRA, José Carlos. *Comentários ao Código de Processo Civil*. 4. ed. Rio de Janeiro: Forense, 1981. v. V.

BARBOSA MOREIRA, José Carlos. Efectos de las sentencias y laudos arbitrales extranjeros. *Revista de Processo*, v. 79/1995, jul./set. 1995.

BARBOSA MOREIRA, José Carlos. Notas sobre a efetividade do processo. In: *Temas de direito processual*. São Paulo: Saraiva, 1984. 3ª Série.

BARBOSA MOREIRA, José Carlos. Problemas relativos a litígios internacionais. *Revista de Processo*, v. 17, n. 65, 1992.

BARLOW, John Perry. *Uma declaração de independência do ciberespaço*. Tradução de Camila Venturini e Juliano Cappi. Disponível em: https://www.nic.br/publicacao/uma-declaracao-de-independencia-do-ciberespaco/. Acesso em: 3 dez. 2022.

BARRETO, Alesandro Gonçalves. *Marco civil da internet e acordos de cooperação internacional: análise da prevalência pela aplicação da legislação nacional aos provedores de conteúdo internacionais com usuários no Brasil*. Direito e TI – debates contemporâneos. Disponível em: http://direitoeti.com.br/artigos/mlat-x-marco-civil-da-internet/. Acesso em: 3 dez. 2022.

BASSO, Maristela. Jurisdição e lei aplicável na internet: adjudicando litígios de violação de direitos da personalidade e as redes de relacionamento social. In: DE LUCCA, Newton; SIMÃO FILHO, Adalberto (org). *Direito e internet*: aspectos relevantes. São Paulo: Quartier Latin, 2008. v. II.

BASSO, Maristela. Reconhecimento e execução de sentenças estrangeiras no Brasil – estudo a partir dos ensinamentos do mestre Jacob Dolinger. In: BAPTISTA, Luiz Olavo; VISCONTE, Débora; ALVES, Mariana Cattel Gomes (org). *Estudos em homenagem ao prof. Dr. José Carlos de Magalhães*. São Paulo: Atelier Jurídico, 2018.

BELLI, Luca. Law of the land or law of the platform? Beware of the prvatisation of regulation and police. In: BELLI, Luca; ZINGALES, Nicolo (org.). *Platform regulations:* how platforms are regulated and how they regulate us. Official outcome of the UN IGF Dynamic Coalition on Platform Responsibility. Rio de Janeiro: Escola de Direito do Rio de Janeiro da Fundação Getúlio Vargas, 2017.

BELLI, Luca. *Terms of service and human rights: an analysis of online platform contracts*. Rio de Janeiro: Revan, 2016.

BENKLER, Yochai. Internet regulation: a case study in the problem of unilateralism. *European journal of international law*, v. 11, n. 1.

BERCOVICI, Gilberto. Estado. In: DIMOULIS, Dimitri. *Dicionário brasileiro de direito constitucional*. 2. ed. São Paulo: Saraiva, 2012.

BERMAN, Paul Schiff. Towards a cosmopolitan vision of conflict of laws: redefining governmental interests in a global era. *George Washington University Law School*, 153 U.Pa L. Rev. 1819, 2005.

BIAZATTI, Bruno. Governança global da internet, conflitos de lei e jurisdição. In: POLIDO, Fabrício Bertini Pasquot; ANJOS, Lucas Costa dos, BRANDÃO, Luíza Couto Chaves (org.). *Governança global da internet, conflitos de lei e jurisdição*. Belo Horizonte: Instituto de Referência em Internet e Sociedade, 2018.

BILLAM, Suzanne E. *Forum non conveniens: when home isn't always conveniente*. Disponível em: https://www.lexology.com/library/detail.aspx?g=06450c99-bf55-4f2d-9175-9fbde754394a. Acesso em: 3 dez. 2022.

BIONI, Bruno. *Proteção de dados pessoais*: a função e os limites do consentimento. 2. ed. Rio de Janeiro: Forense, 2020.

BITTAR, Eduardo Carlos Bianca. O direito na pós-modernidade. *Revista Sequência*, n. 57, dez. 2008.

BODIN, Jean. *Los seis libros de la república*. 4. ed. Madrid: Editorial Tecnos, 2006.

BONAVIDES, Paulo. *Teoria do Estado*. 6. ed. São Paulo: Malheiros, 2007.

BRANDÃO, Luíza Couto Chaves. Governança global da internet, conflitos de lei e jurisdição. In: POLIDO, Fabrício Bertini Pasquot; ANJOS, Lucas Costa dos; BRANDÃO, Luíza Couto Chaves (org.). *Governança global da internet, conflitos de lei e jurisdição*. Belo Horizonte: Instituto de Referência em Internet e Sociedade, 2018.

BRESSER-PEIREIRA, Luiz Carlos. Estado, Estado-Nação e formas de intermediação política. *Revista Lua Nova*, n. 100, Centro de Estudos de Cultura Contemporânea, São Paulo, 2017.

BRITO, Adriane Sanctis de. *O regime internacional da internet*: construções argumentativas sobre sua especialidade. Dissertação (Mestrado) – Faculdade de Direito de São Paulo, Universidade de São Paulo, São Paulo, 2014.

BRITO CRUZ, Francisco Carvalho de. *Direito, democracia e cultura digital*: a experiência da elaboração legislativa do Marco Civil da Internet. Dissertação (Mestrado) – Faculdade de Direito, Universidade de São Paulo, São Paulo, 2015.

BUCKLEY JR., John. *The international comparative guide to*: enforcement of foreign judgments 2018. 3. ed. London: Global Legal Group Ltd., 2018.

BULGUERONI, Marcelo André. *Regulamentação Internacional do Ciberespaço*: Unilateralismo, Multilateralismo e Efetividade. São Paulo, 2013. Tese de doutorado – Faculdade de Direito de São Paulo – Universidade de São Paulo.

CABRAL, Trícia Navarro Xavier. *Ordem pública processual*. Brasília: Gazeta Jurídica, 2015.

CALVO CARAVACA, Alfonso-Luis. *Derecho internacional privado*. 15. ed. Granada: Comares, 2014. v. I.

CAMARGO, Solano de. *Forum shopping*: modo lícito de escolha da jurisdição? São Paulo, 2015. Dissertação de Mestrado – Faculdade de Direito – Universidade de São Paulo.

CAMARGO, Solano de. *Homologação de sentenças estrangeiras*: ordem pública processual e jurisdições anômalas. São Paulo: Quartier Latin, 2019.

CAMPOS, Ricardo. A autorregulação regulada como modelo do direito proceduralizado – regulação de redes sociais e proceduralização. In: CAMPOS, Ricardo; NERY JR., Nelson (org.). *Fake news e regulação*. 2. ed. São Paulo: Thomson Reuters, 2020.

CAMPOS, Ricardo. *Com emenda que permite censura, Brasil tropeça na própria desinformação*. Disponível em: https://www.conjur.com.br/2017-out-06/ricardo-campos-permitir-censura-brasil-tropeca-desinformacao. Acesso em: 3 dez. 2022.

CAMPOS, Ricardo. *Fake news* e autorregulação regulada das redes sociais no Brasil: fundamentos constitucionais. In: ABBOUD, Georges; NERY JR., Nelson; CAMPOS, Ricardo (org.). *Fake news e regulação*. 2. ed. São Paulo: Thomson Reuters, 2020.

CARNEIRO, Athos Gusmão. Jurisdição – noções fundamentais. *Revista de Processo*, v. 19, jul./set. 1980.

CARNEIRO, Athos Gusmão. *Jurisdição e competência*. 15. ed. 2. tir. São Paulo: Saraiva: 2008.

CARNELUTTI, Francesco. Limiti della Giuridizione del Giudice italiano. *Revista de Diritto Processuale*, 1931, parte 1.

CARRASCOSA GONZÁLEZ, Javier. *Derecho internacional privado*. v. I, 15. ed. Granada: Comares, 2014.

CARVALHAL, Ana Paula Zavarize. *Constitucionalismo em tempos de globalização*: a soberania em crise? São Paulo, 2014. Tese de Doutorado – Faculdade de Direito – Universidade de São Paulo.

CASELLA, Paulo Borba. *Manual de direito internacional público*. 21. ed. São Paulo: Saraiva, 2014.

CASIMIRO, Sofia de Vasconcelos. *A responsabilidade civil pelo conteúdo da informação transmitida pela internet*. Coimbra: Almedina, 2000.

CASTELLS, Manuel. *A sociedade em rede*. 6. ed. São Paulo: Paz e Terra, 2002. v. I.

CENTER ON LAW AND INFORMATION POLICY. Internet jurisdiction: survey of legal scholarship published in English and United States Case Law. *Fordham Law School*, june, 30, 2013. Disponível em: https://papers.ssrn.com/sol3/papers.cfm?abstract_id=2309526. Acesso em: 3 dez. 2022.

CERF, Vinton G. Internet fragmentation: an overview: future of the internet iniciative white paper. *World Economic Forum*, 2016.

CHANDER, Anupam. Facebookistan. *North Carolina Law Review*, v. 90.

CHERTOFF, Michael. A primer on globally harmonizing internet jurisdiction and regulations. *Global Comission on Internet Governance*, paper series n. 10, march 2015.

CHIOVENDA, Giuseppe. Dell'azione nascente del contrato preliminare. *Saggi di Diritto Processuale Civile*, v. 1, 1930.

CHIOVENDA, Giuseppe. *Instituições de direito processual civil*. 2. ed. São Paulo: Saraiva, 1965. v. 2.

CINTRA, Antônio Carlos de Araújo. *Teoria Geral do Processo*. 30. ed. São Paulo: Malheiros, 2014.

COUNCIL OF EUROPE. *Comparative study on blocking, filtering and take-down of illegal internet content*. Lausanne: Council of Europe, 2015.

CROCKER, Steve. A verdadeira origem da internet. *Revista.Br*, Comitê Gestor da Internet no Brasil, ed. 5, ano 4, 2013.

CUEVA, Ricardo Villas Bôas. Alternativas para a remoção de *fake news* das redes sociais. In: ABBOUD, Georges; NERY JR., Nelson; CAMPOS, Ricardo (org.). Fake news *e regulação*. 2. ed. São Paulo: Thomson Reuters, 2020.

DASKAL, Jennifer. Borders and Bits. *71 Vanderbilt Law Review*, 179, 2018.

DASKAL, Jennifer. The Un-territoriality of data. *The Yale Law Journal*, n. 125, 2015.

DE LUCCA, Newton. A aplicação do Código de Defesa do Consumidor à atividade bancária. *Revista de Direito do Consumidor*, v. 27, jul./set. 1998.

DE LUCCA, Newton. *Direito do consumidor*: teoria geral da relação de consumo. São Paulo: Quartier Latin, 2003.

DINAMARCO, Cândido Rangel. *A instrumentalidade do processo*. 15. ed. São Paulo: Malheiros: 2013.

DINAMARCO, Cândido Rangel. In: GOUVÊA, Roberto Ferreira; BONDIOLI, Luis Guilherme Aidar; FONSECA, João Guilherme Naves da (org.). *Comentários ao Código de Processo Civil*. São Paulo: Saraiva, 2018. v. 1.

DINAMARCO, Cândido Rangel. *Instituições de direito processual civil*. 7. ed. São Paulo: Malheiros: 2013. v. I.

DINAMARCO, Cândido Rangel. *Instituições de direito processual civil*. 4. ed. São Paulo: Malheiros: 2019. v. IV.

DINAMARCO, Cândido Rangel. *Teoria Geral do Processo*. 30. ed. São Paulo: Malheiros, 2014.

DJEFFAL, Christian. An essay on the future of data governance: data protection in the face of internet fragmentation. In: PERNICE, Ingolf, POHLE, Jörg (org.). *Privacy and cyber security on the books and on the ground*. Berlin: Alexandre Von Humboldt Institute for Internet and Society, 2018.

DO NASCIMENTO E SILVA, G. E. *Manual de direito internacional público*. 21. ed. São Paulo: Saraiva, 2014.

DOLLINGER, Jacob. *A evolução da ordem pública no direito internacional privado*. Rio de Janeiro: Gráfica Luna, 1979.

DOLLINGER, Jacob.*Direito internacional privado*: parte geral. 10. ed. Rio de Janeiro: Forense, 2011.

DONEDA, Danilo. *Da privacidade à proteção de dados pessoais*. São Paulo: Renovar, 2006.

DONEDA, Danilo. O sistema da privacidade e proteção de dado no Marco Civil da Internet. In: ARTESE, Gustavo. *Marco Civil da Internet*: análise jurídica sob uma perspectiva empresarial. São Paulo: Quartier Latin, 2015.

DOUEK, Evelyn. Facebook's "Oversight Board:" move fast with stable infrastructure and humility. *Norte Carolina Journal of Law & Technology*, v. 21, issue 1, October 2019.

DRAKE, William J. Internet fragmentation: an overview: future of the internet iniciative white paper. *World Economic Forum*, 2016.

EFEIRT, Martin. A lei alemã para a melhoria da aplicação da lei nas redes sociais (NetzDG) e a regulação da plataforma. In: ABBOUD, Georges; NERY JR., Nelson; CAMPOS, Ricardo (org.). *Fake news e regulação*. 2. ed. São Paulo: Thomson Reuters, 2020.

EHRHARDT JUNIOR, Marcos. O direito à privacidade na sociedade da informação. In: LIMA, Alberto Jorge de Barros *et al.* (org.). *I Encontro de pesquisas judiciárias da Escola Superior da Magistratura do Estado de Alagoas.* ENPEJUD: Poder Judiciário: estrutura, desafios e concretização dos direitos. Maceió: Fundesmal, 2016.

EIZIRIK, Nelson. *A Lei das S/A Comentada.* 2. ed. São Paulo: Quartier Latin, 2015. v. II.

EKO, Lyombe. *American Exceptionalism, the french exception, and digital media law.* Lexington: Lexington Books, 2013.

ENGISH, Karl. *Introdução ao pensamento jurídico.* 6. ed. Lisboa: Fundação Calouste Gulbenkian, 1972.

FARIA, José Eduardo. *O Estado e o direito depois da crise.* 2. ed. São Paulo: Saraiva, 2012.

FARIA, José Eduardo.*Sociologia jurídica: direito e conjuntura.* 2. ed. São Paulo: Saraiva, 2010. (Série GVLaw)

FARINHO, Domingos Soares. Delimitação do espectro regulatório das redes sociais. In: ABBOUD, Georges; NERY JR., Nelson; CAMPOS, Ricardo (org.). Fake news *e regulação.* 2. ed. São Paulo: Thomson Reuters, 2020.

FELD, Harold. Structured to fail: ICANN and the "privatization" experiment. In: THIERER, Adam; CREWS, Clyde Wayne Jr (coord). *Who rules the net? Internet governance and jurisdiction.* Washington DC: Cato Institute, 2003.

FELDEN, Edward W. *Lessons from the Sony CD DRM Episode,* disponível em https://static.usenix.org/events/sec06/tech/full_papers/halderman/halderman.pdf. Acesso em: 3 dez. 2022.

FERRAZ JR., Tercio Sampaio. *Introdução ao estudo do direito*: técnica, decisão e dominação. 8. ed. São Paulo: Atlas, 2015.

FERREIRA, Afonso. *Facebook atende Moraes e bloqueia perfis de bolsonaristas fora do país.* Disponível em: https://noticias.uol.com.br/politica/ultimas-noticias/2020/08/01/facebook-stf.htm. Acesso em: 3 dez. 2022.

FRANCISCO, Pedro Augusto. Law of the land or law of the platform? Beware of the prvatisation of regulation and police. In: BELLI, Luca; ZINGALES, Nicolo (org.). *Platform regulations*: how platforms are regulated and how they regulate us. Official outcome of the UN IGF Dynamic Coalition on Platform Responsibility. Rio de Janeiro: Escola de Direito do Rio de Janeiro da Fundação Getúlio Vargas, 2017.

GAJARDONI, Fernando da Fonseca. *Direito digital e legitimação passiva nas ações de remoção de conteúdo e responsabilidade civil.* In: LUCON, Paulo Henrique dos Santos; OLIVEIRA, Pedro Miranda de (org.). *Panorama atual do novo CPC*. São Paulo: Empório do Direito, 2019. v. 3.

GARNER, Bryan A. *Black's Law Dictionary*. 18. ed. St. Paul: Thomson West, 2004.

GEIST, Michael. The shift toward "targeting" for internet jurisdiction. In: THIERER, Adam; CREWS, Clyde Wayne Jr. (org). *Who rules the net? Internet governance and jurisdiction*. Washington DC: Cato Institute, 2003.

GIDI, Anthony. Introduction to the principles and rules of transational civil procedure. *Faculty Scholarship at Penn Law*, 2001.

GOLDMAN, Eric. An overview of the United State's Section 230 internet immunity. The Oxford Handbook of Online Intermediary Liability. Giancarlo Frosio (ed.) (Forthcoming), Santa Clara Univ. *Legal Studies Research Paper*. Disponível em: https://ssrn.com/abstract=3306737. Acesso em: 3 dez. 2022.

GOLDSMITH, Jack. Against cyberanarchy. *University of Chicago Law Review* 68, n. 4, republicado na coletânea THIERER, Adam; CREWS, Clyde Wayne Jr. (org). *Who rules the net? Internet governance and jurisdiction*. Washington DC: Cato Institute, 2003.

GOLDSMITH, Jack. The internet and the legitimacy of remote cross-border searches. *University of Chicago Public Law & Legal Theory Working Paper*, n. 16, 2001.

GOLDSMITH, Jack. *Who controls the internet? Illusions of borderless world*. Oxford: Oxford University Press, 2006.

GOMES, Adriano Camargo. Internet e limites da jurisdição: uma breve análise à luz do direito processual civil. In: LUCON, Paulo Henrique dos Santos *et al.* (org.). *Direito, processo e tecnologia*. São Paulo: Thomson Reuters Brasil, 2020.

GONÇALVES, Marcelo Barbi. *Teoria geral da jurisdição*. Salvador: Juspodivm, 2020.

GONÇALVES, Reinaldo. Grupos econômicos: uma análise conceitual e teórica. *Revista Brasileira de Economia*, v. 45, n. 4, out./dez. 1991.

GONZALEZ, Mariana. *Facebook atende Moraes e bloqueia perfis de bolsonaristas fora do país*. Disponível em: https://noticias.uol.com.br/politica/ultimas-noticias/2020/08/01/facebook-stf.htm. Acesso em: 3 dez. 2022.

GRECO FILHO, Vicente. *Homologação de sentença estrangeira*. São Paulo: Saraiva, 1978.

GREENBERG, Marc H. A return to Liliput: the LICRA v. Yahoo-case and the regulation of online content in the world market. *Berkeley Technology Law Journal*, v. 18, issue 4, 2003.

GRINGS, Maria Gabriela. Medidas judiciais e ambiente digital. In: TALAMINI, Eduardo; MINAMI, M. Y. (org.). *Atipicidade dos meios executivos*. 2. ed. Salvador: Juspodivm, 2018. (Grandes temas do novo CPC)

GRINGS, Maria Gabriela. Prova judicial e tecnologia *blockchain*. In: FALCÃO, Cíntia Ramos; CARNEIRO, Tayná (org). *Direito exponencial*: o papel das novas tecnologias no jurídico do futuro. São Paulo: Thomson Reuters, 2020.

GRINGS, Maria Gabriela. *Publicidade processual, liberdade de expressão e super--injunction*. São Paulo: Revista dos Tribunais, 2019.

GRINOVER, Ada Pellegrini. A tutela preventiva das liberdades: "habeas corpus" e mandado de segurança. *Revista de Processo*, v. 6, n. 22, 1981.

GRINOVER, Ada Pellegrini. *Ensaio sobre a processualidade*: fundamentos para uma nova teoria geral do processo. Brasília: Gazeta Jurídica, 2018.

GRINOVER, Ada Pellegrini. *Teoria Geral do Processo*. 30. ed. São Paulo: Malheiros, 2014.

GROMOV, Gregory. *History of internet and world wide web*: roads and crossroads of the internet history. Disponível em: http://history-of-internet.com/. Acesso em: 3 dez. 2022.

GROSSMANN, Luís Osvaldo. *MPF discute com EUA novo acordo bilateral para acesso a dados no exterior*. Disponível em: http://convergenciadigital.uol.com.br/cgi/cgilua.exe/sys/start.htm?UserActiveTemplate=site&cmpid=tw--uolnot&infoid=48024&sid=4. Acesso em: 3 dez. 2022.

GRUENBAUM, Daniel. Competência internacional indireta (art. 963, I CPC 2015). *Revista de Processo*, v. 266/2017, abr. 2017.

GUIDI, Guilherme Berti de Campos. Jurisdição na era da internet: continências necessárias. *Caderno Especial – Cooperação Jurídica Internacional*, v. 1, abr. 2018.

HALDERMAN, J. Alex. *Lessons from the Sony CD DRM Episode*. Disponível em: https://static.usenix.org/events/sec06/tech/full_papers/halderman/halderman.pdf. Acesso em: 3 dez. 2022.

HANBURY, Harold Greville. *Modern equity: the principles of equity*. London: Stevens & Sons Limited, 1943.

HAZARD JR., Geoffrey. Introduction to the principles and rules of transational civil procedure. *Faculty Scholarship at Penn Law*, 2001.

HERMANN, Breno. *Soberania, não intervenção e não indiferença*: reflexões sobre o discurso diplomático brasileiro. Brasília: Fundação Alexandre de Gusmão, 2011.

HOBBES, Thomas. *Leviatã ou Matéria, Forma e Poder de um Estado Eclesiástico e Civil*. São Paulo: Ícone, 2008.

HOWARD, Jessica. Problem analyses and recommendations in DRM security policies. In: ORTIZ-ARROYO, Daniel *et al.* (org). *Inteligence and security informatics*: European Conference EuroISIS 2008. Berlim: Springer, 2008.

INTERNATIONAL INSTITUTE FOR THE UNIFICATION OF PRIVATE LAW. *Principles of Transnational Civil Procedure. Appendix: Rules of Transnational Civil Procedure (A Reporters' Study)*. Rome, 2005.

INTERNET SOCIETY. *Internet Society – perspectivas sobre o bloqueio de conteúdo na internet*: visão geral. Disponível em: https://www.internetsociety.org/wp-content/uploads/2017/03/ContentBlockingOverview_PT_.pdf. Acesso em: 3 dez. 2022.

JACQUES, Daniela Corrêa. Normas de aplicação imediata como um método para o direito internacional privado de proteção ao consumidor no Brasil. *Revista Cadernos do Programa de Pós-Graduação em Direito*, n. 1, Universidade Federal do Rio Grande do Sul, mar. 2004.

JATAHY, Vera Maria Barrera. *Do conflito de jurisdições*: a competência internacional da justiça brasileira. Rio de Janeiro: Forense, 2003.

JESSOP, Bob. *The European Union and recent transformations in statehood*. In: LATZER, Michael, MOKRE, Monica, RIEKMANN, Sonja Puntscher (org.). *Transformation of statehood from a European perspective*. Frankfurt, Campus Verlag, 2004.

JESUS, Rodrigo Aguiar de. Industrie 4.0 – uma revisão de literatura. *Revista de Ciência e Tecnologia*, v. 19, n. 38.

JOHNSON, David R. Law and borders – the rise of law in cyberspace. *Stanford Law Review*, v. 48, n. 5, May 1996.

JUSTEN FILHO, Marçal. *Curso de direito administrativo*. 5. ed. São Paulo: Thomson Reuters, 2018. E-book.

KLEINWÄCHTER, Wolfgang. Internet fragmentation: an overview: future of the internet iniciative white paper. *World Economic Forum*, 2016.

KLONICK, Kate. The Facebook Oversight Board: creating an independent institution to adjudicate online free expression. *The Yale Law Journal*, v. 129, n. 2418, 2020.

KNIJNIK, Danilo. Reconhecimento da sentença estrangeira e tutela da ordem pública processual pelo juízo do foro; ou a verificação, pelo STJ, do "modo de ser" do processo estrangeiro. *Revista de Processo*, v. 156, fev. 2008.

KULESZA, Joanna. *Internet governance and the jurisdiction of states*: justification of the need for an international regulation of cyberspace. GigaNet: Global Internet Governance Academic Network, Annual Symposium 2008. Disponível em: https://papers.ssrn.com/sol3/papers.cfm?abstract_id=1445452. Acesso em: 3 dez. 2022.

KUNER, Christopher. *The internet and the global reach of EU Law*. LSE Law, Society and Economy Working Papers, London School of Economics and Political Science Law Departament, paper 24, April 2017.

KURBALIJA, Jovan. *Uma introdução à Governança da Internet*. Tradução de Carolina Carvalho. São Paulo: Comitê Gestor da Internet no Brasil, 2016.

KURTZ, Lahis. *Perfil dos litígios envolvendo a internet no Brasil*: grupos econômicos e jurisdição. Belo Horizonte: Instituto de Referência em Internet e Sociedade, 2019.

LAUX, Francisco. *Supremo debate o artigo 19 do Marco Civil da Internet (parte 2)*. Disponível em: https://www.conjur.com.br/2019-nov-11/direito-civil-atual-supremo-debate-artigo-19-marco-civil-internet-parte. Acesso em: 3 dez. 2022.

LAW, Sam. *Metallica vs Napster*: the lawsuit that redefined how we listen to music. Disponível em: https://www.kerrang.com/features/metallica-vs-napster-the-lawsuit-that-redefined-how-we-listen-to-music/. Acesso em: 3 dez. 2022.

LEMOS, Ronaldo. *Marco Civil da Internet*: construção e aplicação. Juiz de Fora: Editora Associada Ltda., 2016.

LEONARDI, Marcel. Internet: elementos fundamentais. In: SILVA, Regina Beatriz Tavares da (org). *Responsabilidade civil na Internet e nos demais meios de comunicação*. São Paulo: Saraiva, 2007.

LEONARDI, Marcel. *Tutela e privacidade na internet*. São Paulo: Saraiva, 2012.

LEPAN, Nicholas. *Visualizing the length of the fine print, for 14 popular apps*. Disponível em: https://www.visualcapitalist.com/terms-of-service-visualizing-the-length-of-internet-agreements/. Acesso em: 3 dez. 2022.

LESSIG, Lawrence. *Code version 2.0*. New York: Basic Books, 2006.

LIEBMAN, Enrico Tulio. *Estudos sobre o processo civil brasileiro*. Araras: Bestbook, 2001.

LIEBMAN, Enrico Tulio. *Manual de Direito Processual Civil*. 3. ed. São Paulo: Malheiros, 2005.

LIMA, Cíntia Rosa Pereira de. *Validade e obrigatoriedade dos contratos de adesão eletrônicos (shrink-wrap e click-wrap) e dos termos e condições de uso (browse-wrap)*: um estudo comparado entre Brasil e Canadá. São Paulo, 2009. Tese de doutorado - Faculdade de Direito da Universidade de São Paulo – Universidade de São Paulo.

LOPES, Inez. Supremo Tribunal Federal, o Superior Tribunal de Justiça e o direito internacional: uma análise crítica. In: BAPTISTA, Luiz Olavo; VISCONTE, Débora; ALVES, Mariana Cattel Gomes (org). *Estudos em homenagem ao prof. Dr. José Carlos de Magalhães*. São Paulo: Atelier Jurídico, 2018.

LOULA, Maria Rosa Guimarães. A extraterritorialidade das sentenças no Protocolo de Las Leñas sobre cooperação e assistência jurisdicional em matéria civil, comercial, trabalhista e administrativa. In: TIBURCIO, Carmen; BARROSO, Luís Roberto (org.). *O direito internacional contemporâneo*: estudos em homenagem ao Professor Jacob Dolinger. Rio de Janeiro: Renovar, 2006.

LOULA, Maria Rosa Guimarães. Anotações sobre homologação de sentença estrangeira no Brasil. In: TIBURCIO, Carmen; VASCONCELOS, Raphael; MENEZES, Wagner (org.). *Panorama do direito internacional privado atual e outros temas contemporâneos*. Belo Horizonte: Arraes, 2015.

LOUZADA, Luiza. *Terms of service and human rights*: an analysis of online platform contracts. Rio de Janeiro: Revan, 2016.

LUCON, Paulo Henrique dos Santos. Competência no comércio e no ato ilícito eletrônico. In: DE LUCCA, Newton e SIMÃO FILHO, Adalberto (org.). *Direito e internet*: aspectos jurídicos relevantes. Bauru: Edipro, 2001.

LUTZI, Tobias. Internet cases in EU Private Law: Developing a Coherent Approach. *International & Comparative Law Quarterly*, Cambridge, v. 66, n. 3, jul. 2017.

MACASKILL, Ewen. *US blocks access to WikiLeaks for federal workers*. Disponível em: https://www.theguardian.com/world/2010/dec/03/wikileaks-cables--blocks-access-federal. Acesso em: 3 dez. 2022.

MACHADO, Diego Carvalho. Governança global da internet, conflitos de lei e jurisdição. In: POLIDO, Fabrício Bertini Pasquot; ANJOS, Lucas Costa dos, BRANDÃO, Luíza Couto Chaves (org.). *Governança global da internet, conflitos de lei e jurisdição*. Belo Horizonte: Instituto de Referência em Internet e Sociedade, 2018.

MACHADO, Diego Carvalho. *GDPR e suas repercussões no direito brasileiro*: primeiras impressões de análise comparativa. Belo Horizonte: Instituto de Referência em Internet e Sociedade, 2018.

MACHADO, João Baptista. *Âmbito de eficácia e âmbito de competência das leis*. Coimbra: Almedina, 1998.

MACHADO, Jónatas E. M. *Liberdade de expressão – dimensões constitucionais da esfera pública no sistema social*. Coimbra: Coimbra Editora, 2002.

MACIEL, Marilia. *Terms of service and human rights*: an analysis of online platform contracts. Rio de Janeiro: Revan, 2016.

MACIEL, Rafael Fernandes. A requisição judicial de registros de conexão e aplicações no Marco Civil. In: DE LUCCA, Newton; SIMÃO FILHO, Adalberto; LIMA, Cíntia Rosa Pereira de (org.). *Direito e internet III*. São Paulo: Quartier Latin, 2015. t. II.

MADRUGA FILHO, Antenor Pereira. *Renúncia à imunidade de jurisdição pelo Estado brasileiro*. São Paulo, 2001. Tese de Doutorado – Faculdade de Direito – Universidade de São Paulo.

MAGALHÃES, José Carlos de. O protocolo de Las Leñas e a eficácia extraterritorial das sentenças e laudos arbitrais proferidos nos países do Mercosul. *Revista de Informação Legislativa*, n. 144, out./dez. 1999.

MARANHÃO, Juliano. *Fake news* e autorregulação regulada das redes sociais no Brasil: fundamentos constitucionais. In: ABBOUD, Georges; NERY JR., Nelson; CAMPOS, Ricardo (org.). *Fake news e regulação*. 2. ed. São Paulo: Thomson Reuters, 2020.

MARINONI, Luiz Guilherme. *Antecipação de tutela*. 10. ed. São Paulo: Revista dos Tribunais, 2008.

MARINONI, Luiz Guilherme. *Teoria geral do processo*. São Paulo: Revista dos Tribunais, 2006.

MARQUES, Claudia Lima. Direitos do consumidor no MERCOSUL: algumas sugestões frente ao impasse. *Revista de Direito do Consumidor*, v. 32, São Paulo, Revista dos Tribunais, out./dez. 1999.

MARQUES, Claudia Lima. Normas de aplicação imediata como um método para o direito internacional privado de proteção ao consumidor no Brasil. *Revista Cadernos do Programa de Pós-Graduação em Direito*, n. 1, Universidade Federal do Rio Grande do Sul, mar. 2004.

MARTINS, Ricardo Maffeis. Direito digital e legitimação passiva nas ações de remoção de conteúdo e responsabilidade civil. In: LUCON, Paulo Henrique dos Santos; OLIVEIRA, Pedro Miranda de (org.). *Panorama atual do novo CPC*. São Paulo: Empório do Direito, 2019. v. 3.

MENDES, Aluisio Gonçalves de Castro. Dos limites da jurisdição nacional. In: WAMBIER, Teresa Arruda Alvim *et al.* (org.). *Breves Comentários ao Novo Código de Processo Civil*. 3. ed. São Paulo: Revista dos Tribunais, 2016.

MENDES, Aluisio Gonçalves de Castro. Jurisdição e competência para o julgamento de ilícitos cíveis com elementos de estraneidade segundo o direito brasileiro. *Revista de Processo*, v. 231, maio 2014.

MESQUITA, José Ignácio Botelho de. Da competência internacional e dos princípios que a informam. *Revista de Processo*, v. 50, abr./jun. 1988.

MIAJA DE LA MUELA, Adolfo. *De la territorialidade de las leyes e la nueva técnica del derecho internacional privado*. Valladolid: Universidad, 1977.

MICHAELS, Ralf. Some fundamental jurisdiction conceptions as applied in judgment conventions. In: ECKART, Gottschalk *et al.* (org.). *Conflict of Laws in a Globalizing World*: A Tribute to Arthur von Mehren. Cambridge: Cambridge University Press, 2007.

MONIZ, Pedro de Paranaguá. Neutralidade da rede, filtragem de conteúdo e interesse público: reflexões sobre o bloqueio do site YouTube no Brasil. *Revista de Direito Administrativo*, v. 246, 2007.

MONTEIRO, Ana Menezes. *First GDPR fine in Portugal issued against hospital for three violations*. Disponível em: https://iapp.org/news/a/first-gdpr-fine-in-portugal-issued-against-hospital-for-three-violations/. Acesso em: 3 dez. 2022.

MONTEIRO, André Luis. *Da cooperação internacional*. In: WAMBIER, Teresa Arruda Alvim *et al.* (org.). *Breves Comentários ao Novo Código de Processo Civil*. 3. ed. São Paulo: Revista dos Tribunais, 2016.

MONTEIRO, Marília. *O sistema da privacidade e proteção de dado no Marco Civil da Internet* in ARTESE, Gustavo. *Marco Civil da Internet: análise jurídica sob uma perspectiva empresarial*. São Paulo: Quartier Latin, 2015.

MONTEIRO, Renato Leite. *Lei Geral de Proteção de Dados do Brasil: análise contextual detalhada*, disponível em https://www.jota.info/opiniao-e-analise/colunas/agenda-da-privacidade-e-da-protecao-de-dados/lgpd-analise-detalhada-14072018. Acesso em: 3 dez. 2022.

NEWMAN, John M. *Personal jurisdiction and choice of law in the cloud*. Maryland Law Review 313, 2013.

OESTREICHER, Yoav. "We're on a road to nowhere" – reasons for the continuing failure to regulate recognition and enforcement of foreign judgments. *The international lawyer*, v. 42, n. 1, 2008.

OLIVEIRA, Henrique Gentil. Novos paradigmas da cooperação jurídica internacional e o conceito contemporâneo de soberania. *Revista do Direito Público*, v. 12, n. 2, Londrina, ago. 2017.

PARK, Joon S. Problem analyses and recommendations in DRM security policies. In: ORTIZ-ARROYO, Daniel *et al.* (org.). *Inteligence and security informatics*: European Conference EuroISIS 2008. Berlim: Springer, 2008.

PEIXOTO, Erick Lucena Campos. O direito à privacidade na sociedade da informação. In: LIMA, Alberto Jorge de Barros *et al.* (org.). *I Encontro de pesquisas judiciárias da Escola Superior da Magistratura do Estado de Alagoas.* ENPEJUD: Poder Judiciário: estrutura, desafios e concretização dos direitos. Maceió: Fundesmal, 2016.

PEREIRA, Guilherme Döring Cunha. *Liberdade e responsabilidade dos meios de comunicação.* São Paulo: Revista dos Tribunais, 2002.

PEREIRA, Luciano Meneguetti. A cooperação jurídica internacional no novo Código de Processo Civil. *Revista CEJ*, n. 67, ano XIX, set./dez. 2015.

PERRONE, Christian. 'Fake news' *e acesso a dados armazenados no exterior.* Disponível em: https://www.jota.info/coberturas-especiais/liberdade-de-expressao/fake-news-e-acesso-a-dados-armazenados-no-exterior-30062020. Acesso em: 3 dez. 2022.

PERSET, Karine. *The economic and social role of internet intermediaries.* Organização para Cooperação e Desenvolvimento Econômico, 2010.

PIRES, Thiago Magalhães. A aplicação da LGPD no espaço: a interpretação do art. 3º da Lei nº 13.709/2018. In: MONACO, Gustavo Ferraz de Campos; MARTINS, Amanda Cunha e Mello Smith; CAMARGO, Solano de (org.). *Lei Geral de Proteção de Dados*: ensaios e controvérsias da Lei 13.709/18. São Paulo: Quartier Latin, 2020.

POLIDO, Fabrício Bertini Pasquot. *Direito internacional privado nas fronteiras do trabalho e da tecnologia*: ensaios e narrativas na era digital. Rio de Janeiro: Lumen Iuris, 2018.

POLIDO, Fabrício Bertini Pasquot. Jurisdição e lei aplicável na internet: adjudicando litígios de violação de direitos da personalidade e as redes de relacionamento social. In: LUCCA, Newton De; SIMÃO FILHO, Adalberto (org.). *Direito e internet*: aspectos relevantes. São Paulo: Quartier Latin, 2008. v. II.

PORTO, Odélio. Governança global da internet, conflitos de lei e jurisdição. In: POLIDO, Fabrício Bertini Pasquot; ANJOS, Lucas Costa dos, BRANDÃO, Luíza Couto Chaves (org.). *Governança global da internet, conflitos de lei e jurisdição.* Belo Horizonte: Instituto de Referência em Internet e Sociedade, 2018.

POST, David. Against "against cyberanarchy". *Berkeley Technology Law Journal*, v. 17, n. 4, 2002, republicado na coletânea THIERER, Adam; CREWS, Clyde Wayne Jr. (org). *Who rules the net? Internet governance and jurisdiction.* Washington DC: Cato Institute, 2003.

POST, David. Law and borders – the rise of law in cyberspace, *Stanford Law Review*, v. 48, n. 5, May 1996.

PRÉVOST, Emeric. *Study on forms of liability and jurisdictional issues in the application of civil and administrative defamation laws in Council of Europe member states*. Council of Europe Study DGI (2019) 04.pound.

RAMIRES, Maurício. *A jurisdição constitucional em meio à crise da democracia*: o diálogo judicial internacional. Disponível em: http://emporiododireito.com.br/leitura/abdpro-54-a-jurisdicao-constitucional-em-meio-a-crise-da-democracia-o-dialogo-judicial-internacional. Acesso em: 3 dez. 2022.

RAMOS, André de Carvalho. Direito internacional privado e seus aspectos processuais: a cooperação jurídica internacional. In: RAMOS, André de Carvalho; MENEZES, Wagner (org.). *Direito internacional privado e a nova cooperação jurídica internacional*. Belo Horizonte: Arraes, 2015.

RAMOS, Mariana dos Anjos. O paradigma da soberania e a cooperação jurídica internacional. In: RAMOS, André de Carvalho; MENEZES, Wagner (org.). *Direito internacional privado e a nova cooperação jurídica internacional*. Belo Horizonte: Arraes, 2015.

RAMOS, Rui Manuel Gens de. *Direito internacional privado e Constituição*: introdução a uma análise das suas relações. 3. reimp. Coimbra: Coimbra Editora, 1994.

RAVINDRANATH, Sharad. Problem analyses and recommendations in DRM security policies. In: ORTIZ-ARROYO, Daniel *et al*. (org.). *Inteligence and security informatics*: European Conference EuroISIS 2008. Berlim: Springer, 2008.

RECHSTEINER, Beat Walter. *Direito internacional privado*: teoria e prática. 18. ed. São Paulo: Saraiva, 2016.

REDA, Júlia. Geoblocking: at odds with the EU single market and consumer expectations. In: SZCZEPANIK P. *et al*. (org.). *Digital Peripheries*: the online circulation of audiovisual content from the small market perspective. Cham: Springer Series in Media Industries, 2020.

REIDENBERG, Joel R. *States and internet enforcement*. Fordham Law School, 2003.

REIS, Marcelo Simões dos. Federalismo no Brasil e nos Estados Unidos: um estudo comparado numa abordagem histórica. *Revista do Programa de Mestrado em Direito do UniCEUB*, Brasília, v. 2, n. 1, 2005.

RESENDE, Tatiana Carneiro. Governança global da internet, conflitos de lei e jurisdição. In: POLIDO, Fabrício Bertini Pasquot; ANJOS, Lucas Costa dos, BRANDÃO, Luíza Couto Chaves (org.). *Governança global da internet, conflitos de lei e jurisdição*. Belo Horizonte: Instituto de Referência em Internet e Sociedade, 2018.

REYED, Ana C. *The international comparative guide to: enforcement of foreign judgments 2018*. 3. ed. London: Global Legal Group Ltd., 2018.

REZEK, Francisco. Jurisdição na era da internet: continências necessárias. *Caderno Especial – Cooperação Jurídica Internacional*, v. 1, abr. 2018.

RICO, Clara I. Velasco. Territorialidad, extraterritorialidad e interés. *InDret*, v. 2, 2011. Disponível em: https://papers.ssrn.com/sol3/papers.cfm?abstract_id=1837502. Acesso em: 3 dez. 2022.

RIORDAN, Jaani. *The liability of internet intermediaries*. Oxford, 2013. Tese de Doutorado – Faculdade de Direito – Oxford University.

ROCILLO, Paloma. *Perfil dos litígios envolvendo a internet no Brasil*: grupos econômicos e jurisdição. Belo Horizonte: Instituto de Referência em Internet e Sociedade, 2019.

RODOTÀ, Stefano. *A vida na sociedade da vigilância*: a privacidade hoje. Rio de Janeiro: Renovar, 2008.

RODRIGUES JUNIOR, Otavio Luiz. *TJ da União Europeia discute os limites territoriais do direito de apagar dados*. Disponível em: https://www.conjur.com.br/2019-jan-30/tj-ue-discute-limites-territoriais-direito-apagar-dados. Acesso em: 3 dez. 2022.

RODRIGUES, Letícia Francischini. Industrie 4.0 – uma revisão de literatura. *Revista de Ciência e Tecnologia*, v. 19, n. 38.

ROSEN, Mark D. The SPEECH Act's unfortunate parochialism: of liber turism and legitimate pluralism (invited symposium contribution). *Virginia Journal of International Law*, v. 53, n. 1, 2012.

ROSENZWEIG. Paul. *A primer on globally harmonizing internet jurisdiction and regulations*. Global Comission on Internet Governance, paper series n. 10, march 2015.

SALES, Eduardo Prigenzi Moura. *A aplicabilidade do direito estrangeiro nas relações internacionais de consumo por diálogo das fontes*. Disponível em: http://www.mpsp.mp.br/portal/page/portal/documentacao_e_divulgacao/doc_biblioteca/bibli_servicos_produtos/bibli_boletim/bibli_bol_2006/RTrib_n.964.09.PDF. Acesso em: 3 dez. 2022.

SAVIGNY, Friedrich Carl von. *Sistema do direito romano atual*. Ijuí: Unijuí, 2004. v. VIII.

SCHIERA, Pierangelo. Estado moderno. In: BOBBIO, Norberto, MATTEUCCI, Nicola; PASQUINO, Gianfranco (org.). *Dicionário de política*. 11. ed. Brasília: UNB, 1998.

SCHREIBER, Anderson. Marco Civil da internet: avanço ou retrocesso? A responsabilidade civil por dano derivado de conteúdo gerado por terceiro. In: DE

LUCCA, Newton; SIMÃO FILHO, Adalberto; LIMA, Cíntia Rosa Pereira de (org.). *Direito e Internet*. São Paulo: Quartier Latin, 2015. t. II.

SCHÜTZER, Klaus. Industrie 4.0 – uma revisão de literatura. *Revista de Ciência e Tecnologia*, v. 19, n. 38.

SCHWAB, Klaus. *A quarta revolução industrial*. São Paulo: Edipro, 2019.

SCHWABACH, Aaron. *Internet and the law*: technology, society and compromises. 2. ed. Santa Barbara: ABC-CLIO, 2014.

SCHWARTZ, Paul M. *Managing global data privacy: cross-border information flows in a networked environment*. The Privacy Projects. UC Berkeley School of Law, 2009.

SILVA, Ovídio A. Baptista da. *Jurisdição e execução na tradição romano-canônica*, 2. ed. São Paulo: Revista dos Tribunais, 1997.

SILVA, Ovídio A. Baptista da. *Teoria geral do processo civil*. 3. ed. São Paulo: Revista dos Tribunais, 2002.

SOARES, Boni de Moraes. Um réquiem ao velho juízo de delibação: homenagem póstuma à tradicional cognição no direito processual internacional brasileiro. In: RAMOS, André de Carvalho; MENEZES, Wagner (org.). *Direito internacional privado e a nova cooperação jurídica internacional*. Belo Horizonte: Arraes, 2015.

SOUZA, Carlos Affonso. *'Fake news' e acesso a dados armazenados no exterior*. Disponível em: https://www.jota.info/coberturas-especiais/liberdade-de-expressao/fake-news-e-acesso-a-dados-armazenados-no-exterior-30062020. Acesso em: 3 dez. 2022.

SOUZA, Carlos Affonso. *Marco Civil da Internet*: construção e aplicação. Juiz de Fora: Editora Associada Ltda., 2016.

SOUZA, Carlos Affonso. *Neutralidade da rede, filtragem de conteúdo e interesse público: reflexões sobre o bloqueio do site YouTube no Brasil*. Revista de Direito Administrativo, v. 246, 2007.

SPONCHIADO NETO, Sílvio. Marco Civil da Internet: implicações jurídico-processuais da Lei 12.965/14. In: DE LUCCA, Newton; SIMÃO FILHO, Adalberto; LIMA, Cíntia Rosa Pereira de (org.). *Direito e internet III*. São Paulo: Quartier Latin, 2015. t. II.

STYLIANOU, Konstantinos. *Terms of service and human rights*: an analysis of online platform contracts. Rio de Janeiro: Revan, 2016.

SVANTESSON, Dan. Against 'against data exceptionalism'. *Masaryk University Journal of Law and Technology*, v. 10, September 2016.

SVANTESSON, Dan. *Solving the internet jurisdiction puzzle*. Oxford: Oxford University Press, 2017.

TALAMINI, Eduardo. Medidas coercitivas e proporcionalidade: o caso WhatsApp. In: TALAMINI, Eduardo; MINAMI, M. Y. (org.). *Atipicidade dos meios executivos*. 2. ed. Salvador: Juspodvim, 2018. (Grandes temas do novo CPC)

TALAMINI, Eduardo. *Tutela relativa aos deveres de fazer e de não fazer*. 2. ed. São Paulo: Revista dos Tribunais, 2003.

TAMER, Maurício. *Provas no direito digital*: conceito da prova digital, procedimentos e provas digitais em espécie. São Paulo: Thomson Reuters, 2020.

TARUFFO, Michele. A atuação executiva dos direitos: perfis comparatísticos. *Revista de Processo*, v. 59, jul./set. 1990.

TARUFFO, Michele. *Introduction to the principles and rules of transational civil procedure*. Faculty Scholarship at Penn Law, 2001.

TEUBNER, Gunther. *Direito, sistema e policontextualidade*. Piracicaba: Unimep, 2005.

THAMAY, Rennan. *Provas no direito digital*: conceito da prova digital, procedimentos e provas digitais em espécie. São Paulo: Thomson Reuters, 2020.

TIBÚRCIO, Carmen. A aplicação da LGPD no espaço: a interpretação do art. 3º da Lei nº 13.709/2018. In: MONACO, Gustavo Ferraz de Campos; MARTINS, Amanda Cunha e Mello Smith; CAMARGO, Solano de (org.). *Lei Geral de Proteção de Dados*: ensaios e controvérsias da Lei 13.709/18. São Paulo: Quartier Latin, 2020.

TIBÚRCIO, Carmen. A ordem pública na homologação de sentenças estrangeiras. In: FUX, Luiz; NERY JR., Nelson; WAMBIER, Teresa Arruda Alvim (org.). *Processo e Constituição*: estudos em homenagem ao professor José Carlos Barbosa Moreira. São Paulo: Revista dos Tribunais, 2006.

TIBÚRCIO, Carmen. *Extensão e limites da jurisdição brasileira*: competência internacional e imunidade de jurisdição. Salvador: Juspodvim, 2016.

TIBÚRCIO, Carmen. Jurisdição e competência para o julgamento de ilícitos cíveis com elementos de estraneidade segundo o direito brasileiro. *Revista de Processo*, v. 231, maio 2014.

VENTURINI, Jamila. *Terms of service and human rights*: an analysis of online platform contracts. Rio de Janeiro: Revan, 2016.

VERÇOSA, Fabiane. Da cooperação internacional. In: WAMBIER, Teresa Arruda Alvim *et al.* (org.). *Breves Comentários ao Novo Código de Processo Civil*. 3. ed. São Paulo: Revista dos Tribunais, 2016.

VERZA, Sofia. *SLAPP*: the background of Strategic Lawsuits Against Public Participation. European Centre of Press and Media Freedom. Disponível em: https://www.ecpmf.eu/slapp-the-background-of-strategic-lawsuits-against-public-participation/. Acesso em: 3 dez. 2022.

VIEIRA JÚNIOR, Sérgio Branco. Neutralidade da rede, filtragem de conteúdo e interesse público: reflexões sobre o bloqueio do site YouTube no Brasil. *Revista de Direito Administrativo*, v. 246, 2007.

VIEIRA, Victor Barbieri Rodrigues. *Perfil dos litígios envolvendo a internet no Brasil*: grupos econômicos e jurisdição. Belo Horizonte: Instituto de Referência em Internet e Sociedade, 2019.

VILELA, Pedro. Governança global da internet, conflitos de lei e jurisdição. In: POLIDO, Fabrício Bertini Pasquot; ANJOS, Lucas Costa dos, BRANDÃO, Luíza Couto Chaves (org.). *Governança global da internet, conflitos de lei e jurisdição*. Belo Horizonte: Instituto de Referência em Internet e Sociedade, 2018.

VON MEHREN, Arthur T. Recognition and enforcement of foreign judgments: a new approach for the hague conference? *Law & contemporary problems*, v. 57.

WENDT, Emerson. *Marco civil da internet e acordos de cooperação internacional*: análise da prevalência pela aplicação da legislação nacional aos provedores de conteúdo internacionais com usuários no Brasil. Direito e TI – debates contemporâneos. Disponível em: http://direitoeti.com.br/artigos/mlat-x-marco-civil-da-internet/. Acesso em: 3 dez. 2022.

WERNECK, Isadora. Prova judicial e tecnologia *blockchain*. In: FALCÃO, Cíntia Ramos; CARNEIRO, Tayná (org.). *Direito exponencial*: o papel das novas tecnologias no jurídico do futuro. São Paulo: Thomson Reuters, 2020.

WIELSCH, Dan. Os ordenamentos das redes: termos e condições de uso – Código – Padrões da comunidade. In: ABBOUD, Georges; NERY JR., Nelson; CAMPOS, Ricardo (org.). Fake news *e regulação*. 2. ed. São Paulo: Thomson Reuters, 2020.

WIMMER, Kurt. International liability for internet content: publish locally, defend globally. In: THIERER, Adam; CREWS, Clyde Wayne Jr. (org.). *Who rules the net? Internet governance and jurisdiction*. Washington DC: Cato Institute, 2003.

WOLKART, Erik Navarro. *Análise econômica do processo civil*: como a economia, o direito e a psicologia podem vencer a tragédia da justiça. São Paulo: Thomson Reuters, 2019.

WOODS, Andrew Keane. Against data excepcionalism. *Stanford Law Review*, v. 68, April 2016.

WU, Tim. *Impérios da comunicação*: do telefone à internet, da AT&T ao Google. Rio de Janeiro: Zahar, 2012.

WU, Tim. *Who controls the internet? Illusions of borderless world*. Oxford: Oxford University Press, 2006.

YARSHELL, Flávio Luiz. *Curso de direito processual civil*. São Paulo: Marcial Pons, 2014.

YARSHELL, Flávio Luiz. *Internet e limites da jurisdição: uma breve análise à luz do direito processual civil*. In: LUCON, Paulo Henrique dos Santos *et al*. (org.). *Direito, processo e tecnologia*. São Paulo: Thomson Reuters Brasil, 2020.

YARSHELL, Flávio Luiz. *Tutela jurisdicional específica nas obrigações de declaração de vontade*. São Paulo: Malheiros, 1993.

YELLEN, JAMES D. Forum non conveniens: standards for the dismissal of actions from United States Federal Courts to foreign tribunal. *Fordham International Law Journal*, v. 5, issue 2, 1981.

YEUNG, Karen. Algorithmic regulation: a critical interrogation. Regulation and Governance, forthcoming. *King's College London Law School Research Paper*, n. 27, 2017.

YOUNGSEEK, Kim. Problem analyses and recommendations in DRM security policies. In: ORTIZ-ARROYO, Daniel *et al*. (org). *Inteligence and security informatics*: European Conference EuroISIS 2008. Berlim: Springer, 2008.

ZANATTA, Rafael. A. F. *Nota técnica sobre decisão de bloqueio do Whats App*. Instituto Brasileiro de Defesa do Consumidor. Disponível em: https://www.idec.org.br/pdf/nota-tecnica-bloqueio-whatsapp.pdf. Acesso em: 3 dez. 2022.

ZINGALES, Nicolo. Law of the land or law of the platform? Beware of the prvatisation of regulation and police. In: BELLI, Luca; ZINGALES, Nicolo (org.). *Platform regulations*: how platforms are regulated and how they regulate us. Official outcome of the UN IGF Dynamic Coalition on Platform Responsibility. Rio de Janeiro: Escola de Direito do Rio de Janeiro da Fundação Getúlio Vargas, 2017.

ZINGALES, Nicolo. *Terms of service and human rights*: an analysis of online platform contracts. Rio de Janeiro: Revan, 2016.

ZUFELATO, Camilo. Marco Civil da Internet: implicações jurídico-processuais da Lei 12.965/14. In: DE LUCCA, Newton; SIMÃO FILHO, Adalberto; LIMA, Cíntia Rosa Pereira de (org.). *Direito e internet III*. São Paulo: Quartier Latin, 2015. t. II.